Ⅲ 関西・中国・四国・九州

日本民謡事典

竹内勉 ――〔編著〕

朝倉書店

民謡の血流が脈拍つ事典

編著者竹内勉氏は当代日本民謡研究の第一人者である。日本全土に根付く民の唄声をあまねく収集してその生成流転の経過を探求し、かつ唄の普及に努めた故町田佳聲氏に師事し、その志を継いで赫々の業績を挙げた。

竹内氏とは、一九七〇年、町田氏の紹介で対面した。「民謡の申し子のような」と町田氏は言い、「昔の唄を知る年寄りがいればすっ飛んで行って、根こそぎ聞き漁《あさ》る男。その根気が凄い。」と評された。事実、その後日本コロムビアから刊行された、彼が編集のLP五枚組の『東京の古謡』を聴いて、集めた曲の豊富さと解説の緻密さに瞠目した。常人を超えた彼の足マメ、聴きマメ、記録マメの成果である。その抜群の三《みっ》マメがやがて日本全国の民謡探訪の旅に彼を駆り立てて、すべてが口承の民謡の歴史の霧を払う役割を担うことになった。

元は、「作者の無い歌、捜しても作者のわかる筈のない歌」と柳田国男氏が定義した「民謡」である。しかし、現在われわれが常時耳にする「民謡」のほとんどは、だれかれの手を経た「鑑賞民謡」である。元の素唄をだれかれが磨き、交わらせ、味付けし、伝授し、うたい広め、商品化もしてきた経過があった。作詞・作曲家名を明示する新民謡も加わった。今となっては、その現状から元唄までを遡源させることは、町田氏が「ラッキョウの皮を剝くような」と嘆じたほどの行き先不明の難作業である。竹内氏は、その難行に敢然と挑み、単身各地の伝承者を訪ね求め、実際に聴き、質《ただ》して変遷の糸を手繰った。また、新旧の音盤を集め比較して、歌唱の新旧を検証した。その観察の逐一を幾つもの著書や音盤解説書に記述したが、それらを集大成して一書に凝縮したのが本事典である。

全四八二曲、すべて編著者が北海道から鹿児島まで六十年以上にわたって現地調査を尽して得た成果を示した。唄の源流が、どこの、どんな唄で、どういう人たちによって伝えられ、どのように変化し、定着したかを詳述する。歌詞も注も詳しい。曲の配列を都道府県別にしたことで、かつて諸国を流浪した唄も異なる圏域に伝播すれば、風土と住民の嗜好に採まれ、土地の名手の能力で多彩な郷土民謡に分化するという血流が実感できる。民謡の血の脈拍が聴こえるようだ。

編著者は、生涯、どの関連学会にも属さず、孤高の民謡研究の旅を貫いた。が、その旅路に注ぎ込んだ情熱は、地熱となって各地の民謡を鼓舞している。その遺産は多く、尊い。

二〇一七年九月

日本民謡協会理事長　三隅治雄

まえがき

この事典は、日本民謡の中から四八二曲を選び、歌詞（注つき）と、その唄の来歴を掲載したものです。（Ⅲ巻「関西・中国・四国・九州」には一二六曲を収録）

歌詞はなるべく多く載せ、詳しい注をつけ、来歴を詳述しました。編修方針は、次ページ「凡例」に述べたとおりですが、編著者、竹内勉が、全編を一人で執筆しました。（ただし、アイヌ民謡と沖縄民謡は、文化圏が異なり、編著者の研究対象外であったため、採録していません。）

編著者は近所の古老に初めて話を聞いた、中学二年の一九五〇年元日から二〇一五年に他界するまで、北海道～九州を訪ね歩いて民謡研究に没頭しました。その成果が、本書の随所に散りばめられています。（たとえば、曲名『そんでこ節』『七尾まだら』の意味、『津軽山唄』『佐渡おけさ』『津軽じょんがら節』の解説、『お江戸日本橋』の詞型など）

このたび、書き溜めた原稿の価値を朝倉書店が認めてくださり、やっと出版することができます。編著者に日本各地の、唄や逸話、風土、風俗、郷土史などを教えてくださった方々に対して、また、質問状に答えてくださった、市区町村役場の広報課・観光課や教育委員会、歴史民俗資料館などの皆様に対して、厚くお礼申しあげます。

この事典の企画から出版まで三九年の歳月を費やしましたが、なんとか、太陽の光に浴することができます。編著者の研究費を援助してくださった親族の皆様と一緒に、私も歓喜の唄を唄いたいと思います。

二〇一七年五月

編修協力者　菅原　薫

〔町田佳聲《かしょう》と〕師弟で歩いた、百と七年　（二〇〇六年　竹内　勉）

凡例

一　この事典は、日本民謡の中から四八二曲を選んで歌詞と注を載せ、その唄について解説したものである。

二　配列は、都道府県別に、曲名の五十音順とした。

三　歌詞は、編著者（竹内勉）が収集したレコード・CD・テープや、各地の唄い手に唄ってもらって録音した音源から起こした。

四　歌詞はなるべく多く載せ、また、口説《くど》き節《ぶし》（長い物語）はなるべく長く載せるように努めた。特に、従来誤唱されてきた語句は訂正し、注記した。

五　歌詞の難語・方言・人名・地名には、詳しい注をつけた。原稿の作成にあたっては、公立図書館で調べ、また、市区町村役場の広報課・観光課や、教育委員会、歴史民俗資料館などに問い合わせた。そして、編著者が知り合いの、各地の民謡家に教示を受けた。

六　解説は、編著者が、北海道から鹿児島まで、六十年以上にわたって調査研究した結果をまとめたものである。

七　北海道のアイヌ民謡と沖縄県の民謡は、文化圏が異なり、編著者が研究対象としなかったため、採録していない。

八　東京都の唄で、従来俗曲として扱われてきた『深川節』『木遣《きや》りくずし』『カッポレ』『お江戸日本橋』『江戸相撲甚句』『江戸大津絵』も、同種の唄が他府県では民謡として扱われているので採録した。

九　解説の冒頭に、その唄が、何県の、どういう唄で、どういう人たちが、どんな時に唄ってきたものであるかを記した。

十　「唄の履歴」の項には、その唄の源流は、どこの、どんな唄で、どういう人たちによってその地に伝えられて、どのように変化し、定着したのかを記した。

はやし詞《ことば》と添《そ》え詞《ことば》

「はやし詞」と、それに似て非なるもの（「添え詞」と命名）の定義が、現在、判然としていない。そこで、本書の編著者（竹内勉）の考えを述べておく。

1　**はやし詞**　はやし手や踊り手が、唄の節尻や唄尻に、また、冒頭に加える言葉や掛け声。唄の雰囲気を出したり、唄をひきたてたり、その場をにぎやかにしたりするためのもの。意味が不明になってしまったものが多い。『新相馬節』の「ハアチョーイ　チョイ」や、『さんさ時雨《しぐれ》』の「ハアヤートオ　ヤートオ」「ハア目出度《めでた》い　目出度い」など。

2　**添え詞**〔本書の編著者の造語〕唄い手が、本来の歌詞に加えて唄う言葉や掛け声。

①　調子を整えるために、本来の歌詞の前に、唄い出しとして加える「ハアー」「サアー」「エー」など。

②　はやし手や踊り手が掛ける「はやし詞」のようなもので、唄い手が節尻や唄尻に加えて唄う部分。『新相馬節』の「ナンダコラヨート」や、『さんさ時雨』の「ショーガイナ」など。

③　本来は「七七七七調」の歌詞だった唄に「七七七五調」の歌詞をあてて唄う時、二音不足する四句目の前に、二音を補足するために加える「コリャ」「ソリャ」「アリャ」「アノ」など。

目次（関西・中国・四国・九州編）

鳥取県

島根県

山口県

四国

香川県

徳島県

愛媛県

高知県

九州

福岡県

佐賀県

滋賀県

近江大津絵《おうみおおつえ》

〽①外法《げほう》の　②梯子剃《はしごず》り
③雷《かみなり》　太鼓《たいこ》で　④釣瓶《つるべ》取《と》る
⑤お若衆《わかしゅ》は　鷹《たか》を⑥持《も》つ
⑦塗《ぬ》り笠女形《がさおやま》が　⑧かたげた⑨藤《ふじ》の花《はな》
⑩座頭《ざとう》の⑪褌《ふんどし》ヨー　犬《いぬ》がワンワン⑫すりゃ
びっくり仰天《ぎょうてん》し
⑬腹立《はらた》ち杖《つえ》をば　振《ふ》り上《あ》げる
⑭荒気《あらき》の鬼《おに》も　⑮発起《ほっき》して　⑯鉦撞木《かねしゅもく》
⑰瓢　簞鯰《ひょうたんなまず》を　しっかと押《お》さえます
⑱奴《やっこ》さんの尻振《しりふ》り行列《ぎょうれつ》　向《む》こう鉢巻《はちま》き
⑲吊《つ》り鐘弁慶《がねべんけい》　⑳矢《や》の根五郎《ねごろう》

〽わしが心《こころ》は　㉑矢橋《やばせ》に㉒はやる船《ふね》
固《かた》い約束《やくそく》　㉓石山寺《いしやまでら》の
㉔秋《あき》の月《つき》とは　気《き》が知《し》れぬ
㉕堅田《かただ》に落《お》つる　雁《かりがね》も
主《ぬし》は㉖唐崎《からさき》　㉗一《ひと》つ松《まつ》
二《ふた》つ並《なら》びし　㉘瀬田《せた》の橋《はし》
思《おも》いぞ積《つ》もる　㉙比良《ひら》の雪《ゆき》
ほんに㉚三井《みい》では　ござんせぬ
㉛膳所《ぜぜ》ゆえ今《いま》まで　㉜粟津《あわづ》にいたものを
ここで㉝大津《おおつ》の　宿《しゅく》なれば
日頃《ひごろ》の願《ねが》いも　㉞京《きょう》かなう

〽㉟オーイオーイ　㊱親父殿《おやじどの》
㊲その金《かね》㊳この身《み》へ　貸《か》してくれ
与市兵衛《よいちべえ》は　びっくり仰天《ぎょうてん》し
いえいえ金《かね》では　㊴ございません
㊵娘《むすめ》がしてくれた　用意《ようい》の握《にぎ》り飯《めし》
どれどれお先《さき》へ　㊶参《さん》じましょう
やれやれしぶとい　親父《おやじ》めと　抜《ぬ》き放《はな》ち
なんの苦《く》もなく　一《ひと》えぐり
㊷金《かね》と命《いのち》の　㊸はかない別《わか》れの　㊹二《ふた》つ玉《だま》

〽大坂《おおさか》を　立《た》ち退《の》いて…（⬇三二七ページ）

〽正月《しょうがつ》は　松竹注連飾《まつたけしめかざ》り…（⬇三二七ページ）

〽㊺一升《いっしょう》お前《まえ》と　末長《すえなご》う
㊻二升《にしょう》も三升《さんしょう》も　変《か》わりゃせぬ
㊼四升《ししょう》がどのように　言《い》おうとも
㊽五升《ごしょう》で浮気《うわき》は　せぬわいな
たとえ㊾六升《ろくしょう》な　暮《く》らしでも
㊿七升《しちしょう》の(51)勘当《かんどう》　受《う》けるとも
(52)八升《はっしょう》　九升《くしょう》とも　思《おも》やせぬ
(53)一斗《いっと》忘《わす》れりゃ　(54)二斗三斗《にとさんと》
(55)四斗《しと》の意見《いけん》も　(56)五斗《ごと》も六七斗《ろくしちと》も聞《き》いたれど
(57)八斗《はっと》は思《おも》えど　(58)九斗《くと》いことじゃ
(59)一石耳《いっこくみみ》にも　入《はい》りゃせぬ

注①長頭翁（頭の長い老人）。護符の効能は、長命を保つ。
②頭が長いため、梯子に登って髪を剃る図。
③雲上の雷神。誤って海に落とした太鼓を、錨を降ろして釣り上げる図。護符は、雷よけ。「雷〔錨で〕太鼓を釣り上げる」とも。
④太鼓を釣り上げる様子が、釣瓶で水を汲むのに似ているための表現。「釣瓶釣る」とも。
⑤若者が、手に鷹を留まらせる図。画題は「鷹匠」で、護符は、紛失物が見つかる。
⑥「据え」とも。

⑦黒漆塗りの笠をかぶった女形役者の立ち姿。「塗り笠女形は　藤の花」とも。
⑧かついだ。
⑨塗り笠で、素足の女が、藤の花を担ぎ、後ろを振り向く図。画題は「藤娘」で、護符は、娘が良縁を得る。
⑩男の盲人。護符は、倒れない。
⑪三味線を抱えた盲人の赤い褌を、犬がくわえて引っぱる図。
⑫「食いつきゃ」とも。
⑬「あわてて杖を」とも。
⑭荒々しい気性の。
⑮「一念発起して」の略。仏を信心しようと思って。
⑯鉦を首から胸に掛け、右手に撞木を持った鬼が托鉢する図。撞木は、鉦をたたいて鳴らすための、T字形の棒。その鬼は、片方の角と牙が折れ、左手に奉加帳を持ち、番傘を背負う。画題は「鬼の寒念仏」で、護符は、小児の夜泣き止め。
⑰猿が瓢箪の底で鯰の背を押さえる図。護符は、諸事円満に解決する。「瓢箪鯰で　押さえましょ」とも。
⑱武家の下僕たちが、槍を持ち、挟み箱を担いで大名行列の先頭に立ち、拍子を取るために尻を振る図。「槍持ち」の護符は、道中安全。「奴の槍持ち吊り鐘弁慶…」とも。
⑲三井寺の吊り鐘を比叡山《ひえいざん》へ曳きずり上げた弁慶が、鐘がよく鳴らないと、谷底へ投げ込む図。弁慶は、平安時代末期～鎌倉時代初期の僧。源義経《みなもとのよしつね》の家臣で、強力の男の代表。護符は、身体剛健にして、大金を持つ。
⑳歌舞伎十八番の一。矢の根（矢尻）をといだ曽我五郎時致《ときむね》が、夢で兄十郎祐成《すけなり》の危機を知り、敵の工藤祐経《すけつね》の館へ助けに向かう図。護符は、目的貫徹、思いごとがかなう。
㉑現草津市の地名。琵琶湖の南東端にあった渡船場。矢走・八橋とも書く。「矢橋の帰帆」は近江八景の一。
㉒早く矢橋に着きたいと、気持ちがあせる。
㉓大津市南部にある、真言宗の寺。山号は石光山。「石山の秋月」は近江八景の一。
㉔「飽きる」を掛ける。
㉕現大津市北東部の地名。琵琶湖の南西岸にある。湖上に浮見堂が建っている。「堅田の落雁」は近江八景の一。
㉖現大津市中東部の地名。琵琶湖南西端部の湖岸にある。「唐崎の夜雨」は近江八景の一。
㉗一本松。唐崎神社にある古松。
㉘琵琶湖の南端、瀬田川の流出口付近に架かる橋。瀬田の唐橋《からはし》。川中に小島があり、東のを大橋、西のを小橋といった。「瀬田の夕照」は近江八景の一。
㉙比良山。琵琶湖の西方にそびえる群峰（最高一二一四メートル）。「比良の暮雪」は近江八景の一。
㉚三井寺。大津市中央部にある天台寺門宗総本山長等山園城《おんじょう》寺の通称。「三井の晩鐘」は近江八景の一。「見得」を掛ける。
㉛琵琶湖南端の、西岸の地名。湖を利用した水城、膳所城があった。銭《ぜに》の俗語「ぜぜ」を掛ける。
㉜膳所の南の地名。「粟津の晴嵐（晴れた日に立つ霞）」は近江八景の一。「会わず」を掛ける。
㉝現大津市中心部。東海道の、江戸から五三番目（京の一つ手前）の宿場。「会うた」を掛ける。
㉞現京都市中心部。「今日」を掛ける。
㉟この歌詞の題材は浄瑠璃「仮名手本忠臣蔵」の五段目。塩谷《えんや》判官の家臣早野勘平は、妻お軽の故郷へ行き、猟師になる。たまたま千崎弥五郎と出会って仇討ち計画を知り、資金を作る約束をする。
㊱与市兵衛のこと。お軽の父。

㊲勘平を世に出そうとして、お軽を祇園へ売って得た半金（五〇両）。

㊳斧定九郎《おのさだくろう》。与市兵衛のあとをつけてきた。「こっちへ」とも。

㊴「ござんせぬ」とも。

㊵お軽。

㊶行きましょう。

㊷五〇両と、与市兵衛の命。

㊸「恩愛別れの」とも。

㊹五段目の後半の通称。勘平が鉄砲を二回撃つことからという。このあと、勘平は、猪とまちがえて定九郎を撃ってしまう。そして、懐から縞の財布を取り、資金として千崎へ届ける。しかし、その財布は与市兵衛が持っていたものと知り、自分が義父を殺したと思い込む。千崎らからも責められた勘平は腹を切るが、義父の死因が刀傷と分かり、死の直前に仇討ちの連判に加えられる。

㊺約一・八リットル。「一生」を掛ける。

㊻二世（この世とあの世）も、三世（前世・現世・来世）も。

㊼師匠。

㊽後生で。死んでも。決して。

㊾碌《ろく》でもない。

㊿七生。七度生まれかわるまでの、の意。永遠の。
(51)親が子の悪い行状を責めて、親子の縁を切ること。
(52)恥とも苦労とも。
(53)十升。「一度」を掛ける。
(54)二度三度。
(55)人の。
(56)五度も六度も。
(57)はっとは。
(58)くどい。
(59)十斗。「一向に」を掛ける。

滋賀県のお座敷唄。琵琶湖《びわこ》の南西岸に開けた大津市の花柳界の宴席で、旅人相手の芸者衆が唄ってきたものである。大津は、湖上交通の基地であり、東海道・中山道《なかせんどう》・北陸道が合流する宿場町であり、さらに三井寺《みいでら》の門前町としてもにぎわった所である。

唄の履歴　この唄の源流は不明であるが、江戸時代後期に上方を中心に流行した流行《はや》り唄ではなかったかと思われる。それが大津宿に伝えられ、旅人相手の飯盛《めしも》り女たちが酒席で唄っているうちに、大津で土産品として売られていた大津絵の画題づくしの歌詞が作られた。

一七一〇年に刊行された歌謡集「松の落葉」（巻四）に「大津追分絵踊り」が載っており、その歌詞には、前掲一首目の歌詞の母胎のようなところがある。

〽上《のぼ》り下《くだ》りに　目につく姿
露の命を　君にくれべい
追分の達磨《だるま》　えごころ
鬼に衣は　そげたもおかし
座頭は尻居《しりい》に　犬が吠《ほ》えつく　猫が三味《しゃみ》ひく
酒飲む奴《やっこ》　愛宕《あたご》参りに　袖《そで》をひかれた
伊達《だて》な若衆が　鷹手にすえて
ふれやれふれやれ　大鳥毛大鳥毛
浮世のんせい　ふんらんらん
しんらんどんらん　十三仏《ぶつ》
かけ針くけ針畳針　いい池の側《かわ》
菅笠よりぼに　算盤粒《そろばんつぶ》
関の清水は　浮き名所《などころ》

この歌詞は「大津絵」の画題を集めたものであるから、唄は「大津追分画題づくし踊り唄」である。（「追分」は地名で、道が二つに分かれる所の意）

「大津絵」と呼ばれる絵はだれが描き始めたのか不明であるが、一説では、岩佐又兵衛であったとか。その子孫といわれる又平・久吉などが元禄時代（一六八八～一七〇四）頃から仏像や、民間信仰・伝説などを題材にした素朴な絵を泥絵の具で描いて、旅人の土産用に売り出した。その画題は百種類もあったというが、のちに大津絵がまじないのお札（護符）として用いられるようになり、前掲一首目の歌詞によみ込まれている十種類だけになった。

その「大津絵」の画題をよみ込んで、大津宿周辺で唄い踊られていた「大津追分画題づくし踊り唄」は、江戸時代末期には、「大津絵」の名で、日本中で流行した。歌詞は、その地方の名物・名所づくしや、歌舞伎の世話物のようなもので、花柳界のお座敷唄として愛唱されたのである。

節まわしの型　今日広く唄われている節まわしは、昭和時代の初めに藤本二三吉《ふみきち》がコロムビアレコードに吹き込んだ『江戸大津絵』の「〽大坂を立ち退《の》いて…」（三二七ページ）が手本になっているようである。

江州音頭《ごうしゅうおんど》

出世相撲《しゅっせずもう》

上げ

〽皆様頼《みなさまたの》みます
これからヨイヤセの　掛《か》け声《ごえ》は
さってはこの場《ば》の　皆《みな》さんへ
これだけ①高《たこ》うで　ありますけれど
②この儀御免《ぎごめん》を　蒙《こうむ》りて
ここに伺《うかが》う　③演題《えんだい》は
いとも古《ふる》くて　あるけれど
ここに④桜川《さくらがわ》　五郎蔵《ごろぞう》が
相撲出世《すもうしゅっせ》の　一席《いっせき》を
これじゃからとて　皆様《みなさま》へ
事《こと》や細《こま》かに　読《よ》めねども
ほんにわたしの　習《なろ》ただけ
これより読《よ》み上《あ》げ　奉《たてまつ》る

本唄

〽そもそも御段《おだん》の　筆始《ふではじ》め
途中《とちゅう》や最中《さいちゅう》で　わからねど
ここに桜川《さくらがわ》　五郎蔵《ごろぞう》が
相撲《すもう》になりたい　一念《いちねん》で
国《くに》の⑤江州《ごうしゅう》　後《あと》にして
志《こころざ》すのが　⑥江戸《えど》の土地《とち》
⑦幡随院《ばんずいいん》の　長兵衛《ちょうべえ》に
不思議《ふしぎ》の縁《えん》で　対面《たいめ》なし
縁《えん》は異《い》なもの　味《あじ》なもの
⑧独活《うど》が山葵《わさび》の　⑨つまとなる
親分長兵衛《おやぶんちょうべえ》の　取《と》り持《も》ちで
稲川十五郎《いながわじゅうごろう》　⑩部屋内《へやうち》へ
相撲《すもう》の弟子入《でしい》り　いたしたが
好《す》きこそものの　上手《じょうず》なれ
丸三年《まるさんねん》の　暁《あかつき》は
⑪上八枚《うえはちまい》の　関脇《せきわけ》までも
取《と》りあげました　ことなれば
相撲《すもう》が⑫手取《てど》りで　⑬腰低《こしひく》で

人《ひと》に愛敬《あいきょう》が　⑭吉野《よしの》の桜《さくら》
色《いろ》で迷《まよ》わす　⑮関取《せきとり》と
それや人気《にんき》は　いかばかり
足掛《あしか》け四年《よねん》の　春《はる》の場所《ばしょ》
⑯蔵前八幡《くらまえはちまん》　境内《けいだい》で
⑰晴天十日《せいてんとおか》の　晴《は》れ相撲《ずもう》
ここに桜川《さくらがわ》　五郎蔵《ごろぞう》は
まず初日《しょにち》には　勝《か》ちを得《え》た
二日三日《ふつかみっか》は　相手《あいて》がこける
四日五日《よっかいつか》は　五郎蔵《ごろぞう》の勝《か》ちで
ここに十日《とおか》の　晴《は》れ相撲《ずもう》
九日間《ここのかかん》の　勝《か》ち続《つづ》け
明日一日《あすいちにち》が　⑱はね相撲《ずもう》
⑲千秋楽《せんしゅうらく》の　取組《とりくみ》は
五郎蔵《ごろぞう》の相手《あいて》は　誰《たれ》じゃやら
呼《よ》び出《だ》し奴《やっこ》の　声聞《こえき》けば
いよいよ明日《あす》の　打《う》ち留《ど》めは
片《かた》や桜川《さくらがわ》　五郎蔵《ごろぞう》に
取《と》り組《く》む相手《あいて》は　大敵《たいてき》で
十年《じゅうねん》このかた　⑳土《つち》つかず
㉑九条殿《くじょうどの》より　㉒紫《むらさき》の
㉓化粧《けしょう》まわしを　許《ゆる》された
㉔立《た》て石同様《いしどうよう》と　言《い》われたる
㉕横綱御免《よこづなごめん》の　勘太夫《かんだゆう》と
明日《あす》の取組《とりくみ》　触《ふ》れ込《こ》んだ
一夜明《いちやあ》けたる　ことなれば
相撲《すもう》がたったの　チョイト一発《いっぱつ》で
血《ち》の雨降《あめふ》らす　お話《はなし》に
㉖外題《げだい》の運《はこ》びは　ついたれど
ちょうど時間《じかん》と　なりました

湖国自慢《ここくじまん》

上げ

さてはこの場《ば》の　皆様《みなさま》へ
ここに㉗開口《かいこう》の　演題《えんだい》は
㉘近江《おうみ》の国《くに》は　名《な》にし負《お》う
頃《ころ》は㉙天平《てんぴょう》の　十二年《じゅうにねん》
㉚滋賀《しが》の都《みやこ》と　名《な》を得《え》たる
㉛一夜造《いちやづく》りの　㉜琵琶《びわ》の海《うみ》
琵琶《びわ》の湖《みずうみ》　水清《みずきよ》く
さざ波寄《なみよ》する　水面《すいめん》に
㉝近江湖東《おうみことう》の　一帯《いったい》は
江州音頭《ごうしゅうおんど》の　本場《ほんば》にて
㉞近江踊《おうみおど》りは　㉟桜川《さくらがわ》
流《なが》れを汲《く》んだ　㊱梅勇《ばいゆう》が
踊《おど》り子衆《こしゅう》の　ごひいきを
杖《つえ》よ柱《はしら》と　頼《たの》みつつ
㊲湖国自慢《ここくじまん》の　一曲《いっきょく》を
これじゃからとて　皆様《みなさま》へ
事《こと》や細《こま》かに　まいらねど
江州音頭《ごうしゅうおんど》の　一節《いっせつ》で
陰《かげ》の㊳錫杖《しゃくじょう》に　操《あやつ》られ
時間《じかん》の来《く》るまで　口演仕《こうえんつかまつ》るわいな

本唄

そもそも御段《おだん》の　筆始《ふではじ》め
途中最中《とちゅうさいちゅう》で　わからねど
近江《おうみ》の国《くに》の　滋賀県《しがけん》は
四方《しほう》は山《やま》に　取《と》り巻《ま》かれ
ことに平野《へいや》の　真《ま》ん中《なか》に
まわれば㊴六十《ろくじゅう》　三里《さんり》ある
㊵大泉水《だいせんすい》の　琵琶《びわ》の海《うみ》
魚族《ぎょぞく》は鮒《ふな》に　鯉《こい》に㊶諸子《もろこ》
㊷鯎《うぐい》に㊸鰣《はす》に　㊹鯇魚《あめのうお》
飛《と》び交《か》う様《さま》の　うるわしく
山水明媚《さんすいめいび》の　うららかさ
琵琶《びわ》のほとりの　㊺八景《はっけい》は
たぐいまれなる　㊻景色《けいしょく》で
㊼比良《ひら》の暮雪《ぼせつ》に　輝《かがや》けり
日《ひ》も入《い》り相《あい》の　㊽鐘《かね》の音《ね》は
㊾諸行無常《しょぎょうむじょう》を　悟《さと》らせる
㊿寂滅為楽《じゃくめついらく》の　㊿慈悲《じひ》の鐘《かね》
聞《き》くや聞《き》かずや　さざ波《なみ》を
分《わ》けて㊽矢橋《やばせ》に　帰《かえ》る舟《ふね》
一《ひと》つ消《き》えては　また二《ふた》つ
二《ふた》つ消《き》えては　三《み》つ四《よ》つと

いつしか消《き》える　夕《ゆう》もやの
(53)矢橋《やばせ》の帰帆《きはん》は　あれなるか
眺《なが》めも飽《あ》かぬ　山《やま》の畔《はん》
ぬっと裸《はだか》で　出《で》る月《つき》は
(54)石山寺《いしやまでら》の　秋《あき》の月《つき》
秋《あき》の月見《つきみ》と　人々《ひとびと》が
肩《かた》に(55)写真機《しゃしんき》　手《て》に手《て》取《と》り
語《かた》る(56)粟津《あわづ》の　松ケ原《まつがはら》
この世《よ》は疎《おろ》か　未来《みらい》まで
想《おも》い合《お》うたる　(57)お二人《ふたり》が
逢《お》うているのに　粟津《あわづ》(逢わず)とは
誰《だれ》が名前《なまえ》を　つけたやら
これぞ粟津《あわづ》の　(58)古戦場《こせんじょう》
夏《なつ》の初《はじ》めは　(59)瀬田川《せたがわ》に
絵《え》にも描《か》けない　蛍火《ほたるび》は
何《なに》を目当《めあ》てに　夜《よ》もすがら
誰《だれ》に焦《こ》がれて　身《み》を焦《こ》がす
眺《なが》めを写《うつ》す　ともしびは
(60)俵　藤太《たわらとうだ》の　秀郷《ひでさと》が
弓矢《ゆみや》をもって　射止《いと》めたる
百足退治《むかでたいじ》の　松明《たいまつ》か
話《はなし》も長《なが》い　(61)瀬田《せた》の橋《はし》
近江富士《おうみふじ》なる　(62)三上山《みかみやま》
(63)七巻《ななま》き半《はん》の　大百足《おおむかで》
まだ八巻《はちま》き(鉢巻き)には　半足《はんた》らん

その鉢巻《はちま》きを　締《し》め込《こ》んで
俵　藤太《たわらとうだ》が　退治《たいじ》した
話《はなし》は(64)千代《ちよ》に　後《のち》の世《よ》に
聞《き》くも語《かた》るも　面白《おもしろ》く
その物語《ものがたり》を　(65)梅勇《ばいゆう》が
江州音頭《ごうしゅうおんど》で　取《と》るなれば
老《お》いも若《わか》きも　尊《とうと》きも
踊《おど》るお客《きゃく》に　見《み》るお客《きゃく》
肩《かた》の凝《しこ》りも　どこへやら
心《こころ》浮《う》き浮《う》き　(66)浮御堂《うきみどう》
さて現在《げんざい》は　体育《たいいく》を
しきりに奨励《しょうれい》　する中《なか》で
運動遊技《うんどうゆうぎ》の　種類《しゅるい》にも
何十種類《なんじゅっしゅるい》と　あるけれど
多《おお》くは心《こころ》に　苦痛《くつう》あり
近江踊《おうみおど》りと　いうものは
心うれしく　朗《ほが》らかに
踊《おど》り(67)襦袢《じゅばん》の　晴《は》れ模様《もよう》
手足《てあし》の運動《うんどう》　ことによく
娯楽《ごらく》としては　最上《さいじょう》じゃ
げに山海《さんかい》の　珍味《ちんみ》でも
胸《むね》につかえの　ある時《とき》は
食《た》べる気持《きも》ちに　ならねども
三《み》まわり四《よ》まわり　踊《おど》るなら
腹《はら》にとどこる　食物《しょくもつ》も

いつの間《ま》にやら　消化《しょうか》して
ほんにお腹《なか》が　(68)唐崎《からさき》と
なれば食事《しょくじ》も　(69)一《ひと》つ松《まつ》(待つ)
松《まつ》の緑《みどり》も　末長《すえなが》く
江州音頭《ごうしゅうおんど》を　愛《あい》されて
お引《ひ》き立《た》てを　乞《こ》い願《ねが》う
お国自慢《くにじまん》の　一曲《いっきょく》は
ちょうど時間《じかん》と　なりました

注①高い櫓の上から失礼ではありますが。
②このことは。
③『江州音頭』の題名。
④本編の主人公（相撲取り）の名。
⑤近江の国（旧国名）の別称。現滋賀県全域。
⑥現東京都東部。江戸幕府の所在地。
⑦江戸時代初期の侠客。町奴の頭領で、旗本奴の水野十郎左衛門と張り合った。
⑧「縁は異なもの」を強調するために、「山葵が独活の」を逆にした。
⑨主要な料理に添えるもの。
⑩相撲部屋。
⑪相撲の番付の、上から数えて八番目。
⑫技が巧みで。
⑬謙虚で。
⑭吉野山。現奈良県吉野郡吉野町にある。桜の名所。「良し」を掛ける。
⑮十両以上の力士の敬称。
⑯現東京都台東区にある蔵前神社のこと。
⑰野外で、雨の降らない日だけ、十日間興行すること。
⑱相撲興行の終わり。
⑲最終日。
⑳負けないこと。

㉑九条家。五摂家の一。鎌倉時代の藤原兼実に始まる。
㉒色の中で最も高貴とされるもの。
㉓相撲取りが土俵入りの時につける、美しいまわし。
㉔庭に立てて据えてある石のように、びくともしない。
㉕横綱を締めることを許されている。
㉖『江州音頭』の題名。
㉗最初に演じること。
㉘旧国名。現滋賀県全域。
㉙七四〇年。ただし、これは恭仁京《くにのみやこ》（現京都府相楽郡加茂町）へ遷都した年であるから、天智天皇六年（六六七）の誤り。なお、聖武天皇は、天平一四年に紫香楽《しがらき》（現滋賀県甲賀市信楽《しがらき》町）に離宮を造営し、天平一七年一月にここを都と定めたが、五月には平城京へ遷都した。
㉚「志賀の都」とも。大津京《おおつのみやこ》の別称。現大津市にあった、天智天皇の都。六六七年、飛鳥京から遷都。六七二年の壬申《じんしん》の乱で荒廃。
㉛琵琶湖は神様が一夜で造ったという伝説がある。
㉜琵琶湖のこと。
㉝琵琶湖の東岸地方。
㉞『江州音頭』による盆踊り。原作は「近江ダンス」。ハイカラぶった表現であるが、時代遅れなのでやめるほうがよい。
㉟『江州音頭』の音頭取りの流派の名。
㊱ここには演唱者の名を入れて唄う。

㊲「琵琶湖の国」で、近江の国のこと。

㊳『江州音頭』の伴奏楽器。本来は法具で、僧や修験者が持つ杖。先端の輪に小さな数個の輪がついている。身を守ったり、経を読む時に調子を取ったりするのに用いる。

㊴約二四七キロ。

㊵大きな湖。

㊶本諸子。コイ科の淡水魚。体長一二センチほど。背は暗緑褐色、体側と腹は黄みを帯びた銀白色。

㊷コイ科の淡水魚。体長三〇センチほど。背は青褐色、体側と腹は銀白色。

㊸コイ科の淡水魚。体長二五センチほど。背は淡黒褐色、腹は銀白色。

㊹琵琶鱒。サケ科の淡水魚。体長六〇センチほど。成魚の体色は銀白色。琵琶湖の原産。

㊺近江八景。中国の洞庭湖の瀟湘《しょうしょう》八景にならって、琵琶湖周辺で選んだ八つの風景。

㊻けしき。風景。

㊼近江八景の一。比良山は、琵琶湖の西方にそびえる群峰（最高一二一四メートル）。

㊽「三井の晩鐘」は近江八景の一。三井寺は、大津市中央部にある天台寺門宗総本山長等山園城寺《おんじょうじ》の通称。

㊾仏教で、この世のものはすべて変化し、生滅するということ。

㊿生死を超越した境地こそが真の安楽であるということ。
(51)仏や菩薩《ぼさつ》が人々に楽を与えることと、人々の苦を除いてやること。
(52)現草津市の地名。琵琶湖の南東端にあった渡船場。矢走・八橋とも書く。
(53)近江八景の一。矢橋へ戻っていく舟の姿。
(54)大津市南部にある、真言宗の寺。山号は石光山。「石山の秋月」は近江八景の一。
(55)原作は「カメラや」。
(56)琵琶湖南端の、西岸の地名。松原で有名であった。「粟津の晴嵐（晴れた日に立つ霞）」は近江八景の一。
(57)原作は「アベックが」。
(58)一一八四年、木曽義仲が源義経・範頼軍に討たれ、今井兼平が自刃した所。
(59)琵琶湖の南端から流れ出る川。南西流して、宇治川・淀川となる。「瀬田の夕照」は近江八景の一。
(60)藤原秀郷の別称。平安時代中期の地方豪族で、下野守・武蔵守。平貞盛を助けて平将門を討った。

(61)琵琶湖の南端、瀬田川の流出口付近に架かる橋。瀬田の唐橋《からはし》。
(62)琵琶湖南部の東方、野州市野州町にそびえる山（四二八メートル）。俵藤太が退治した百足が棲んでいたという伝説から、百足山とも。
(63)百足の大きさは、三上山を七巻き半するほどであったという。
(64)千年後まで。
(65)ここには演唱者の名を入れて唄う。
(66)大津市本堅田にある臨済宗海門山満月寺の通称。琵琶湖上に建っている。「堅田の落雁」は近江八景の一。
(67)着物のこと。
(68)大津市中東部の地名。琵琶湖南西端部の湖岸にある。「唐崎の夜雨」は近江八景の一。「唐」に、腹が空になる意を掛ける。
(69)一本松。唐崎神社にある古松。

滋賀県の盆踊り唄。滋賀県下の人たちが、お盆に唄い踊ってきたものである。

唄の履歴　この唄の源流は、中国地方で生まれた「木遣《きや》り口説《くどき》」である。それが盆踊りに利用され、「盆踊り口説」の名で西日本地方一円で広く唄い踊られていた。その、七五調二行を繰り返していく長編の「盆踊り口説」に、初代桜川大竜が「祭文《さいもん》」を加えたため、滋賀県下の盆踊り唄は周辺の盆踊り唄とは全く異なったものになった。

桜川大竜は、本名を西沢寅吉と言い、一八一〇年に八日市村神田《しんでん》（現東近江市神田町）に生まれた。江戸時代末期に、江戸で桜川雛山《すうざん》という「祭文語り」に「祭文」を習い、それを故郷に持ち帰って「盆踊り口説」に混じえ、「八日市祭文音頭」の名で唄った。それが大評判となったが、その時、寅吉は一九歳であったという。

明治時代には関東地方でも、現埼玉県比企《ひき》郡出身の安藤改助《かいすけ》（本名改吉、一八四五年生まれ）が、「新保広大寺口説《しんぼこうだいじくどき》」に「祭文」を加味して「東音頭《あずまおんど》」（➡二六八ページ）を唄い始め、それが、のちに『八木節《やぎぶし》』を生み出している。このように、盆踊り唄に「祭文」を利用した例は、日本各地にあったようである。

ところで、西日本地方の「盆踊り口説」は、「七七調二行」を一単位にして繰り返していく。それは、唄に変化をつけるために、前の行を高い節に、後の行を低い節にし、対照的な節を並べて唄っていくものであった。しかし、「祭文」は、「七五調三行」を一単位にして繰り返していくのが基本である。今日の『江州音頭』も、「祭文」を取り入れたために、「七五調三行」を繰り返していくのが基本型となっている。

西沢寅吉は、その後、盆踊りの音頭取りとして各地を唄いまわり、京・大坂のお座敷にまで招かれるほどになった。そのため、この唄は近畿地方一円へ広まったが、その頃の曲名は「八日市音頭」であった。

その寅吉は歌寅と呼ばれていたが、のちに師匠の姓を取って桜川大竜と名乗った。その門人に奥村九左衛門という、のちに真鍮家《しんちゅうや》好文《こうぶん》と名乗った男がおり、二人で数多くの門人を育てた。その結果、『江州音頭』の音頭取りは、桜川派と真鍮家派のいずれかに属するようになっていった。そして、その人たちが、お盆に近畿地方一円に出かけて活躍し、明治から大正時代にかけては近畿地方の盆踊り唄はこの『江州音頭』一色になってしまうほどの流行を見せた。「江州」は近江の国の別称であるが、この曲名は滋賀県外の人たちがつけたものと思われる。

ところが、太平洋戦争後、法螺貝《ほらがい》や錫杖《しゃくじょう》を鳴らし、「デロレンデロレン」と祭文式に演じるのが嫌われ始め、一九五七年には旧八日市市の商工会議所が観光用の歌詞を作るとともに、節のほうも祭文的な部分を削除して三味線を加え、「新江州音頭」を作り出した。

節まわしの型　今日広く唄われている節まわしは、初代桜川大竜以来の「桜川節」と、初代真鍮家好文以来の「真鍮家節」である。

淡《たん》海《かい》節《ぶし》

〽舟《ふね》を曳《ひ》き上《あ》げ　①漁師《りょうし》は帰《かえ》る
あとに残《のこ》るのは　艪《ろ》と櫂《かい》
波《なみ》の音《おと》　ヨイショコショォ浜《はま》の松風《まつかぜ》

〽手綱《たづな》ゆるめて　花《はな》の路《じ》②帰《かえ》りゃ
鈴《すず》に浮《う》かれて　勇《いさ》む駒《こま》
「③ドドドオ　ドオ」
花《はな》が散《ち》る　里《さと》の夕暮《ゆうぐ》れ

〽春《はる》が来《き》たので　麓《ふもと》は桜《さくら》
峰《みね》の白雪《しらゆき》　④比良《ひら》の山《やま》
昇《のぼ》る朝日《あさひ》に　朗《ほが》らかに聞《き》く鳥《とり》の声《こえ》

〽秋《あき》が来《き》たので　燕《つばめ》は帰《かえ》る
あとに残《のこ》るのは　萩桔梗《はぎききょう》
月《つき》が⑤出《で》た　虫《むし》の鳴《な》く声《こえ》

〽時間《じかん》来《き》たので　⑥舞妓《まいこ》は帰《かえ》る
あとに残《のこ》るのは　差《さ》し向《む》かい
⑦口説《くぜつ》　燗《かん》ざましの徳利《とっくり》

〽⑧主《ぬし》のお馬《んま》に　坊《ぼう》やが乗《の》って
手綱《たづな》はわたしの　紅襷《べにだすき》
⑨念《ねん》が届《とど》いた　⑩細結《こまむす》び

〽雨戸《あまど》引《ひ》き開《あ》け　片手《かたて》に団扇《うちわ》
露《つゆ》に濡《ぬ》れたる　夏《なつ》の夜《よ》の
残《のこ》る三日月《みかづき》　空《そら》に一声《ひとこえ》ほととぎす

〽去年《きょねん》見《み》た時《とき》や　⑪矢絣《やがすり》⑫島田《しまだ》
今年《ことし》⑬見《み》た時《とき》や　⑭丸髷《まるまげ》で
来年《らいねん》は⑮やや抱《だ》いて　うれしかろ

〽急《いそ》ぐ家路《いえじ》に　姉《あね》さんかむり
あとに残《のこ》るのは　星《ほし》と月《つき》
伸《の》びた麦《むぎ》　畑《はた》の畝々《うねうね》

注①「船頭さんは」「船頭衆は」とも。
②「帰る」とも。
③馬子唄の掛け声。ここに「あんこ」として馬子唄を一首分挿入すると、唄にまとまりがなくなる。
④比良山。滋賀県の中西部、琵琶《びわ》湖の西方にそびえる群峰（最高一二一四メートル）。
⑤「さす」とも。
⑥舞いを舞って、酒宴に興を添える若い娘。「芸者衆は」とも。
⑦男女間の愛情のもつれから起こる、たわいのない言い争い。
⑧男が四つんばいになって、馬のまねをすること。
⑨思いが通じた。
⑩ひもの結び方で、先端を交差させて結んだあと、再び交差させて結ぶもの。真結び。玉結び。
⑪鳥の羽根をつけた矢の形を表した絣模様の着物。
⑫島田髷《まげ》。日本髪の髪型で、未婚の女性が結うもの。
⑬「来てみりゃ」とも。
⑭結婚した女性の髪型。髷の中に楕円形の型を入れて、丸い形に結ったもの。
⑮赤ん坊。

滋賀県の、お座敷唄形式の新民謡。滋賀県のみならず、日本中の花柳界の宴席で、芸者衆や客が唄ってきたものである。

唄の履歴　この唄の源流は、山口県下の花柳界で唄われていた『ヨイショコショ節』である。それを今日の『淡海節』に仕立て直したのは、喜劇俳優の志賀廼家《しがのや》淡海である。

淡海は、本名を田辺耕治といい、一八八三年一二月一三日に滋賀県の現大津市本堅田に生まれた。『江州《ごうしゅう》音頭』の初代真鍮家好文《しんちゅうやこうぶん》の弟子となって「団丸」と名乗り、一九〇〇年の「郷土芸術振興江州音頭大会」で優勝したが、翌年、芝居を志し、一八歳で故郷をあとにした。そして、新派を振り出しに松竹喜劇団などで活躍して「志賀廼家淡海」を名乗り、のちには独立して「淡海劇団」を設立した。

その淡海が、一九一六年に京都府下の舞鶴海岸（舞鶴市）を散策中に「〽舟を曳き上げ…」の歌詞を作ったことが、今日の『淡海節』のきっかけとなったといわれている。ただ、この歌詞は、『ヨイショコショ節』の、

〽相撲は果てるし　相撲取りゃ帰る
　あとに残るのは　四本柱に土俵に砂
　手桶《ておけ》にヨイショコショ　塩と水

の替え唄として作ったものらしい。

その頃に作った「成金節《なりきんぶし》」と「左様《さよ》か」の二曲を加えて熊本の大和座で発表したが、一九二〇年に東京の有楽座で唄ったところ、大当たりを取り、以後、『淡海節』の名で日本中へ広まっていった。その間にオリエントレコードに吹き込んだものは「小唄ヨイショコショ」という曲名であったから、『淡海節』という曲名は、のちにつけられたものである。

なお、淡海本人が書いた短冊《たんざく》には、「大正六年創曲」とある。この年（一九一七）は、舞鶴でこの歌詞を作った年をさすのか、熊本の大和座の舞台にかけた年をさすのか、今となっては不明である。

節まわしの型　今日広く唄われている節まわしは、志賀廼家淡海のものである。

京都府

福知山音頭《ふくちやまおんど》

〽①福知山出《ふくちやまで》て　②長田野《おさだの》越《こ》えて
駒《こま》を速《はや》めて　③亀山《かめやま》へ
（ドッコイセ　ドッコイセ）
（チョイチョイノ　チョイノ　チョイノ
チョイ）
（トコドッコイ　ドッコイ　ドッコイ
セ）

〽④福知山《ふくちやま》さん　⑤葵《あおい》の御紋《ごもん》
いかなお大名《だいみょう》も　かなやせぬ

〽福知山《ふくちやま》とは　誰《た》が名《な》をつけた
こんな御城下《ごじょうか》を　山《やま》じゃとは

〽今度《こんど》お⑥江戸《えど》の　⑦若殿様《わかとのさま》は
⑧知行《ちぎょう》増《ま》すげな　⑨五千石《ごせんごく》

〽⑩福知千軒《ふくちせんげん》　⑪流《なが》りょと焼《や》きょと
一町残《いっちょうのこ》れよ　⑫土手《どて》の町《まち》

〽⑬明智光秀《あけちみつひで》　⑭丹波《たんば》をひろめ
ひろめ丹波《たんば》の　福知山《ふくちやま》

〽お前見《まえみ》たかや　お城《しろ》の庭《にわ》を
今《いま》が⑮桔梗《ききょう》の　花盛《はなざか》り

〽福知山《ふくちやま》⑯紺屋町《こやまち》　⑰御霊《ごりょう》さんの榎《えのき》
化《ば》けて出《で》るげな　⑱嘘《うそ》じゃげな

〽月《つき》が出《で》た出《で》た　長田《おさだ》ケ原《がはら》に
はずむ⑲心《こころ》は　⑳本調子《ほんちょうし》

〽盆《ぼん》のお月《つき》さんは　真《ま》ん丸《まる》こて丸《まる》て
丸《まる》てまん丸《まる》こて　まだ丸《まる》い

〽㉑三五十五夜《さんごじゅうごや》　㉒音無瀬橋《おとなせばし》に
月《つき》が鳴《な》いたか　ほととぎす

〽盆《ぼん》の十五夜《じゅうごや》　㉓十六音頭《じゅうろくおんど》
踊《おど》るあの娘《こ》は　十七《じゅうなな》つ

〽㉔十六十六《じゅうろくじゅうろく》　始《はじ》めた人《ひと》は
㉕塩谷三右衛門《しおやさんえもん》が　元《もと》じゃげな

〽盆《ぼん》のお月《つき》さんは　十五《じゅうご》が盛《さか》り
わたしの盛《さか》りは　いつじゃやら

〽霧《きり》が降《ふ》る降《ふ》る　丹波《たんば》の国《くに》は
霧《きり》の中《なか》から　陽《ひ》が昇《のぼ》る

〽山出《やまで》て山出《やまで》て　来《く》るこた来《き》たが
今《いま》は丹波《たんば》が　なつかしい

〽鬼《おに》の㉖住居《すまい》の　㉗大江《おおえ》の山《やま》も
春《はる》はやさしい　薄霞《うすがすみ》

〽㉘丹波境《たんばさかい》の　大江《おおえ》の山《やま》に

㉙岩《いわ》の扉《とびら》は　千畳敷《せんじょうじ》き

〽橋《はし》で見《み》ようか　船《ふね》から見《み》よか
丹波福知《たんばふくち》の　㉚大文字《だいもんじ》

〽踊《おど》れ踊《おど》れと　踊《おど》らせおいて
㉛科《しな》のよいのを　嫁《よめ》に取《と》ろ

〽音頭取《おんどと》る子《こ》が　橋《はし》から落《お》ちて
橋《はし》の下《した》から　音頭取《おんどと》る

〽わたしの踊《おど》り好《ず》き　㉜叺《かます》に入《い》れて
叱《しか》る親父《おやじ》に　負《お》わせたい

〽負《ま》けな負《ま》けなよ　三味線《しゃみせん》にゃ負《ま》けな
負《ま》けりゃ踊《おど》り子《こ》の　恥《はじ》となる

注①⬇補足。
②現福知山市市街地東方の高岳（四一六メートル）西麓。士《は》師《ぜ》川右岸の段丘台地。
③現亀岡市の中心部。福知山の南東方約八一キロにある。
④福知山藩主朽木《くつき》氏のこと。
⑤徳川家の家紋。二葉葵の葉を三枚、巴形に組み合わせた図柄。朽木民部は、江戸城火災時の功により、葵紋の使用を一代限り許された。
⑥現東京都東部。江戸幕府の所在地。
⑦江戸詰めの朽木稙昌《たねまさ》は、一六六九年に福知山へ入封し、二七歳で朽木氏初代藩主となった。
⑧将軍から大名に与えられる土地が増えるらしいよ。
⑨稙昌は、前領地の土浦（現茨城県土浦市）では二万七千石、加増されて三万二千石。「五万石」は誇張したもの。
⑩〔「千軒」は実数ではなく〕福知山の、建ち並んでいる沢山の家々が。
⑪「流りょが　こきょが」とも。
⑫現福知山市市街地北東部の、広小路東端辺り、由良川の船着き場付近の堤防上にあった遊廓。
⑬安土桃山時代の武将。美濃（岐阜県中部・南部）の生まれ。近江阪本城主。⬇補足。
⑭旧国名。現京都府中部から兵庫県中東部一帯。
⑮明智光秀の家紋が桔梗紋であったことを踏まえる。
⑯現福知山市市街地の中東部にあった、江戸時代からの町名。現上紺屋・下紺屋。
⑰御霊神社。光秀を配祀。一九一八年に社殿を紺屋町から現在の中ノ町に遷した。
⑱「古狸」とも。
⑲「踊りは」とも。
⑳本来の調子だ。
㉑「三×五で十五夜」の意。
㉒福知山市市街地北東部の、由良川に架かる橋。
㉓『福知山音頭』のこと。踊りの振りから。⬇解説。
㉔十六足踊りの振り。
㉕⬇解説。
㉖古くは「住むてふ」。「てふ」は古語で、「チョウ」と発音する。「…という」の意。
㉗福知山市の北西端にある山（八三三メートル）。源頼光の鬼退治伝説で有名。
㉘丹波の国と丹後の国の境の。
㉙鬼が住んでいたと伝えられる洞穴の。
㉚「大」の字形にたく、お盆の送り火。福知山では、市街地北西方の姫髪山の山腹で行われる。
㉛しぐさ。体の動きから受ける感じ。
㉜蓆《むしろ》を二つに折り、左右両端を細縄でぬって作った袋。穀物が一斗入る。

京都府の盆踊り唄。京都府の中西部、由良《ゆら》川西岸に開けた旧城下町福知山（福知山市）の人たちが、お盆に唄い踊ってきたものである。

唄の履歴　この唄の源流は不明である。かつては三下り調の三味線の伴奏がついていて、しかも長編の唄であったというから、「祭文音頭《さいもんおんど》」系統の唄で、たぶん『江州《ごうしゅう》音頭』（滋賀）や『河内《かわち》音頭』（大阪）のようなものだったのであろう。

ところが、江戸時代末期に、海老原《えびはら》某《なにがし》という遊芸人と、江戸から来た花子という師匠が、今日の二上り調の伴奏の、華やかなものにしたという。この時に、歌詞も、長編の「口説《くどき》」から、七七七五調の短いものに替えたものと思われる。

なお、踊りは、足を前へ蹴り出す振りがついており、一六足で一踊りになっているため、「十六踊り」とも呼ばれる。この踊りは塩谷三右衛門が振り付けたもので、「大踊り」と「小踊り」の二通りがある。「大踊り」は、踊り場の中央に組んだ櫓《やぐら》の上で三味線と大太鼓ではやし、櫓のまわりで踊り手が踊る。「小踊り」は、三味線と小鼓ではやしながら、少人数で町内を踊り歩くものである。

節まわしの型　今日広く唄われている節まわしは、初代黒田幸子《さちこ》のものである。しかし、重く、粘りすぎて、京都らしい華やかさがないので、福知山芸者駒之助の節まわしのほうがよい。

補足　明智光秀は、織田信長の命により一五七五年から丹波地方を攻略して、七八～七九年に亀山城（亀岡市）を築き、福知山城を改築した。そして、八二年六月二日、信長が、中国地方を支配する毛利輝元と対戦中の羽柴秀吉の応援に赴くために宿泊した京都本能寺を襲って、信長を自刃させた。一三日、秀吉と山城（京都府南部）の山崎で戦い、敗走して近江（滋賀県）阪本城へ戻る途中、農民に殺された。逆臣の代表的人物とされるが、領地では良政を行ったという。

前掲一首目の歌詞は、その明智光秀自身が福知山城から亀山城へ馬を走らせる雄姿を唄ったものだという。また、福知山城からの軍使が光秀の居城亀山へ向かう姿を唄ったものだともいう。しかし、それは光秀と福知山・亀山と馬を結びつけて作られた話である。

江戸時代末期には各街道の宿場づくしの歌詞が大流行し、同じ形式のものが中山道《なかせんどう》や英彦山《ひこさん》街道（福岡県）などにもある。この歌詞も、その流行の中で作られたもので、山陰街道宿場づくしの一部分だと思われる。

府中大漁節《ふちゅうたいりょうぶし》

上の句〔音頭取り〕

〽丹後名所《たんごめいしょ》①はヨォー　朝日《あさひ》を受《う》けて

下の句〔漕ぎ手〕

晩《ばん》②の入《い》③り風《かぜ》が　そよそよとヨー

〽沖《おき》を見《み》やんせ　白波《しらなみ》が立《た》つ
これに出《で》らりょか　馳《は》④せらりょか

〽府中　漁師《ふちゅうりょうし》⑤が　文殊《もんじゅ》⑥さんの沖《おき》で
小首《こくび》かしげて　櫂《かい》をかく

〽府中　漁師《ふちゅうりょうし》が　橋立沖《はしだておき》⑦で
タブシ⑧かしげて　櫂《かい》をかく

〽月《つき》の明《あ》かりに　橋立見《はしだてみ》れば
金波銀波《きんぱぎんぱ》の　阿蘇《あそ》⑨の海《うみ》

〽浜《はま》は大漁《たいりょ》で　陸万作《おかまんさく》で
村《むら》に黄金《こがね》の　花《はな》が咲《さ》く

〽今日《きょう》は凪《なぎ》⑩じゃで　また出《で》てみよか
艪櫂揃《ろかいそろ》えて　夫婦舟《めおとぶね》

注①旧国名。現京都府北部。
②「晩に」とも。
③若狭湾の方から、天の橋立を越えて阿蘇の海へ吹き込んでくる東風のこと。
④舟を走らせられようか。
⑤➡解説。
⑥天の橋立の南端近くにある天橋山智恩寺の通称。本尊の文殊菩薩は、日本三文殊の一。
⑦天の橋立。府中の南方海上にある、細長い砂州。長さ約三・三キロ。白砂青松の景勝地で、日本三景の一。
⑧舟の胴より少し前のあたりを傾けて。
⑨宮津湾内の、天の橋立でくぎられた内海。「与謝《よさ》の海」とも。
⑩風がやんで、海が穏やかになること。

京都府の仕事唄。京都府の北端部にある宮津市府中の漁師たちが、「金樽鰯《きんだるいわし》」（真鰯のこと）を獲る折りに、舟を漕《こ》ぎながら唄ってきたものである。府中は、丹後半島の東側の付け根にあり、天の橋立で日本海とくぎられた阿蘇《あそ》の海を抱える村落である。

「金樽鰯」という魚名は、平重盛《たいらのしげもり》の五男忠房が、黄金の樽に酒を入れて、阿蘇の海で酒宴を催そうとした時、舟が揺れて樽が海中へ落ち、黄金の鰯に変わったという伝説によるものである。

漁は「沖打ち網」漁法で、網は長さ七〇メートル、幅七メートルほど、これにつけた、二五〇メートルにも及ぶ綱の両端を二隻の船で曳いて獲る。漁師は一〇人一組で、一隻に四人ずつ乗り、二人は交替要員である。一網一五分ほどで揚げ、それを三、四回繰り返せば、脂《あぶら》の乗った「金樽鰯」が三八〇～四七〇キロぐらいは獲れたという。

唄の履歴　この唄の源流は、江戸時代後期から明治時代に日本中で大流行した「甚句《じんく》」である。それは、盆踊り唄や酒盛り唄として唄われていたが、のちには、種々の農作業をしながら唄われるようになった。『府中大漁節』も、たぶん、掛け合いで唄う「籾摺《もみす》り唄」のようなものを、府中の人たちが海上へ持ち出して唄ったのが元になっているのであろう。というのも、府中は半農半漁の村落で、鰯漁は昼からの仕事であったから、陸海共通の唄で仕事をしていたものと思われる。

また、節の感じは、群馬県下の「桑摘《くわつ》み唄」とほとんど同じである。したがって、明治時代の流行《はや》り唄のようなものから発生した唄なのかもしれない。

この唄、一九六三年頃までは、『府中大漁節』のほかに「大漁艪《ろ》ばやし」や「艪漕ぎ唄」とも呼ばれていた。ところが、宮津市溝尻《みぞしり》の漁業組合の人たちの録音テープを元にして筆者（竹内勉）が歌詞を補い、市川紫が三味線の伴奏をつけて、一九六八年一〇月九日に佐々木一夫の唄でコロムビアレコードに吹き込んだ。その時の曲名は「宮津大漁節」であった。

その翌年八月三〇日と三一日に、溝尻の漁業組合の人たちが東京の国立劇場に出演するに及んで、この唄は広く知られるようになった。そのため、「府中」の名が世間一般に広く通用し始め、昭和四十年代（一九六五〜）中頃より『府中大漁節』という曲名が一般でも用いられるようになった。

節まわしの型　今日広く唄われている節まわしは、溝尻漁業組合の人たちのものである。

宮津《みやづ》踊《おど》り

宮津節・本唄（七七七五調）

（①丹後《たんご》の②宮津《みやづ》でエ　ピンと出《だ》したア）

〽二度《にど》と③行《い》こまい　丹後《たんご》の宮津《みやづ》
縞《しま》の財布《さいふ》が　④空《から》となる
丹後《たんご》の宮津《みやづ》でエ　ピンと出《だ》したア

宮津節・長ばやし〔唄い手〕

〽⑤丹後《たんご》　⑥縮緬《ちりめん》　⑦加賀《かが》の⑧絹《きぬ》
⑨仙台平《せんだいひら》⑩には　⑪南部縞《なんぶじま》
⑫陸奥《むつ》の⑬米沢《よねざわ》　⑭江戸《えど》⑮小倉《こくら》
丹後《たんご》の宮津《みやづ》でエ　ピンと出《だ》したア

松坂踊り

〽⑯天《あま》の橋立《はしだて》　日本一《にっぽんいち》よ
宮津踊《みやづおど》りは　国自慢《くにじまん》

あいやえ踊り

〽あいィやアえー
⑰あいやァ可愛《かわ》いや　今朝出《けさで》た船《ふね》は
どこの港《みなと》へソーレー　着《つ》いたやら

宮津節・本唄（七七七五調）

〽⑱縞《しま》の財布《さいふ》が　想《おも》いの種《たね》で
⑲二度《にど》行《い》こまいとて　三度来《さんどき》た

〽天《あま》の橋立《はしだて》　日本一《にっぽんいち》よ
⑳文殊菩薩《もんじゅぼさつ》に　㉑知恵《ちえ》の餅《もち》

〽月《つき》が出《で》ました　㉒黒崎沖《くろさきおき》に
金波《きんば》㉓銀波《ぎんぱ》が　鼓打《つづみう》つ

〽雨《あめ》の降《ふ》る日《ひ》は　㉔傘松下《かさまつした》で
二人《ふたり》㉕成相《なりあい》　㉖与謝《よさ》の海《うみ》

〽行《い》こか戻《もど》ろか　橋立渚《はしだてなぎさ》
いとし宮津《みやづ》の　灯《ひ》が招《まね》く

〽惚《ほ》れてつまらぬ　他国《たこく》の人《ひと》に
末《すえ》は烏《からす》の　泣《な》き別《わか》れ

〽逢《お》うて嬉《うれ》しや　別《わか》れの辛《つら》さ
逢《お》うて別《わか》れが　なけりゃよい

〽唄《うた》の宮津《みやづ》は　入《い》り船出船《ふねでふね》
恋《こい》の㉗架《か》け橋《はし》　一文字《いちもんじ》

〽天《あま》の橋立《はしだて》　松青々《まつあおあお》と
汲《く》んで見《み》せたい　㉘磯清水《いそしみず》

〽天《あま》の橋立《はしだて》　松青々《まつあおあお》と
沖《おき》に㉙切戸《きりど》が　なけりゃよい

〽今日《きょう》は帰《かえ》ろと　橋立見《はしだてみ》れば
泊《と》まれ泊《と》まれと　鳴《な》く鷗《かもめ》

宮津節・本唄（口説型）

〽㉚京《きょう》の㉛金閣寺《きんかくじ》を
拝見《はいけん》なしたか　御覧《ごろう》じなしたか
楠《くすのき》　天井《てんじょう》の　一枚板《いちまいいた》ではないか
萩《はぎ》の違《ちが》い棚《だな》　南天床柱《なんてんとこばしら》
名所名所《めいしょめいしょ》

〽㉜早野勘平《はやのかんぺい》さんは

蓑着《みのき》て笠着《かさき》て　鉄砲《てっぽう》かたげて㉝
㉞火縄《ひなわ》に火《ひ》をつけ　猪撃《ししう》ちいでしが㉟
二十四《にじゅうし》が㊱前厄《まえやく》　三十《さんじゅう》が命《いのち》の終《お》わり
可愛《かわ》いお㊲軽《かる》さんは　すこぶる別嬪《べっぴん》
まことにきれいな　若後家《わかごけ》さんで
夫《おっと》に別《わか》れて　泣《な》いた泣《な》いた
かわいそう　かわいそう

〽㊳瀬田《せた》の唐橋《からはし》　㊴唐金《からかね》㊵擬宝珠《ぎぼし》
水《みず》に映《うつ》るは　㊶膳所《ぜぜ》の城《しろ》
名所名所《めいしょめいしょ》

〽お前《まえ》あの町《ちょう》か　言《こと》づて頼《たの》む
焦《こ》がれ暮《く》らすと　全体《ぜんたい》言《い》っておくれ
ごく内緒内緒《ないしょないしょ》

〽春《はる》は花咲《はなさ》く　㊷華頂山《かちょうざん》
㊸祇園《ぎおん》　㊹清水《きよみず》　㊺長楽寺《ちょうらくじ》
㊻吉田《よしだ》　㊼黒谷《くろだに》　㊽南禅寺《なんぜんじ》
㊾西京《さいきょう》名所《めいしょ》

松坂踊り

〽桜桜《さくらさくら》と　唄《うた》われて
桜さんとは　どなたやら

〽来《く》るか来《く》るかと　浜見《はまみ》れば
浜《はま》の松風《まつかぜ》　音《おと》ばかり

〽そもや二人《ふたり》が　馴《な》れ初《そ》めは
想《おも》い㊿大津《おおつ》の　(51)柴屋町《しばやまち》

〽わたしが差《さ》した　盃《さかずき》を
紅《べに》がついたと　いただいて

〽嵐吹《あらしふ》き出《だ》す　(52)京街道《きょうかいどう》
色《いろ》を染《そ》め出《だ》す　(53)紺屋町《こんやまち》

〽頃《ころ》は(54)師走《しわす》の　十五夜《じゅうごや》の
月《つき》は冴《さ》ゆれど　胸《むね》は闇《やみ》

〽軒《のき》に輝《かがや》く　(55)掛《か》け行灯《あんどん》
婀娜《あだ》な(56)華燭《かしょく》の　散《ち》らし書《が》き

〽可愛《かわ》い男《おとこ》の　来《く》る夜《よ》さは
土手《どて》の蛙《かわず》が　目《め》をつける

あいやえ踊り

〽団子串《だんごくし》に刺《さ》し　五《いつ》つが五文《ごもん》
一《ひと》つ放《はな》せば　一文《いちもん》だ

〽船《ふね》が入《はい》れば　灯《あかし》が揺《ゆ》れる
恋《こい》し宮津《みやづ》の　灯《ひ》が揺《ゆ》れる

注①旧国名。現京都府北部。「丹後屋の二階」とも。
②⬇解説。
③宮津方言。共通語で「ゆくまい」とも。
④「空になる」とも。
⑤「丹後の」とも。
⑥よりをかけない生糸と、よりの強い生糸を平織りにした絹布。布面に細かいしぼがある。
⑦旧国名。現石川県南部。
⑧絹織物。
⑨現宮城県仙台市地方産出の、男用の絹の袴地。
⑩「やら」とも。
⑪南部地方（岩手県中央部から青森県東部一帯）産出の、紬《つむぎ》などの縞織物。
⑫旧国名。現青森・岩手・宮城・福島県全域と秋田県の一部。
⑬米沢織。現山形県米沢地方産出の絹織物の総称。紬・縮緬・黄八丈など。
⑭江戸（現東京都東部）では小倉織が尊ばれる、の意。
⑮小倉織。現福岡県北九州市小倉地方産出の、厚手で丈夫な綿織物。男の袴・帯用。
⑯宮津港の北方にある、白砂青松の、細長い砂州。長さ約三・三キロ。日本三景の一。
⑰「はいや節」の唄い出し「はいやア」の転。「はい」は「はえ」の転で、南風の意。千石船は、この風を利用して出港した。
⑱「空の」とも。
⑲「二度と」とも。
⑳天の橋立の南端近くにある天橋山智恩寺（臨済宗妙心寺派）の本尊。日本三文殊の一。
㉑智恩寺門前の茶店で売っている餅菓子。文殊菩薩が知恵の仏であるための称。

㉒宮津港の北東方、栗田《くんだ》半島の北端にある岬。
㉓「銀波の　与謝の海」とも。
㉔天の橋立の北方、現傘松公園にある松の木。傘を広げたような形をしている。この公園は、天の橋立を股の下から眺めることで有名。
㉕成相山成相寺。傘松の北西方にある、高野山真言宗の寺。「成り合い」（一緒になり）を掛ける。
㉖宮津湾内の、天の橋立の東方の海。また、西方の海（阿蘇の海）をも含めた総称で、宮津湾の別称であるとも。「良さ」を掛ける。
㉗天の橋立のこと。
㉘天の橋立の橋立明神境内にある湧水。
㉙天の橋立南端の、砂州が切れて、阿蘇の海が外海とつながっている所。
㉚現京都市。
㉛京都市北区にある鹿苑寺《ろくおんじ》の通称。
㉜浄瑠璃「仮名手本忠臣蔵」中の人物。塩谷《えんや》判官の家臣。猟師になったが、猪とまちがえて妻の父を撃ってしまったと思い込み、切腹する。しかし、潔白とわかり、死の直前に仇討ちの連判に加えられる。
㉝かついで。
㉞火縄銃。
㉟「御商売」とも。
㊱厄年の前の年。
㊲勘平の妻。
㊳琵琶《びわ》湖の南端から流れ出る瀬田川の、流出口付近に架かる橋。
㊴青銅。
㊵橋の欄干の柱の上についている、ネギの花のような形をした飾り。
㊶琵琶湖南端の西岸、膳所（大津市）にあった城。湖を利用した水城であった。
㊷浄土宗総本山、知恩院の山号。京都市東山区にある。
㊸祇園社。現八坂神社の旧称。東山区にある。
㊹清水寺。北法相宗本山。山号は音羽山。東山区にある。
㊺東山区にある、時宗の寺。山号は黄台山。
㊻吉田神社。左京区にある。
㊼黒谷浄土宗の大本山、紫雲山金戒光明寺。左京区にある。
㊽臨済宗南禅寺派の大本山。山号は瑞竜山。左京区にある。
㊾京都のこと。東の都である東京に対して、西の都の意。
㊿現滋賀県大津市。「多い」を掛ける。
(51)大津市の旧町名。遊廓があった所。現長等二・三丁目。
(52)宮津市市街地の中央部にある、江戸時代からの町名。町中を現京都市へ通じる街道が南北に走る。
(53)京街道の北にあった、江戸時代からの町名。染物屋街。現宮本内。
(54)陰暦一二月の別称。
(55)照明具。家の入り口や廊下の柱などに掛けておく行灯。行灯は、木や竹の枠に紙をはり、中に火をともすもの。
(56)美しく彩色したろうそく。

京都府のお座敷唄。京都府の北端部にある旧城下町宮津（宮津市）の花柳界の宴席で、芸者衆が唄い踊ってきたものである。宮津は、若狭《わかさ》湾の南西端、丹後半島の東側の付け根にある港町であり、天の橋立を控えた観光の町であり、日本三文殊《もんじゅ》で知られる智恩寺の門前町でもある。

唄の履歴　『宮津踊り』は、「宮津節」「松坂踊り」「あいやえ踊り」の三曲から成る組唄である。「宮津節」の「本唄」には、「七七七五調」と「口《く》説《どき》型」の二種類がある。旧来の「宮津節」は前掲の「口説型」で、「丹後節」とも呼ばれていた。その源流は、江戸時代末期から明治時代初期に日本中の花柳界で大流行した「本調子甚句《じんく》」である。したがって、『名古屋甚句』（愛知）や『おてもやん』（熊本）と同系統の唄であった。

ところが、この唄は、口がなめらかに動かないと、唄が重くなって、速く唄えず、三味線からはずれてしまうので、江戸時代末期か明治時代初期に七七七五調の「甚句」に置き替えてしまった。それが前掲の「七七七五調」である。

また、「長ばやし」の「〽丹後縮緬《ちりめん》…」は、それまで「本調子甚句」として唄われていた歌詞の、しまいの部分を削って「本唄」のあとへ加えたものである。

なお、「ピンと出した」は、明治時代に発売されたレコードには「ピンと出したよ　うまくやっちょるね」とある。宮津藩は文化年間（一八〇四〜一八）に遊廓を許可したが、かつては、北前船《きたまえぶね》の船乗りや近郷の客と遊女に関する、かなりきわどい歌詞があって、そのはやし詞の一部分だけが残ったのであろう。

「松坂踊り」の源流は、江戸時代初期かその前の室町時代に流行した盆踊り唄「松坂踊り」である。それは「〽松坂踊りを一踊り…」と唄い出すもので、伊勢の松阪《まつさか》（三重県松阪市）を中心にして広まった唄かもしれないが、詳しいことは不明である。その盆踊り唄は近畿地方から日本海側へ広まり、新潟県下の『新津松坂』や『加茂松坂』を東限としている。そうした唄が宮津にも伝えられて、お盆に唄い踊られていた。なお、曲名は近頃は「松坂」と呼んでいるが、一九三〇年には、きちんと「松坂踊り」と呼んでいたので、本書では本来のものへ戻しておく。

「あいやえ踊り」の源流は、現熊本県天草《あまくさ》市の牛深港で生まれた『牛深はいや節』（六七四ページ）である。それが、帆船の船乗りたちによって日本中の港へ運ばれ、この宮津港にも伝えられて、花柳界で、酒席の唄として盛んに唄われた。

その『牛深はいや節』という曲名を生んだ歌詞は「〽はいやはいやで今朝出した船は　どこの港へサーマ入れたやら（着いたやら）」であり、二次的に生まれた歌詞が「〽はいや可愛いや今朝出した船は…」である。その原調の歌詞が「あいやえ踊り」にそっくりそのまま残っているのは、「はいや節」が生まれてからかなり早い時期に、宮津に伝えられたためであろう。ただ、七七七五調の五音の前に挿入する「サーマ」が「ソーレ」に変わっている。それは宮津より西には見当たらないが、東北地方には広く分布しているので、宮津辺りから東へ広まっていったものである。したがって、宮津の「あいやえ踊り」は、東北地方の「あいや節」（「はいや節」の変形）の源流と見ることができる。

なお、曲名の「あいやえ踊り」は、「あいやえー」と唄い出すことから名づけられたものである。そのため、「はいや節」が「あいや節」と変わるのも、この宮津より東の地域である。宮津は、「はいや節」が日本海沿岸を東方へ進んで行く中で、大きな地位を占める港であった。

ところが、近頃、宮津の人たちは、発祥地牛深の「はいや節」を意識してか、「はいやえー」と唄い出している。しかし、本書では本来の「あいやえー」へ戻しておく。

『宮津踊り』は、三曲を組唄にして、格調の「宮津節」・優雅の「松坂踊り」・躍動感の「あいやえ踊り」という序破急の演出をしている。それは、一九四七、四八年頃、大阪の専売公社が、「煙草《たばこ》音頭」（作詞北原白秋、作曲中山晋平）を作って民謡大会を催した時、宮津の芸者連中が、その舞台で三曲続けて唄い踊り、それに『宮津踊り』と命名したのが始まりである。したがって、『宮津踊り』は三曲のメドレーであり、『宮津節』と呼ぶ時は「宮津節」一曲だけをさす。

節まわしの型　今日広く唄われている節まわしは、初代黒田幸子《さちこ》あたりのものである。しかし、黒田の唄は粘りすぎるので、宮津芸者を代表する酒井とし子の節まわしのほうがよい。

大阪府

おんごく

本唄

〽〔付け手〕 ①おんごくナハハァ　ナハハヤ
おんごくナハ　ヨイヨーィ
なにが優《やさ》しや　蛍《ほたる》が優《やさ》し
草《くさ》の葉陰《はかげ》で　灯《ひ》をともすアリャリャー
〔音頭取り〕 コリャリャ
〔付け手〕 サーサ　ヨーイヤサー

後　唄（地口《じぐち》・口説《くどき》）その1

〽〔音頭取り〕 家《うち》の隣《とな》りの　②仙太郎《せんたろ》さんは
馬《うま》に乗《の》ろとて　馬《うま》から落《お》ちて
竹《たけ》の③ちょっぴりこで　手《て》の平《ひら》突《つ》いて
医者《いしゃ》にかけよか　名医者《めいいしゃ》にかきょか
〔付け手〕 医者《いしゃ》も名医者《めいいしゃ》も　御無用《ごむよ》でござる

後　唄（地口・口説）その2

〽〔付け手〕 あの山越《やまこ》よか　この山越《やまこ》よか
〔音頭取り〕 ④賽《さい》の河原《かわら》で　小石《こいし》を拾《ひろ》て
砂《すな》で磨《みが》いて　⑤母屋《おもや》へあげて
⑥母屋姉《おもやねえ》さん　金《かね》かと⑦思《おも》い
〔付け手〕 これが金《かね》なら　帯買《おびか》おか

止　め〔付け手〕

〽アリャリャァ　コリャリャー
サーサ　ヨーイヤサー

数え唄〔付け手〕

〽一《いち》おいて⑧まわろ　こちゃ⑨市《いち》や⑩立《た》てん
⑪天満《てんま》⑫ならこそ　市立《いちた》てまする
〽二《に》おいてまわろ　こちゃ庭掃《にわは》かん
⑬丁稚《でっち》ならこそ　庭掃《にわは》きまする
〽三《さん》おいてまわろ　こちゃ三味引《しゃみひ》かん
⑭芸者《げいしゃ》ならこそ　三味引《しゃみひ》きまする
〽四《し》おいてまわろ　こちゃ皺寄《しわよ》らん
年寄《としよ》りならこそ　皺寄《しわよ》りまする
〽五《ご》おいてまわろ　こちゃ碁《ご》は打《う》たん
⑮良《え》え衆《し》ならこそ　碁《ご》は打《う》ちまする
〽六《ろく》おいてまわろ　こちゃ艪《ろ》は押《お》さん
船頭《せんど》ならこそ　艪《ろ》は押《お》しまする
〽七《しち》おいてまわろ　こちゃ質《しち》ゃ置《お》かん
貧乏《びんぼ》ならこそ　質置《しちお》きまする
〽八《はち》おいてまわろ　こちゃ鉢《はち》や割《わ》らん
⑯あわて者《もの》こそ　鉢割《はちわ》りまする
〽九《く》おいてまわろ　こちゃ鍬持《くわも》たん
百姓《ひゃくしょ》ならこそ　鍬持《くわも》ちまする
〽十《とお》おいてまわろ　こちゃ⑰戸《と》は締めん
女中《じょちゅう》ならこそ　戸《と》は締《し》めまする

注①➡解説。
②「久太郎」「長太郎」「京太郎」とも。
③伐り株の先。
④この世から冥土へ向かう途中にあるという三途《さんず》の川の河原。仏教説話で、親より先に死んだ幼児は、親への罪の償いに、ここで小石を積んで塔を作ろうとするが、そのたびに鬼にこわされてしまう。そこへ地蔵菩薩が現れて幼児を救う。
⑤「箱屋にやって」とも。
⑥「箱屋姉さん」とも。
⑦「思って」とも。
⑧「まわりゃ」とも。
⑨多くの人々が集まって、物を売買する所。
⑩「立てぬ」とも。
⑪大阪城の北西方、旧淀川の北岸に広がる商業地帯。現大阪市北区内。
⑫「なりゃこそ」とも。

⑬商人や職人などの家に奉公し、雑役をする少年。
⑭「芸妓《げいこ》」とも。
⑮良い所の人。金持ち。
⑯「めくらならこそ」とも。
⑰〔「十《じゅう》おいて」と読んで〕「数珠《じゅず》持たぬ　坊主ならこそ　数珠持ちまする」とも。

大阪府の祭礼行事唄。大阪市内の三歳から一〇歳ぐらいまでの少女たちが、夏の夕方に、一本のひもにつかまって町内を唄い歩いてきたものである。

こうした習俗は、かなり古くからあった。京都では、江戸時代の寛文年間（一六六一〜七三）か正保《しょうほう》年間（一六四四〜四八）頃から、七夕《たなばた》かその前日の夕方に、華やかな着物に鉢巻き、襷《たすき》で、雪駄の町娘たちが、「盆唄」を唄いながら町中を踊り歩いた。踊りは、金の太鼓と塗り鞭《むち》を持ち、あるいはうちわを持ち、朱色の日傘を差すなどして、輪になって踊るものであった。

それは処女の「風流《ふりゅう》踊り」で、お盆の行事であったが、良縁があるようにと、七夕の星祭りに踊られるようになった。そして、のちには踊り手は年少者へと移っていき、「小町踊り」と呼ばれた。それが、大坂にも伝わってきたのである。

唄の履歴　この唄の「本唄」の源流は不明である。

一八三二年に刊行された「陶犬新書」（おほ家かね延著）の巻一に「浪速《なには》の女子、七月十五日より八月朔日《ついたち》まで、おんごくと名づけ、二十人また三五十人、連々と雁行《がんかう》し唱歌を唄ひつつ行くなり。その唱歌のうちに、からすめがナハハナハハヤ、からすめがナハヨイヨイ、阿波座《あはざ》からすめが、新町へうせて、金も持たずにかをかをと唄ふ」とある。

「おんごく」の意味も不明であるが、一八一〇年に大坂に生まれた喜田川守貞の「守貞漫稿」に、「おんごく」は「わしは遠国《おんごく》越後の者で、親が邪険で七つの年に売られ来ました…」という昔の唄が始めだそうだ、とある。そして、前掲冒頭の「〽おんごくナハハ…」や、「〽賽の河原で…」（「後唄」その2）とほとんど同じ歌詞などが載っている。その挿し絵を見ると、小さい子から大きい子への順に縦に並び、前の子の帯に手を掛けている。その脇で、うちわを持った、大人の女性が行列を先導している。

なお、前掲の「ナハハ　ナハハヤ」は意味不明であるが、念仏の一部のようである。また、「おんごく」が「遠国」であるとすれば、西方浄土をさすものと思われる。

「後唄」の「その1」の源流は、「新保広大寺口説《しんぼこうだいじくどき》」である。それが、子供たちの間で手毬唄《てまりうた》などに利用されていた。「その2」も、わらべ唄（手毬唄など）として広く唄われていたものである。

「数え唄」の源流も、わらべ唄である。唄い出しは「一おいてまわれ」「一わたまあれ」「一わもしんじょ」「一をもって万歳」「一もんめとせ」などと異なるが、手毬唄や手合わせ唄として日本各地に伝えられている。なお、同種の唄が、大人の民謡として、福島県では『チャンコロリン節』、青森県では『構《かま》え節』の名で唄われている。双方とも酒盛り唄であるが、『構え節』は、ほうきを持って、滑稽なしぐさで踊られる。

要するに、『おんごく』の少女たちが町中を唄い歩く習俗はかなり古いものであるが、用いられている唄は江戸時代後期の流行《はや》り唄で、その大人の唄を少女たちがまねたものであろう。そして、町中をまわっているうちに唄が足りなくなると、日常唄っている遊び唄を加えたと考えればよいであろう。

節まわしの型　今日広く唄われている節まわしは、大阪市内の古老の記憶を元にして復元したものである。

補足　『おんごく』が衰滅した直接のきっかけは一九〇一年五月の「歩行者交通取締令」といわれている。しかし、江戸時代の習俗をやめて新しい明治時代へ変わる、その大きな変化期に消えたと見るほうがよさそうである。

河内音頭《かわちおんど》

女侠客浪花の小万《おんなきょうかくなにわのこまん》

上げ

〽さては一座《いちざ》の　アノ皆様《みなさま》へ
まかり出《で》ました　未熟者《みじゅくもの》
お見《み》かけどおりの　若輩《じゃくはい》で
お気《き》に召《め》すよに　読《よ》めねども
①その儀御免《ぎごめん》を　いただきまして
伺《うかが》い述《の》べます　お粗末《そまつ》は
「②浪花《なにわ》の女《おんな》　任侠《にんきょう》」と
昭和《しょうわ》の御代《みよ》の　今日《きょう》までも

残《のこ》りましたる　物語《ものがたり》
一所懸命《いっしょけんめい》　つとめましょう

口説《くどき》

③仏法元始《ぶっぽうげんし》の　源《みなもと》で
④四天王寺《してんのうじ》と　名《な》も高《たか》い
春《はる》の彼岸《ひがん》の　中日《ちゅうにち》で
そのにぎわいは　ものすごく
今《いま》も昔《むかし》も　変《か》わりなし
朝《あさ》も早《は》よから　人《ひと》の群《む》れ
老若男女《ろうにゃくなんにょ》の　⑤区別《くべつ》なく
我《わ》れも我《わ》れもと　参詣《さんけい》する
さしもに広《ひろ》い　境内《けいだい》も
押《お》すな押《お》すなの　大騒《おおさわ》ぎ
ちょうどその日《ひ》の　昼下《ひるさ》がり
人波寄《ひとなみよ》せる　その中《なか》を
ひときわ目《め》に立《た》つ　よい女《おんな》
年《とし》は⑥二八《にはち》か　⑦二九《にく》（憎）からぬ
⑧小野小町《おののこまち》か　⑨照手姫《てるてひめ》
まかり違《ちが》えば　⑩中将姫《ちゅうじょうひめ》
京都《きょうと》で知《し》られた　⑪袈裟御前《けさごぜん》
⑫水《みず》の都《みやこ》の　⑬難波津《なにわつ》や
しかも⑭船場《せんば》の　島《しま》の内《うち》
⑮久太郎町《きゅうたろまち》に　住《す》まいして
二十万両《にじゅうまんりょ》の　資産家《しさんか》で
⑯太物問屋《ふとものどんや》は　轡屋《くつわや》の

一人娘《ひとりむすめ》で　名《な》が⑰小万《こまん》
下男《げなん》と下女《げじょ》を　共《とも》に連《つ》れ
彼岸参《ひがんまい》りの　その中《なか》に
小万《こまん》の姿《すがた》を　早《はや》く見《み》た
あまた大勢《おおぜい》の　人々《ひとびと》が
ほんにきれいな　お嬢《じょう》さん
⑱船場小町《せんばこまち》も　無理《むり》はない
折《お》りから鳴《な》り出《だ》す　⑲引導鐘《いんどうがね》
軒《のき》を並《なら》べた　茶店《ちゃみせ》やら
犬《いぬ》の芝居《しばい》や　猿《さる》まわし
⑳お足《あし》は見《み》ての　お帰《かえ》りと
鉦《かね》や太鼓《たいこ》で　はやし出《だ》す
彼岸参《ひがんまい》りの　春日和《はるびより》
蓮池中《はすいけなか》を　見《み》るなれば
戯《たわむ》れ遊《あそ》ぶ　亀《かめ》の群《む》れ
池《いけ》のほとりに　近《ちか》づいて
下男《げなん》と下女《げじょ》と　ともどもに
亀《かめ》に餌《えさ》を　与《あた》えつつ
楽《たの》しく過《す》ごす　時《とき》もあれ
小万《こまん》の後《あと》に　近《ちか》づいた
およそ人数《にんず》が　十四五名《じゅうしごめい》
どこで飲《の》んだか　知《し》らねども
酔《よ》うた機嫌《きげん》の　千鳥足《ちどりあし》
中《なか》にひときわ　目立《めだ》つのは
年《とし》の頃《ころ》なら　三十《さんじゅ》と五六《ごろく》

でっぷり太《ふと》って　赤《あか》ら顔《がお》
住居《すまい》は大坂《おおさか》　㉑生玉《いくたま》で
若《わか》い者《もの》なら　七八十《しちはちじゅう》
㉒羽交《はが》いにつけた　親分《おやぶん》で
強《つよ》い奴《やつ》なら　逃《に》げ出《いだ》す
弱《よわ》い奴《やつ》なら　いじめて通《とお》る
広《ひろ》い大坂《おおさか》　町々《まちまち》で
毛虫《けむし》のごとく　嫌《きら》われた
新川新兵衛《しんかわしんべえ》　親分《おやぶん》と
十四五名《じゅうしごめい》の　子分《こぶん》たち
彼岸《ひがん》の中日《ちゅうにち》　あてこんで
獲物《えもの》を求《もと》めて　じろじろと
あたり見《み》まわす　その中《なか》に
小万《こまん》の姿《すがた》を　早《はや》く見《み》て
酌《しゃく》をしろいと　子分《こぶん》の一人《ひとり》
袂《たもと》をつかんで　放《はな》さない
許《ゆる》してください　親方衆《おやかたしゅう》と
下男《げなん》や下女《げじょ》が　騒《さわ》ぎ出《だ》す
急《せ》きも慌《あわ》てても　いたさずに
袂《たもと》をつかんだ　子分《こぶん》の腕《かいな》
逆《ぎゃく》にねじ上《あ》げ　小万《こまん》さん
肩《かた》に担《かつ》いで　蓮池中《はすいけなか》へ
ものの見事《みごと》に　投《な》げ込《こ》んだ
くそ生意気《なまいき》な　この女《あま》と
打《う》ってくる奴《やつ》　五六人《ごろくにん》

またも池《いけ》にと　投《な》げ込《こ》んだ
㉓天王寺境内《てんのじけいだい》　時《とき》ならぬ
参拝客《さんぱいきゃく》と　野次馬《やじうま》で
喧嘩喧嘩《けんかけんか》の　大騒《おおさわ》ぎ
あまり小万《こまん》が　強《つよ》いので
新兵衛《しんべえ》初《はじ》め　子分《こぶん》たち
開《あ》いた口《くち》とて　ふさがらぬ
㉔三下残《さんしたのこ》らず　投《な》げ込《こ》まれ
最後《さいご》に残《のこ》った　三人《さんにん》は
新兵衛一家《しんべえいっか》の　兄貴株《あにいかぶ》
㉕鴫野《しぎの》の梅干《うめぼ》し　熊五郎《くまごろう》
㉖天満《てんま》の辣韮《らっきょ》の　竹松《たけまつ》と
親分新川《おやぶんしんかわ》　新兵衛《しんべえ》が
腰《こし》の㉗長脇差《ながどす》　引《ひ》き抜《ぬ》いて
小万目《こまんめ》がけて　斬《き》りかかる
刃《やいば》の下《した》を　かいくぐり
飛鳥《ひちょう》のごとく　飛《と》び込《こ》んだ
いつの間《ま》にやら　梅干《うめぼ》し辣韮《らっきょ》
蓮池中《はすいけなか》へと　投《な》げられた
これかなわぬと　新兵衛《しんべえ》が
㉘踵返《きびすかえ》して　逃《に》げ出《だ》した
新川一家《しんかわいっか》の　十四五名《じゅうしごめい》
なんの苦《く》もなく　蓮池《はすいけ》へ
取《と》って投《な》げたる　腕《うで》の冴《さ》え
それもそのはず　小万《こまん》さん

久太郎町《きゅうたろまち》に　道場持《どうじょうも》つ
㉙筑後《ちくご》㉚久留米《くるめ》の　浪人《ろうにん》で
㉛中　条流《ちゅうじょうりゅう》の　大先生《だいせんせい》
牧島軍兵衛《まきしまぐんべえ》　重政《しげまさ》の
門《もん》をたたいて　丸五年《まるごねん》
習《なら》い覚《おぼ》えた　中条　流《ちゅうじょうりゅう》
重政仕込《しげまさじこ》みの　免許取《めんきょど》り
取《と》って投《な》げたは　無理《むり》でない
一方替《いっぽうか》わって　新兵衛《しんべえ》が
逃《に》げて戻《もど》った　生玉《いくたま》へ
新川新兵衛《しんかわしんべえ》の　㉜四天王《してんのう》
下駄《げた》の大八《だいはち》　達磨《だるま》の長蔵《ちょうぞう》
㉝閻魔《えんま》の久八《きゅうはち》　赤鬼徳三《あかおにとくぞう》
あまた身内《みうち》を　呼《よ》び集《あつ》め
四天王寺《してんのうじ》へ　駆《か》けつける
知《し》らせを聞《き》いた　新兵衛《しんべえ》の
兄弟　分《きょうだいぶん》で　知《し》られたる
㉞安治川《あじがわ》血刀《ちがたな》　金兵衛《きんべえ》や
天満《てんま》の㉟絡繰《からく》り　吉五郎《きちごろう》
㊱阿波座《あわざ》の烏《からす》　音松《おとまつ》が
兄　弟心配《きょうだいしんぱい》　御無用《ごむよう》と
四天王寺《してんのうじ》へ　駆《か》けつける
ちょうどこの時《とき》　大坂相撲《おおさかずもう》
荒石部屋《あらいしべや》の　㊲関取《せきとり》で
㊳幕内力士《まくうちりきし》で　名《な》も高《たか》い

名乗《なの》りが　確《たし》か若勇《わかいさみ》
㊴明石生《あかしう》まれの　久五郎《ひさごろ》に
弟子《でし》の二人《ふたり》を　引《ひ》き連《つ》れて
彼岸参《ひがんまい》りに　来《き》たところ
喧嘩喧嘩《けんかけんか》の　物騒《ものさわ》ぎ
誰《だれ》と誰《だれ》との　間違《まちが》いだ
俺《おれ》が一番《いちばん》　仲裁《ちゅうさい》を
買《か》って出《で》たのが　若　勇《わかいさみ》
雨《あめ》か嵐《あらし》か　また風《かぜ》か
風雲《ふううん》みなぎる　天王寺《てんのうじ》
梅《うめ》の浪花《なにわ》の　任侠《にんきょう》の
中《なか》に交《ま》じわる　紅一点《こういってん》
奴《やっこ》の小万《こまん》の　お粗末《そまつ》㊵は

河内十人斬《かわちじゅうにんぎ》り　小池定雄作

㊶大和《やまと》㊷河内《かわち》の　国　境《くにざかい》
㊸生駒《いこま》　㊹葛城《かつらぎ》　㊺信貴《しぎ》㊻二上《にじょう》
中《なか》にひときわ　そびえ立《た》つ
㊼金剛山《こんごうざん》の　山麓《やまふもと》
㊽水分村《すいぶんむら》の　夏《なつ》の夜《よる》
平和《へいわ》に眠《ねむ》る　村人《むらびと》の
夢《ゆめ》を破《やぶ》った　銃声《じゅうせい》は
色《いろ》と欲《よく》との　二筋《ふたすじ》が
からむ浮世《うきよ》の　醜《みにく》さを
こらえかねたる　せつなさに

河内男《かわちおとこ》の　血《ち》の叫《さけ》び
見《み》えぬ縁《えにし》の　その糸《いと》が
もつれもつれて　地獄《じごく》まで
義理《ぎり》と情《なさ》けと　男《おとこ》の意地《いじ》が
河内平野《かわちへいや》を　血《ち》で染《そ》める
今《いま》は昔《むかし》の　物語《ものがたり》

（中略）
星《ほし》が流《なが》れて　雲《くも》が飛《と》ぶ
過《す》ぎし年月《としつき》　七十五年《ななじゅうごねん》
変《か》わる歴史《れきし》の　今《いま》の世《よ》に
変《か》わらぬものは　人情《にんじょう》の
長《なが》く昭和《しょうわ》の　今日《こんにち》までも
兄弟心《きょうだいごころ》　哀《あわ》れぞと
魂弔《たましいとむら》う　村人《むらびと》は
河内音頭《かわちおんど》に　供養《くよう》をこめて
男持《おとこも》つなら　熊太郎弥五郎《くまたろやごろう》
十人殺《じゅうにんころ》して　名《な》を残《のこ》す
男《おとこ》の意地《いじ》を　貫《つらぬ》いて
㊾河内木綿《かわちもめん》を　血《ち》で染《そ》めると
唄《うた》い伝《つた》えた　物語《ものがたり》

注①そのことは。
②現大阪市。
③仏教の始まりで。
④現大阪市天王寺区にある、和宗《わしゅう》（初めは天台宗）の寺。山号は荒陵山。聖徳太子の創建と伝える。
⑤「差別」は誤唱。
⑥二×八で、一六歳。
⑦一八歳になっていない。
⑧平安時代前期の女流歌人。六歌仙の一。絶世の美女で、秋田生まれというが、不詳。
⑨伝説上の女性。常陸《ひたち》の小栗城主の妻。毒酒を飲まされて餓鬼の姿になった夫を車に乗せて熊野の湯ノ峰温泉へ送り届け、蘇生させる。説経節「小栗判官」などに脚色。
⑩伝説上の女性。継母に憎まれて捨てられたが、現奈良県の当麻寺《たいまでら》に入山。曼荼羅《まんだら》を蓮の糸で一晩で織り上げて極楽往生した。能・浄瑠璃・歌舞伎に脚色されている。
⑪伝説上の女性。平安時代末期の北面の武士　源渡《みなもとのわたる》の妻。夫の同僚遠藤盛遠に横恋慕され、夫の身代わりになって殺された。恥じて出家した盛遠が、のちの文覚《もんがく》上人である。
⑫現大阪市のこと。
⑬旧淀川河口付近の船着き場。
⑭現大阪市中央区の北西部の地域名。古くは船着き場があり、商店街として発展。
⑮現中央区の町名。
⑯太い糸の織物（綿織物や麻織物）を小売店へ売り渡す店。
⑰江戸時代中期の芝居「奴《やっこ》の小万」の主人公。モデルは大坂の「雪」という女だという。
⑱船場一の美人。「小町」は、小野小町のような美人、の意。
⑲四天王寺の、人々を仏の道へ導く吊り鐘の音。
⑳木戸銭のこと。
㉑現天王寺区の地名。
㉒子分を両脇に従えた。
㉓四天王寺の略称。
㉔三下奴の略。ばくち打ちの中で、下位の者。
㉕現大阪市城東区の地名。
㉖現北区の地名。旧淀川の北岸に広がる商業地帯。
㉗腰に差す刀で、長目のもの。
㉘後ろを向いて。
㉙旧国名。現福岡県南部。
㉚現久留米市。
㉛剣術の一流派。鎌倉・室町時代の兵法家中条兵庫助長秀を祖とする。
㉜子分の中で、最も力のある四人。
㉝死んだ人の罪に判決を下す、地獄の王様。
㉞旧淀川の最下流部で、大阪市の中西部を南西流する川。
㉟物事を仕組むのがうまい。計略家の。
㊱現大阪市西区の地名。「阿波座の烏」は、阿波座の遊廓をひやかして歩いた者のこと。

㊲十両以上の力士。前頭《まえがしら》以上の力士の敬称。

㊳現兵庫県明石市。

㊴このあとにはやし詞が入っておしまいになるが、本来は「止め節」があったのかもしれない。

㊵旧国名。現奈良県全域。

㊶旧国名。現大阪府中東部。

㊷生駒山。大阪府の中東部、奈良県との境にある山（六四二メートル）。

㊸葛城山。生駒山の南方約二一五キロにある山（九六〇メートル）。

㊹信貴山。生駒山の南方約七・五キロにある山（四三七メートル）。

㊺二上山。信貴山の南方約九・五キロにある山（五一五メートル）。

㊻二上山の南方約一二キロにある山（一一二一メートル）。

㊼現南河内郡千早赤阪村内。

㊽河内地方産出の、厚い白木綿。浴衣地・法被・のれんや、足袋の表地などに用いる。ここでは浴衣のこと。


大阪府の盆踊り唄。大阪府の南東部、河内地方（旧河内の国）の人たちが、お盆に唄い踊ってきたものである。

唄の履歴　この唄の源流は、西日本地方一円に広く分布する、長編の「盆踊り口説《くどき》」である。それが河内化したのであるが、詞型は七五調五行を一区切りにして、それを繰り返していく。また、唄の中に「へーへー」や「ヨホホイホイ」などが挿入されるのは、瀬戸内海一円に広く分布する「念仏踊り」の名残りなのであろう。

『河内音頭』は、河内地方一円に広く分布する、長編の口説形式の盆踊り唄である。江戸時代には、無伴奏か、太鼓など打楽器の伴奏で唄われていたが、節も形式も踊りも各地各様であった。ところが、江戸時代末から明治時代の初めに、旧北河内郡大和田村（現門真市内）の中脇久七（一八四五年生まれ）がこの唄を舞台芸化して人気を集め、「歌亀」と呼ばれるようになった。節まわしを工夫し、太鼓に三味線を加えて、字あまりや台詞《せりふ》入りの歌詞を読み上げる、独自の芸を確立したのである。

しかし、その『河内音頭』、北東の滋賀県下で明治時代に大流行した『江州音頭《ごうしゅうおんど》』の影響を受けて、しだいに『江州音頭』化し、歌謡浪曲化していった。

その後、一八九三年になって、現富田林《とんだばやし》市川西新家出身の岩井梅吉（本姓内田、一八六六年生まれ）が、『江州音頭』から「デロレンデロレン」の祭文《さいもん》部分と法螺貝《ほらがい》・錫杖《しゃくじょう》を除き、代わりに派手な祭り太鼓を加えた。その陽気さが大阪人気質によく合ったようで人気を集め、道頓堀の小屋で行った興行は一ヶ月半に及んだという。その「梅吉節」が、大阪地方一円に広まった。

この時、岩井梅吉は、『江州音頭』のはやし詞「ヨイトヨイヤマカ　ドッコイサーノセー」を利用した。そのため、今日の『河内音頭』の唄い手には、このはやし詞を用いる人が多い。

一方、玉子家為丸（一八六四年生まれ）は、寄席《よせ》で三味線・鼓・拍子木などの伴奏で『河内音頭』を唄った。

また、今日の『河内音頭』の節の運びは、二代目歌亀の影響を受けた初音家《はつねや》太三郎が一九一四年に「初音家節」を編み出したあたりから固まり始めた。そして、昭和二〇年代（一九四五〜）に鉄砲光《てっぽうみつ》三郎《さぶろう》（大阪市平野区長吉川辺町）が、浪曲師の京山《きょうやま》幸枝《こうし》の節まわしを取り入れ、一九五九年に「民謡鉄砲節」にまとめ、六一年にテイチクレコードに吹き込んだ。それが日本中へ広まった。

以上が『河内音頭』のここ百年の大体の流れであるが、芸人は、聞き手にいかに受けるか工夫を重ね、新スタイルを次々に編み出す。したがって、これから『河内音頭』を覚えようとする人は、好みの師匠を選び、その節まわしを踏襲すればよい。これは浪曲の世界と同じである。

節まわしの型　今日広く唄われている節まわしは、鉄砲光三郎のものであるが、河内地方では「歌亀節」、大阪市内では「梅吉節」が主流と考えればよいであろう。

三十石舟唄《さんじゅっこくふなうた》

太夫役「オーイ、客《きゃく》の衆《しゅう》よ、①三十石船《さんじゅっこくぶね》が今出《いまで》るぞう。」

才蔵役「②寺田屋《てらだや》の浜《はま》から今出《いまで》るぞう。」

太夫役「③長州の侍《ちょうしゅうさむらい》も乗《の》ったかのう。」

才蔵役「オー乗《の》った乗《の》った。」

太夫役「④勘六《かんろく》よ、⑤艫綱《ともづな》よいかのう。」

才蔵役「合点《がってん》だ。」

太夫役「よう乗《の》ったら、ぼつぼつ⑥高瀬《たかせ》の浜《はま》まで下《さ》がろうかのう。」

本唄〔船頭（太夫役）〕

〽エンヤレサァー⑦伏見《ふしみ》⑧下《さ》がればナァ　⑨淀《よど》とは
⑩嫌《いや》じゃエー
ヤレェー嫌《いや》な⑪小橋《こばし》を　⑫艫下《ともさ》げにゃ
ヤレサァヨイイ　ヨイ　ヨー

〽⑬淀《よど》の⑭上手《うわて》の　⑮千両《せんりょう》の松《まつ》は
売《う》らず買《か》わずの　見《み》て千両《せんりょう》

〽淀《よど》の⑯上手《うわて》の　あの⑰水車《みずぐるま》
誰《だれ》を待《ま》つやら　くる(来る)くると

太夫役・才蔵役「逢《お》うて来《き》たかや⑱橋本浦《はしもとうら》で、
帆《ほ》は⑲五反《ごたん》がた、⑳米船《こめぶね》に。」

〽㉑八幡山《やわたやま》から　㉒山崎山《やまざきやま》へ
㉓文《ふみ》を投《な》げたが　届《とど》いたか

〽八幡山《やわたやま》から　橋本《はしもと》見《み》れば
㉔赤《あか》い女《おんな》が　出《で》て招《まね》く

〽逢《お》うて来《き》たかよ　橋本浦《はしもとうら》で
帆《ほ》は五反《ごたん》がた　米船《こめぶね》に

〽ここは㉕前島《まえじま》　お㉖捨《す》ての㉗墓《はか》じゃ
㉘いとも淋《さび》しい　波《なみ》の音《おと》

〽ここは大塚《おおつか》㉙　榎《えのき》の茶屋《ちゃや》じゃ
　向《む》こうは枚方《ひらかた》㉚　番所浦《ばんしょうら》㉛
〔ここで船頭（太夫役）は、近づいてくる
　茶舟船頭の役になる。〕㉜
茶舟船頭「オーイ、客《きゃく》の衆《しゅう》よ、ねぶた目《め》をさ
ませよ。枚方名物《ひらかためいぶつ》、食《く》㉝らわんか餅《もち》にコロモ㉞
ン寿司《ずし》に牛蒡汁《ごんぼじる》㉟に茶碗酒《ちゃわんざけ》。よう食《く》らわんか
い。」
三十石船の客「船頭《せんど》さんよ、今《いま》の、高《たか》いのか、
安《やす》いのかのう。」
茶舟船頭「枚方《ひらかた》で高《たか》㊱いのはのう、台鏡寺《だいきょうじ》㊲の寺《てら》
じゃ。まァだ高《たか》いのは、四百出《よんひゃくだ》しての布団《ふとん》㊳
番《ばん》。もう一《ひと》つ高《たか》いのは、枚方茶舟《ひらかたちゃぶね》の牛蒡汁《ごんぼじる》
じゃ。食《く》らうなら、さっさと食《く》らえ。食《く》ら
うなら銭《ぜに》から先《さき》じゃ。よう食《く》らわんのかい。
長州《ちょうしゅう》の侍《さむらい》も銭《ぜに》がないのう。さっさと食《く》ら
え。」
　〽ここはどこじゃと㊴　船頭衆《せんどしゅ》に問《と》えば
　　ここは枚方《ひらかた》　鍵屋浦《かぎやうら》㊵
〽ここは枚方《ひらかた》　鍵屋《かぎや》の浦《うら》よ
綱《つな》も錨《いかり》も　手《て》につかぬ
　〽鍵屋浦《かぎやうら》には　錨《いかり》はいらぬ
　　三味《しゃみ》㊶や大鼓《たいこ》で　船留《ふねと》める
枚方の遊女「船頭《せんど》さんよ、お上《のぼ》りか、お下《さ》が
りかのう。」

太夫役「船《ふね》の表見《おもてみ》とけ。下《さ》がりじゃ。」
枚方の遊女「お下《さ》がりなら、大坂小倉屋《おおさかこくらや》の鬢《びん》㊷
付《つ》け買《こ》うて来《き》てェな。」
太夫役「大坂小倉屋《おおさかこくらや》の鬢付《びんつ》けなんて、職過《しょくす》㊸ぎ
るじゃ。赤《あか》㊹い物《もの》の蔕《へた》なと、くっつけとけ。」
才蔵役「尻《しり》なと、食《く》っとけ。」と尻《しり》をたたく。
　〽ここは唐崎《からさき》㊺　弥右衛門屋敷《やえもんやしき》㊻
　腕《うで》に縒《よ》り掛《か》け　押《お》せ船頭《せんど》
太夫役「オーウ、勘六《かんろく》よ、西《にし》が暗《くろ》うなってき
たぞう。」
才蔵役「差《さ》し込《こ》め、差《さ》し込《こ》め。」
　〽ここはどこじゃと　船頭衆《せんどしゅ》に問《と》えば
　　ここは三島江《みしまえ》㊼　馬場《ばば》の茶屋《ちゃや》
〽ねぶたかろけど　ねぶた目《め》さませ
ここは五番《ごばん》㊽の　替《か》㊾わり場所《ばしょ》
　〽ねぶたかろけど　ねぶた目《め》さませ
　　ここは大坂《おおさか》　八軒家《はちけんや》㊿
〽行《い》たら見《み》てこい　大坂《おおさか》51の城《しろ》は
北《きた》は淀川《よどがわ》　船《ふね》が着《つ》く

注①②➡解説。
③長門《ながと》の国（旧国名）の別称。現山口県北部・西部。
「侍」は、幕末の勤王の志士のこと。
④相棒の船頭（才蔵役）の名。
⑤船尾にある、船をつなぎ留めるための綱。
⑥現大阪府守口市高瀬町辺り。かつては、淀川がすぐ西を流れていた。
⑦現京都市伏見区の中南部。ここでは、寺田屋の浜のこと。
⑧京大阪地方の言葉。共通語では「くだれば」。解説の「補足」の項の歌碑には「伏見くだれば…」とあるが、「くだる」は音の響きが汚いので「下がれば」のほうがよい。
⑨現伏見区南西部の地名。
⑩「嫌だ」は、唄が固くなり、また、関東地方的なのでさける。
⑪宇治川に架かっていた橋。長さ約一二九メートル、幅約七・三メートル。
⑫「艫」は船尾。帆柱を寝かせて船尾を下流へ向け、背丈の低い船尾の方から橋をくぐり抜けなければならないので。「艫下げに」では意味が通じない。
⑬淀川。宇治川の、京都府乙訓《おとくに》郡大山崎町山崎付近から下流をいう。
⑭川上。
⑮宇治川の北岸、現伏見区三栖町《みすちょう》から小橋までの、約四キロの松並木。
⑯淀城へ水を送るためのもの。淀城は、豊臣秀吉の側室、淀君が住んだ城のことも、徳川二代将軍秀忠が築かせた城のことも。
⑰「川瀬の」は、流域全体なので、不適。
⑱現京都府八幡市の北西部、八幡山西麓の地名。淀川南岸の船着き場で、京街道の宿場町であった。
⑲幅二尺五寸（約七六センチ）の麻布を五枚ぐらい縫い合わせた帆を掛けた。
⑳米を積んで運ぶ船。
㉑男山。八幡市北西部の山（一四三メートル）。山上に石清水《いわしみず》八幡宮《はちまんぐう》がある。
㉒天王山。八幡山の北西方、淀川の対岸にある（二七〇メートル）。「山崎見れば」は誤唱。
㉓手紙。
㉔赤い前垂れをしていることから、茶屋女・飯盛り女のこと。「赤前垂れが」とも。
㉕旧前島村（現大阪府高槻市内）。淀川西岸の船着き場。

㉖江戸時代後期の女義賊。詳しいことは不明。
㉗丸い石の墓で、一九七五年頃まで前島の船着き場近くにあったが、河川改修で行方不明になった。「墓よ」とも。
㉘「さても淋しき」とも。
㉙旧大塚村（現高槻市内）。淀川西岸の船着き場。
㉚現枚方市。
㉛現枚方市南西部の、淀川東岸。淀川を通行する船を取り締まる番所があった。
㉜三十石船の乗客へ飲食物を売る小舟。「食らわんか」（食べないか）と声を掛けるところから、「食らわんか舟」とも。
㉝大福餅の小ぶりのもの。
㉞野菜の漬け物をネタにした握り寿司。
㉟牛蒡・人参などを具にした、豆腐のおから汁。
㊱小高い所にあることと、寺の格が高いことをいう。

㊲浄土宗の寺。山号は見仏山。現枚方市枚方元町にある。

㊳遊女屋で、遊女が来なくて、客が布団の中に一人でいること。

㊴「どこよと」とも。

㊵現枚方市堤町にあった、淀川東岸の船着き場。船宿鍵屋があった。

㊶遊廓があったため。

㊷鬢付け油。日本髪で、側頭部の髪を張ったり、髪型を整えたりするのに用いる油。生蠟を油で固く練ったもの。

㊸身分不相応だ。分にすぎる。

㊹柿の蒂でも。

㊺旧唐崎村（現高槻市内）。淀川西岸の船着き場。

㊻旧唐崎村の小字名。淀川の堤防沿いにある。

㊼旧三島江村（現高槻市内）。淀川西岸の船着き場。

㊽五番村。旧大庭五番村（現守口市大庭町辺り）の俗称。淀川東岸の船着き場。

㊾上りと下りの船頭が交替する所。

㊿➡解説。八軒の船宿・茶屋があったための称。

51大阪城。現大阪市中央区馬場町にある城。一五八三〜八五年に豊臣秀吉が築城し、一六一五年に大坂夏の陣で焼失。江戸時代に再建して城を幕府の直轄とし、大坂城代を置いた。以後、何度か焼失と修築を繰り返し、一八六八年、明治維新時の戦火により多くの建物を焼失。現在の天守閣は一九三一年の再建。


大阪府の仕事唄。宇治川・淀川《よどがわ》の「三十石船」の船頭たちが、下り船の艪《ろ》を押しながら唄ってきたものである。この船は、現京都市伏見区南浜町の寺田屋の浜（船宿寺田屋の裏）から現大阪市中央区の八軒家《はちけんや》（天満橋の南詰め付近）までの間を、客を乗せて往来していた。

「三十石船」とは、三十石の米を積める船という意味で、長さ六間（約一〇・九メートル）、幅二間の船に六反帆（幅約四・五メートル）を張り、船頭が艫《とも》に一人、舳先《へさき》に一人乗り込んでいた。船頭が身につけるものは綿入れのどてらに下帯一本で、「褄抜き《つまぬ》」（牛皮の草履風のもの）か、わらじを履く。なお、下り船には、風向きや上げ潮に備えて「犬走り」（土手伝いに船の綱を曳いていく役）を三〜四人乗せていた。

唄の履歴　この唄の源流は、瀬戸内海一円で広く唄われている、『音戸《おんど》の舟唄』（広島県）系統の「舟唄」である。「三十石船」の船頭たちは、客を乗せて川を下っていく時に、艪を押しながらその唄を唄った。この「三十石船」の営業権は瀬戸内海の小豆島《しょうどしま》（香川県）の人たちが持っていて、船頭や「犬走り」は小豆島から来ていたからである。淀川筋の人たちを雇うのは、欠員が出た時だけであったという。

淀川の「三十石船」の航路は、伏見の寺田屋の浜―一里半（約五・九キロ）で淀―小一里で橋本―二里で枚方《ひらかた》―二里で五番―三里で八軒家の約一〇里で、下りで六時間、上りで一二時間ほどかかった。そして、強い西風が吹くと、下り船は風待ちとなるが、上り船は六反帆に順風を受けて淀川をさかのぼっていった。しかし、風のない時は、上り船は、二〇間ほどの綱を三本船に結びつけ、一本に四人の「犬走り」がつかまって、淀川の土手や川原を、「ヨイサア　ヨイサア」の掛け声も勇ましく、曳いて上っていった。（上り船の船賃は、下り船の二倍ほどであったという。）

船の客は、「シキリ」（座席指定）と「ノリアイ」（追い込み）とがあり、普通は三〇人ぐらいであった。下り船の船頭は、客を楽しませ、船の進路を知らせるために、太夫役と才蔵役とに分かれて、唄の間に大坂俄《にわか》仕立ての問答を挿入して聞かせながら、淀川を下っていった。したがって、この唄は舞台芸のような仕立て方になっており、落語の「三十石」に脚色されているほどである。

その『三十石舟唄』、現高槻《たかつき》市大塚の船頭門川佐右衛門から船頭奥野久吉へ、そしてその子の船頭市川九平治へと伝えられてきた。その奥野は、太平洋戦争前にオリエンタルレコードに吹き込んだことがあるという。

この唄は、一九六九年に市川九平治が東京の国立劇場に出演して脚光を浴び、それ以後、関西地方の民謡界で広く唄われるようになった。

節まわしの型　今日広く唄われている節まわしは、市川九平治のものである。

補足　八軒家近くにある歌碑には「淀川三十石

船舟唄碑」と刻まれている。しかし、「船」と「舟」が重なるため、この唄は、一般には「船」を略して「三十石舟唄」と呼ばれている。

摂津水替え唄《せっつみずかえうた》

〽①淀《よど》のエー川瀬《かわせ》の　あの水車《みずぐるま》
誰《たれ》をナァーエー待《ま》つやら　ヤレサァーくる
（来る）くるとヨー

〽わたしゃ②足踏《あしぶ》み　蛙《かえる》は唄《うた》う
秋《あき》に黄金《こがね》の　波《なみ》が打《う》つ

〽金《かね》が五両《ごりょ》欲《ほ》し　三両《さんりょ》は着物《きもの》
あとの二両金《にりょがね》　③茶屋使《ちゃやづか》い

〽鐘《かね》が④鳴《な》るかよ　⑤撞木《しゅもく》が鳴《な》るか
鐘《かね》と撞木《しゅもく》の　間《あい》が鳴《な》る

〽朝《あさ》は朝星《あさぼし》　夜《よ》はまた夜星《よぼし》
昼《ひる》は野畑《のはた》の　水《みず》を汲《く》む

注①淀川。京都市の南西方、乙訓《おとくに》郡大山崎町山崎付近から大阪府の北部を南西流して大阪湾へ注ぐ川。琵琶《びわ》湖の南端に発する上流部を瀬田川、山崎付近までの中流部を宇治川という。
②水車の板を足で踏むこと。⬇解説。
③料理屋や遊廓で、芸者や遊女相手に遊んで使うこと。
④「鳴るのか」とも。
⑤鐘を鳴らす時に突く棒。

大阪府の仕事唄。大阪府の北部、千里ニュータウンの北東方に広がる高槻《たかつき》市から三島《みしま》郡島本《しまもと》町一帯の農村で、水田や畑の灌漑《かんがい》用水を、足で水車を踏んで汲み上げる人たちが唄ってきたものである。

ポンプがなかった時代には、掘り抜き井戸や溜め池・用水など、水位の低い水源と田畑の間に水車を設置し、足で水車を踏んで水を田畑へ引き入れた。炎天下で、長い間水車をまわすのは、単調で、暑くて、厳しい作業であったため、唄でも唄わなければ耐えられなかった。

唄の履歴　この唄の源流は不明である。おそらくは、江戸時代後期から明治時代に日本中で大流行した「甚句《じんく》」を水車踏みの仕事に利用したものと思われる。水車の板を踏むと、板が下がるにつれて唄の節も下がる、そこに独特の節まわしが生じ、また、哀感と孤独感が漂う、美しい唄になっている。

その『摂津水替え唄』、一九八〇年に、西川美津子が高槻市上本町《かみほんまち》辺りの唄にあしらいの三味線の手をつけ、横笛を加えてテープ化し、発売した。

節まわしの型　今日広く唄われている節まわしは、西川美津子のものである。

天満の子守り唄《てんまのこもりうた》

〽ねんねころいち　①天満《てんま》の②市《いち》で
大根揃《だいこそろ》えて　舟《ふね》に積《つ》む

舟《ふね》に積《つ》んだら　どこまで行《ゆ》きゃる
③木津《きづ》や④難波《なんば》の　橋《はし》の下《した》

橋《はし》の下《した》には　⑤お亀《かめ》が居《い》やる
⑥お亀捕《かめと》りたや　⑦竹欲《たけほ》しや

竹《たけ》が欲《ほ》しけりゃ　竹屋《たけや》へござれ
竹《たけ》はゆらゆら　⑧由良之助《ゆらのすけ》

注①大阪城の北西方、旧淀川北岸の商業地帯。
②多くの人々が集まって、物を売買する所。
③旧木津村。木津川下流部の東岸にあった。現浪速区内。
④旧難波村。木津村の北東方にあった。一八〇九年に、野菜を取り扱う木津難波市場が設けられた。現浪速区・中央区内。
⑤⑥「鷗」とも。
⑦「網欲しや　網がゆらゆら　由良之助」とも。
⑧浄瑠璃「仮名手本忠臣蔵」の主人公。姓は大星。モデルは大石内蔵助《くらのすけ》。

大阪府の子守り唄。大阪市の中央部、旧淀川の北岸に広がる天満（現北区天満・天満橋・東天満・西天満）の商家で働く子守り奉公の少女たちが、背中の子供をあやしながら唄ってきたものである。

別名　ねんねころいち。

唄の履歴　この唄の源流は不明である。たぶん、現大阪市近郊の農村で、仕事唄か酒盛り唄として唄われていた、「甚句《じんく》」系統の唄であろう。それを、天満の商家などへ子守り奉公に出された少女たちが、子供の遊ばせ唄や眠らせ唄として唄ったのであろう。

その唄が、子守りたちの間で掛け合いの唄になり、しだいに尻取り文句の歌詞が生まれて定着したものと思われる。

節まわしの型　今日広く唄われている節まわしは、天満の古老が覚えていたものである。

堀江《ほりえ》の盆踊《ぼんおど》り唄《うた》

上げ

〽ソレエー　ソレエーノー　ヤアットヤー
（ヨーイ　ヨイ　ヨイ）

前唄

〽①かんてき割《わ》った　②摺《す》り鉢割《ばちわ》ったエノー　叱《しか》られた
（おかしゅて　たまらん）

地口《じぐち》

〽ソレ西瓜《すいか》　ソレ③真桑《まっか》エノー　焼《や》き茄子《なすび》
（食《く》いたい　食《く》いたい）
ソレ④堀江《ほりえ》　ソレ廓《くるわ》エノー　⑤里景色《さとげしき》
月《つき》を鏡《かがみ》に　こいつぁまた夕化粧《ゆうげしょう》
（⑥名所《などころ》　名所《などころ》）

本唄

〽竹《たけ》にサーエー　ヤッチキ　ドシタイ　ナー
オサー　竹《たけ》に雀《すずめ》は　⑦科《しな》よく留《と》まる
（ヨーイ　ヨーイ）
止《と》めてサーエー　ヤッチキ　ドシタイ　ナーオサー　止《と》めて止《と》まらぬ　こいつぁまた色《いろ》の道《みち》
（ヨーイ　ヨーイ）
色《いろ》でサーエー　ヤッチキ　ドシタイ　ナー
オサー　色《いろ》で迷《まよ》わす　⑧浅漬《あさづ》け茄子《なすび》
（ヨーイ　ヨーイ）

地口

〽影映《かげうつ》す　春《はる》の水《みず》　堀江《ほりえ》は　⑨都鳥《みやこどり》
（この花《はな》　この花《はな》）
涼《すず》しさの　⑩四《よ》ツ橋《ばし》も　河岸《かわぎし》　⑪糸柳《いとやなぎ》
（夕風《ゆうかぜ》　夕風《ゆうかぜ》）
⑫阿弥陀池《あみだいけ》　澄《す》みわたる　⑬真如《しんにょ》の　月《つき》の顔《かお》
（⑭和光寺《わこうじ》　和光寺《わこうじ》）
⑮梁《はり》⑯棟木《むなぎ》　松檜《まつひのき》　咲《さ》く　雪《ゆき》の花《はな》
（朝市《あさいち》　朝市《あさいち》）

本唄

〽花《はな》に柳《やなぎ》で　彩《いろど》る廓《くるわ》
染《そ》めて染《そ》めましょ　こいつぁまた濃《こ》く浅《あさ》く

注①「七輪」の方言。炊事用具。木炭や練炭を用いて煮たきするのに用いる、土製の焜炉《こんろ》。
②調理用具。内側に刻み目のある、土製の鉢。摺りこぎで胡麻などを摺りつぶすのに用いる。
③真桑瓜《まくわうり》。ウリ科のつる性一年草。南アジア原産。果実は俵形で、黄または白色。果肉は甘く、芳香がある。
④➡解説。
⑤遊里の光景。
⑥めいしょ。「真心　真心」とも。
⑦振る舞いや姿から受ける感じ。
⑧茄子を、薄塩やぬかで短時日漬けたもの。
⑨百合鷗《ゆりかもめ》のこと。体長四〇センチほど。体は白で、くちばしと脚は赤い。在原業平《ありわらのなりひら》の「名にし負はばいざ言問はむ都鳥　我が思ふ人はありやなしやと」で有名。
⑩地下鉄四ツ橋駅のそば、旧西横堀川と旧長堀川が直交する所に井の字状に架かっていた四つの橋。古くからの浪花名所。
⑪枝垂れ柳。
⑫➡解説。
⑬仏教語。「真実」が心の中の迷いを晴らすように、闇を晴らす、明るい月。
⑭➡解説。
⑮屋根を支えるために、柱の上に横に渡してある木。
⑯屋根の二つの斜面が合わさる所（屋根の一番高い所）に渡してある木。

大阪府の盆踊り唄。かつて大阪市の堀江（現西区北堀江）にあった遊廓の遊女や周辺の人たちが、お盆に、町の中央部の浄土宗蓮池山《れんちざん》和光寺の境内で唄い踊ってきたものである。

唄の履歴　この唄の源流は、現大阪府・京都府・滋賀県下の盆踊り唄『ヤッチキドッコイ』（『ヤッシキドッコイ』とも）である。それは『江州《ごうしゅう》音頭《おんど》』の流行以前に唄い踊られていたもので、曲名は「はやし詞」から生まれた。その歌詞は次のとおりである。

〽本町サーエ　（ヤッチキドッコイショ）
本町二丁目の　米屋の娘
姉は二十一　妹は二十《はたち》
妹欲しさに　御立願《ごりょがん》掛けて
お伊勢へ七度《ななたび》　熊野へ三度《さんど》
愛宕《あたご》様へは　月参り

〽岩にサーエ　（ヤッチキドッコイショ）
岩に松さえ　生えるじゃないか
添うて添われぬ　（こいつぁ）ことはない

〽添うてサーエ　（ヤッチキドッコイショ）
添うて苦労は　世上《せじょう》のならい
添わぬ先から　（こいつぁ）この苦労
「かんてき割った　摺り鉢割った叱られた
おかしてたまらん」

〽色でサーエ　（ヤッチキドッコイショ）
色で迷わす　浅漬け茄子《なすび》
毒と知りつつ　（こいつぁ）やめられぬ

堀江遊廓は一九三〇年の経済不況で寂れてしまったため、関係者は景気の回復と客集めを計って盆踊り大会を企画した。そして、陰暦七月二四日の地蔵盆（お地蔵様に供え物をして子供の成長を願う祭り）に、和光寺の阿弥陀池《あみだいけ》の脇に櫓《やぐら》を組んで、遊女たちに踊らせた。節は『ヤッチキドッコイ』を利用し、振り付けは若柳吉升が行い、歌詞は田中芳哉園《ほうさいえん》が整えたものである。

その歌詞は、「本町二丁目」をやめて、後ばやしの「かんてき割った…」や、「色で迷わす浅漬け茄子」を活用し、また、堀江を宣伝するための名物名所づくしの文句などを作り、曲名を「堀江盆唄」とした。

それが大評判となって、翌三一年にはＮＨＫ大阪放送局がラジオで放送し、一躍大阪の夏の風物詩になった。そして、周辺の町々でもまねて唄い踊るようになった。

なお、歌詞は堀江遊廓のためのものであるから性的な隠語も用いているようで、本来の意味は、今日では不明なところもある。

節まわしの型　今日広く唄われている節まわしは、堀江の花柳界の芸者衆が伝えているものである。

槇尾山《まきのおさんのぼり》幟上《あ》げ音頭《おんど》

〽ヤレナァーエー槇尾《①まきのお》開帳《②かいちょう》で（ヨイセェ）
横山繁昌《③よこやまはんじょう》
（ヨーイセェ　ソーリャセー）
手持《④ても》ちナーエ蜜柑《みかん》はソレサー　みな売《う》れた
〔はやし手〕ソリャ　ヤァトコセー
〔音頭取り〕ヨォイヤナー
〔はやし手〕アレワイナァ　コレワイナー　ソリャ　ヨーイトセー）

〽水間椿《⑤みずまつばき》に　牛滝紅葉《⑥うしたきもみじ》
吉野桜《⑦よしのさくら》に　奈良《⑧なら》の藤《ふじ》

〽檜原松原《⑨ひばらまつばら》　峠《とうげ》を行《ゆ》けば
槇尾山《まきのおやま》に　駒《こま》が鳴《な》く

注
①施福寺《せふくじ》。空海が開山。➡解説。
②日常は一般の参拝者に公開しない仏像を、特定の日に公開すること。
③槇尾山の北麓・北西麓の地域名。かつては施福寺の寺領であった。
④地元農民が生産して、参拝客のために持ってきた。
⑤現大阪府貝塚市水間にある天台宗竜谷山水間寺。通称、水間観音。
⑥岸和田市大沢町にある天台宗牛滝山大威徳寺周辺の山地。
⑦吉野山。現奈良県吉野郡吉野町にある。
⑧現奈良市中心部。
⑨花山《かざん》天皇が、和歌山の第三番札所粉河寺から施福寺へ向かう途中で道に迷ったが、遠くに聞こえる馬の鳴き声を頼りにして到着し、「深山路や檜原松原分け行けば　槇尾寺に駒ぞ勇める」と詠んだと伝える。

大阪府の祭礼唄。大阪府和泉《いずみ》市の南東端、槇尾《まきのお》山《さん》の山頂近くにある天台宗槇尾山施福《せふく》寺《じ》の信徒たちが、幟上げをする時に唄ってきたものである。

施福寺は西国三十三所の第四番札所で、毎年、札所本尊「千手千眼《せんじゅせんげん》観音」御開帳の五月一五日に幟上げを行う。それは、井桁《いげた》に組んだ台の上に高さ十数メートルの幟を立て、信徒が担いで町中を練り歩くものである。その時に道中唄として唄うのが、この『槙尾山幟上げ音頭』である。

唄の履歴　この唄の源流は、三重県伊勢市にある伊勢神宮の式年遷宮で、社殿建て替え用の御用材を氏子たちが曳いて運ぶ道中で唄ってきた「お木曳《きひ》き木遣《きや》り」のうちの、「ヤートコセー」というはやし詞を持つ『伊勢音頭』（四八九ページ）である。

式年遷宮は二〇年に一度ずつ行われ、木遣り唄は、そのつど新曲が作られたが、中でもこの「ヤートコセー」の唄は、伊勢参りの人たちなどによって日本中へ広まった。施福寺の信徒たちは、それが、重いものを大勢の人たちが力を合わせて運ぶ時に唄う唄であり、だれでも知っている目出度い唄なので、幟上げに利用したのであろう。

その『槙尾山幟上げ音頭』に、一九六五年、青森県三沢市出身で大阪市在住の民謡家田中義男が、三味線の伴奏をつけた。そして、七〇年一月にコロムビアレコードに吹き込んだ。

節まわしの型　今日広く唄われている節まわしは、田中義男のものである。

竜《りゅう》神《じん》小《こ》唄《うた》

〽一度《いちど》お越《こ》しよ　①竜神《りゅうじん》　②乳守《ちもり》
昔《むかし》や③異国《いこく》の　船《ふね》が出《で》たヤレコノー
船《ふね》が出《で》た

〽見《み》たか聞《き》いたか　④妙国寺《みょうこくじ》の⑤蘇鉄《そてつ》
紅《あか》い⑥烈士《れっし》の　血《ち》で染《そ》める

〽国《くに》のためにと　命《いのち》を捨《す》てた
大和男《やまとおとこ》の　鑑《かがみ》なり

〽お国自慢《くにじまん》は　⑦堺の港《さかいみなと》
乳守竜神《ちもりりゅうじん》　⑧花《はな》の街《まち》

〽堺港《さかいみなと》の　⑨柳の廓《やなぎくるわ》
⑩地獄太夫《じごくたゆう》の　洗《あら》い髪《がみ》

〽堺乳守《さかいちもり》の　地獄《じごく》の太夫《たゆう》
⑪一休和尚《いっきゅうおしょう》も　来《き》て遊《あそ》ぶ

〽堺《さかい》で名高《なだか》い　⑫天野屋利兵衛《あまのやりへえ》
⑬義士《ぎし》に⑭本懐《ほんかい》　遂《と》げさせた

〽夏《なつ》はお越《こ》しよ　⑮大浜夜市《おおはまよいち》
⑯時雨団七《しぐれだんしち》も　魚《うお》づくし

〽堺港《さかいみなと》の　⑰天竺徳兵衛《てんじくとくべえ》
⑱下路《しもじ》きっての　⑲伊達男《だておとこ》

注①竜神遊廓。➡解説。
②現堺市堺区南旅籠町・南半町辺りにあった遊廓。
③外国（ポルトガル・スペイン・ルソンなど）の貿易船。
④現堺区材木町にある寺。日蓮宗。山号は広普山。俗称を蘇鉄寺。
⑤ソテツ科の常緑低木。暖地に自生し、また、庭に植える。高さ三メートルほど。葉は大形の羽状複葉で、幹頂に群生する。雌雄異株。
⑥一八六五年二月、堺港警備中の土佐藩士が、不法上陸したフランス水兵十数人を殺傷した（堺事件）。関係者二〇人のうち一一人は、フランス公使の要求と明治新政府の命により、妙国寺で切腹。
⑦現堺市の。
⑧花の美しい町と、花街（花柳街）を掛ける。
⑨柳の木のある廓と、花柳街の「柳」の意を掛ける。
⑩堺の遊女。自ら地獄と名乗り、地獄図を描いた着物を着ていた。一休和尚との禅問答で有名。
⑪室町時代中期の禅僧。仏教界の腐敗を批判し、奇行が多く、のちに一休頓知話が作られた。詩・狂歌・書画をよくし、漢詩集「狂雲集」がある。
⑫江戸時代中期の商人。赤穂義士のために武器を調え、役人に拷問されたが白状しなかったという。
⑬赤穂義士。元赤穂藩の、四七人の浪士。一七〇二年、江戸本所松坂町の吉良上野介《きらこうずけのすけ》邸を襲い、主君浅野内匠頭《たくみのかみ》の仇を討った。
⑭前から持っていた願い。
⑮現堺市北西部にある大浜公園。毎年七月三一日の夜、魚の市が催される。
⑯歌舞伎「宿無し団七時雨傘」（並木正三作）のこと。武士の茂兵衛は、主君から預かった宝刀を盗まれたために失脚し、堺で魚屋になって団七と称する。
⑰江戸時代前期の商人。播磨の人。天竺（インド）方面へ再三渡航し、「天竺渡海物語」を書いた。「天竺徳兵衛韓噺《いこくばなし》」など、歌舞伎に脚色されている。
⑱大坂から西へ下る帆船航路上の港々。
⑲派手好みで、意気に感じて弱い者を助ける、粋な男。

大阪府の、お座敷唄形式の新民謡。大阪府の中西部、現堺市堺区竜神橋町にかつてあった竜神遊廓の遊女たちが、酒席で唄ってきたものである。竜神遊廓は、江戸時代（一八四二年）に作られ、一九五七年に廃止された。

別名　妙国寺節（ただし、➡後記）。

唄の履歴　この唄は、昭和時代の初めに、折りからの新民謡運動の中で作られたもので、作詞者は山村初栄、その補訂者は芸能評論家の正岡容《いるる》である。作曲者名はレコードにも記載されておらず、不明であるが、俗曲や民謡にかなり詳しい人だったようで、『五万石』（愛知）や『新宮節』（和歌山）などの、特徴ある節も取り入れられている。いろいろな曲をつきまぜて作ったために、作曲者名は発表しなかったのかもしれない。

ところがこの『竜神小唄』、竜神遊廓が廃止になると同時に廃ってしまった。その後、昭和五〇年代（一九七五～）に入って復元されたが、その時に曲名を「妙国寺節」と変えた。妙国寺は、前掲二首目の歌詞に登場している寺である。

しかし、『妙国寺節』なる唄は、伝承民謡として別に存在する。その歌詞は、「妙国寺妙国寺　土州の侍　腹を切る　唐人見物ビックリシャックリと　オーサビックリシャックリと」といったもので、『ポンポコニャ』（熊本）などと同系統の唄である。

節まわしの型　今日広く唄われている節まわしは、梅若朝啄《ちょうたく》あたりのものと思われる。

補足　「竜神小唄」という、同名の別曲も存在する。作詞食満《けまん》南北、作曲杵屋《きねや》和市、振り付け藤間門寿郎による俗曲である。

奈良県

初《は》瀬《せ》追《おい》分《わけ》

〽①初瀬《はせ》の追分《②おいわけ》　桝形《③ますがた》の茶屋《ちゃや》でヨー
（アァ　キタコラ　コラショー）
泣《な》いて別《わか》れた　こともある
（キタコラ　コラショー）

〽初瀬《はせ》の追分《おいわけ》　東《ひがし》は伊勢《④いせ》よ
西《にし》は浪花《⑤なにわ》で　北《きた》は奈良《⑥なら》

〽雪《ゆき》の達磨《だるま》に　炭団《⑦たどん》の目鼻《めはな》
融《と》けて流《なが》れりゃ　墨衣《⑧すみごろも》

〽またの逢《お》う瀬《せ》の　うれしい便《たよ》り
初瀬《はせ》の追分《おいわけ》　思《おも》い出《だ》す

〽鶯《うぐいす》来《き》たかよ　御利益《ごりやくみ》見えて
廊下《⑨ろうか》お礼《れい》に　建《た》てましょう

〽雪《ゆき》をかむりて　寝《ね》ていた笹《ささ》よ
憎《にく》や小鳥《ことり》が　揺《ゆ》り起《お》こす

地口型《じぐち》

〽桃山《⑩ももやまとお》通れば　鶯《うぐいす》が
梅《うめ》の小枝《こえだ》で　昼寝《ひるね》して
花《はな》の咲《⑪さ》くのを　夢《ゆめ》に見《み》た

注①➡解説。「嫌な追分」とも。
②初瀬西方の慈恩寺にある、初瀬街道の分岐点。西は現桜井市中心部から大阪市、北は現奈良市へ通じる。
③宿場の出入り口にあった桝形周辺の茶店兼商人宿。桝形は、高さ六尺ほどの石垣で四角に囲った交通取締所。大名や役人はその中を、一般の旅人はその脇を通って宿場に出入りした。
④旧国名。現三重県中部・北部。伊勢神宮がある。「お伊勢」とも。
⑤現大阪市。
⑥現奈良市。
⑦木炭や石炭の粉を布海苔《ふのり》で球状に固めた燃料。
⑧黒く染めた衣。僧や尼の着る衣服。
⑨鶯ばりの廊下。廊下の床板を留めたかすがいが、人が歩く時にきしんで、音を出すようにしたもの。その音が、鶯の鳴き声のように美しいとして名づけられた。
⑩慈恩寺辺りは桃の木が多く、桃山と呼ばれたらしい。「この山」とも。
⑪「盛りを」とも。

奈良県のお座敷唄。奈良県の北中部、桜井市初瀬の花柳界の宴席で、芸者衆が唄ってきたものである。初瀬は、真言宗豊山《ぶざん》派総本山の長谷寺《はせでら》（西国三十三所の第八番札所）の門前町として栄えてきた所である。また、伊勢神宮へ通じる初瀬街道の宿場町でもあった。

唄の履歴　この唄の源流は、信州追分宿《おいわけじゅく》（長野県北佐久郡軽井沢町追分）の飯盛《めしも》り女たちが、酒席で旅人相手に唄っていたお座敷唄「追分節」である（➡三八一ページ）。それが、江戸時代後期の文化文政（一八〇四～三〇）頃に流行《はや》り唄として日本中へ広まり、この初瀬にも伝えられたのであろう。

ただ、現在の『初瀬追分』は、かつて初瀬の宿場で唄われていた節まわしと同じものであるかどうかは不明である。というのは、初瀬の「追分節」は明治時代に廃ってしまい、大正時代末期から昭和時代初期にかけての新民謡運動の中で、大阪市在住の民謡家身之辺天籟《みのべてんらい》が初瀬の人たちに教えたものだからである。そして、この唄は歌詞も節も

「追分節」ではあるが、歌詞のほとんどは『信濃《しなの》追分』（長野）の地名などを身之辺が初瀬ゆかりのものに替えただけのようで、初瀬独自のものが見当たらない。

その『初瀬追分』、一九四九年にNHK東京放送局が大阪放送局の協力を得て三室《みむろ》幸子（四一歳）の唄を収録した。これが、この唄が世に出た最初であったが、当時、『初瀬追分』の唄い手は地元にも何人もいなかったようである。

その後、一九六五年七月二三日に、筆者（竹内勉）が、唄三室幸子・三味線加代でこの唄を復元し、コロムビアレコードでレコード化した。それから、そのレコードを元にして関西地方の民謡家たちが唄い始めた。

節まわしの型　今日広く唄われている節まわしは、三室幸子のものである。

初瀬《はせ》おけさ

定型

〽長谷《はせ》のヨー　①長谷《はせ》の観音《かんのん》　②八《や》つ棟造《むねづく》りヨー
（アァ　ヨイ　ヨイー）
瓦《かわら》ヨー　瓦《かわら》③足《た》らいで　アイヤー足《た》らいでソーレー　④濡《ぬ》れ舞台《ぶたい》ヨー
（アァ　オーヤッサ　ヤッサ　ヤッサ　ヤッサ　モッサ　ソッチデセ）
（アァ　ヨイヨイ　ヨイー）

字あまり

〽竹《たけ》のヨー　竹《たけ》の⑤丸太橋《まるたばし》や　滑《すべ》って転《ころ》んで
危《あぶ》ないけれども　⑥様《さま》となら渡《わた》るヨー
（アァ　ヨイ　ヨイー）
浮《う》ことヨー　浮《う》こと沈《しず》もと　アイヤー沈《しず》も
とソーレー　二人連《ふたりづ》れヨー

〽⑦長谷《はせ》の廊下《ろうか》は　⑧一町《いっちょう》二町《にちょう》　三町《さんちょう》四町《しちょう》
五六町《ごろくちょう》も⑨まわれば
⑩口説話《くぜつばなし》も　残《のこ》しゃせぬ

注
①長谷寺《はせでら》。初瀬にある、真言宗豊山《ぶざん》派の総本山。本尊が十一面観世音菩薩で、長谷観音と呼ばれる。
②〔「八」は実数ではなく〕棟がいくつもあって、形が複雑な造りになっている屋根。
③足りなくて。
④長谷寺本堂の南側の崖上に張り出している、芝居の舞台状の建築物。
⑤「丸木橋ゃ」とも。
⑥あなた様。
⑦長谷寺の建物と建物を結ぶ回廊。
⑧一町は六〇間。約一〇九《メートル》。
⑨「あれば」とも。
⑩男女間の愛情のもつれから起こる、たわいのない言い争い。

奈良県のお座敷唄。奈良県の北中部、桜井市初瀬（➡前項）の花柳界の宴席で、芸者衆が唄ってきたものである。

唄の履歴　この唄の源流は、越後《えちご》（新潟県）の「おけさ」（➡三八八ページ）である。それは、千石船の船乗りたちによって各地の港へ持ちまわられ、東日本方面へ広まった。

しかし、その「おけさ」が、西日本の、しかも内陸の初瀬へどういう経路を通って伝えられたのか、また、江戸時代に初瀬の花柳界で唄われていたのかどうか、いずれも不明である。というのは、現在の『初瀬おけさ』は、大正時代末期から昭和時代初期にかけての新民謡運動の中で、大阪市在住の民謡家身之辺天籟《みのべてんらい》が初瀬の人たちに教えたものだからである。

日本中に点在する「おけさ」の中で、下の句の初め三音を繰り返して唄うものは、福島県南会津郡の山間の町、只見町小林に伝わる『小林おけさ』と、太平洋に面した宮城県亘理《わたり》郡山元町坂元の『坂元おけさ』の二曲しか、今日までのところ採集されていない。

また、「はいや節」系統の「おけさ」の、しまい五音の前には、「サーマ」「ヤーレ」「ソーレ」のいずれかが入る。『初瀬おけさ』の場合は「ソーレ」が入っているが、この種のものは日本海側の京都府宮津市から、北東方の富山県・長野県下辺りまでにしかない。

さらに、『初瀬おけさ』の「はやし詞」は、瀬戸内海の港町、広島県三原市の『三原ヤッサ』（「はいや節」の一種）と同種であるが、こうした「はやし詞」は日本海側には見当たらない。

これらのことを合わせ考えると、身之辺天籟は大阪港近くの花柳界の「おけさ」を初瀬に持ち込んで歌詞を初瀬風にしたのか、どこかの「おけさ」を元にして節や「はやし詞」を改作したのかのいずれかであろう。

その『初瀬おけさ』が初めて世に出てきたのは、一九四九年にＮＨＫ東京放送局が大阪放送局の協力を得て京阪地方の民謡を採集した時で、唄は武田楢次郎であった。

その後、一九六五年七月二三日になって、筆者（竹内勉）が初瀬の旅館の主人重走由太郎《じゅうそうよしたろう》（六〇歳）のかすかな記憶を元に復元し、コロムビアレコードでレコード化した。ただ、その時は、すでに伴奏の三味線の手は廃ってしまっていた。そのレコードの唄が関西地方の民謡界に広まって、しだいに唄われるようになった。

節まわしの型　今日広く唄われている節まわしは、重走由太郎のものである。

吉野川《よしのがわ》筏《いかだ》流《なが》し唄《うた》

〽ハァー吉野川《よしのがわ》①にはヨー　筏《いかだ》②を流《なが》す
流《なが》す筏《いかだ》に　上《のぼ》③る鮎《あゆ》
（ホォイ　ホイ）

〽筏乗《いかだの》りさん　袂《たもと》が濡《ぬ》れる
赤《あか》い襷《たすき》で　締《し》めなされ

〽わたしゃ吉野《よしの》④の　川上育《かわかみそだ》⑤ち
色《いろ》も香《か》もよい　吉野杉《よしのすぎ》⑥

〽下《しも》へ下《しも》へと　枯《か》れ木《き》を流《なが》す
流《なが》す枯《か》れ木《き》に　花《はな》⑦が咲《さ》く

〽下《しも》へ下《しも》へと　筏《いかだ》を流《なが》しゃ
谷間《たにま》の鶯《うぐいす》　連《つ》⑧れて鳴《な》く

〽水《みず》よ出《で》てこい　黒滝川《くろたきがわ》⑨は
九万九千《くまんくせん》の　角流《かくなが》⑩す

〽灘《なだ》⑪の銘酒《めいしゅ》⑫と　契《ちぎ》⑬りの深《ふか》い
色香《いろか》ゆかしき　吉野杉《よしのすぎ》

〽一度見《いちどみ》てこい　吉野《よしの》の奥《おく》は
一目千両《ひとめせんりょ》⑭の　杉檜《すぎひのき》

〽わたしゃ吉野《よしの》⑮の　山奥育《やまおくそだ》ち
米《こめ》⑯のなる木《き》を　まだ⑰知《し》らぬ

〽ここは丹生川《にゅうかわ》⑱　お宮《みや》⑲の前《まえ》よ
お手《て》を清《きよ》めて　神詣《かみもう》で

注①奈良県南東部の山地に発して北西流、南西流し、和歌山県下で紀ノ川と名を変えて、和歌山市で紀伊水道へ注ぐ川（約八〇キロ）。
②材木を横に何本も並べ、藤のつるなどでつないだもの。材木運送の一方法で、川に浮かべて下流へ流す。
③上流へ向かう鮎。下流へ向かう筏と対比させる。「花が咲く」とも。
④奈良県の南部、吉野郡一帯。また、吉野川。
⑤川上村。また、吉野川の上流。
⑥吉野地方で産出する杉の木。建築材や酒樽の材にする。
⑦建築材や酒樽用材として使われることをいう。
⑧筏が下流へ向かうのに伴って場所を移して。
⑨丹生川（注⑱）の上流部の称。
⑩角材。柱などが取れる太い木、の意。
⑪兵庫県西宮市から神戸市にかけての海岸部。日本の代表的酒造地帯。
⑫よく銘柄を知られた、上質の日本酒。
⑬関係が深い。吉野杉で酒樽を作ることを言う。
⑭高価な木が沢山あることを言う。「一目千里」は誤唱。
⑮江戸時代の流行《はや》り唄『米のなる木』の歌詞「備前の岡山育ち…」を替えたもの。
⑯稲のこと。
⑰山国なので田がない、の意。（元唄は、良家に生まれたので知らない、の意）
⑱奈良県中央部の大天井ヶ岳に発して西流、北西流し、五條市で吉野川へ注ぐ川（約三八キロ）。
⑲丹生川上神社下社。下市町長谷の、丹生川北岸にある。

奈良県の仕事唄。奈良県中央部の山間を流れる吉野川を利用し、吉野杉を筏に組んで和歌山まで運ぶ筏乗りが、筏の上で唄ってきたものである。

筏を組んで流すにはかなりの川幅と水量が必要なため、この唄の伝わる吉野郡川上村の吉野川上流では材木をばらで流し、北和田（川上村内）でそれを集めて筏に組む。そして、すぐ下流に堰《せき》を作って水位を上げてから堰を切り、その水の勢いで筏を流した。そのあと、東川《うのかわ》（川上村内）からは筏師が筏の上に乗り、吉野（吉野町）、五條（五條市）

と順に乗り継いで、吉野川下流の紀ノ川河口にある和歌山（和歌山市）の材木問屋まで運んだ。その筏師が唄を唄えるのは、川幅が広く、水量が豊かで、流れのゆったりした所であった。

別名　吉野川筏唄。

唄の履歴　この唄の源流は、江戸時代後期から明治時代に日本中で大流行した「甚句《じんく》」である。それは、各地で酒盛り唄や農作業唄として唄われた。『吉野川筏流し唄』は、吉野地方のそうした唄を筏師が川へ持ち出し、筏が流れに乗って下る速さに合わせて、ゆったりと、長くのばして唄ったのが定着したのであろう。

その筏乗りの唄を、奈良県出身の民謡家池田晴子が、川上村の筏師中西富太郎（七五歳）から習い覚え、一九七二年七月にポリドールレコードに吹き込んだ。その後、弟子の川西保が一九八二年七月の「サンケイ民謡大賞」でその『吉野筏流し唄』を唄って優勝し、また、翌年の日本テレビ「民謡大賞」の奈良県代表になった。それからこの唄は、三味線伴奏の多い近畿地方では珍しく尺八伴奏の唄として、しだいに広まっていった。

なお、吉野川にはもう一つ別種の「筏節」がある。朝鮮半島の『鴨緑江節《おうりょっこうぶし》』と同じ節で、奈良県下から朝鮮へ出かけて行った筏乗りが酒席で覚え、日本に戻ってから吉野川や周辺の川で唄ったのが広まったものである。奈良県下の唄が朝鮮半島へ渡ったわけではない。

節まわしの型　今日広く唄われている節まわしは、川西保のものである。

吉野《よしの》木挽《こび》き唄《うた》

〽ハァー木挽《こび》き木挽《こび》き(根挽き①)　根気《こんき》さえ
　よけりゃ
　（アァ　シッチン　シッチン）
嬶《かか》②や子供《こども》はヨォ　苦《く》にゃならぬ
　（アァ　シッチン　シッチン）

長ばやし
アァ一間挽《いっけんひ》③いたら　お嬶《かか》④のもんだよ
二間挽《にけんひ》いたら　⑤こっちのもんだよ
　（アァ　シッチン　シッチン）

〽木挽《こび》きさんたちゃ　邪険《じゃけん》⑥な人《ひと》じゃ
仲《なか》のよい木《き》を　挽《ひ》き分《わ》ける
〽腹《はら》の立《た》つ時《とき》ゃ　山《やま》へ行《ゆ》こう連《つ》⑦れ等《ら》
山《やま》で木《き》を伐《き》りゃ　気《き》も晴《は》れる
〽山《やま》で木《き》を伐《き》りゃ　気《き》も晴《は》れるけど
山に木(気)は無《の》うて　骨折《ほねお》れる
〽器量《きりょう》よい娘《こ》が　この川上《かわかみ》で
大根洗《だいこあら》うか　菜《な》⑧を流《なが》す
〽可愛《かわ》い可愛《かわ》いと　言《い》うたは嘘《うそ》か
わしを見捨《みす》てて　行《ゆ》くからにゃ
〽木挽《こび》きさんこそ　山家《やまが》⑨に住《す》めど
小判並《こばんなら》べて　姫買《ひめか》⑩いや
〽木挽《こび》き木挽《こび》きと　山《やま》にこそ住《す》めど
芋《いも》や大根《だいこ》では　飯《めし》ゃ食《く》えぬ

長ばやし
一間挽《いっけんひ》いても　木挽《こび》きは商売《しょうばい》
〽シッチンシッチン　大和《やまと》⑪の木挽《こび》きじゃ

注①根気で挽くもの、の意。
②妻子を養うのに苦労はしない。
③長さ約一・八二メートルの木。木挽きは、何間分挽いたらいくら、といった歩合制であった。
④妻の分。生活費のこと。
⑤木挽き自身の分。
⑥意地が悪い。思いやりがない。
⑦仕事仲間よ。
⑧大根の葉のこと。「浮き名を流す」の意を掛ける。
⑨山の中の家。
⑩遊女。
⑪旧国名。現奈良県全域。「天下の」とも。

奈良県の仕事唄。奈良県南部の吉野地方の山間部で、木挽き職人が、大鋸《おおのこ》を用いて木材を大割りにしたり板に挽いたりする折りに唄ってきたものである。（木挽きが唄を唄う理由については一七八ペ

ージ参照）

唄の履歴　この唄の源流は、江戸時代後期から明治時代に日本中で大流行した「甚句《じんく》」である。それは、各地で種々の農作業唄に転用されたが、広島県下では、木挽き職人が鋸《のこぎり》を挽く手に合わせて唄ううちに、『広島木挽き唄』となった。

「広島木挽き」は、冬の出稼ぎ仕事として西日本地方一円へ出かけ、先々の仕事場でその木挽き唄を唄った。そのため、近畿・中国・四国・九州地方の木挽き唄は、『広島木挽き唄』が元になっている。その唄を、各地の人たちが木挽き仕事をしながら長い間唄っているうちに、木挽き職人の個性と風土の違いが出て、各地の唄とも、今日ではかなり異なった節まわしになっている。

『吉野木挽き唄』は、宮城県出身で大阪市在住の民謡家佐藤桃仙が、一九七二年頃に奈良県桜井市の島岡守一の紹介で吉野郡川上村の村役場で録音テープを聞かせてもらい、それを元にして復元したという。そのテープは、歌詞などから考えて、一九五四年か五五年に、ＮＫＨ大阪放送局が収録したものと思われる。

その『吉野木挽き唄』、一九七三年に、佐藤桃仙が西村淡笙の尺八伴奏でコロムビアレコードに吹き込んだ。それは、節の運びが『三十石舟唄《さんじゅっこくふなうた》』（五二〇ページ）的で、大阪弁のような感じのするところがある。

なお、東大阪市の民謡尺八家井上整山が、『吉野川筏《いかだ》流し唄』の歌詞と『夏の山唄』（宮城）の節を利用して、一九六五年に同名の「吉野木挽き唄」を作った。それとの区別をする必要があるが、これからは、井上の唄のほうは「吉野山唄」とでも改名してもらうほうがよいかもしれない。

節まわしの型　今日広く唄われている節まわしは、佐藤桃仙のものである。

和歌山県

串《くし》本《もと》節《ぶし》

〽ここは①串本《くしもと》　向《む》かいは②大島《おおしま》
仲《なか》を取《と》り持《も》つ　③巡航船《じゅんこうせん》エジャナイカ　エジ
ヤナイカ　ナァイカー
（ハァ　オッチャヤーレ）

〽一《ひと》つ二《ふた》つと　④橋杭《はしぐい》立《た》てて
心届《こころとど》けよ　串本《くしもと》へ

〽⑤潮岬《しおのみさき》に　⑥灯台《とうだい》あれど
恋《こい》の闇路《やみじ》は　照《て》らしゃせぬ

〽障子《しょうじ》開《あ》ければ　大島一目《おおしまひとめ》
なぜに⑦佐吉《さきち》は　⑧山《やま》の陰《かげ》

〽船《ふね》の⑨艫櫓《ともろ》に　鶯《うぐいす》留《と》めて
明日《あす》も大漁《たいりょ》と　鳴《な》かせたい

〔以上二首、矢倉広治作〕

〽わしら若《わか》い時《とき》　⑩津荷《つが》まで通《かよ》た
津荷《つが》の⑪どめきで　夜《よ》が明《あ》けた

〽大島《おおしま》⑫水谷《みずたに》　⑬かかりし船《ふね》は
⑭お雪見《ゆきみ》たさの　⑮潮《しお》がかり

〽つつじ椿《つばき》は　⑯深山《みやま》を照《て》らす
⑰背美《せみ》の子持《こも》ちは　⑱浜照《はまて》らす

〽わしの⑲しょらさん　⑳岬《みさき》の沖《おき》で
波《なみ》に揺《ゆ》られて　鰹釣《かつおつ》る

〽日和《ひより》や㉑こち気《け》じゃ　沖《おき》や白波《しらなみ》じゃ
殿御《とのご》やらりょか　あの中《なか》へ

〽㉒下《くだ》り潮《しお》ゆけ　また来年《らいねん》も
いとし殿御《とのご》の　初船頭《はっせんど》

〽㉓魚籠《びく》を片手《かたて》に　釣《つ》り竿《ざお》かつぎ
㉔鯉《こい》は釣《つ》れない　ものかいな

〽わたしゃ串本《くしもと》　㉕両浜育《りょうはまそだ》ち
色《いろ》の黒《くろ》いは　㉖御免《ごめん》なれ

〽㉗タコのお雪《ゆき》の　化粧《けしょう》が濡《ぬ》れる
降《ふ》るな港《みなと》の　㉘夕時雨《ゆうしぐれ》

〽船《ふね》は㉙袋《ふくろ》に　身《み》は串本《くしもと》よ
ここは㉚古座浦《こざうら》　㉛中《なか》の町《ちょう》

〽今日《きょう》は㉜下《くだ》るか　明日下《あすくだ》るかと
眺《なが》め暮《く》らすよ　㉝江須崎《えすざき》を

〽㉞錦袋《にしきぶくろ》へ　㉟二分金入《にぶきんい》れて
㊱岬参《みさきまい》りは　うわの空《そら》

〽習《なろ》た習《なろ》たよ　串本節《くしもとぶし》を
尻《しり》を㊲ひゃっくり上《あ》げて　走《はし》るよな

〽ここは串本《くしもと》　向《む》㊳こうは大島《おおしま》
橋《はし》を架《か》けましょ　㊴船橋《ふなばし》を

〽大島浦《おおしまうら》から　古座浦見《こざうらみ》れば
㊵浅葱暖簾《あさぎのれん》が　チラチラと

注①〜③➡解説。
④橋脚。橋杭岩のこと。串本町中東部の海岸から大島へ向かって並ぶ奇岩群。大小四〇ほどの岩が約七百メートルにわたって一直線に並んでいる。国の天然記念物。
⑤➡解説。
⑥潮岬の南西端にある。最初は木造で、一八七三年に点灯。現在の石造灯台は一八七八年に建立。
⑦大島にあった遊女屋の屋号。大島最大の海産物問屋佐吉が経営していた。
⑧「島の」「松の」とも。
⑨四挺以上の艪を持つ船で、最も船尾に近い艪。
⑩串本町古座の地名。遊廓があった。
⑪「ぞめき」の訛り。浮かれ騒ぐこと。にぎわうこと。
⑫大島港付近の地名。
⑬停泊した。
⑭遊女の名。三代か五代続いたという。大島の蓮生寺に二基の墓（一八〇五年と一八六六年）がある。
⑮潮の流れが船の進行と逆方向（逆潮）の時、停泊して順潮を待つこと。
⑯「岩間」は誤唱。
⑰背美鯨。体長一七メートルほど。黒色で、腹に白斑がある。北太平洋や北大西洋の温帯域に生息。
⑱浜を活気づける、の意。鯨が一頭獲れれば七浦潤うといわれた。
⑲愛人。情夫。
⑳潮岬。
㉑東風になりかかっているようだ。
㉒串本沖を京都（江戸時代に皇居のあった所）方向から北東方へ向かって流れる潮。この辺りの潮流は時速三三キロもあり、帆船はそれを利用した。
㉓獲った魚を入れておく入れ物。竹などを編んで作る。
㉔「恋はつれない」を掛ける。
㉕串本町の中心街は潮岬の付け根にある。幅が東西約五百メートルで、その両側が海。
㉖許してください、当然のことだから。
㉗遊女のこと。
㉘夕方降る時雨。時雨は、初冬の雨で、しばらくの間激しく降ってはやみ、降ってはやみするもの。
㉙串本町中心部の北西にある港。
㉚現串本町古座の港。
㉛古座の地名。古くからの船着き場で、遊廓があった。
㉜船が、京都方向から串本へ来るか。
㉝串本町の西隣り、西牟婁郡すさみ町南東部にある岬。
㉞金銀糸や色糸を縦横に交差させて美しい模様を織り出した、厚手の絹織物で作った袋。串本町二色にある袋港を掛ける。
㉟江戸時代の金貨。二枚で一両。
㊱潮岬にある潮御崎神社へお参りすること。
㊲「ひっからげて」「つっからげて」とも。
㊳「向かいは」とも。
㊴船を横に並べてつなぎ、その上に板を渡して作った仮橋。
㊵緑色を帯びた薄い青色。

和歌山県のお座敷唄。本州最南端の、熊野灘《なだ》へ突き出た潮岬《しおのみさき》の付け根にある東牟婁《むろ》郡串本町の花柳界の宴席で、芸者衆が唄ってきたものである。

串本は東西両側が海であり、東方海上一・八キロには大島（周囲二六キロ）という天然の防波堤を持っているため、その間が良港となって、古来、海上交通の要所として栄えてきた。そして、大島には帆船の船乗り相手の遊廓もあった。

別名　オチャヤレ節。大島節。

唄の履歴　この唄の源流は、江戸時代後期から明治時代に日本中で大流行した「甚句《じんく》」である。それは酒盛り唄として広まり、串本港の花柳界にも伝えられた。その後、さらに北隣りの古座《こざ》港（現串本町内）の花柳界などへも広まっていったようである。

その唄は、はやし詞から「オチャヤレ節」と呼ばれたが、「オチャ」は女性性器のことであるから、遊廓の中だけの唄だったのであろう。それが、しだいに町の酒席で唄われるようになり、潮岬本《もと》之宮《のみや》神社の祭礼（一〇月一五日）で、獅子舞いの屋台を曳きながら唄うようにもなった。

また、現在一般に「アラ　ヨイショヨイショ…」と唄われているところは、以前は「エジャナイカエジャナイカ」であった。これは「おかげ参り」のはやし詞である。たぶん、「オチャヤレ」と「エジャナイカ」で、一つの意味を持たせていたのであろう。しかし、この唄が遊廓から外へ出てしまうと、はやし詞の意味は不明になっていった。

一九一〇年、串本の臨港倶楽部が、串本と大島を結ぶ連絡船として乙姫丸（三・五トン）を就航させた。これが巡航船である。その時、串本の矢倉広治が「ここは串本向こうは大島　橋を架けましょ船橋を」を替えて、「…向かいは大島　仲を取り持つ巡航船」という観光用の歌詞を作った。

その後、一九二四年六月、アメリカの世界一周の水上飛行機が串本にやってくることになった。各新聞社はその取材に記者を送り込んできたが、飛行機は、給油の都合か、一週間ほど遅れた。そこで町長が記者たちを酒席に招いたところ、芸者衆の唄う「オチャヤレ節」が人気を集め、飛行機の記事に混じえて、この唄のことも紙上に載せた。

そうした中で、一九二五年、古座の芸者、玉屋愛吉と珍丸がこの唄をニットーレコードに吹き込んだ。曲名は『串本節』であった。その資金を出したのは、串本の名家矢倉家から古座へ養子に出た津田源三郎で、矢倉広治の兄である。なお、そのレコードの一首目の歌詞は「〽潮岬に灯台あれど…」であり、「〽ここは串本…」は、なんと五首目（裏面）である。したがって、この歌詞は当時はさして脚光を浴びていなかったことになる。

その後、一九二五年頃より、大阪漫才の砂川捨丸が『串本節』を舞台で唄うようになった。それから、この唄は一躍日本中へ広まっていった。

節まわしの型　今日広く唄われている節まわしは、砂川捨丸のものである。

新《しん》宮《ぐう》節《ぶし》

〽①新宮《しんぐう》よい所《とこ》　②十二社様《じゅうにしゃさま》の
（セノ　ヨイヤサノセェ）
神《かみ》の③まします　よい所《ところ》
エッサ　エッサ　ヤレコノサァ
ヒイヤリ　ハリハリセー
〔佐藤臯臕叟作〕

〽④御灯祭《おとうまつ》りは　男《おとこ》の祭《まつ》り
山《やま》は⑤火《ひ》の滝《たき》　⑥下《くだ》り龍《りゅう》
〔坂本可水作〕

〽露《つゆ》の⑦玉垣《たまがき》　⑧速玉様《はやたまさま》の
⑨梛《なぎ》の木《き》の葉《は》に　⑩縁結《えんむす》び
〔山田紀伊子作〕

〽⑪彼岸桜《ひがんざくら》に　来《き》て鶯《うぐいす》が
⑫法華経手向《ほけきょうたむ》ける　⑬徐福塚《じょふくづか》
〔藤岡英子作〕

〽山路《やまじ》⑭五百《ごひゃく》の　石段登《いしだんのぼ》り
⑮願《ねが》い掛《か》けまく　⑯神《かみ》の倉《くら》
〔むつみ作〕

〽神《かみ》の⑰御幸《みゆき》を　神代《かみよ》のままに
漕《こ》いで三巡《みめぐ》り　⑱御船島《みふねじま》
〔森茂樹作〕

〽色《いろ》は⑲黒木《くろき》の　ねじ鉢巻《はちま》きで
まわす筏《いかだ》の　貯木場《ちょぼくじょう》
〔塩崎元吉作〕

〽⑳神武天皇《じんむてんのう》　熊野《くまの》へ御成《おな》り
波《なみ》に浄《きよ》めの　㉑御手洗《みてあら》い
〔平石兵夫〕

〽㉒熊野牛王《くまのごおう》の　㉓誓紙《せいし》に秘《ひ》めて
主《ぬし》に便《たよ》りを　㉔旅烏《たびがらす》
〔前川愛吟作〕

〽二人《ふたり》ひっそり　来《き》て㉕玉《たま》の井《い》の
橋《はし》で聞《き》く夜《よ》の　初蛙《はつかわず》
〔佐藤臯臕叟作〕

〽新宮《しんぐう》㉖三万《さんまん》　七千石《ななせんごく》に
過《す》ぎた㉗丹鶴《たんかく》　㉘沖見城《おきみじょう》

〽不老不死《ふろうふし》なら　熊野《くまの》へござれ
㉙秦《しん》の徐福《じょふく》も　来《き》た所《ところ》

〽㉚新宮川口《しんぐうかわぐち》　㉛二瀬《ふたせ》に切《き》れて
思《おも》いやる瀬《せ》と　やらぬ瀬《せ》と

〽好《す》いたどうしの　うれしい首尾《しゅび》で
心《こころ》㉜浮《う》き島《しま》　一巡《ひとめぐ》り

〽㉝九十九浦《くじゅうくうら》を　素通《すどお》りせずに
熊野百景《くまのひゃっけい》　見《み》て欲《ほ》しや

注①➡解説。
②熊野速玉大社のこと。十二の社殿に十二の祭神をまつる。
③おいでになる。いらっしゃる。
④新宮市の神倉神社（速玉大社の摂社）のお祭り。毎年二月六日、白衣で、腹に荒縄を巻いた、わらじの男たちが松明《たいまつ》を持って石段を駆け下る。
⑤⑥松明の火が山を下ってくる様子をいう。
⑦神社の周囲に巡らした垣根。
⑧熊野速玉大社。
⑨マキ科の常緑高木。近畿地方以西に自生し、高さ

約二〇メートル。葉は竹の葉に似、供物を盛り、また、お守り袋に入れ災難よけとする。男女の縁が切れないようにと、女は鏡の裏に入れる。

⑩結婚したい人が、紙に名前と年齢を書き、こよりにして結びつけること。

⑪バラ科の落葉高木。山地に自生。また、庭などに植える。他の桜より早く、春の彼岸の頃に咲く。

⑫大乗仏教の重要経典。天台宗・日蓮宗はこれによる。鶯の鳴き声を「法華経」と聞きなしたもの。

⑬新宮駅の東方百メートルほどにある「秦徐福之墓」のこと。徐福は、秦の始皇帝から不老不死の霊薬を探せと命じられて東海の島々を探しまわり、この辺りで没したとされる。人々に五穀の栽培や機織りや捕鯨術を教えたという。

⑭神倉神社参道の石段の数。正確には五三八段。

⑮願いを掛けたいことよ。

⑯神倉神社。⬇注④。

⑰神が、その神社から外へ出ること。

⑱新宮市北端にある、熊野川の川中島。神幸船にお供している九艘の早船は、途中から競漕してこの島を三周する。

⑲皮がついたままの木。語の係り方が複雑であるが、「黒き色のねじ鉢巻きを締めてまわす黒木を、組んだ筏の」の意。「まわす」は、筏師が乗って丸太を足でまわし、見物人に見せることらしい。

⑳古事記・日本書紀に記されている第一代天皇。九州の日向（宮崎県）から瀬戸内海を東進し、難波・熊野・吉野を経て大和地方を平定し、紀元前六六〇年に橿原宮《かしはらぐう》で即位したという。

㉑「手を洗うこと」と「御手洗《みたらい》」を掛ける。御手洗は、王子ヶ浜の南端にある岩と、その付近の通称。岩にたらいのようなくぼみが三つある。ここで神武天皇が御手を清めたと伝える。

㉒熊野三山が発行する、厄よけ・交通安全・和合などのお守り札。熊野権現の使いである烏と宝珠を図案化し、刷ったもの。裏に神への誓いを書く。

㉓誓いの言葉を書いた紙。

㉔いつも旅をしている人。「賜《た》ぶ（手紙をあげる）」を掛ける。

㉕古熊野街道の橋で、新宮市の南部を東流する市田川に架かる。新宮駅の南東方にある。

㉖新宮藩主、水野氏の禄高。

㉗新宮市市街地の中北部にある丹鶴山（四〇メートル）。山頂に新宮城（丹鶴城）があった。

㉘新宮城の別称。熊野灘が一望できるところから。

㉙中国の最初の統一王朝（前二二一〜前二〇七）。

㉚熊野川の最下流部。ただし、現河川法では熊野川全体を新宮川と称する。

㉛二つの瀬。瀬は、川の流れの速い所。

㉜新宮駅の西方四百メートルほどにある、小さな沼に浮かぶ島。杉・山桃・ハゼなどの木や、シダ類・水生植物など一三〇余種が混生している。国の天然記念物。「浮く」を掛ける。

㉝〔実数ではなく〕沢山の入り江。

和歌山県の、お座敷唄形式の新民謡。和歌山県の東端、それも熊野川河口の西岸に開けた新宮市の花柳界の宴席で、芸者衆が唄ってきたものである。新宮は、熊野速玉大社《はやたまたいしゃ》（熊野三山の一）の鳥居前町であり、水野氏の旧城下町であり、熊野川流域の木材の集散地でもあった。

唄の履歴　大正時代末期の新民謡運動の中で、当時の新宮町でも新民謡を作ることになり、町民から「新宮名勝十八景詠《よ》み込み募集」をした。そして、一九二五年一二月二〇日、入選秀逸佳作発表が行われ、二四日の夜、二回目の審査会が新宮町役場で行われた。一一名の審査員が、応募作五一〇編の中から秀逸一〇編、佳作一八編を選び、秀逸者に八二円、佳作者にも賞金が贈られた。その秀逸歌詞は前掲のとおりである。また、作曲者は不明であるが、節の感じは『五万石』（愛知）をもじったようなものである。

なお、はやし詞は、熊野速玉大社の「御船祭《みふねまつ》り」の艪漕《ろこ》ぎの掛け声などを元にして作ったものである。その祭りは、早船《はやぶね》九艘を先頭にして、神輿《みこし》を乗せた神幸船《しんこうせん》（ハリハリ船）と斎主船《さいしゅせん》が熊野川をさかのぼり、御船島をまわって御旅所《おたびしょ》へ渡御《とぎょ》するので、毎年一〇月一六日に行われる。

完成した『新宮節』は、どんな形で発表されたか不明であるが、いつか花柳界のお座敷唄となり、今日では伝承民謡のような格調のある唄に育ってきている。

節まわしの型　今日広く唄われている節まわしは、昭和四〇年代（一九六五〜）に入って東京や名古屋の民謡家たちがレコード化したものである。

根来《ねごろ》の子守《こも》り唄《うた》

〽ねんねん①根来《ねごろ》の　②覚鑁山《かくばんやま》でヨォー
③年寄《としょ》り来《こ》いよと　鳩《はと》が鳴《な》くヨー
（バイィ　バイ）

〽ねんねん根来《ねごろ》の　よう鳴《な》る鐘《かね》は
④一里《いちり》聞《き》こえて　二里響《にりひび》く

〽ねんねん根来《ねごろ》へ　行《い》きたいけれど
川《かわ》が⑤おとろし　⑥紀《き》ノ川《かわ》が

〽⑦さんさ坂本《⑧さかもと》　箒《ほうき》はいらん
⑨お不動参《ふどうまい》りの　裾《すそ》で掃《は》く

〽さんさ坂本《さかもと》　室家《⑩むろや》の娘《⑪むすめ》
⑫嫁《よめ》に行《い》たとは　住蛇池《⑬じゅうじゃいけ》

〽来《こ》いよ来《こ》いよは　どこまでならば⑭
根来近《ねごろちか》くの　坂本《さかもと》へ

〽ねんねん根来《ねごろ》の　⑮大門池《だいもんいけ》の
魚《さかな》獲《と》りたや　⑯ややさんと

〽ねんねん根来《ねごろ》の　⑰塔《とう》の堂《どう》の前《まえ》で
横《よこ》に這《は》うかよ　いざり松《まつ》

〽ねんねん根来《ねごろ》の　⑱坂本焼《さかもとや》けて
⑲なるもならぬも　皆乞食《みなこじき》

〽さんさ坂本《さかもと》　よい所《とこ》じゃけど
⑳晩《ばん》の仕舞《しま》いの　遅《おそ》い所《とこ》

〽お日《ひ》が暮《く》れたら　坂本泊《さかもとど》まり
中《なか》の㉑江戸屋《えどや》か　㉒平野屋《ひらのや》か

〽根来《ねごろ》かわいそうに　㉓豊臣《とよとみ》ゆえに
可愛《かわ》い坊《ぼう》さん　㉔丸焼《まるや》けに

〽ねんねん根来《ねごろ》へ　行《い》きたいけれど
狼《おおかみ》おとろし　目《め》が光《ひか》る

注
①⬇解説。
②根来寺の境内のこと。一乗山大伝法院根来寺は、新義真言宗の総本山。宗祖の覚鑁（興教大師）は高野山中に大伝法院を創建して座主となり、金剛峯《こんごうぶ》寺《じ》の座主を兼ねたが、一一四〇年、高野山を追われて根来に逃れた。没後一四五年の一二八八年、頼瑜《らいゆ》が大伝法院を根来に移し、新義真言宗として独立した。
③方言で「とっしょじこい」「としょうじこい」とも。関西地方では、鳩の鳴き声をこう聞きなしている。後生を願って寺へ来い、の意。なお、豊臣秀吉の「根来攻め」に関連づけた異説がある。根来寺の末寺の「東照寺」に助力を求めた、「東照神」の意で、徳川家康に援軍を求めた、「戸障子」まで用いて応戦しようとした、など。しかし、それらは後代の付会である。
④約三・九二七キロ。
⑤恐ろしい。
⑥奈良県南西部の大台ヶ原に発して北西流し（吉野川という）、さらに和歌山県北部を西流して、和歌山市で紀伊水道へ注ぐ川（約一三六キロ）。
⑦「坂本」の「さ」を導くために加えたもの。
⑧根来寺の旧門前町。
⑨根来寺（本尊は、きりもみ不動尊）参りに着る着物の裾で。
⑩庄屋の室家右兵衛尉《うひょうえのじょう》忠家夫妻。裕福であったが、子宝に恵まれなかった。妻は、小野小町の墓に参れば子ができると聞き、二一日間絶食して祈願し、女児を授かった。
⑪桂姫。小町に似た美人になったが、住持池《じゅうじいけ》の水をつけないと、髪をすくことができない。
⑫桂姫は、和泉《いずみ》の国の北面の武士へ嫁ぐことになった。
⑬根来寺大門の西方約二百メートルにある。嫁入り行列が住持池にさしかかると、大波が立って大蛇が現れ、桂姫をさらって行った。父は村人を集めて池の水を干そうとしたが、大雨が降って果たせない。母は三日間泣き続け、「娘はあきらめるから、もう一度顔を見せてくれ。」と言うと、大蛇と桂姫が現れた。人々が走り寄ると、桂姫の体は大蛇と化し、二匹は泳ぎ去って行った。その後、住持池は住蛇池とも呼ばれた。
⑭どこまで来いよと言うのであれば。
⑮根来寺大門の西にある池。
⑯赤ん坊。
⑰根来寺の多宝塔のこと。一五一五年建立。国宝。
⑱豊臣秀吉の「根来攻め」のために。
⑲どうにもならなくて、皆乞食になった。⬇解説。
⑳夜なべ仕事が終わるのが。
㉑㉒坂本にあった旅宿の名。
㉓豊臣秀吉。
㉔「根来攻め」をさす。

和歌山県の子守り唄。和歌山県の北西部、紀ノ川の北岸に開けた岩出《いわで》市根来の人たちが、子供をあやしながら唄ってきたものである。

唄の履歴　この唄の源流は、江戸時代後期から明治時代に日本中で大流行した「甚句《じんく》」である。それは、各地で種々の農作業唄に転用されたが、根来周辺の農村では「臼唄《うすうた》」として唄われていたものと思われる。その唄を、子守りをしながら唄うようになったのであろう。

根来は、室町時代には、覚鑁《かくばん》上人が開山した、根来寺という、寺院数二千七百以上の巨大な寺院群があった所である。その寺領七二万石は、のちの紀州徳川家の五五万石よりはるかに大きく、自衛のために鉄砲を製造して鉄砲隊を組織し、一万（三万ともいう）の僧兵をかかえていた。しかし、一五八五年、豊臣秀吉の「根来攻め」で、大師堂と多宝塔以外は、一夜にしてすべて灰と化してしまった。

節まわしの型　今日広く唄われている節まわしは、根来の人たちのものである。

日高川甚句《ひだかがわじんく》

本　唄〔唄い手〕

〽①あのま②安珍《あんちん》さん　③清姫《きよひめ》嫌《きろ》うて
（コラ　ショー）
④お逃《に》げなされしマー　⑤日高川《ひだかがわ》

長ばやし〔はやし手〕

〽蛇《じゃ》になっても　この川《かわ》を
渡《わた》らにゃならんと　ザーンブザンブ

〽⑥二世《にせ》を誓《ちか》いし　安珍《あんちん》さんの
あとを慕《しと》うて　清姫《きよひめ》が

〽燃《も》ゆる想《おも》いに　身《み》を焼《や》きながら
わたしゃここまで　来《き》たものを

〽なぜにつれない　安珍《あんちん》さんよ
お前《まえ》一人《ひとり》を　やるものか

〽⑦浅《あさ》い川《かわ》じゃと　⑧小褄《こづま》をからげ
深《ふか》くなるほど　帯《おび》を⑨解《と》き

〽日高川《ひだかがわ》をば　⑩蛇体《じゃたい》となりて
⑪恨《うら》み晴《は》らすは　⑫道成寺《どうじょうじ》

注
①あの。
②伝説上の人物で、奥州白河（現福島県白河市）の修行僧。熊野参りの途上、熊野街道の宿場に泊まった。
③安珍が泊まった家の娘。安珍を激しく恋慕する。
④安珍は、帰りに寄ると約束したが、修行中の身なので、寄らずに帰ろうとする。
⑤和歌山県中東部の山地に発して南西流し、御坊市の南西端で紀伊水道へ注ぐ川（約一二五キロ）。
⑥来世まで夫婦でいようと約束した。「二世」は、この世とあの世。
⑦➡解説。
⑧着物の裾の、左右の端を捲くり上げ、帯に挟んで。
⑨「浅い川」では「解く」だが、ここでは、次へ続けるために「解き」。
⑩安珍は渡し舟で川を渡るが、清姫は、安珍を助けようとする渡し守りによって舟留めをくう。そこで、清姫は大蛇に化身し、濁流を泳いで渡る。
⑪安珍は道成寺にかくまわれて吊り鐘の中に隠れるが、蛇体の清姫は鐘に巻きつき、口から火炎を吐いて安珍を焼き殺す。
⑫現日高郡日高川町にある天台宗の寺。七〇一年、文武天皇の勅願により紀道成が創建、義淵が開基。

和歌山県のお座敷唄。和歌山県の南西部、それも紀伊水道へ注ぐ日高川の西岸に開けた御坊《ごぼう》市の花柳界の宴席で、芸者衆が、踊りつきで演じてきたものである。御坊は、西本願寺日高別院（日高御坊）の門前町である。

唄の履歴　この唄の源流は、江戸時代末期から明治時代初期に日本中の花柳界で大流行した「本調子甚句」である。それも『名古屋甚句』（愛知）などと同種の唄が、海路、御坊の花柳界に伝えられたのであろう。

この唄も、初めは各地と共通の歌詞で唄われていたと思われる。ところが、御坊市の西隣り、現日高郡日高川町には、「安珍清姫」伝説ゆかりの道《どう》成寺《じょうじ》がある。また、花柳界には、芸者衆が川を渡る所作をする、「浅い川」という遊びがある。それは、川が深くなるにつれて、着物の裾《すそ》を脛《すね》から太股《ふともも》へとだんだん捲《ま》くり上げていく、エロチックな遊びである。その、「浅い川じゃと小褄《こづま》をからげ深くなるほど帯を解く」の所作と、清姫が蛇になって日高川を渡るくだりを母胎にして「安珍清姫」の物語を歌詞にまとめ、芸者衆が膝《ひざ》捲くりの踊りをつけて演じるようになった。

御坊港は、西国の米や灘《なだ》の酒を江戸へ回送した菱垣《ひがき》回船以来、多くの帆船でにぎわったが、明治時代にそれが姿を消したために花柳界が寂れ、この『日高川甚句』も消えていった。しかし、昭和四〇年代（一九六五〜）中頃より、折りからの発掘民謡ブームに乗って、アマチュアの人たちが舞台民謡として復元した。

節まわしの型　今日広く唄われている節まわしは、関西や中京地方の民謡歌手のものである。

兵庫県

ソオダロ節《ぶし》

〽目出度目出度《めでためでた》の　若松様《わかまつさま》よナー
枝《えだ》も栄《さか》えるウイ　ナァーエーェ葉《は》も繁《しげ》るナー
（オォサ　ソオダロ　ソオダロ）
（ソダロ　ソオダロ　ソオダロヤー）

〽幼《おさな》なじみと　つまずく石《いし》は
①逢《あ》いたかったと　後《あと》を見《み》る

〽差《さ》した盃《さかずき》　中見《なかみ》て飲《の》まれ
中《なか》は鶴亀《つるかめ》　②五葉《ごよ》の松《まつ》

〽今《いま》のソオダロ　どこまではやる
京《きょう》や大坂《おおさか》の　茶屋《ちゃや》までも

〽③ここの館《やかた》は　目出度《めでた》い館《やかた》
鶴《つる》が御門《ごもん》に　巣《す》をかける

〽枝《えだ》も栄《さか》えて　葉《は》も繁《しげ》ければ
亀《かめ》はお庭《にわ》で　舞《ま》いを舞《ま》う

〽お前百《まえひゃく》まで　わしゃ九十九《くじゅうく》まで
ともに白髪《しらが》の　生《は》えるまで

〽④なるかならぬか　目元《めもと》でわかる
あの娘《こ》目元《めもと》は　なる目元《めもと》

注①「あ、痛かった」を掛ける。
②五葉松。松科の常緑高木。山地に自生。高さ三〇メートルになるが、庭木や盆栽にする。針形の葉が五本ずつ小枝に密に束生し、夫婦と三人の子にたとえて一家繁栄の象徴とされる。
③「これの」とも。
④恋が実るか。

兵庫県の盆踊り唄。兵庫県北東部の旧城下町豊岡（豊岡市）の人たちが、お盆に唄い踊ってきたものである。

唄の履歴　この唄の源流は不明である。しかし、一八二七年に流行した唄で、「ソオジャロ　ソオジャロ」というはやし詞がついているために、「ソオジャロ節」とか「ソオダロ節」と呼ばれたものがある。たぶん、そうした唄が豊岡地方にも伝えられたのであろう。（「ソオジャロ」も「ソオダロ」も、「そうであろう」の意）

ちなみに、佐賀県の旧七山村《ななやま》〈現唐津市内〉で、今日でもお盆に唄い踊られている『しょがや踊り』のはやし詞は「ヨイトコリャニャー　ソオジャロ　ソオジャロ」である。

その『ソオダロ節』、一九三三年に保存会が結成され、中島寿太郎（一八九九年生まれ）らによって伝承されてきた。

節まわしの型　今日広く唄われている節まわしは、中島寿太郎ら、保存会のものである。

デカンショ節《ぶし》

盆踊り唄

〽①丹波《たんば》②篠山《ささやま》　③山家《やまが》の猿《さる》が
（アァヨイ　ヨイー）
④花《はな》の⑤お江戸《えど》で　芝居《しばい》する
（アァヨーイ　ヨーイ　デッカンショ

一)

〽デカンショデカンショで　半年暮《はんとしく》らす
あとの半年《はんとし》や　寝《ね》て暮《く》らす

〽盆《ぼん》のお月様《つきさま》　丸《まる》こて丸《まる》い
丸《まる》て丸《まる》こて　まだ丸《まる》い

〽⑦盆《ぼん》の十六日《じゅうろくにち》　お寺《てら》の施⑧餓鬼《せがき》
蟬《せみ》がお経読《きょうよ》む　木⑨《き》の末《うら》で

〽酒《さけ》は飲《の》め飲《の》め　茶釜《ちゃがま》で沸《わ》かせ
御神酒《おみき》あがらぬ　神《かみ》はない

〽デカンショデカンショで　明《あ》けるまで踊《おど》ろ
影《かげ》と二人《ふたり》に　なるまでも

〽デカンショデカンショで　死《し》ぬまで踊《おど》れ
俺《おれ》が死《し》んだら　子《こ》が踊《おど》る

〽デカンショデカンショと　唄《うと》うてまわれ
世界《せかい》いずくの　果《は》てまでも

〽秋《あき》の取《と》り入《い》れ　なかばに主⑩《ぬし》を
灘⑪《なだ》へ見送《みおく》る　初時雨⑫《はつしぐれ》

〽想《おも》う主《ぬし》をば　包⑬《つつ》んで巻《ま》いて
ほんに蚕《かいこ》は　果報者⑭《かほうもの》

〽栗《くり》に毬《いが》あり　柿《かき》には種《たね》が
多紀⑮《たき》の男《おとこ》にゃ　意気《いき》がある

〽天下取《てんかと》るまで　大事《だいじ》な体《からだ》
のみに食《く》わせて　なるものか

〽同《おな》じ飲《の》むなら　でっかいこと飲《の》めよ
奈良⑯《なら》の大仏《だいぶつ》　質《しち》に置《お》け

〽明《あ》けていきます　東《ひがし》の空《そら》が
鐘《かね》が鳴《な》ります　霧⑰《きり》の底《そこ》

〽栗《くり》が落《お》ちるか　主来《ぬしく》る夜《よ》さか
裏《うら》の林《はやし》に　音《おと》がする

注①旧国名。現兵庫県中東部から京都府中部一帯。
②⬇解説。
③山の中の家。
④はなやかで美しい。
⑤現東京都東部。江戸幕府の所在地。
⑥はやし詞から、『デカンショ節』を唄って、の意。この歌詞は、「はいや節」の「〽はいやはいやで半年暮らす…」の替え唄。
⑦旧暦七月十六日。月遅れの盆では新暦の八月十六日。盆の終わる日。
⑧仏教で、餓鬼の世界に落ちて飢えに苦しむ亡者に食物を供え、弔う法会。お盆に行うことが多い。
⑨木の幹の、梢側の細い部分。また、枝先。
⑩ここでは、丹波の酒造り職人のこと。
⑪兵庫県西宮市から神戸市にかけての海岸部。日本の代表的酒造地帯。
⑫その年に初めて降る時雨。時雨は初冬の雨で、しばらくの間激しく降ってはやみ、降ってはやみするもの。
⑬二匹の蚕が一緒に作った、一つの繭のこと。玉繭。
⑭幸せ者。
⑮旧多紀郡（現篠山市域）。兵庫県の中東部にある。
⑯奈良市の東大寺にある大仏像。銅製で、高さ約一五メートル。
⑰霧の海の底。篠山市は盆地にあるので、霧が発生すると、霧の海のようになる。

兵庫県の盆踊り唄。兵庫県中東部の丹波《たんば》篠山《ささやま》（篠山市）の人たちが、お盆に唄い踊ってきたものである。

別名　篠山節（ただし、⬇「補足」）。

唄の履歴　この唄の源流は、西日本地方一円に広く分布する長編の「盆踊り口説《くどき》」である。それは、七七七七の四句を一単位にして繰り返していく唄で、『河内《かわち》音頭』（大阪）や『相川《あいかわ》音頭』（新潟）と同系統の盆踊り唄であった。そして、振りの中で手を三つ打つところから「三つ拍子」（訛って「三つ星」）とも呼ばれた。

それが篠山地方に伝えられて唄われているうちに、江戸時代末期か明治時代に入ってからかと思われるが、「口説」の一単位の四句（七七七七）に七七七五調の短い歌詞をあてはめて唄うようになったため、今日の形になった。七七七五調の歌詞は、江戸時代に流行した詞型である。

　はやし詞も、初めは「ヨーイ　ヨーイヤセーノドッコイショ」のようなものだったのであろうが、「ドッコイショ」が「デッコンショ」（篠山市今田《こんだ》町の「三つ星」のはやし詞）となり、さらに「デッカンショ」となっていったようである。したがって、世間一般に言われている、三人の哲学者、デカルト・カント・ショーペンハウエルの頭文字を並べたものだという話とは全く関係がない。

　一八九八、九九年頃、明治維新まで篠山藩主であった青山氏の子孫の青山忠誠が、千葉県の現館山市八幡海岸近くの江戸屋に連れて行った旧藩の子息たちが、故郷の『デカンショ節』を唄った。それを、同じ宿に泊まっていた一高水泳部の連中が習い覚え、寮歌や校歌などと一緒に唄っていたのが、たちまち学生仲間へ広まった。そのため、曲名とはやし詞は三人の哲学者の名前だとするような説も生まれたのである。そして、その唄い方が逆に篠山へ伝えられて、今日でも、蛮声を張り上げて唄う「学生節」の唄い方から抜け出せずにいる。

　なお、『安来節《やすぎぶし》』の唄い手、初代黒田幸子《さちこ》が唄っていた、「繰り返し」つきの『デカンショ節』は、昭和時代の初めに、篠山の前川悦太郎が唄い始めた節まわしである。それを、三曲万歳（三味線・胡弓・鼓に合わせて、万歳師が長編の物語を芝居仕立てで演じる）の崎山健之助が「崎山節」として確立し、寄席《よせ》で唄った。たぶん、『安来節』や『博多《はかた》節《ぶし》』が寄席芸として唄われたことに影響を受けたのであろう。その節まわしを、黒田幸子が寄席を通じて覚えたのである。

　節まわしの型　今日広く唄われている節まわしは、「盆踊り節」は学生たちの唄うもの、また、「繰り返し」つきの「寄席節」は初代黒田幸子のものである。

　補足　『デカンショ節』のことを、地名を取って「篠山節」と呼ぶ人が多いが、篠山地方には、別の唄で『篠山節』が存在する。それは「〽丹波与作は…」と唄い出す、本調子甚句の「お座敷唄」である。したがって、地元では「盆踊り唄」のほうは『デカンショ節』と呼んで区別している。

灘《なだ》の秋洗《あきあら》い唄《うた》

上の句〔音頭取り〕
〽ハァー①寒《さむ》や北風《きたかぜ》　エェ今日《きょう》は南風《みなみかぜ》
下の句〔酒屋職人〕
アァ明日《あす》は浮《う》き名《な》の　②辰巳風《たつみかぜ》

〽可愛《かわ》いや殿《との》さの　③洗《あら》い場《ば》の時《とき》は
水《みず》も湯《ゆ》となれ　風《かぜ》吹《ふ》くな
〽今日《きょう》の寒《さむ》さに　洗《あら》い場《ば》はどなた
可愛《かわ》い④殿《との》さで　なけりゃよい
〽可愛《かわ》い殿《との》さは　今日《きょう》はなになさる
足《あし》がだるかろ　眠《ねむ》たかろ
〽足《あし》もだるうない　眠《ねむ》ともないが
わたしゃあなたの　ことばかり
〽⑤丹波通《たんばかよ》い路《じ》　雪降《ゆきふ》り積《つ》もる
家《うち》じゃ妻子《つまこ》が　泣《な》いている
〽家《うち》で妻子《つまこ》が　泣《な》くのも道理《どうり》
わたしゃ他国《たこく》で　泣《な》いている
〽可愛《かわ》いや殿《との》さに　⑥百日《ひゃくにち》させて
家《うち》で炬燵《こたつ》に　あたりょか
〽朝《あさ》もはよから　⑦井筒《いづつ》にもたれ
やつれせんかと　水鏡《みずかがみ》
〽殿《との》さ⑧酒屋《さかや》へ　行《ゆ》かしゃるならば
送《おく》りましょうか　⑨生瀬《なまぜ》まで
〽丹波《たんば》出《で》てから　はや⑩今日《きょう》は二十日《はつか》
思《おも》い出《だ》します　妻《つま》や子《こ》を
〽丹波《たんば》出《で》る時《とき》ゃ　涙《なみだ》で出《で》たが
⑪今《いま》は丹波《たんば》の　風《かぜ》も嫌《いや》

〽⑫安倍《あべ》の保名《やすな》の　子別《こわか》れよりも
今朝《けさ》の別《わか》れが　辛《つろ》ござる

注①歌謡集「小歌志彙集《おかしい》」の天保元年の項に「よしこの節」の歌詞として、「〽昨日北風　今日南風…」とある。
②南東の風。「立つ」を掛ける。
③酒蔵の、酒造り用具や米を洗う所。「洗い番」は、「場ア」の「ア」が、口を閉じたために「ン」になったもので誤唱。
④「殿さの　声がする」とも。
⑤旧国名。現兵庫県中東部から京都府中部一帯。
⑥「百日働き」の略。酒屋職人が、冬の約三ケ月間、出稼ぎをすることから。
⑦井戸の地上部分を、木や石で囲ったもの。
⑧造り酒屋。
⑨現西宮市北部にある塩瀬町の地名。丹波・摂津・播磨を結ぶ交通の要地で、旧宿場町。
⑩「今日で」とも。
⑪「今じゃ」とも。
⑫浄瑠璃「蘆屋道満大内鑑《あしやどうまんおおうちかがみ》」中の人物。「葛《くず》の葉」の子別れ伝説のこと。現大阪府和泉《いずみ》市の信太《しのだ》の森に住む白狐と夫婦になり、晴明が生まれるが、白狐は正体を見破られ、子を置いて姿を消す。

兵庫県の仕事唄。兵庫県の南東部、灘の酒造地帯（西宮市・神戸市の海岸部）の酒蔵で働く職人（蔵人《くらびと》）たちが、酒の仕込み用の道具を洗いながら唄ってきたものである。

「秋洗い唄」とは、冬に入って酒を仕込む前に、酒造用具を洗う時に唄う唄で、「流し唄」「洗い物の唄」などともいう。

酒造用具を洗うには、殺菌のために熱湯を用いるので危険である。特に仕込み用の桶は六尺（約一八二センチ）・八尺・一〇尺といった大型のもので、高下駄をはいて桶の中に入り、竹のささらで洗う。そのため、万一にも熱湯を浴びせられたりしたら大変なので、唄を唄うことが義務づけられていた。唄えば、だれが、どこで働いているかがわかるわけである。

唄の履歴　この唄の源流は、丹波篠山《たんばささやま》（兵庫県篠山市）地方の「臼唄《うすうた》」である。

灘地方の酒蔵では、丹波地方の酒屋杜氏《とうじ》が中心になって働いていたので、故郷の「臼唄」を酒蔵へ持ち込んで、洗い場（流し）で仕事をしながら唄った。それが、しだいに定着して、今日の形にまとまっていった。

節まわしの型　今日広く唄われている節まわしは、丹波地方の酒屋職人たちのものである。

下津井節《しもついぶし》

〽①下津井港《しもついみなと》はヨー　入《はい》りよって出《で》よってヨー
②まとも捲《ま》きよて　③まぎりよってヨー
（トコハイ　トノエェ　ナノエー　ソ
ーレソレー）

〽下津井港《しもついみなと》に　錨《いかり》を入《い》れりゃ
街《まち》の行灯《④あんど》の　灯《ひ》が招《まね》く

〽⑤下津井女郎衆《しもついじょろしゅ》は　錨《いかり》か綱《つな》か
今朝《けさ》も出船《でふね》を　⑥また留《と》めた

〽⑦追風《おいてふ》吹こうと　下津井《しもつい》　⑧入《はい》れ
ままよ浮《ふ》き名《な》が　⑨辰巳風《たつみかぜ》

〽船《ふね》が着《つ》く着《つ》く　下津井港《しもついみなと》
三十五挺艪《さんじゅうごちょうろ》の　⑩御座船《ござぶね》が

〔以上四首、高木恭夫作〕

〽⑪白石瀬戸《しらいしせと》から　お船《ふね》が見《み》える
あれは⑫肥後様《ひごさま》　⑬九曜《くよ》の星《ほし》

〔奥田吉次郎作〕

〽⑭鷲羽山《わしゅうざん》から　⑮久須美《くすみ》を見《み》れば
渦巻《うずま》く潮《しお》に　月《つき》が浮《う》く

〽船頭《せんど》⑯面舵《おもかじ》　下津井《しもつい》見《み》えた
ここは久須美《くすみ》の　渦《うず》の中

〽⑰下津井《しもつい》よい所《とこ》　一度《いちど》はおいで
春《はる》は鯛網《たいあみ》　秋《あき》は釣《つ》り

〽うちの父《と》っつぁん　下津井沖《しもついおき》で
波《なみ》に揺《ゆ》られて　⑱目張釣《めばるつ》る

〽⑲祇園山《ぎおんやま》から　沖見渡《おきみわた》せば
出船入《でふねい》り船《ふね》　帆掛《ほか》け船《ぶね》

〽島《しま》がじゃまする　大島小島《おおしまこじま》が
恋《こい》し瀬戸内《せとうち》　島《しま》の陰《かげ》

〽下津井女郎衆《しもついじょろしゅ》の　⑳紅溶《べにと》く水《みず》が
沖《おき》に流《なが》れて　鯛染《たいそ》めた

〽祇園山《ぎおんやま》から　㉑西町《にしまち》見《み》れば
痩《や》せた女郎《おやま》が　虱取《しらみと》る

〽㉒金波楼《きんぱろう》から　女郎衆《じょろしゅ》が招《まね》く
沖《おき》の舟子《ふなこ》の　唄《うた》が止《や》む

〽下津井名所《しもついめいしょ》は　㉓城山桜《しろやまざくら》
㉔祇園祭《ぎおんまつ》りに　色《いろ》の町《まち》

注①➡解説。
②帆船が、追い風を受けて走るために、進行方向に対して帆を直角に張るのによくて。
③帆船が、向かい風に対してジグザグに進むのによくて。
④水商売の店の表に出してある、屋号の入った照明具。竹や木の枠に紙をはり、中に火をともすもの。
⑤「下津井港は」は誤唱。

⑥「また二艘」は誤唱。
⑦船の進行方向へ向かって吹く風。追い風。
⑧「入りゃ」は誤唱。
⑨南東の風。「立つ」を掛ける。
⑩貴人が乗る、豪華な船。ここでは、参勤交代のために西国から来た大名の船。
⑪下津井港の東方、現岡山県南西端の白石島（笠岡市）の北にある狭い海峡。
⑫肥後の国（旧国名。現熊本県全域）の藩主細川氏。
⑬細川氏の家紋。中央の円の周囲に、八つの小さな円を、少し離して配した図柄。円は、日・月と、火星・水星などの星を表す。
⑭下津井港の東方にそびえる山（一三三メートル）。
⑮久須美鼻。鷲羽山の南東麓にある岬。
⑯「大阪方面から来た船が」船首を右へ向けるように舵を取ること。
⑰「下津井鷲羽山へ」は誤唱。
⑱カサゴ科の海魚。体長三〇センチほど。目が大きい。下津井の遊女の異称でもある。
⑲下津井港の東にある山。祇園神社がある。
⑳口紅。
㉑下津井港の西にあった旧町名。遊廓があった。
㉒遊女屋の名。
㉓下津井港の北方にある、下津井城跡の山に咲く桜。
㉔祇園神社のお祭り。

岡山県のお座敷唄。岡山県の中南部、児島《こじま》半島の南西端にある港町下津井（倉敷市下津井）の花柳界の宴席で、遊女たちが唄ってきたものである。

唄の履歴　この唄の源流は不明であるが、明治時代初期の流行《はや》り唄で、瀬戸内海沿岸の港町で生まれたものらしい。それは、節尻の「ヨー」が印象的なので「ヨー節」、また、はやし詞から「トコハイ節」などと呼ばれた唄で、今日でも瀬戸内海一円に点在している。

下津井港は、四国への、また、金毘羅《こんぴら》参りへの渡り口であったばかりでなく、瀬戸内海を往来する船の風待ち港・潮待ち港としてもにぎわった。そして、西国の大名が参勤交代で江戸へ向かう時は瀬戸内海を船で東進して下津井港で上陸し、山陽道を利用した。さらに、西まわり航路の北前船《きたまえぶね》は春に大坂を出航して関門海峡を通り、日本海を北上して北海道の江差《えさし》へ向かったが、下津井などの港々で古着その他の商品を積み込んで東日本の港で売りさばき、その代金で鰊《にしん》の〆粕《しめかす》などを買い込んで戻り、岡山県下の棉栽培業者へ肥料として売った。したがって、下津井は海上交通の要所であり、遊女の数も、全盛時には百人を超えた。

ところが、一九一〇年に国鉄宇野駅が開業し、宇高連絡船が就航すると、すっかり寂れてしまった。加えて帆船が機械船へと変わったため、もう風待ちも潮待ちも必要がなくなった。そうした中で、一九二七年、大阪毎日新聞社が観光地「日本八景と二十五勝」の人気投票を企画した。下津井町の関係者たちは、この機会に下津井を観光地として売り出そうと考え、町民にはがきを出させた。その結果、三三万通が集まり、「二十五勝」に入った。

ちょうどこの頃、新民謡運動による御当地ソング作りが大流行していたので、下津井町でも土木観光課の高木恭夫や祇園《ぎおん》神社宮司の赤星昭らが『下津井節』を作ろうと相談した。そして、遊廓で「阿呆唄《あほううた》」などと呼ばれていた「トコハイ節」を利用しようとした。しかし、酒席の唄だけに歌詞は色物ばかりで、一般の人が唄うには不向きなため、懸賞募集をすることになった。ところが、さしたるものは集まらず、高木恭夫が前掲二～五首目の歌詞を作った。

そして、一九二九年八月七日に、下津井最後の芸者、幸路と小太郎がニッポノフォンレコード（現日本コロムビア）に吹き込み、三一年二月一日にはＮＨＫ岡山放送局から初放送し、以後、岡山県を代表する唄になっていった。

しかし、下津井には唄い手が育たず、先のレコード吹き込みの折りに三味線をひいた西口小夜子《さよこ》一人が唄い継ぐだけであった。そのため、世間へ広まったのは、『安来節《やすぎぶし》』の唄い手初代黒田幸子《さちこ》の、日本海側出身者特有の、粘る声の、重く、暗い唄によってである。

その後、一九六三年にコロムビアレコードの全集「日本の民謡」の中に西口小夜子の唄が取り上げられ、それから西口の乾いた声での唄い方がしだいに広まっていった。

節まわしの型　今日広く唄われている節まわしは、西口小夜子のものである。

白《しら》石《いし》踊《おど》り

那須与一《なすのよいち》

上げばやし〔踊り手〕
〽ホラ　音頭様《おんどさま》　音頭様《おんどさま》

口説《くどき》〔音頭取り〕
〽その名《な》①触《ふ》れたる　②下野《しもつけ》の国《くに》

（アァ　ソラセー）
③那須与一《なすのよいち》が　誉《ほま》れの次第《しだい》
〔踊り手〕ホラ　ヨォホイ　ヨーホイ　ヨー
イヤセー
④形《なり》は⑤小兵《こひょう》に　御座候《ござそうら》えど
積《つ》もるその年《とし》　十九歳《じゅうくさい》にて
矢《や》をば一手《いって》に　名《な》を⑥満天《まんてん》に
のぼせたまいし　所《ところ》はいずこ
四国《しこく》⑦讃岐《さぬき》の　⑧屋島《やしま》の磯《いそ》で
源氏《げんじ》平家《へいけ》の　⑨御戦《おんたたか》いに
平家方《へいけかた》より　沖《おき》なる船《ふね》に
的《まと》の扇《おうぎ》を　立《た》てたる時《とき》に
⑩九郎判官《くろうほうがん》　この由御覧《よしごらん》
那須与一《なすのよいち》を　御前《ごぜん》に召《め》され
与一《よいち》御前《ごぜん》に　相詰《あいつ》めければ
時《とき》に判官《ほうがん》　⑪宣《のたま》うようは
沖《おき》に立《た》てたる　あの扇《おうぎ》をば
⑫矢頃遠《やごろとお》くに　射落《いお》として
敵《てき》や味方《みかた》に　見物《けんぶつ》させよ
かしこまったと　お受《う》けを申《もう》し
御前《ごぜん》をこそは　立《た》ちにけれ
与一《よいち》その日《ひ》の　いでたち見《み》れば
⑬褐《かち》に赤地《あかじ》の　錦《にしき》を召《め》され
⑭白糸縅《しらいとおどし》の　鎧《よろい》を着込《きこ》み
弓《ゆみ》は⑮重籐《しげどう》　⑯切《き》り斑《ふ》の矢《や》をば
⑰肩《かた》に掛《か》けまた　左手《ゆんで》に持《も》ちて
御首肩裾《おんくびかたすそ》　襟搔《えりか》き合《あ》わせ
⑱あおを引《ひ》き寄《よ》せ　ゆらりと乗《の》りて
小松原《こまつばら》より　波打《なみう》ちぎわへ
しんずしんずと　歩《あゆ》ませければ
風《かぜ》は激《はげ》しく　波荒《なみあら》くして
的《まと》の扇《おうぎ》も　定《さだ》まらざれば
射打《いう》つべきさまも　なかりける
与一《よいち》しばらく　眼《まなこ》をふさぎ
⑲南無《なむ》や⑳八幡《はちまん》　㉑那須明神《なすみょうじん》よ
力《ちから》合《あ》わせて　あの扇《おうぎ》をば
射《い》させたまえと　願念深《がんねんふか》く
㉒例《れい》の㉓鏑矢《かぶらや》　うちつがえつつ
切《き》って放《はな》てば　扇《おうぎ》の的《まと》の
㉔要《かなめ》ぎわをば　フッツと射切《いき》り
扇《おうぎ》の的《まと》は　㉕春吹《はるふ》く風《かぜ》に
揉《も》みに揉《も》まれて　海《うみ》にと落《お》つる
㉖九郎判官《くろうほうがん》　にっこと笑《わら》い
射《い》たり与一《よいち》と　褒《ほ》めにける
沖《おき》の平家《へいけ》は　船端《ふなばた》たたく
陸《くが》の源氏《げんじ》は　㉗箙《えびら》を鳴《な》らす
いずれ功名《こうみょう》は　品々《しなじな》あれど
戦半《いくさなか》ばの　見物《けんぶつ》ごとは
那須《なす》の功名《こうみょう》と　名《な》の立《た》つものよ

止め節

アァいとどエー　名《な》の立《た》アン立《た》つ　名《な》の中《なか》
にヤーリワヤー
〔踊り手〕ソリャ　音頭様《おんどさま》　音頭様《おんどさま》

賽《さい》の河原《かわら》

〽定《さだ》め難《がた》きは　無常の嵐《むじょうあらし》
散《ち》りて先立《さきだ》つ　習《なら》いといえど
わけて哀《あわ》れは　㉘冥途《めいど》と㉙娑婆《しゃば》の㉚
㉛賽《さい》の河原《かわら》で　とどめたり
二《ふた》つや三《み》つや　四《よ》つ五《いつ》つ
十《とお》よりうちの　㉜嬰児《みどりご》なるが
朝《あさ》の日《ひ》の出《で》に　手《て》を取《と》り交《か》わし
人《ひと》も通《とお》らぬ　野原《のはら》にいでて
土《つち》を運《はこ》んで　上《のぼ》りつ下《お》りつ
山《やま》の大将《たいしょう》　我《わ》れ一人《ひとり》じゃと
言《い》うもありまた　片《かた》ほとりには
石《いし》を運《はこ》んで　十月十夜《とおつくとおや》
一重積《いちじゅうつ》んでは　父様《ちちさま》のため
父《ちち》の御恩《ごおん》と　申《もう》せしことは
㉝須弥山《しゅみせん》よりも　高《たこ》うして
言葉《ことば》になにと　述《の》べ難《がた》き
二重積《にじゅうつ》んでは　母様《ははさま》のため
恵《めぐ》みの恩《おん》の　深《ふか》いこと
㉞滄海《そうかい》よりも　深《ふか》いぞや

（以下略）

注①広く知らせた。
②旧国名。現栃木県全域。
③鎌倉時代初期の、源氏の武将。「扇の的」は「平家物語」中の挿話。
④以下、同じ節とはやし詞を繰り返す。
⑤体の小さいこと。
⑥「満天下」の略。
⑦旧国名。現香川県全域。
⑧現高松市の北東部にある、瀬戸内海へ突き出た島。周囲約八キロ。現在は陸続きになっている。
⑨「屋島の合戦」と言う。
⑩〔義朝の九男で〕源義経《よしつね》のこと。頼朝の異母弟。幼名牛若丸。一ノ谷の合戦に敗れて屋島に逃れた平家を一一八五年二月に急襲し、続く長門の壇ノ浦の合戦で滅ぼした。のち、兄にうとまれて奥州平泉へ逃れたが、藤原泰衡《やすひら》に襲われ、自刃。
⑪おっしゃるには。
⑫矢を射当てるのに適当な距離。
⑬濃い藍色の衣服に、赤い地色の錦の衣服を着て。錦は、金銀糸や色糸を縦横に交差させて美しい模様を織り出した、厚手の絹織物。
⑭鉄や革の小さな板を白い糸で綴り合わせた鎧。
⑮握りの上下を籐で巻いた弓。
⑯白に、何筋かの黒いまだらの線が入った鷹の尾羽をつけた矢。
⑰以下二句、脱落していると思われるので本書の編者が加えた。
⑱青みがかった黒い毛色の馬。
⑲〔神仏名の前につけて、その〕神仏を信じ、敬い、神仏に帰依する、の意を表す。
⑳八幡宮。源氏の氏神で、武神・軍神。
㉑現那須郡那須町湯本にある那須温泉《ゆぜん》神社。
㉒いつもの。
㉓鏑をつけた矢。鏑は、鹿の角や木を蕪《かぶら》の形に作り、中をくり抜いて数個の穴をあけたもので、矢を射た時に音を出す。
㉔扇の骨を留める金具の近く。
㉕㉖この三句、編者が加えた。
㉗矢を入れて背に負う武具。
㉘死者の霊が行く世界。あの世。
㉙人間の世界。この世。
㉚「間の」を省略。
㉛冥途と娑婆の間にあるという三途《さんず》の川の河原。仏教説話で、親より先に死んだ幼児は、親への罪の償いに、ここで小石を積んで塔を作ろうとするが、そのたびに鬼にこわされてしまう。そこへ地蔵菩薩が現れて幼児を救う。
㉜子供。
㉝仏教で、世界の中央にそびえ立つ、大きな高い山の名。
㉞青い海。

岡山県の盆踊り唄。岡山県の南西端、それも瀬戸内海に浮かぶ白石島（笠岡市）の人たちが、お盆に唄い踊ってきたものである。

その踊りには、男の老人と壮年者の「男踊り」、中年以上の女性の「女踊り」、若い衆の「奴踊り」、娘や新妻の「娘踊り」の四種類があり、混じって踊るため、不揃いの、ふしぎな魅力がある。また、二重の輪踊りの、内側と外側の輪の進行方向が逆になる。これは古い盆踊り形式で、「大踊り」と「小踊り」と呼ばれ、かつては異なった踊りを、異なった唄で踊っていたのが、のちに唄だけ共通になったものである。

衣装も、踊りの種類によって異なる。「男踊り」連中は、羽織りに芥子《けし》色の紋付きに着流しで、竹の子笠をかぶり、白足袋に草履《ぞうり》姿。「女踊り」は、黒紋付きに太鼓結びの丸帯で、端《つま》折《お》り笠をかぶり、白足袋に草履姿。「奴踊り」は、袢纏《はんてん》の奴姿に鉢巻きで、素足に草履姿。「娘踊り」は、薄青色の紋付き・振り袖に半幅帯《はんはばおび》で紫色の御高祖頭巾《おこそずきん》をかぶり、白足袋に草履姿。これは、瀬戸内地方一円で行われている、仮装して踊る、元禄風の華やかな盆踊りで、「風流《ふりゅう》」の一種である。

そして、音頭取りは、宮太鼓の前で、大きな傘の下に立って音頭を取る。これは、西日本地方に広く見られる音頭の取り方で、傘は声を空へ逃がさない効力も持つが、本来は、神仏を天上より降ろす依《よ》り代《しろ》で、「住吉踊り」などの模倣と思われる。

別名　白石島盆踊り唄。

唄の履歴　この唄の源流は、室町時代か江戸時代初期頃に生まれた「念仏踊り」である。それが瀬戸内地方で大流行したようで、今日でも、瀬戸内海の島々や沿岸部にかなり広く分布している。そして、太平洋側では東京都中央区の『佃島《つくだじま》盆踊り唄』（三四四ページ）になっており、日本海側では島根県の隠岐島《おきのしま》から、鳥取県の千代《せんだい》川沿いにある鳥取市用瀬《もちがせ》町にまで及んでいる。

その『白石踊り』の歌詞は七七七七調の長編の口説節《くどきぶし》で、前掲のもののほかに「七回忌」「坊主落とし」「石童丸」「丹波与作」「お夏清十郎」「おさん茂兵衛」「揚巻助六《あげまきすけろく》」「お半長右衛門」など、沢山ある。

節まわしの型　今日広く唄われている節まわしは、白石島の人たちの間に伝承されてきたものである。

広島県

敦盛《あつもり》さん

口説《くどき》（抜き読み）

〽①二条行殿《にじょうあんでん》　大納言《だいなごん》
②資賢卿《すけかたきょう》の　③姫君《ひめぎみ》は
いつぞや④三井寺《みいでら》　御室《おむろ》の御所《ごしょ》
⑤月《つき》の宴《うたげ》の　ありしその時《とき》に
⑥敦盛卿《あつもりきょう》は　笛《ふえ》の役《やく》
その姫君《ひめぎみ》は　琴《こと》の役《やく》
琴《こと》を弾《だん》ずる　御姿《おんすがた》
一目御覧《ひとめごろう》じ　敦盛卿《あつもりきょう》
敦盛卿《あつもりきょう》は　十五歳《じゅうごさい》
その姫君《ひめぎみ》は　十四歳《じゅうしさい》
十四《じゅうし》で⑦輿入《こしい》れ　あそばされ
明《あ》けて十五《じゅうご》の　春《はる》の頃《ころ》
⑧弥生桜《やよいさくら》の　散《ち》る頃《ころ》に
謀反《むほん》の企《たく》み　巡《めぐ》らして
ついに平家《へいけ》は　うち敗《やぶ》れ
⑨一《いち》ノ谷《たに》にぞ　落《お》ちたもう
⑩永江《ながえ》の里《さと》の　その辺《あた》り
古《ふる》き形見《かたみ》の　残《のこ》りしは
哀《あわ》れなりける　次第《しだい》なり

止め節

哀《あわ》れなりける　次第《しだい》なり

注①資賢卿の別称らしい。二条は、現京都市市街地の中央部を東西に走る大通り。行殿は、天皇が外出した時の仮の御所。行在所。行宮《あんぐう》。
②姓は源。平安時代末期の政治家。按察使大納言《あぜちのだいなごん》。後白河法皇の近臣で、今様・琴・笛の名手。六九歳で出家。家集に「入道大納言資賢卿集」。
③玉織姫。⬇解説。
④三井寺か御室の御所かで、の意。三井寺は、現滋賀県大津市園城寺町にある長等山園城寺《おんじょうじ》の俗称。天台宗寺門派の総本山。御室の御所は、現京都市右京区御室にある大内山仁和寺《にんなじ》の別称。宇多天皇が建立し、出家後に住したことからの称。真言宗御室派総本山。
⑤月見の宴。
⑥⬇解説。
⑦お嫁入りなさり。
⑧陰暦三月。
⑨現兵庫県神戸市須磨《すま》区の須磨浦海岸近くの谷。一一八四年二月、この地に逃れた平氏は、源義経《みなもとのよしつね》らの軍勢に急襲されて敗走した。
⑩庄原地方の旧称。

広島県の遊芸唄。広島県北東部の現庄原《しょうばら》市地方に、正月になると、造り物の屋形船を首から吊《つ》った門付け芸人がやってきて、家々の門口で唄を披露し、いくらかの金や米をもらってまわっていた。

屋形船は長さ二尺（約六〇チセン）ほどで、だんだら幕が張ってあり、中には土製の平《たいらの》敦盛像が安置してあった。船端には鉦《かね》と太鼓がついていて、三味線の人と、もらった金や米を袋に入れて担ぐ役の三人一組で門付けをし、敦盛と玉織姫の悲劇を語った。その、首から吊った屋形船は、傀儡師《くぐつし》が人形を踊らせる木箱の舞台が変形したものと思われる。

平敦盛は平安時代末期の平家の公達《きんだち》で、参議平経盛《つねもり》の第三子。一一六九年生まれ。官職に就かなかったために「無官の太夫」と呼ばれた。笛の名手で、「青葉の笛」を持っていた。上掲の歌詞に唄われているように、観月の宴で玉織姫を見初めて結婚したが、翌年、一ノ谷の戦いで源氏の武将熊《くま》谷《がいの》次郎直実《じろうなおざね》と一騎打ちになり、短い生涯を閉じた（⬇三九三ページ注㉞）。その敦盛の悲劇は種々の語り物や芝居に仕立てられ、こうした門付け芸人も出現した。

唄の履歴　この唄の源流は、西日本地方で広く唄われている「盆踊り口説《くどき》」である。

寺を建立する時には、櫓胴突《やぐらどうづ》き作業に奉仕する門徒たちに「木遣《きや》り口説」を唄わせた。それは、寺の縁起などを七五七五の四句を一単位にして繰り返していくもので、そうした唄が、盆踊りに流用されたのであろう。西日本地方一円では、その七五七五調の口説節が盆踊り唄の主流になっていき、題材は、のちには心中物がもてはやされるようになった。

『敦盛さん』は、平敦盛の悲劇を七五七五調で唄い上げたもので、本来の歌詞は長い長い物語である。しかし、大正時代の末に、庄原の俳人尾崎如水が、それまでの歌詞を現代文的に仕立て直したという。

前掲の歌詞は、その尾崎が改作した物語の粗筋をごく短くまとめたものであるが、これが、現在一般に唄われている。

節まわしの型　今日広く唄われている節まわしは、庄原市の保存会のものである。

音戸《おんど》の舟唄《ふなうた》

〽イヤァーレ船頭可愛《せんどかわ》いや　音戸《①おんど》の瀬戸《せと》でヨー
（アァ　ドッコイ　ドッコイ）
②一丈五尺《いちじょうごしゃく》のヤァレノーエ　艪《ろ》がしわる③ヨー
（アァ　ドッコイ　ドッコイ）

〽④安芸《あき》の宮島《みやじま》　まわれば⑤七里《しちり》
⑥浦《うら》は七浦《ななうら》　⑦七恵比須《ななえびす》

〽ここは音戸《おんど》の瀬戸《せと》　⑧清盛塚《きよもりづか》の
岩《いわ》に⑨渦潮《うずしお》　ぶち当《あ》たる

〽浮《う》いた鷗《かもめ》の　夫婦《めおと》の中《なか》を
情《なさ》け知《し》らずの　⑩伝馬船《てんません》

〔以上二首、高山訓昌作〕

〽泣《な》いてくれるな　出船《でふね》の時《とき》は
沖《おき》で艪櫂《ろかい》の　手《て》がしぶる

〽沖《おき》の鷗《かもめ》の　鳴《な》く声聞《こえき》けば
船乗《ふなの》り稼業《かぎょう》が　やめらりょか

〽色気《いろけ》づいたか　⑪清盛松《きよもりまつ》は
ようも毎日《まいにち》　水鏡《みずかがみ》

〽⑫男伊達《おとこだて》なら　音戸《おんど》の瀬戸《せと》の
潮《しお》の流《なが》れを　止《と》めてみしょ

〽月《つき》に浮《う》かんだ　音戸《おんど》の磯《いそ》で
通《かよ》う千鳥《ちどり》が　ちよ⑬(千代)ちよと

注①➡解説。
②約四・五メートル。
③「しなう」の方言。
④広島県の南西端にある厳島《いつくしま》の通称。島北部の厳島神社は、安芸の国一の宮。「安芸」は旧国名で、現広島県西部。
⑤一周すれば、約二七・五キロある。
⑥入り江は七つあり。
⑦七つの恵比須神社がある。恵比須は七福神の一。福徳・漁・商売繁昌などの神。右手に釣り竿を持ち、左手で鯛を抱える。
⑧倉橋島の北岸にある、石垣で築いた塚。室町時代の五輪の宝篋《ほうきょう》印塔があり、平清盛の供養塔ともいう。
⑨この後の「ヤーレノーエ」の前に、高山は「ドーンと」を加えている。
⑩小型の和船。本船に積まれている小舟で、本船と港の間の、荷物の運搬に用いる。
⑪清盛塚の松。
⑫男としての面目を立てるために、意地や見栄を張ったり、強きをくじき、弱きを助けたりする人。
⑬千年。

広島県の仕事唄。広島県呉《くれ》市中心部の南方、瀬戸内海に浮かぶ倉橋島の北部にある音戸町（呉市内）の人たちが、海上交通用の小舟を漕《こ》ぎながら唄ってきたものである。倉橋島と本土の間には、平清盛が一日で切り開いたと伝えられる音戸の瀬戸がある。この瀬戸は、長さ約六五〇メートル、幅の最も狭い所は約九〇メートルである。

唄の履歴　この唄の源流は、広島県下の「木挽《こび》き唄」である。その「木挽き唄」の源流は、「季節唄」のうちの「冬唄」であったらしい。「季節唄」は、春には「春唄」を、夏には「夏唄」をというように、その季節にだけ唄う仕事唄である。その「冬唄」が、冬の農閑期を利用して出稼ぎに出かけた広島の木挽き職人たちによって「木挽き唄」として西日本地方一円へ広まった。それが海上で、艪漕《ろこ》ぎ唄にも用いられるようになったのである。

ところで、この『音戸の船唄』と同種の艪漕ぎ唄は、西は鹿児島湾から東は大阪の淀川《よどがわ》(『三十石舟唄』)にまで広く分布しており、特に瀬戸内海一円では、現在でも大同小異の節で唄われている。その中にあって、「〽船頭可愛いや　音戸の瀬戸で…」という歌詞が有名になり、また、平清盛伝説も作用して、『音戸の舟唄』が、一連の唄を代表する存在になっている。

その『音戸の舟唄』、地元の唄い手八城政人のあとを継いだ高山訓昌《のりまさ》(音戸町)が、太平洋戦争後まもなくから一人で守り続けた。その後、『江差追分《えさしおいわけ》』の初代浜田喜一が、粘る声で好んで唄って広まったが、その「浜田節」は、同人が亡くなるとともに廃り始め、今では「高山訓昌節」だけになっている。

節まわしの型　今日広く唄われている節まわしは、高山訓昌のものである。

西条《さいじょう》酒屋仕込《さかやしこ》み唄《うた》

〽ヤレ酒《さけ》のヨォー神様《かみさま》(ハァ　ドッコイサノセー)　①松尾《まつお》の神《かみ》はヨー
ヤレ②造《つく》りヨォーましします
〔酒屋職人〕ハァ　ドッコイ　③五万石《ごまんごく》
おんどのふ〜さいじょうさ

〽目出度目出度《めでためでた》の　若松様《わかまつさま》よ
枝《えだ》が栄《さか》えて　葉《は》も繁《しげ》る

〽枝《えだ》が栄《さか》えて　その葉《は》が繁《しげ》りゃ
鶴《つる》が御門《ごもん》に　巣《す》をかける

〽鶴《つる》が御門《ごもん》に　巣《す》をかけますりゃ
亀《かめ》がお庭《にわ》で　舞《ま》い遊《あそ》ぶ

〽亀《かめ》がお庭《にわ》で　なんと言《い》うて遊《あそ》ぶ
④西条《さいじょう》酒御繁昌《しゅごはんじょ》と　舞《ま》い遊《あそ》ぶ

〽酒《さけ》はよいもの　気《き》を勇《いさ》まして
飲《の》めばお顔《かお》が　桜色《さくらいろ》

〽あなた川上《かわかみ》　わしゃ川下《かわしも》よ
書《か》いて流《なが》しゃれ　恋《こい》の⑤文《ふみ》

〽酒屋《さかや》酒屋《さかや》と　好《この》んで来《き》たが
勤《つと》めかねます　この冬《ふゆ》は

注①京都市西京区嵐山宮町の松尾《まつのお》大社を総本社とし、各地に末社がある。西条では御建《みたて》神社にまつってある。
②お造りになる。
③約九千キロ《リッ》ト《トル》。
④⬇解説。
⑤手紙。

広島県の仕事唄。広島県の中南部、東広島市西条の酒蔵で、酒屋職人たちが、「仕込み二番櫂《がい》」の作業をしながら唄ってきたものである。

酒を醸造する時は、まず、蒸《む》し米《まい》と麹《こうじ》に水と酵母を加えて「酛《もと》」(酒母)を造る(一八一ページ)。次に、一〇二ページに述べたように、その酛に蒸し米・麹・水を三回に分けて加えていく。この、水を吸った蒸し米と麹を、酒屋職人が蕪櫂《かぶらがい》で突いて掻き混ぜる時に、動作がそろうように、櫂に合わせて唄を唄う。

右の、蒸し米と麹を一回目に加えた時の作業が「初添え仕込み」(別名「仕込み二番櫂」)で、その時に唄うのが「初添え仕込み唄」(別名「二番櫂の唄」「風呂上がりの唄」)である。

唄の履歴　この唄の源流は、現兵庫県丹波《たんば》地方の「臼唄《うすうた》」である。それが丹波杜氏《とうじ》によって灘《なだ》(西宮市・神戸市の海岸部)の酒蔵へ持ち込まれて「初添え仕込み唄」に利用され、「風呂上がり唄」(⬇六二六ページ)などと呼ばれていた。

ところで、広島県下の銘酒を造ってきたのは、旧賀茂《かも》郡三津《みつ》町(現東広島市内)の三津杜氏である。

一八七六年、三津の雑貨商三浦仙三郎は、売りに出ていた酒蔵を買い取って酒造りに乗り出したが、発酵が進まずに腐ってしまう場合が多かった。そこで、八七年頃の一年間、灘へ行って酒蔵の下働き人となり、灘流の醸造技術を学んだ。しかし、灘の水は硬水であり、広島県下の水は軟水であったため、灘流でも上等の酒は造れなかった。三浦は、杜氏とともに研究を重ね、軟水醸造法を確立して九八年には「改醸法実践録」を出版し、広島酒の技術を向上させた。その結果、一九〇七年の日本醸造協会主催「第一回全国清酒品評会」で広島県下の酒蔵の二銘柄が優等賞を受賞し、一八銘柄が入賞した。その後、二年ごとに行われた同品評会でも、広島県産酒は抜群の成績を収めた。

そして、一九一五年頃からは三津杜氏も灘の酒蔵で働けるようになり、三二、三三年頃には約四〇人の杜氏と七百人からの酒屋職人が雇われるほどになった。そのため、灘の酒造り唄も三津杜氏の間に広まっていった。それが今日の広島県下の酒造り唄で、この『西条酒屋仕込み唄』もその一つである。

その唄を西本良治が尺八の伴奏で唄っていたが、一九七〇年九月に発売されたコロムビアレコード「山陽の歌」の中で紹介された。それからまもなく、広島市の民謡家石山天山が、藤本秀夫に三味線の手をつけてもらって普及を始めた。

節まわしの型　今日広く唄われている節まわしは、石山天山のものである。

鞆《とも》の大漁節《たいりょうぶし》

〽①備後《びんご》サァヨーエー②鞆《とも》ノ津《つ》は　その名《な》も高《たか》い
（ハァ　ヨイショ　ヨイショ）
躍《おど》る銀鱗《ぎんりん》　コリャ③網戻《あみもど》しヨーイトナー
（エェイホ　エーィホ　ヨーイヤ　マカセノエー　コーリャ　大漁《たいりょう》大漁《たいりょう》）

〽④岬《みさき》⑤下《しも》から　戻《もど》ろとすれば
鯛《たい》や鰆《さわら》が　呼《よ》び戻《もど》す

〽昼《ひる》は⑥鯛凪《たいなぎ》　月夜《つきよ》はおぼろ
ほんに絵《え》のよな　鞆《とも》ノ浦《うら》

〽⑦溜《た》めた溜《た》めたか　この網溜《あみた》めた
今朝《けさ》も溜《た》めたか　また溜《た》めた

〽⑧金《きん》の魚《さかな》を　山《やま》ほど積《つ》んで
振《ふ》る舞《ま》い酒《ざけ》に　大漁節《たいりょうぶし》

〽目出度《めでた》目出度《めでた》が　⑨三《み》つ重《かさ》なりて
鶴《つる》が御門《ごもん》に　巣《す》をかける

〽鶴《つる》が御門《ごもん》に　巣《す》をかけるなら
亀《かめ》がお庭《にわ》で　舞《ま》いを舞《ま》う

〽亀《かめ》がお庭《にわ》で　なんと言《い》うて舞《ま》うや
お家《いえ》御繁昌《ごはんじょ》と　言《い》うて舞《ま》う

注①旧国名。現広島県東部。
②鞆ノ浦（➡解説）の旧称。近頃は「鞆ノ浦」とも唄う。
③引き揚げようとする網が、網の中の鯛の重さで、海中へ引き戻されること。
④狐崎。鞆港の南西方にある岬。
⑤京都の皇居（江戸時代）から、より遠い所をさす。ここでは南西の方。
⑥鯛網漁に好適な、風がなく、海上が穏やかな状態。
⑦鯛を網の中に。
⑧鯛のこと。
⑨「三」は目出度い数字。

広島県の祝い唄。広島県の南東端、それも沼隈《ぬまくま》半島南東端にある鞆ノ浦（福山市鞆町）の漁師たちが、鯛網漁の大漁祝いに唄ってきたものである。

別名　鞆ノ浦鯛網大漁節。

唄の履歴　この唄の源流は不明であるが、瀬戸内海一円の、鯛漁に従事する漁師たちの間で、祝いの席で唄われてきた。そのため、この「大漁節」の分布は、広島・岡山・香川・愛媛の四県に及んでいる。

今日の『鞆の大漁節』の歌詞は、一九五五年頃に観光鯛網船用の唄として作り替えたものである。そして、それ以後、地元の青年団によって唄い継がれている。

節まわしの型　今日広く唄われている節まわしは、観光鯛網漁を行っている、鞆町の青年団のものである。

袴《はかま》踊《おど》り

〽①安芸《あき》の宮島《みやじま》　まわれば②七里《しちり》
③浦《うら》は七浦《ななうら》　④七恵比須《ななえびす》

〽狐《きつね》どこで鳴《な》く　⑤那須野《なすの》ヶ原《がはら》で
⑥篠《しの》や薄《すすき》の　陰《かげ》で鳴《な》く

〽宮島名所《みやじまめいしょ》で　見《み》せたいものは
⑦長《なが》の廊下《ろうか》に　⑧百八灯籠《ひゃくはちどうろう》

〽⑨十二《じゅうに》の銚子《ちょうし》に　⑩玉《たま》のお酒《さけ》入《い》れて
飲《の》めば色増《いろま》す　気《き》もはずむ

〽霙《みぞれ》降《ふ》る降《ふ》る　⑪因幡《いなば》の浜《はま》で
⑫白《しろ》い兎《うさぎ》が　飛《と》んでいる

注①⬇解説。
②一周すれば、約二七・五キロある。
③入り江は七つあり。
④七つの恵比須神社がある。恵比須は七福神の一。福徳・漁・商売繁昌などの神。右手に釣り竿を持ち、左手で鯛を抱える。
⑤栃木県の北東部、那須岳南麓に広がる地域。九尾(尾が九本)の、金色の狐の伝説がある。
⑥篠竹。細い竹で、高さ五メートル、径二・五センチほど。山野に群生する。
⑦厳島神社の各社殿や摂社などを結ぶ回廊で、延長約二七三メートル。
⑧回廊に吊るした銅製の灯籠。「百八」は、人間の持つ煩悩(苦悩・欲望・迷いなど)の数を意味する。
⑨一年十二ヶ月に合わせた数字。
⑩「玉酒《ぎょくしゅ》」の訓読語。うまい酒。美酒。
⑪旧国名。現鳥取県東部。
⑫白波が立つことと、鳥取市北西端の白兎海岸《はくと》(「因幡の白兎」伝説の舞台)を掛ける。

広島県のお座敷唄。広島県南西部にある、厳島《いつくしま》神社で有名な安芸《あき》の宮島(廿日市市宮島町)の花柳界の宴席で、芸者衆が参詣客相手に唄ってきたものである。

唄の履歴　この唄の源流は、信州追分宿《おいわけじゅく》(長野県北佐久郡軽井沢町追分)の飯盛《めしも》り女たちが、酒席で旅人相手に唄っていたお座敷唄「追分節」である(⬇三八一ページ)。それは、街道を往来する駄賃付け馬子が唄う「馬方節」に、飯盛り女たちが三下り調の三味線伴奏を加えたものなので、「馬方三下り」とも呼ばれ、日本中へ広まった。

三味線の手をつける前には、銚子《ちょうし》を卓上に置く時にはかせる袴を床に打ちつけて馬のひずめの音を出し、伴奏がわりにしていたが、それも唄とともに、鞍替えの芸者か旅人によって宮島に伝えられた。そのうちに、四つの袴を千鳥掛けに打って音を出したり、両手に袴を二つずつ持って打ち鳴らしながら踊ったりするようになった。そのため、その唄も踊りも「袴踊り」と呼ばれた。

その踊りと三味線の伴奏を、宮島の芸者置屋の吉村ハナが覚えていたが、唄は知らなかった。ところが、太平洋戦争後まもなく、赤坂小梅がたまたま宮島を訪ねた折りに、その唄が、小梅が福岡県の小倉(北九州市小倉区)の花柳界にいた頃に唄っていたものと同じだと知り、それを宮島のものへあてはめて復元した。それ以来、赤坂小梅が十八番にして唄い、妹芸者の梅若も好んで唄ったが、歌詞は、初めは前掲一、二首目の二首だけであった。

なお、同じ唄で踊りが別の『宮島杓子踊り《しゃくし》』がある。これは、昭和四〇年代(一九六五～)の民謡ブームの時に、銚子の袴を宮島ゆかりの杓子に替えて踊る、大衆向きの踊りに仕立て直したものである。

節まわしの型　今日広く唄われている節まわしは、赤坂小梅のものである。

広島木遣り音頭《ひろしまきやりおんど》

〽イィヤーハーェ目出度目出度《めでためでた》が　①三《み》つ重《かさ》なりて
ヤレ庭《にわ》にゃ鶴亀《つるかめ》　②五葉《ごよ》の松《まつ》
《はやし詞》〔唄い手・はやし手〕
ソリャ　ヤートコセェ　ヨーイヤナー
アレワイセー　コレワイセェ
サー　ナンデモセー

〽③安芸《あき》の宮島《みやじま》　④まわれば七里《しちり》
⑤浦《うら》は七浦《ななうら》　⑥七恵比須《ななえびす》

〽これのお家《いえ》は　目出度《めでた》いお家《いえ》
鶴《つる》と亀《かめ》とが　⑦舞《ま》い遊《あそ》ぶ

〽鶴《つる》と亀《かめ》とが　⑧常磐《ときわ》の松《まつ》に

金銀宝《きんぎんたから》の　巣《す》を作《つく》る
〽揃《そろ》た揃《そろ》たよ　若《わか》い衆《しゅ》揃《そろ》た
調子《ちょうし》揃《そろ》えて　おはやし頼《たの》む

注①「三」は目出度い数字。
②五葉松。マツ科の常緑高木。山地に自生し、高さ三〇メートルになるが、庭木や盆栽にする。針形の葉が五本ずつ小枝に密に束生し、夫婦と三人の子にたとえて一家繁栄の象徴とされる。
③広島県の南西端にある厳島《いつくしま》の通称。島北部の厳島神社は、安芸の国一の宮。「安芸」は旧国名で、現広島県西部。
④一周すれば、約二七・五キロある。
⑤入り江は七つあり。
⑥七つの恵比須神社がある。恵比須は七福神の一。福徳・漁・商売繁昌などの神。右手に釣り竿を持ち、左手で鯛を抱える。
⑦「酌を取る」とも。
⑧葉の色が一年中変わらない松の木。

広島県の、祝い唄形式の新民謡。広島市の花柳界の宴席で、芸者衆が、祝い唄的お座敷唄として唄ってきたものである。

唄の履歴　この唄は、三味線家の藤本秀夫が広島券番の組合長から、にぎやかな感じの唄をと依頼されてまとめたもので、一九六八年一一月一五日に完成した。

しかし、曲名は伝承民謡で用いられている形式のものであり、歌詞は在来の祝い唄や『袴《はかま》踊り』（広島）などに見られるものである。また、節は、前半は地搗き唄の「ヒョウタン節」、後半は『伊勢音頭』で、はやし詞は『伊勢音頭』の「ヤートコセー…」をそのまま用いており、曲全体の印象は『伊勢音頭』そっくりである。

「新民謡」という語は、個人の創作性が豊かで、曲名・歌詞・節が伝承民謡とは異なる要素を持つ唄のみに用いるべきものである。したがって、この『広島木遣り音頭』は、藤本秀夫が伝承民謡を編曲したものと考えるべきであろう。

節まわしの型　今日広く唄われている節まわしは東京在住の民謡歌手のものであるが、まだ節まわしが定まっていない。

三原《みはら》ヤッサ

〽見《み》たかエェイエー（アァ　ヤッサ　ヤッサ）
見《み》たか聞《き》いたか　アァ①三原《みはら》の城《しろ》はエー
（アァ　アラ　ヨイヨイ　ヨイヤナー
ヨイヤナー）
地《ち》から生《は》えたかサーマヨー（アァ　ヤッサ
ヤッサ）　アァ②浮《う》き城《しろ》かヨー
（ヤァッサ　ヤッサヤッサ　モッセ
ソッチャセー）
〽夢《ゆめ》の浮《う》き城《しろ》　霞《かすみ》に明《あ》けりゃ
昇《のぼ》る朝日《あさひ》の　③桜山《さくらやま》
〽月《つき》はまん丸《まる》　④金波《きんぱ》や銀波《ぎんぱ》
⑤ヤッサ踊《おど》りに　夜《よ》が更《ふ》ける
〽三原港《みはらみなと》に　灯《ひ》のつく頃《ころ》は
⑥真帆《まほ》も⑦片帆《かたほ》も　寄《よ》って来《く》る
〽桜山《さくらやま》より　瀬戸内《せとうち》見《み》れば
瀬戸《せと》の島山《しまやま》　真帆片帆《まほかたほ》
〽瀬戸《せと》の島山《しまやま》　風《かぜ》さえ⑧凪《な》いで
三原《みはら》よい所《とこ》　波《なみ》の上《うえ》
〽桜《さくら》三月《さんがつ》　菖蒲《あやめ》は五月《ごがつ》
⑨咲《さ》いて年取《としと》る　梅《うめ》の花《はな》
〽⑩あいや⑪新潟《にがた》の　川真《かわま》ん中《なか》に
菖蒲《あやめ》咲《さ》くとは　しおらしや
〽⑫西野帰《にしのがえ》りは　誰《だれ》でも知《し》れる
袖《そで》に梅《うめ》が香《か》　髪《かみ》に花《はな》
〽西《にし》へ行《い》こうか　東《ひがし》へ行《い》こか
ここが思案《しあん》の　⑬開明橋《かいみょうばし》
〽ヤッサ踊《おど》りに　つい見込《みこ》まれて
嫁《よめ》にくれとは　恥《は》ずかしや

〽手並《てな》み足並《あしな》み　いと軽々《かるがる》と
ヤッサ踊《おど》りに　夜《よ》を明《あ》かす

〽ついておいでよ　この提灯《ちょうちん》に
消《け》して(決して)苦労《くろう》は　させはせぬ

〽三原《みはら》よい所《とこ》　町真《まちま》ん中《なか》に
昔偲《むかししの》ばす　城《しろ》の跡《あと》

〽見《み》たか三原《みはら》の　⑭胡蝶《こちょう》の踊《おど》り
風《かぜ》に桜《さくら》の　花《はな》が散《ち》る

注①三原城。小早川隆景が一五六七年に築城を始めた。
②三原城は、沼田《ぬた》川河口の小島を石垣でつないで築き、船が入れるようにした海城兼軍港で、海上に浮かんでいるように見えたため、浮き城と呼ばれた。
③現三原駅の北方にある山（一八三メートル）。一二六〇年頃、山名氏正が山城を築いた所。
④「金波に」とも。
⑤『三原ヤッサ』の踊り。
⑥帆船が順風を受けて走るために、進行方向に対して直角に張った帆。
⑦帆船が横風を受けて走るために、進行方向に対して斜めに張った帆。
⑧風がやんで、海が穏やかになって。
⑨十二月中に咲いて。太平洋戦争終了前は数え年で、正月一日に年齢を加えたことから。
⑩「はいや節」が変化した「あいや節」は、「あいやー」と唄い出したので、それが残ったもの。歌詞上の意味はない。
⑪現新潟市。
⑫西野梅林。現三原市市街地の北西部（現西野町）にあった。
⑬現本町消防署辺りの、河原谷川に架かっていた橋。東方の城門へ通じる橋を、明治時代に国道を造る時に架け替え、文明開化から「開明橋」と名づけた。今はない。
⑭蝶々。「古調」を掛ける。

広島県の盆踊り唄。広島県の南東部、瀬戸内海航路の要港としてにぎわった三原市の人たちが、お盆に唄い踊ってきたものである。

唄の履歴　この唄の源流は、九州は天草《あまくさ》の牛深《うしぶか》港（熊本県天草市牛深町）で生まれた『牛深はいや節』（六七四ページ）である。それが海路三原へ伝えられ、船乗り相手の女たちが酒席の騒ぎ唄として唄っていた。

『牛深はいや節』系統の唄は、一般には唄い出しの「はいやえー」から「はいや節」（転じて「あいや節」）と呼ばれている。しかし、はやし詞の「ヤッサ　ヤッサ」から「ヤッサ節」と呼んでいる例が鹿児島県の内陸部にある。この『三原ヤッサ』という曲名もはやし詞から取られたものであるが、唄い出しの「はいやえー」は、すでに失われている。

さて、船乗り相手の女たちは、お座敷で、手を肩より上で振り、腰を振って踊っていたが、それを一般の人たちがお盆に屋外で踊るようになった。そして、踊り手が集団で路地から路地へと踊りまわる（地元で「ぞびき踊り」と呼ぶ）ため、四国の『阿波《あわ》踊り』（徳島）とそっくりである。踊り方だけでなく、伴奏も酷似している。

もともと、『三原ヤッサ』も『阿波踊り』も、唄の源流は『牛深はいや節』であったが、徳島では唄の部分を『よしこの節』に取り替えてしまった。したがって、『阿波踊り』は三下り調であり、『三原ヤッサ』は二上り調である。また、『阿波踊り』では、踊り手は一歩も後ろへさがらずに前進していく。すなわち、右足を前へ出すと、次に左足を前へ出して進んでいく。これに対して、『三原ヤッサ』では出した右足を一度後ろへ引く。それぐらいしか異ならないため、一般の人たちにはまるで同じように見える。本州と四国とはかなり遠いように思われるが、瀬戸内海沿岸地方は、実は船で結ばれた共通文化圏であったので、あまり違わないのも当然と言える。

なお、『三原ヤッサ』の歌詞は、一九二九年八月一二日にNHKラジオの秩父宮歓迎祝賀番組に地元の人たちが出演する時に現在の観光用のものに取り替えられた。

節まわしの型　今日広く唄われている節まわしは、三原市の保存会の唄を、東京在住の若い女性民謡歌手がまねたものである。

鳥取県

貝殻節《かいがらぶし》

お座敷貝殻節

〽①なんの因果《いんが》で　②貝殻漕《かいがらこ》ぎ習《なろ》うた
（可愛《かわ》いやのォ　可愛《かわ》いやの）
色《いろ》は黒《くろ》うなる　身《み》は痩《や》せる
（ヤサホォーエーヤ　ホーエヤエェ
ヨイヤサーノサッサ）
（ヤンサーノエェ　ヨイヤサーノ
サッサー）

舟漕ぎ貝殻節

前ばやし

〽ヤンサーノエェ　イヤサーカ　サッサ
ヤーレ漕《こ》げ　（ヤーレ漕《こ》げ）
ヤーレ漕《こ》げ　（ソーラ漕《こ》げ）

本　唄〔船頭〕

〽なんの因果《いんが》で　③貝殻漕《かいがらこ》ぎなさる④
（アァ　ソコダガノ　ソコダガノー）
色《いろ》は黒《くろ》うなるっコラ　身《み》は痩《や》せる
〔漕ぎ手〕ヤサホォエヤー（〔船頭〕ホイ）
ホーエヤエー　イヤサーカ　サッサ
ヤンサノエェー　イヤサーカ　サッサー

後ばやし

〽アァ　ヤーレ漕《こ》げ　（ソーラ漕《こ》げ）
ヤーレ漕《こ》げ　（ソーラ漕《こ》げ）

本　唄

〽⑤賀露《かろ》の沖《おき》から　⑥貝殻《かいがら》が招《まね》く
嬶《かか》よ飯炊《ままた》け　⑦出《で》にゃならぬ

〽辛《つら》い⑧稼業《かぎょう》でも　貝殻漕《かいがらこ》ぎは
餓鬼《がき》や嬶《かかあ》の　飯《まま》の種《たね》

〽色《いろ》は黒《くろ》うても　気前《きまえ》じゃ負《ま》けぬ
浜《はま》じゃ⑨妻子《めのこ》が　待《ま》つわいな

〽帆《ほ》立《た》て貝《がい》なら　帆《ほ》立《た》てて行《い》こよ
わたしゃ⑩あなたに　義理《ぎり》立《た》てる

〽沖《おき》に見《み》ゆるは　漁師《りょうし》か星《ほし》か
月《つき》の明《あ》かりか　ありがたや

〽⑪久松山《ひさまつやま》から　沖合《おきあ》い見《み》れば
あれが賀露《かろ》かや　⑫鳥ヶ島《とりがしま》

〽戻《もど》る舟路《ふなじ》にゃ　艪櫂《ろかい》が勇《いさ》む
いとし⑬妻子《つまこ》が　待《ま》つほどに

〽忘《わす》れられよか　情《なさ》けも篤《あつ》い
あの娘《こ》ァ⑭浜村《はまむら》　お湯育《ゆそだ》ち

〔以上二首、松本穰葉子作〕

注①前世の、どんな悪い行いの報いで。
②③「貝殻曳き」とも。⬇解説。
④「お座敷貝殻節」と異なる。はやし詞にも異なる部分がある。
⑤鳥取市の北中部、千代川河口西岸の地名。「浜村沖から」とも。
⑥貝のこと。共通語の「貝殻」は、鳥取地方では「貝殻の皮」と言う。

⑦出漁しなければ。
⑧「稼業の」とも。
⑨「めのこ」は漁師の言葉。「つまこ・さいし」は昭和時代以後。
⑩「あなたの　身を立てる」とも。
⑪正称は「きゅうしょうざん」。鳥取市市街地の北にそびえる山（二六四メートル）。鳥取城があった。賀露港は北西方に見える。
⑫千代川河口の北方にある無人島。周囲約四〇〇メートル。
⑬この歌詞は昭和時代初期の新作なので「つまこ」。
⑭浜村温泉。➡解説。

鳥取県のお座敷唄・仕事唄。鳥取県の北東部、鳥取市沿岸の漁師たちが、帆立て貝漁の折りに唄ってきたものである。それを、浜村温泉（同市内）では芸者衆が宴席で唄ってお座敷唄にした。

鳥取市や気高郡の沿岸部は、鳥取砂丘と接しているため海底が砂質で、一〇年や二〇年に一回といった割合で、大量の帆立て貝が発生した。これを「貝殻年」と呼んだ。

漁師は、馬鍬《まぐわ》のようなジョレン（漁具）を海底へ沈めて船を漕ぎ、船上の轆轤《ろくろ》で捲き上げて、その帆立て貝を獲る。それを地元では「貝殻漕ぎ」とか「貝殻曳き」と呼び、その時に唄う唄が『貝殻節』である。漁船は、親方が雇った若い衆五～一〇人が乗り込むものから、親子二人乗りまであった。漁期は、三月から一〇月までである。

獲った帆立て貝は、中身は肥料にし、貝殻を杓子《しゃくし》などに加工した。ところが、一八二三年、二四年頃、現気高郡青谷《あおや》町芦崎の山田与五郎が貝柱を食用にしようと考え、船頭の中浜安兵衛と計って乾し貝に加工し、中国への輸出用に売った。輸出量は、一八三六、三七年頃には年間一〇万斤《きん》（約六万キロ）にもなった。

当時、帆立て貝がどれほど大量に獲れたかというと、現鳥取市街地の西を北流して日本海へ注ぐ千代川《せんだいがわ》の河口にある賀露《かろ》港（現鳥取港）で、一日五万貫（約一八七五〇〇キロ）の水揚げがあり、石油缶一杯（約四貫）を桝にして取り引きした。その貝殻を捨てた千代川の河原は山のようになって町が造られ、そこを「貝殻屋敷」と呼んだ。

唄の履歴　この唄の源流は不明であるが、「木遣《きや》り唄」のようなものかもしれない。それに、賀露に伝わる「ホーエンヤ船」の掛け声を加えた。

「ホーエンヤ船」とは、西日本の海に生きる人たちの間に広く伝えられている神事の船である。賀露神社の場合は、毎年四月一五日の例大祭に、神輿《みこし》を船に乗せ、海上渡御を行う。その船の後ろの、笹竹を立てた小舟に少年たちが乗り込み、太鼓をたたき、「ホーエンヤ」の掛け声を勇壮に掛けながら、艪を押してついていく。それが「ホーエンヤ船」で、その掛け声を『貝殻節』のはやし詞に用いたのである。

さて、この地方の帆立て貝は、一九二九年の「貝殻年」を最後に少なくなり、不漁となるにつれて唄もまた廃っていった。ところが、大正時代末期から始まった新民謡運動で、各地に御当地ソングを作るブームが起こった。浜村温泉でも、地元の宣伝に役立てようと、新民謡を作ることになった。その時に『浜村小唄』ができたが、もう一曲、『貝殻節』を復元することにした。そこで、鳥取師範付属小学校の教師三上留吉が、漁師の唄うのを聞いて採譜をし、鳥取市役所の松本穣葉子《じょうようし》が、浜村温泉の観光用として、前掲しまいの歌詞などを補作した。そして、三味線の伴奏を加えて一九三二年九月に発表した。そのレコードは、翌年一月にコロムビアレコードから、三六年一二月にテイチクレコードから発売になった。しかし、さしたる評判にはならなかった。

民謡ブームが始まった一九五二年、大阪市の朝日放送が「全国民謡の旅」と題して民謡の人気投票を行い、『貝殻節』が第一位になった。これに目をつけたビクターレコードが初代鈴木正夫に吹き込ませた。それを初代黒田幸子《さちこ》が覚えて放送で唄い、レコード化し、しだいに日本中へ広まっていった。その唄は、浜村温泉の「お座敷唄」の節まわしである。

その「お座敷唄」の『貝殻節』が広まるのを快く思わなかった、賀露の漁師浜沢長三郎（一九〇九年生まれ）が、「貝殻曳き」をしていた経験を生かして、低音の太い声で、「仕事唄」としての、別の節まわしの『貝殻節』をまとめあげた。そして、「元唄貝殻節」と呼んだ。

『貝殻節』は、「お座敷唄」が先に世に出ていたため、浜沢は、漁師が唄う『貝殻節』こそが本物という自負があって、「元唄」を冠せたのである。しかし、漁師の伝える『貝殻節』は「元唄貝殻節」よりさらに素朴であり、「元唄」と言うには不適当である。したがって、浜村温泉のものは「お座敷貝殻節」、浜沢のものは「舟漕ぎ貝殻節」という曲名で共存させるのがよいであろう。筆者（竹内勉）は、現在全国的に知られている黒田幸子節を「お座敷貝殻節」、浜沢長三郎節を「舟漕ぎ貝殻節」としておく。

節まわしの型　今日広く唄われている節まわしは、「お座敷貝殻節」は初代黒田幸子のもの、「舟《ふな》漕《こ》ぎ貝殻節」は浜沢長三郎のものである。

補足　「舟漕ぎ貝殻節」に「舟追分」を挿入する唄い方は、一九六六年一〇月四日に、舞台演出上、筆者（竹内勉）が浜沢に加えさせたものであり、加えないほうがよい。もし加えるなら、上の句だけにすると、変化が出て、効果的である。

さんこ節《ぶし》

〽①さんこさんこと　名《な》は高《たこ》けれど
さんこさほどの　器量《きりょう》じゃない

長ばやし〔酒席の同席者〕
〽アラ瓢簞《ひょうたん》ばかりが　浮《う》きものかア
わたしもいささか　浮《う》いてきたア
さァさ　浮《う》いたア　浮《う》いたア

〽さんこ出《で》なけりゃ　踊《おど》りがたたぬ
どこの村《むら》でも　皆《みな》さんこ

〽さんこ去《い》なせて　後《うし》ろから見《み》れば
杉《すぎ》の若立《わかだ》ち　見《み》たがよな

〽沖《おき》は白波《しらなみ》　波風《なみかぜ》立《た》てど
②境《さかい》よい所《とこ》　③時化《しけ》知らず

〽④五里《ごり》の松原《まつばら》　境《さかい》の港《みなと》
おいでおいでと　灯《ひ》が招《まね》く

〽⑤恵比須《えびす》　⑥大黒《だいこく》　鯛釣《たいつ》り上《あ》げて
竿《さお》を担《かつ》いで　福踊《ふくおど》り

〽⑦大山《だいせん》お山《やま》の　⑧腰巻《こしま》き雲《ぐも》は
⑨明日《あす》はならいじゃと　思《おも》わんせ

〽港《みなと》出《で》て行《ゆ》く　船乗《ふなの》り衆《しゅう》が
さんこ見《み》たさに　帆《ほ》を揚《あ》げぬ

〽踊《おど》り踊《おど》るなら　⑩科《しな》よく踊《おど》れ
科《しな》のよいのが　⑪こちの様《さま》

〽⑫差《さ》いてお帰《かえ》り　この⑬唐傘《からかさ》を
返《かえ》し来《く》るとて　またおいで

〽⑭白歯《しらは》染《そ》めても　浮気《うわき》はやまぬ
⑮合《あ》わせ鏡《かがみ》の　ほどのよさ

〽好《す》いて好《す》かれて　⑯紅緒《べにお》を解《と》いて
いかなお客《きゃく》も　⑰床《とこ》泊まり

〽さんこ⑱石橋《いしばし》の　⑲法師《ほうし》さんの娘《むすめ》
目元《めもと》ばかりが　千両《せんりょ》する

〽目元《めもと》ばかりが　千両《せんりょ》じゃ高《たか》い
⑳眉《まゆ》を添《そ》えたら　千両《せんりょ》する

〽さんこ石橋《いしばし》の　石屋《いしや》の娘《むすめ》
わしも二三度《にさんど》　だまされた

長ばやし
〽㉑八反畑《はったんばたけ》の　㉒莢豆《さやまめ》は
一莢《ひとさや》㉓走《はし》れば　皆走《みなはし》る
わたしゃあなたに　ついて走《はし》る
サァサついて来《こ》い　ついて来《こ》い

注①➡解説。
②境町（現境港市）の港。
③風雨のために海の荒れることがない。
④弓ヶ浜のこと。鳥取県北西端の半島で、境港はその北端にある。長さ約一八キロ。かつては松の木が沢山あった。
⑤七福神の一。福徳・漁・商売繁昌などの神。右手に釣り竿を持ち、左手で鯛を抱える。
⑥七福神の一。福徳・財宝・食物などの神。右手に打ち出の小槌《こづち》を持ち、左肩に大きな袋をかつぎ、米俵二俵の上に立つ。
⑦鳥取県の中西部にそびえる山（一七二九メートル）。中国地方の最高峰。
⑧大山の中腹にかかっている雲。
⑨〔大山にこの雲がかかると、翌日は帆船に都合の

よい風が吹くので〕明日は出港だと思いなさい。「ならい」は、境港では北東風。
⑩しぐさ。体の動きから受ける感じ。
⑪こちらのお方。
⑫「差して」の音便形。
⑬〔中国風のかさの意〕細く割った竹を骨とし、油紙をはった傘。
⑭結婚しても。江戸・明治時代には、女性は、結婚するとお歯黒をつけて、歯を黒く染めた。
⑮後ろ姿や髪形を見るために、後ろから鏡で映した像を、前の鏡に映して見ること。
⑯襦袢《じゅばん》（下着）の赤いひも。
⑰同じ布団の中で一夜を共にすること。
⑱現松江市中央部の地名。
⑲和尚。僧侶。
⑳結婚してくれたら、の意。明治時代まで、女性は、結婚すると眉を剃り落として眉墨をつけた。
㉑約七九・三アールの畑。「段々畑の」とも。
㉒莢に入ったままの豆。大豆・えんどう・そらまめなど。
㉓はじければ。

鳥取県のお座敷唄。鳥取県北西端の港町、境港《さかいみなと》（境港市）の花柳界の宴席で、船乗り相手の女たちが唄ってきたものである。

唄の履歴　この唄の源流は、日本海側のどこかの港で生まれた、「甚句《じんく》」の一種である。ところが、「さんこ」という名の遊女が有名になり、前掲一首目の歌詞が作られると、唄い出しから『さんこ節』と呼ばれるようになった。その遊女の「さんこ」は、詳しいことはわからないが、境港にいたとも、また、一時期淀江《よどえ》港（米子市淀江町）にいたともいわれる。

境港で「境さんこ節」の保存会を結成した杉山音太郎によると、一八八七年頃に、境港千坊の共同墓地付近の、置屋（玉屋）の借家に住んでいた老婆（七〇歳ぐらい）がそれで、毎日、海岸へ出て、停泊中の船に羽二重餅《はぶたえもち》を売っていたという。もし、それが本人ならば、天保年間（一八三〇~四四）頃に全盛だった遊女ということになる。

一方、「境さんこ節」の保存会が出しているパンフレットを見ると、初代「さんこ」は現島根県安来《やすぎ》市広瀬町の「おさん」で、一八三六、三七年頃の遊女だという。また、二代目は隠岐島《おきのしま》の知夫《ちぶ》（島根県隠岐郡知夫村）の「よしこ」で、三代目は同じ島の「ひでこ」だという。そして、四代目は鳥取県東伯郡の東光院の尼僧だという。四代目「さんこ」が亡くなったのは一八九五年だというから、以上のことが事実なら、杉山音太郎が見た老婆は、四代目ということになる。しかし、船乗り相手の遊女の身元が何代目までもはっきりしているのは少し不自然なので、「さんこ」は、天保頃の遊女という程度に考えておくほうがよい。

さて、日本海側の港町では、酒席の騒ぎ唄としては各地とも「はいや節」系統の唄が唄われている。ところが、島根県東部から鳥取県にかけての地域には見当たらず、その代わりに『さんこ節』（と、その変形の『安来節《やすぎぶし》』）が唄われている。したがって、『さんこ節』は、「はいや節」よりあとから流行したと考えられる。その流行は江戸時代末期から明治時代にかけてのようで、今日でも瀬戸内海の島々から遠く太平洋側の伊豆《いず》大島（東京都大島町）にまで分布している。

また、『さんこ節』は、のちに『出雲節《いずもぶし》』となり、さらに「船方節」となった（➡四一七ページ）。

なお、「壁塗りさんこ節」と呼ばれる唄がある。これは、港町の酒席で、女たちが腰を振って煽情的な踊りを演じて船乗りの男たちの性欲をあおったもので、その格好が左官が壁を塗る姿に似ているところからつけられた曲名である。

節まわしの型　今日広く唄われている節まわしは、境港の「さんこ節保存会」のものである。

三朝小唄《みささこうた》

本唄〔唄い手〕

〽泣《な》いて別《わか》れりゃサイショ　空《そら》までエェ　ヨ
　イト　ヨイトサノサ曇《くも》る
曇《くも》りゃ①三朝《みささ》がエ　ヤレ三朝《みささ》がエェ　雨《あめ》とな
　るヨー

長ばやし〔唄い手〕

〽ハァ②出雲《いずも》の帰《かえ》りにゃ　またおいで
寄《よ》らずに帰《かえ》るは　③二心《ふたごころ》
その時《とき》ゃわたしが　追《お》ってくよ

本唄

〽三朝《みささ》三朝《みささ》と　皆様《みなさま》言《い》やる
④恋《こい》の懸《か》け橋《はし》　あればこそ

〽三朝《みささ》⑤湯《ゆ》の神《かみ》　一人《ひとり》がお好《す》き
一人《ひとり》ゃ寝《ね》しゃせぬ　帰《かえ》しゃせぬ

〽霧《きり》が深《ふか》くて　三朝《みささ》が見《み》えぬ
⑥三朝湯前《みささゆまえ》は　霧《きり》の中《なか》

長ばやし

〽出雲《いずも》の神様《かみさま》　縁結《えんむす》び
寄《よ》らなきゃ　後《あと》から追《お》ってくよ
追《お》っつきゃその時《とき》ゃ　⑦掻《か》っちゃくよ

注①⬇解説。
②出雲大社（島根県出雲市大社町）参詣の。
③ほかの女にも思いを寄せること。
④恋谷橋《こいだにばし》のこと。三朝温泉の中心部を西流する三徳川に架かる。客と芸者の仲を取り持つ、の意。
⑤湯女《ゆな》のことらしい。
⑥恋谷橋の下流、三朝橋そばの川原にある露天風呂の前、ということらしい。
⑦引っ掻くよ。

鳥取県の、お座敷唄形式の新民謡。鳥取県の中央部、それも中国山地の山裾《やますそ》にある三朝温泉（東伯郡三朝町）の宴席で、芸者衆が湯治客相手に唄ってきたものである。

三朝温泉は、ラジウム含有量の多いことで知られる。伝説によると、一一六四年に、源義朝の家臣大久保左馬祐《さまのすけ》が、三徳山三仏寺《みとくさんさんぶつじ》への参詣の途中、白狼（妙見山の神の使い）を助けたために、妙見大《だい》菩薩《ぼさつ》が夢枕に立ち、温泉を発見したという。

唄の履歴　一九二五年、詩人の野口雨情《うじょう》と作曲家の中山晋平が、旅の途中で三朝温泉の岩崎旅館に立ち寄った。ところが、宿の主人が気づき、急《きゅう》遽《きょ》町の名士を集めて酒宴を設けた。その時に二人が即興で作って見せたのが『三朝小唄』であるといわれる。しかし、「三朝町誌」によると、事情は大分異なる。

一九二七年八月二一日から三日間、倉吉町（現倉吉市）で「夏季音楽大講習会」が行われた。講師は野口・中山や島田豊らで、その宿舎に岩崎旅館があてられた。野口は、それ以前に当時の三朝村長から作詞の依頼を受けていた。そして、同年七月に北海道の大雪山に遊んだ時、札幌師範学校で博物学を教えていた、倉吉出身の教師と出会い、三朝温泉の風物や情緒などについて詳しい知識を得たらしい。したがって、この歌詞は即興で作ったものではない。野口は中山に作曲を、島田に踊りの振り付けを頼み、講習会の期間中、会員に『三朝小唄』の指導を行った。

なお、東道人《ひがしみちひと》は、当時の「鳥取新報」と「因伯時報」の記事を引いて、倉吉で野口らが『三朝小唄』の歌唱指導を行ったのは、八月六日夜のことだと指摘している（「野口雨情 詩と民謡の旅」）。

その『三朝小唄』、一九二七年八月にコロムビアレコードでレコード化された。唄は藤本二三吉《ふみきち》であった。また、三〇年には浜田家梅吉が吹き込んでいる。これが、地元芸者の最初のレコードであろう。

なお、一九二九年六月に映画「三朝小唄」（マキノプロ制作）が公開された。これは無声映画なので、唄い手が銀幕の後ろか脇に立って、弁士の説明の間にこの唄を唄ったのであろう。

節まわしの型　今日広く唄われている節まわしは、東京の鶯芸者、勝太郎・市丸・喜久丸らのものである。

補足　前掲一首目の歌詞を刻んだ石碑が、三朝川に架かる三朝橋の下流に建っている。字は野口自身の筆によるものである。

ヤーハトナ

〽アァちょいとやりましょうか
（アラ　ドッコイセー）
アァちょいとやりますナア　わたしがやろうか
（アーラ　ヤーハトナァ　ヤーハートナー）
アァわたしがやろうか
（アラ　ドッコイセー）
アァわたしがやるのでナア　合《あ》わぬかしらぬ
〔踊り手〕アーラ　ヤーハトナァ　ヤーハートナー
①アァ合《あ》わぬかしらぬ
（アラ　ドッコイセー）
アァ合《あ》わぬところはナア　はやしで頼《たの》む
〔踊り手〕アーラ　ヤーハトナァ　ヤーハートナー
☆〔以下、この方式で唄っていく〕

②はやしで頼《たの》む
はやしなければ　③口説《くど》かれませせぬ
口説《くど》かれませせぬ
哀《あわ》れなるかや　④石童丸《いしどうまる》は⑤
父《ちち》を尋《たず》ねて　⑥高野《こうや》に上《あ》がる
母《はは》は麓《ふもと》の　玉屋《たまや》が茶屋《ちゃや》に
預《あず》けおいたは　⑦いとわしないか
すぐに我《わ》が身《み》は　⑧お山《やま》へ登《のぼ》る
登《のぼ》りつめたが　高野《こうや》の山《やま》の
⑨九万九千《くまんくせん》の　御寺々《おんてらでら》を
尋《たず》ねまわれど　行方《ゆくえ》が知《し》れず
少《すこ》し下《くだ》りて　⑩無明《むみょう》の橋《はし》に
橋《はし》の欄干《らんかん》に　腰《こし》うち掛《か》けて

あちらこちらと　見《み》まわすうちに
ついに名知《なし》れぬ　和尚《おしょう》が一人《ひとり》
右《みぎ》の御手《おんて》に　お数珠《じゅず》をさげて
左《ひだりおんて》御手に　花籠《はなかご》さげて
双方互《そうほうたが》いに　つい出会《であ》いして
親《おや》は子知《こし》らず　子《こ》は親知《おやし》らず
親《おや》と子《こ》の縁《えん》　切《き》れぬが不思議《ふしぎ》
そこで石童《いしどう》　申《もう》さるよには
もうしお山《やま》に　⑪今道心《いまどうしん》が
もうしお山《やま》に　ましますならば
教《おし》えたまえや　お頼《たの》み申《もう》す
そこで和尚《おしょう》の　言《い》わるるのには

そんな尋《たず》ねで　わかりはすまい
なんのそれがし　何左衛門《なにざえもん》と
書《か》いて⑫高札《こうさつ》　立《た》ておくならば
五日七日《いつかなのか》や　十日《とおか》の間《あいだ》
逢《あ》おうと思《おも》えば　添《そ》え書《が》きいたそ
そこで石童《いしどう》が　さぞ喜《よろこ》んで
書《か》いておくれや　お頼《たの》み申《もう》す
そこで和尚《おしょう》が　言《い》わるるのには
ここは無明《むみょう》の　橋中《はしなか》なれば
硯《すずりすみ》墨なし　筆紙《ふでかみも》持たぬ
⑬萱《かや》の堂《どう》まで　下《さ》がれや⑭稚児《ちご》よ
そこで石童《いしどう》　さぞ喜《よろこ》んで
萱《かや》の堂《どう》まで　連《つ》れこしなされ
急《いそ》ぎ急《いそ》いで　堂《どう》まで下《さ》がる
春《はる》は三月《さんがつ》　花見《はなみ》の頃《ころ》に
あまた和尚《おしょう》が　寄《よ》り集《あつ》まって
花《はな》の⑮御会《おんえ》を　なされる時《とき》に
父《ちち》の持《も》ったる　盃中《さかずきなか》に
花《はな》の蕾《つぼみ》が　一輪《いちりん》落《お》ちて

きらりきらりと　三《み》まわりまわる
そこで和尚《おしょう》が　不思議《ふしぎ》に思《おも》う
書《か》いてやるけに　名乗《なの》れや稚児《ちご》よ
国《くに》はいずこで　名《な》はなんと言《い》う
そこで石童《いしどう》　申《もう》さることに
国《くに》を申《もう》せば　恥《は》ずかしながら

国《くに》を申《もう》せば　⑯筑紫《つくし》の国《くに》の
加藤左衛門《かとうさえもん》　繁氏公《しげうじこう》よ
父《ちち》の御年《おんとし》　二十《にじゅう》と一《いち》で
母《はは》の御年《おんとし》　十九《じゅうく》の時《とき》に
姉《あね》の千代鶴《ちよづる》　たったの三《みっ》つ
わしは胎内《たいない》　七月半《ななつきなか》ば
見捨《みす》ておかれた　⑰嬰児《みどりご》なれど
今《いま》は成人《せいじん》　名《な》は石童丸《いしどうまる》
聞《き》いて和尚《おしょう》は　涙《なみだ》にくれて
そうもあるかや　ある人様《ひとさま》は
いつの頃《ころ》やら　⑱菩提《ぼだい》となりて
ついに世知《よし》れぬ　無縁《むえん》の墓《はか》を
教《おし》えたまいて　拝《おが》みしたまう

注①「アァわたしがやろうか」以下の節とはやし詞で唄っていく。
②以下、はやし詞を省略。
③長い物語を語っていくことはできない。
④伝説上の人物。出家した父苅萱道心に会おうと高野山に登るが、父は修行中のため名乗らない。母と死別したのち、子は父の弟子となって仏道に入る。
⑤以下、繰り返しを省略。
⑥和歌山県北東部にある山地で、海抜千《メートル》前後。真言宗総本山の金剛峯寺《こんごうぶじ》と、多くの寺院・僧房・宿坊がある。
⑦いやだと思わないか。高野山は女人禁制だったので、母は登れない。
⑧高野山。
⑨沢山、の意。
⑩弘法大師御廟の南にある橋。御廟橋・迷悟橋と

も。「無明」は仏教語で、真実を知らないこと、真理に暗いこと。
⑪仏道に入ったばかりの人。
⑫立て札。
⑬苅萱堂。父が住んでいる僧房。
⑭子供。
⑮仏教の集会。
⑯筑前・筑後の国。現福岡県全域。
⑰赤ん坊。
⑱極楽往生して。死んで。

鳥取県の盆踊り唄。鳥取県の北西端、それも日本海の美保《みほ》湾に面した米子《よなご》市大崎の人たちが、お盆に唄い踊ってきたものである。

別名　出雲音頭《いずもおんど》（ただし、⬇後記）。

唄の履歴　この唄の源流は、中国地方一円に広く分布している、長編の「盆踊り口説《くどき》」である。それは、七七調の句を一単位とし、しかも、あとの七を繰り返して唄っていく唄で、はやし詞から『ヤーハトナ』と呼ばれる。今日でも、鳥取・島根・岡山・広島・山口五県の中国山地地方を中心として広く唄われている。

現在全国的に知られている『ヤーハトナ』は、初代黒田幸子《さちこ》が故郷大崎で母親から習い覚えた盆踊り唄で、一九五八年にキングレコードに吹き込んだ。ところが、『ヤーハトナ』という曲名では販売しにくいため、黒田が出雲の国の『安来節《やすぎぶし》』（五七九ページ）の唄い手という印象が強いところから、「出雲音頭」の名で発売された。

しかし、鳥取県米子市は出雲の国（島根県）ではなく、伯耆《ほうき》の国である。鳥取県の民謡を「出雲音頭」と呼ぶのは不自然なので、旧来の曲名『ヤーハトナ』へ戻すほうがよい。

節まわしの型　今日広く唄われている節まわしは、初代黒田幸子のものである。

島根県

出雲《いずも》追分《おいわけ》

〽①ヤサホヤサホで　今朝《けさ》出《で》た船《ふね》は
どこの港《みなと》に　アノ着《つ》くのやら
（〽唄い手」スイィ　スイ）

〽わたしゃ②出雲《いずも》の　船乗《ふなの》り稼業《かぎょう》
浮《う》いて世渡《よわた》る　波《なみ》の上《うえ》

〽鶴《つる》が③大社《たいしゃ》の　お山《やま》に舞《ま》えば
④稲佐浜辺《いなさはまべ》に　亀遊《かめあそ》ぶ

注①元は、美保《みほ》神社（松江市美保関町）の「諸手船神《もろたぶねしん》事《じ》」で舟を漕ぐときの掛け声。
②旧国名。現島根県北東部。
③出雲大社。出雲市大社町にある。祭神は大国《おおくにぬしの》主命《みこと》他。男女の縁結びの神。
④出雲大社の西方にある、白砂青松の浜。大社へ集まる神々は、ここから上陸するという。

島根県の仕事唄。島根県北東部にある宍道湖《しんじこ》の水上交通機関であった小舟の船頭たちが、艪《ろ》を押しながら唄ってきたものである。

唄の履歴　この唄の源流は、信州追分宿《おいわけじゅく》（長野県北佐久郡軽井沢町追分）の飯盛《めしも》り女たちが、酒席で旅人相手に唄っていたお座敷唄「追分節」である（⬇三八一ページ）。それが新潟港（新潟市）に伝えられて、伸ばして朗々と唄う「松前節」となり、新潟花柳界に入って、『越後追分』の「本唄」となった（⬇三九〇ページ）。

その「松前節」は、千石船の船乗りたちが舵《かじ》を取りながら唄うなどして、日本中へ広まっていった。そして、宍道湖にも伝えられて、湖上交通用の小舟の船頭たちが艪を押しながら唄った。それが『出雲追分』となった。（なお、隣りの鳥取県下には『舟追分』という唄があり、漁師たちによって唄われている。）

その『出雲追分』に目をつけたのが、『安来節《やすぎぶし》』の芸人、初代出雲愛之助（現雲南市加茂町出身、一八九八年生まれ）で、永年鍛えた声と技巧を用い、また、各節の中ほどに半円小節を加えて節まわしを整えた。愛之助は、寺の僧侶の読経からヒントを得たという。それに、信州へ巡業した時、昼の舞台を聞いていた客が、風呂屋の湯船で、あの唄は少しもの足りないと言って、本人と知らずに唄ってみせたのを参考にして稽古し、翌日の舞台では前日の数倍の拍手をもらったという話が残っている。

こうしてできあがった節まわしの唄を、初代と二代の出雲愛之助が舞台で唄い広めた。

節まわしの型　今日広く唄われている節まわしは、初代出雲愛之助のものである。

石見《いわみ》船唄《ふなうた》

〽ハァードンドドンドとエー　波《なみ》①高島《たかしま》でヨー
ソレ　ホイィ
お②伊勢《いせ》呼《よ》ぶ声《こえ》　なつかしやヨー
トコホイィ　トノエー　ナノエー　ソレソレー

〽ドンドドンドと　鳴《な》る③瀬《せ》がござる
あれは網曳《あび》きの　④寄《よ》せ太鼓《だいこ》

〽ドンドドンドと　打《う》ち込《こ》む波《なみ》に
可愛《かわ》いや乙女《おとめ》が　網《あみ》を曳《ひ》く

〽ドンドドンドと　艪櫂《ろかい》の音《おと》は
⑤石見男《いわみおとこ》の　腕試《うでだめ》し
〽ドンドドンドと　錨《いかり》に綱《つな》に
情《じょう》(錠)をかけたや　今一度《いまいちど》

注①益田市の北端にある土田町の北西方約一〇キロの海上に浮かぶ島。周囲約三・三キロ。現在は無人島。「高い」を掛ける。
②現土田町から高島へ嫁いだ女の名。故郷恋しさに、島のまわりを泳いで七周できるようになってから土田目ざして泳ぎだしたが、溺死したという。
③潮の流れの速い所。
④地曳き網の曳き手を集めるために鳴らす太鼓。
⑤旧国名。現島根県南西部。

島根県のお座敷唄。島根県の北西端、益田川と高津川が日本海へ注ぐ河口にある益田港（益田市）の花柳界の宴席で、芸者衆が船乗り相手に唄ってきたものである。

唄の履歴　この唄の源流は、明治時代に瀬戸内海一円で大流行した、「トコハイ節」とか「ヨー節」と呼ばれる唄（岡山県の『下津井節』と同系統）である。それが、千石船の船乗りたちによって日本中の港へ持ちまわられ、益田港にも伝えられた。

新民謡運動華やかな一九二九年五月、益田の石田鷺十《ろじゅう》が、漁師からこの唄を聞いて歌詞を整理し、伴奏の三味線の手は岩国屋のおばあさん（芸者置屋の女将）が復元した。そして、益田芸者の益若・吉三・浅香の三人にパーロフォンレコードに吹き込ませた。

したがって、この唄は艪《ろ》を漕《こ》ぐ時の「舟唄」ではなく、船乗りが、「船方節」と同様に、酒席で唄ってきた唄である。

その『石見船唄』、太平洋戦争後にNHKラジオの「民謡を訪ねて」で地元の人たちが放送した。それを、『安来節《やすぎぶし》』の唄い手初代黒田幸子《さちこ》（鳥取県米子市出身）が聞いて覚え、以来、一人で唄い広めてきた。

節まわしの型　今日広く唄われている節まわしは、初代黒田幸子のものである。

補足　黒田は、ラジオ放送で覚えたため、前掲一首目の「お伊勢」を「オーイと」と誤唱している。

隠岐《おき》祝《いわ》い音頭《おんど》

〽今日《きょう》はナァー可愛《かわ》いナー　我《わ》が子《こ》の門出《かどで》ア
リャナァ　ソコナー
酒《さけ》を注《つ》ぐ手《て》もナァー　ヤンンサー震《ふる》えがち
〔祝い座敷の同席者〕
マダマダァ　ヤートコセーノ　ヨーイヤナ
ー　アリャナァ　コレワイナー　隠岐《おき》イ
ナンンデモセェー
〽嫁御来《よめごき》たかと　笑顔《えがお》で迎《むか》え
この家《や》①若代《わかよ》に　まかせたい
〽踊《おど》れ唄《うた》えや　隠岐《おき》祝《いわ》い唄《うた》
今日《きょう》は目出度《めでた》い　この座敷《ざしき》
〔以上三首、近藤武作〕
〽届《とど》け届《とど》けよ　末《すえ》まで届《とど》け
末《すえ》は鶴亀《つるかめ》　②五葉《ごよ》の松《まつ》
〽③伊勢《いせ》へ七度《ななたび》　④熊野《くまの》へ三度《さんど》
⑤愛宕《あたご》さんには　月参《つきまい》り
〽お伊勢参《いせまい》りに　この子《こ》ができて
⑥この子伊勢丸《こいせまる》　お伊勢丸《いせまる》

注①若い人。若主人。
②五葉松。マツ科の常緑高木。山地に自生。高さ三〇メートルになるが、庭木や盆栽にする。針形の葉が五本ずつ小枝に密に束生し、夫婦と三人の子にたとえて一家繁栄の象徴とされる。
③伊勢神宮。三重県伊勢市にある。
④熊野三山。熊野本宮大社（和歌山県田辺市本宮町）・熊野速玉大社（新宮市）・熊野那智大社（東牟婁郡那智勝浦町）の三社。
⑤愛宕神社。京都市の北西端にある愛宕神社を総本社とする、各地の末社。隠岐島では、西郷港出入り口西方の愛宕山上にある。
⑥この子の名は。

島根県の祝い唄。島根県も日本海上に浮かぶ隠岐島《おきのしま》（隠岐郡）の人たちが、祝いの席で唄ってきたものである。

隠岐島の祝いの席では、祝い唄は『ヨイヨイ』で始め、『隠岐追分』『どっさり節』『隠岐祝い音頭』の順に唄い、余興に入って『キンニャモニャ』その他の唄を唄う。そして、お開きの時に再び『ヨイヨイ』を唄うことになっている。この順序は、島に唄が入ってきた順序ではないかと思われる。そのため、伊勢神宮と関係の深い『伊勢音頭』が隠岐化した『隠岐祝い音頭』は、祝い唄の格としては高くても、唄う順序は四番目になっているのであろう。

なお、隠岐島本来の祝い唄は『ヨイヨイ』だけで、他は、島に伝えられた最新流行の唄を祝いの席で披露するうちに祝い唄扱いされるようになったもののようである。

唄の履歴　この唄の源流は、伊勢神宮（三重県伊勢市）の遷宮祭《せんぐうさい》のために、氏子が社殿建て替え用の建築材を曳《ひ》いて運ぶ折りの「お木曳き木遣《きや》り」のうちの『ヤートコセー』（通称『伊勢音頭』）である。遷宮祭は、二〇年に一度ずつ行われてきた。

その唄を、伊勢神宮参詣者が伊勢土産として唄ったため、また、願人坊主が伊勢神宮のお札を売り歩きながら唄ったため、日本中へ広まった。隠岐島の場合は、「御祈禱《ごきとう》じゃ　御祈禱じゃ」というはやし詞がついていたので、願人坊主の唄が定着したのであろう。

ところで、民謡ブームの絶頂期であった一九六五年に、西郷町（現隠岐の島町内）の民謡家近藤武が、島前《どうぜん》に伝わる『伊勢音頭』のはやし詞「伊勢ナンデモセー」を「隠岐ナンデモセー」とし、曲名も『隠岐祝い音頭』と改めた。

一九六九年五月七日、東京在住の民謡家三島三秀（北海道生まれ）が隠岐島を旅行で訪れ、近藤武からこの唄を聞いた。そして、翌年一〇月にコロムビアレコードに吹き込んだ。元唄は、日本人ならだれでも知っている『伊勢音頭』であり、しかも隠岐島風に仕立てられて、人恋しい感じと哀調があって人気を集め、その後、流行し始めた。

隠岐島の人が初めてレコード（コロムビア）に吹き込んだのは一九七〇年三月一三日で、古賀速水の唄、近藤武の三味線伴奏によるものであった。近藤の話によると、その伴奏は、隠岐島を代表する三味線奏者森朝子の手を借用したものであるという。

節まわしの型　今日広く唄われている節まわしは、三島三秀のものである。

隠《お》岐《き》追《おい》分《わけ》

定　型

〽沖《おき》じゃアァ寒《さむ》かろ　着《き》て行《ゆ》かしゃんせヨー
（キタサイ　コラサイ）
わしのアァ部屋着《へやぎ》の　この①小袖《こそで》

長ばやし〔はやし手〕
〽十日《とおか》も二十日《はつか》も　②時化《しけ》込めどっさり

定　型

〽情《なさ》け懸《か》け橋《はし》　手《て》に手《て》を取《と》りて
渡《わた》りゃ世《よ》の中《なか》　真《ま》ん丸《まる》に

〽飲《の》めよ騒《さわ》げよ　③上下戸《じょうげこ》なしに
うれし目出度《めでた》の　酒《さけ》じゃもの

〽着《つ》けておくれよ　④上《のぼ》りの節《せつ》は
港《みなと》入《はい》らにゃ　⑤口《くち》までも

〽⑥隠岐《おき》の名物《めいぶつ》　⑦どっさり積《つ》んで
唄《うた》を流《なが》して　船《ふね》は行《ゆ》く

〽今宵《こよい》一夜《いちや》は　⑧浦島太郎《うらしまたろう》
明《あ》けて(開けて)悔《くや》しや　⑨玉手箱《たまてばこ》

〽⑩千代《ちよ》に⑪さざれ石《いし》　巌《いわお》となりて
苔《こけ》のむすまで　君《きみ》の代《よ》は

〽風《かぜ》が出《で》たのか　雨戸《あまど》が騒《さわ》ぐ
沖《おき》の主《ぬし》さん　気《き》にかかる

〽一人待《ひとりま》つ身《み》の　淋《さび》しい想《おも》い
主《ぬし》は今宵《こよい》も　沖《おき》泊《ど》まり

〔以上二首、近藤武作〕

〽酒《さけ》も飲《の》まぬに　酒屋《さかや》の角《かど》で
足《あし》がもつれて　恥《は》ずかしや

〽海士⑫《あま》の追分⑬《おいわけ》　珍崎⑭《ちんざき》焼香場⑮《しょこば》
知夫里⑯《ちぶり》どっさり⑰　ならば来《こ》い

五字冠り

〽元弘⑱《げんこう》の
昔《むかし》偲《しの》ぶか　黒木⑲《くろき》の御所《ごしょ》に
波《なみ》が寄《よ》せます　ざわざわと　〔横山弥四郎作〕

〽元日《がんじつ》や
松《まつ》の間《あい》から　夜《よ》はほのぼのと
笑《わら》い顔《がお》する　福⑳《ふく》の神《かみ》

長ばやし

〽座頭㉑《ざとう》に花《はな》やれ　椿㉒《つばき》の花《はな》でも

注①袖が小さく、袖下が丸い着物。男女の普段着であった。
②海上の風雨が激しいので、船を港へ入れる。転じて、遊廓や料理屋へ、人に隠れて入り込め。
③上戸も下戸も。酒を沢山飲む人も、飲めない人も。
④船が上方方面へ向かうこと。
⑤港の入り口。
⑥⬇解説。
⑦沢山の意と、『どっさり節』を掛ける。
⑧伝説上の人物。丹後の国の漁師。助けた亀の案内で、海底の竜宮城へ行き、三年（人間界の三百年）を過ごした。
⑨浦島太郎が故郷へ帰る時に乙姫からもらった、美しい小箱。開けてはいけないと言われたのに開けたら白煙が出て、浦島はたちまち白髪の老人になった。
⑩千年。また、長い年月。
⑪小さな石。
⑫現海士町。隠岐島の中ノ島にある。
⑬隠岐追分。
⑭西ノ島の南西部の地名。
⑮『焼香場のお井戸』（五七六ページ）。
⑯知夫里島。
⑰どっさり節。伝説では、知夫里島のお松が唄い始めたという（五七八ページ注㉓）。
⑱元弘（年号）の変のこと。後醍醐《ごだいご》天皇が鎌倉幕府の打倒を企てたが発覚し、一三三二年に隠岐島へ流された。
⑲皮のついたままの木で造った、粗末な、天皇の仮の住ま居。西ノ島の東部にあった、後醍醐天皇の行在所。
⑳人に幸せや利益をもたらす神。七福神など。
㉑男の盲人。
㉒椿の花は、首のところから落ちるので縁起が悪い。それを盲人に持たせてやれというのは差別的だとして、今は「娘に花やれ」と替えている。

島根県の祝い唄。島根県も日本海上に浮かぶ隠《お》岐島《きのしま》（隠岐郡）の人たちが、祝いの席で唄ってきたものである。

唄の履歴　この唄の源流は、信州追分宿《おいわけじゅく》（長野県北佐久郡軽井沢町追分）の飯盛《めしも》り女たちが、酒席で旅人相手に唄っていたお座敷唄「追分節」である（⬇三八一ページ）。それが、瞽女《ごぜ》・座頭・旅人の移動や、遊女の鞍替《くらが》えなどによって、流行《はや》り唄として日本中へ広まった。隠岐島へは、海路、帆船の船乗りたちによって伝えられたのであろう。

その『隠岐追分』、隠岐島では「イタヤマ追分」と呼んでいたことがあるという。「イタヤマ」は「北山」の訛りで、佐渡島《さどがしま》の金北山（一一七二メートル）のことであるから、「〽北山時雨《しぐ》れて　越後は雪よ…」などの歌詞があったのであろう。また、定型の「七七七五調」のほかに、頭に五音をのせた「五・七七七五調」（五字冠り）があるので、新潟の瞽女の手を経た唄が隠岐島へ伝えられたのであろう。その唄に、船乗り相手の酒席に出る、隠岐島の酌婦《しゃくふ》たちが三味線の手をつけ直した。そのため、他所の「追分節」とは全く異なる唄になっている。

なお、日本各地の「追分節」は、二種類に分けることができる（⬇三八二ページ）。

節まわしの型　今日広く唄われている節まわしは、隠岐島島後《どうご》の福浦くに子のものである。

隠岐相撲取《おきすもうと》り節《ぶし》

上の句

〽ハァー　派手《はで》なマター商売《しょうばい》　相撲取《すもうと》りさん
はヨー

口説《くどき》

髪《かみ》は大銀杏①《おおいちょう》の　折《お》り髷《まげ》よ
着物《きもの》はどてら②の　碁盤縞③《ごばんじま》
（アァ　ヨイショ）
足④《あし》に白足袋《しろたび》　下駄《げた》はいて
蝙蝠傘《こうもりがさ》をば　杖《つえ》につき
のっしのっしと　やって来《く》る

これこれ相撲取《すもうと》り　どちら行《ゆ》く
これから西《にし》の　相撲《すもう》に行《ゆ》く
一日《いちにち》ぎりかと　問《と》うたなら
⑤晴天三日《せいてんみっか》の　相撲《すもう》がある
初《はつ》の一日《いちにち》や　土俵《どひょう》入《い》りで
⑥梅鉢御紋《うめばちごもん》の　⑦化粧《けしょ》まわし
⑧糅《か》てて⑨元結《もっとい》の　品《ひん》のよさ
いかなる女子《おなご》も　迷《まよ》てくる

下の句

わたしもなりたや　ストトコ　ドスコイー
相撲取《すもうと》りさんにヨー
（アァ　ドスコイ　ドスコイ）

長ばやし〔唄い手か、はやし手〕

〽⑩大山《だいせん》お山《やま》の　山椒《さんしょ》の木《き》イ
久《ひさ》しぶりだと　抱《だ》きついてみたらア
痛《いた》かったア　痛《いた》かった
（アァ　ドスコイ　ドスコイ）

〽昨夜《ゆうべ》夢《ゆめ》見《み》た　目出度《めでた》い夢《ゆめ》を
ここの後《うし》ろの　⑪水神《すいじん》に
船《ふね》が三艘《さんぞう》　走《はし》り込《こ》む
先来《さきく》る船《ふね》の　積《つ》み物《もの》は
⑫綾《あや》や⑬錦《にしき》を　積《つ》んできた
中来《なかく》る船《ふね》の　積《つ》み物《もの》は
米《こめ》の千俵《せんびょ》も　積《つ》んできた
後来《あとく》る船《ふね》の　積《つ》み物《もの》は
金《かね》の万両《まんりょ》も　積《つ》んできた
⑭金毘羅《こんぴら》さんの　導《みちび》きで
⑮大黒《だいこく》さんの　船方《ふなかた》で
お⑯恵比須《えびす》さんの　船頭《せんどう》で
⑰エンヤラヤーと　走《はし》り込《こ》む

〽ちょいとランプの　⑱口説《くぜつ》を聞《き》けば
最初《さいしょ》⑲火屋奴《ほやめ》が　言《い》うことにゃ
火屋《ほや》のおかげで　火《ひ》が⑳とぼる
四方八方《しほうはっぽう》　明《あ》かくなる
風《かぜ》が吹《ふ》いても　どうもない
そこで油《あぶら》が　言《い》うことにゃ
火屋《ほや》のおかげで　とぼりゃせぬ
油《あぶら》があるから　火《ひ》がとぼる
火屋《ほや》と油《あぶら》の　競《せ》り合《あ》いに
中《なか》から㉑芯奴《しんめ》が　走《はし》り出《で》て
どれもどなたも　黙《だま》りゃんせ
わたしの言《い》うこと　聞《き》きなんせ
火屋《ほや》のおかげで　とぼりゃせぬ
油《あぶら》のおかげで　とぼりゃせぬ
芯《しん》があるから　火《ひ》がとぼる
言《い》えば火屋奴《ほやめ》が　聞《き》き入《い》れぬ
そこで芯奴《しんめ》も　腹《はら》を立《た》て
あとへあとへと　引《ひ》っ込《こ》めば
そすりゃランプの　火《ひ》が消《き》える
芯《しん》がなければ　〔なんでもかんでも〕　とぼりゃせぬ

注①十両以上の相撲取りの髪型。髷の先を、銀杏の葉の形に大きく広げて結うもの。
②厚い綿入りの、袖口の広い着物。
③碁盤の線のような、縦と横の縞が同じ太さの模様の布。
④以下、同じ節とはやし詞を繰り返す。
⑤雨以外の日だけ、三日間興行の。
⑥梅の五弁花を五つの円で、中央の花芯を小円と太鼓の撥《ばち》の形で表した図柄。
⑦相撲取りが土俵入りの時につける、美しいまわし。
⑧「糅てて加えて」の略。その上。
⑨「もとゆい」の転。頭の上に集めた髪の毛を束ねる糸やひも。
⑩鳥取県の西部にそびえる山（一七二九メートル）。中国地方の最高峰。
⑪水の神様。
⑫交差させた縦糸または横糸の浮きが布面に斜線となって表れた、美しい絹織物。
⑬金銀糸や色糸を縦横に交差させて美しい模様を織り出した、厚手の絹織物。
⑭金毘羅大権現。海上の守護神。
⑮七福神の一。福徳・財宝・食物などの神。右手に打ち出の小槌《こづち》を持ち、左肩に大きな袋をかつぎ、米俵二俵の上に立つ。
⑯七福神の一。福徳・漁・商売繁昌などの神。右手に釣り竿を持ち、左手で鯛を抱える。
⑰元は、長崎県平戸島の『エンヤラヤ』のはやし詞。➡六四八ページ。
⑱言い争い。
⑲石油ランプの、火をおおう円筒。ガラス製。
⑳ともる。

㉑灯芯。石油をしみ込ませて火をつける、糸状の部分。

島根県のお座敷唄。島根県も日本海上に浮かぶ隠岐島《おきのしま》（隠岐郡）の港町の宴席で、船乗り相手の女たちが唄ってきたものである。

唄の履歴　この唄の源流は、江戸時代末期から明治時代初期に日本中の花柳界で大流行した「本調子甚句《じんく》」である。それを、花柳界と縁の深い相撲界の人たちが酒席で覚え、花相撲や地方巡業の折りに、土俵を囲んで唄うようになり、「相撲甚句」と呼ばれた。その「相撲甚句」、西日本地方では「相撲取り節」と呼ぶ所が多い。

その唄が隠岐島にも伝えられ、郷土色の濃い節になった。しかし、前掲一首目の歌詞中の「〽蝙《こう》蝠傘《もりがさ》をば杖につき…」がイギリス紳士を連想させるように、明治時代末期から大正時代にかけての新しい唄なのかもしれない。

節まわしの型　今日広く唄われている節まわしは、隠岐島島後《どうご》の福浦くに子のものである。

キンニャモニャ

〽①きよが機織《はたお》りゃキンニャモニャァ　②綜竹《あぜだけ》へ③
竹《だけ》
④殿《との》に来《こ》いとのキンニャモニャァ　⑤まねき竹《だけ》
キクラガ　チャカポン　持《も》ておいでー
（キン　ニャモ　ニャァ）

〽渾名《あだな》つけられ　⑥松太郎爺《まつたろじい》さんは
腹《はら》も立《た》てずに　働《はたら》き者《もの》よ

〽青《あお》い松葉《まつば》の　心底見《しんていみ》やれ
枯《か》れて落《お》ちても　⑦二葉連《ふたばづ》れ

〽丸《まる》い卵《たまご》も　切《き》りよで四角《しかく》
ものも言《い》いよで　角《かど》が立《た》つ

〽うれし目出度《めでた》の　若松様《わかまつさま》よ
枝《えだ》も栄《さか》えて　葉《は》も繁《しげ》る

〽届《とど》け届《とど》けよ　末《すえ》まで届《とど》け
末《すえ》は鶴亀《つるかめ》　⑧五葉《ごよ》の松《まつ》

〽花《はな》は二度咲《にどさ》く　若《わか》さは一度《いちど》
若《わか》さ恋《こい》しや　二度《にど》はない

注①隠岐中ノ島の海士《あま》町菱浦にいた女。恋人が死んだためにこの唄を唄い始めたという。しかし、「きよが…」の本来の歌詞は「器用な機織りゃ」であろう。

②縦糸を上下に開いた時、縦糸が乱れないようにするための棒。綾竹。

③舟形で、女性性器の形に似ているための称。杼《ひ》のこと。上下に開いた縦糸の間へ横糸を通すための器具。

④「松（松太郎）に来い」「殿に添え」とも。

⑤足で踏んで縦糸を上下させるための棒。縦糸を通した二つの器具に、縄で結びつけたもの。「招き」を掛ける。

⑥きよの恋人。渾名が「キンニャモニャ」だったというが、しかし、松太郎はこの唄が上手だったというだけのことであろう。

⑦「二人連れ」とも。

⑧五葉松。マツ科の常緑高木。山地に自生。高さ三〇《メートル》になるが、庭木や盆栽にする。針形の葉が五本ずつ小枝に密に束生し、夫婦と三人の子にたとえて一家繁栄の象徴とされる。

島根県の酒盛り唄。島根県も日本海上に浮かぶ隠岐島《おきのしま》（隠岐郡）の人たちが、酒席で唄い踊ってきたものである。

唄の履歴　この唄の源流は不明である。しかし、似た曲名の唄は長野県長谷《はせ》村（現伊那市内）に『キンニョンニョ』（酒盛り唄）、愛媛県新宮《しんぐう》村（現四国中央市内）に『キンギョクノ』（田の草取り唄）、熊本県熊本市の花柳界に『キンニョムニョ』（お座敷唄）などがある。これらのはやし詞部分を比較してみると、

キクラカ　チャカホン　またおいで（長野）
キクラカ　チャカホカ　チョイト来なえ（愛媛）
キクラカ　チャカポコ　チョイト来なよ（熊本）
キクラガ　チャカポン　持て来いよ〔持ておいで〕（島根）

で、こうしたはやし詞を持つ流行《はや》り唄が、西日本地方一円に広まったことだけは確かである。

この奇妙な曲名『キンニャモニャ』の意味も不明であるが、熊本市の方言に「〇〇〇ムニャ」という言葉がある。「だらしない奴《やつ》」という意味で、もしこの種の言葉だとすると、「キンニョ＋ムニャ」ということになる。この唄の流行期は、江戸時代末期から明治時代初期にかけての、「勤皇《きんのう》」「佐幕《さばく》」の抗争の頃なので、「勤皇の志士」をからかった「勤皇ムニャ」が訛《なま》って、「キンノムニャ」→「キンニャモニャ」となったのではないかと思われる。

さて、隠岐島の『キンニャモニャ』の踊りには、煙草《たばこ》の長ギセルを手に持ち、山高帽をかぶり、洋服を後ろ前に着、パッチ（股引き）をはいて踊るものと、鍋のふたを両手に持って踊る、即興的なものがあった。このパッチは、オランダ人のズボン姿のようであり、洋服の後ろ前は、金モールの洋服を着た姿かと思われる。そして、鍋のふたは楽器のシンバルであろうか。

それは、長崎あたりで異国人の金モール姿の鼓笛隊を見た人が、踊りに取り入れたものであろう。そして、この唄は、江戸時代末期から明治時代初期に、船乗りたちによって隠岐島に伝えられたのであろう。

節まわしの型　今日広く唄われている節まわしは、隠岐島の銭谷さだ子のものらしい。

補足　今日の踊りは、鍋のふたではなく、しゃもじになっている。これは、一九六七年八月に西《さい》郷《ごう》小学校の体育館でNHKテレビの番組「ふるさとの歌まつり」を収録した時に、隠岐郡海士《あま》町の人たちがしゃもじに替えたものである。

しげさ節《ぶし》

〽隠岐《おき》①は絵《え》の島《しま》　花《はな》の島《しま》
磯《いそ》にゃ　波《なみ》の花咲《はなさ》く
里《さと》にゃ人情《にんじょ》の　花《はな》が咲《さ》く
（アァ　ヤッショメ　ヤッショメ）

〔安部　勝作〕

〽しげさんしげさんと②　皆《みな》が呼《よ》ぶ
しげさん　しげさんは五箇《ごか》の荘《しょう》③
山里《やまざと》越《こ》えて　逢《あ》いに行《ゆ》く

〽しげさしげさと　声《こえ》がする
しげさ　しげさの御開帳《ごかいちょう》④
山坂《やまさか》越《こ》えても　参《まい》⑤りたや

〽旅《たび》の情《なさ》けに　ほだされて
島《しま》に　泊《と》まりを重《かさ》ねりゃ
いつしか覚《おぼ》える　しげさ節《ぶし》

〔安部　勝作〕

〽忘《わす》れしゃんすな　西郷《さいごう》⑥の港《みなと》
港《みなと》の　火影《ほかげ》⑦が
主《ぬし》さん恋《こい》しと　泣《な》いている⑧

〽忘《わす》れしゃんすな　隠岐島《おきのしま》
島《しま》の　しげさの踊《おど》りに
牛突《うしつ》⑨きどっさり⑩　島娘《しまむすめ》

〽にっこり笑《わろ》うて　送《おく》り出《だ》し
消《き》ゆる　後《うし》ろ姿《すがた》に
思《おも》わず泣《な》き伏《ふ》す　乱《みだ》れ髪《がみ》

〽愛宕颪《あたごおろし》⑪の　吹《ふ》く夜《よ》さは
恋《こい》⑫し　様《さま》⑬の帰《かえ》りを
浜辺《はまべ》に出《で》て見《み》る　二度三度《にどさんど》

〽障子一重《しょうじひとえ》に　主《ぬし》さんの
恋《こい》し　お声《こえ》はすれども
行《い》ってよいやら　悪《わる》いやら

〽内証内証《ないしょないしょ》で　したことが
いつか　内証内証《ないしょないしょ》で
誰《たれ》にも知《し》れてる　内証《ないしょ》ごと

〽鳥《とり》はちょいと来《き》て　ちょと留《と》まる
主《ぬし》は　焦《こ》がれて待《ま》つのに
たまにちょいと来《き》て　泊《と》まりゃせぬ

〔以上七首、吉田竜男作〕

〽蝶《ちょう》や蜻蛉《とんぼ》や　螽蟖《きりぎりす》

島根県

お山《やま》　お山《やま》で鳴《な》くのは
鈴虫松虫《すずむしまつむし》　轡虫《くつわむし》

〽昨夜夢見《ゆうべゆめみ》た　目出度《めでた》い夢《ゆめ》を
白髪《しらが》　白髪《しらが》の鼠《ねずみ》が
黄金《こがね》の⑭お山《やま》を　曳《ひ》くを見《み》た

〽昨夜来《ゆうべき》たのは　猫《ねこ》じゃと言《い》わしゃたが
猫《ねこ》が　下駄《げた》はいて傘差《かささ》して
⑮筑前絞《ちくぜんしぼ》りに　⑯縮緬《ちりめん》しごきで　来《く》るものか

〽⑰精進《しょうじん》だよ精進《しょうじん》だよ　なにが精進《しょうじん》だ
今朝《けさ》も　⑱托鉢戻《たくはつもど》りに
鮑《あわび》に酢貝《すがい》食《く》うて　これでも精進《しょうじん》か

〽寝顔眺《ねがおなが》めて　一雫《ひとしずく》
こうも　いとしいお方《かた》に
どうして妻子《つまこ》が　あるのやら

〽橋《はし》の向《む》こうで　ちょいと出逢《でお》うて
話《はな》せ　話《はな》せよ話《はな》せよ
心《こころ》にあること　みな話《はな》せ

〽名残《なご》り尽《つ》きぬに　ドラが鳴《な》る
今宵《こよい》　西郷港《さいごうみなと》は
小雨《こさめ》も降《ふ》らぬに　袖絞《そでしぼ》る

〽忍《しの》び逢《お》う瀬《せ》も　今日限《きょうかぎ》り
明日《あす》は　明日《あす》は出船《でふね》よ
いつまたこうして　逢《あ》えるやら

注①➡解説。
②「出家《しゅっけ》さん」が、「しゅげさん」「しげさん」「しげさ」となったもの。
③島後《どうご》の五箇《ごか》村（現隠岐の島町内）のこと。
④日常は一般の参拝者に公開しない仏像を、特定の日に公開すること。「五箇の荘」とも。
⑤「逢いに来る」とも。
⑥島後の西郷港（隠岐の島町内）。
⑦人家の灯。「帆影」ではない。「あかりが」とも。
⑧「待つ」とも。
⑨牛どうしに角突き合いをさせる、一種の闘牛。
⑩どっさり節。
⑪西郷港の出入り口の西方にある愛宕山（一九一メートル）から港へ吹きおろす風。
⑫「いとし」とも。
⑬あなた様。「主の」とも。
⑭山車《だし》のこと。
⑮筑前の国（福岡県北西部）で産出する絞り染めの着物。
⑯並幅の縮緬を、そのまま用いた帯。縮緬は、よりをかけない生糸と、よりの強い生糸を平織りにして縮めた絹布。布面に細かいしぼがある。
⑰肉や魚を食べず、心身を清らかにして仏道に励むこと。
⑱修業中の僧が、経文を称えながら各家の前に立ち、施しの食物や金銭を鉢に受けてまわること。

島根県のお座敷唄。島根県も日本海上に浮かぶ隠岐島《おきのしま》（隠岐郡）の芸者衆が、宴席で唄ってきたものである。

唄の履歴　この唄の源流は、一八二八年に江戸・京・大坂の三都で大流行した「ヤッショメ節」らしい。そして、当時よく唄われた歌詞は、前掲一二首目の「〽蝶や蜻蛉《とんぼ》や…」であったらしく、今日でも、大阪や四国の花柳界の老妓《ろうぎ》が覚えている。

そうした唄が新潟県下に伝えられると、前掲三首目の歌詞が生まれ、その唄い出しから「出家《しゅっけ》さん節」（訛って「しゅげさ節」）と呼ばれるようになった。また、同じ文句を三回繰り返すので「三回節」（現在は『三階節』の字をあてる）とも呼ばれた。その「しゅげさ節」が、海路、千石船の船乗りたちによって隠岐島に伝えられ、曲名も『しげさ節』となった。

さて、大正時代末期から始まった新民謡運動によって、各地で御当地ソング作りが流行した。隠岐島の当時の代表的民謡は『どっさり節』であったが、難しすぎて大衆的でなかったため、隠岐島でも、観光用の御当地ソングや、当時西郷町（現隠岐の島町内）に四〇人ほどいた芸者衆がお座敷で唄える唄が欲しかった。そこで、西郷町の有力者は『しげさ節』に注目した。しかし、歌詞が観光向きではないので、新しい歌詞の作成を朝日新聞社西郷支局の吉田竜男などに依頼した。そうして作られた歌詞が前掲のものである。（ただし、「〽鳥はちょいと来て…」「〽内証内証で…」は太平洋戦争後の作）

この新作の歌詞と、難しい繰り返しを省いたことと、日本海上の島というロマンによって、『しげさ節』は隠岐島を代表する唄になった。

その『しげさ節』、太平洋戦争後に、島後《どうご》の五箇《ごか》村《むら》（現隠岐の島町内）の唄い手福浦くに子と、森朝子の三味線によって今日の形に完成された。福浦は、隠岐訛りの濃い、しかし、リズム感のよい、天才的な唄い手であった。また、早くに隠岐島を出て鳥取市に移り住んだ吉田喜正《よしまさ》（西郷町塩口出身）が、病気で死を覚悟した頃に身につけた、戦前の唄い方を伝えていて、その無伴奏の唄は日本中の人たちに感銘を与えた。

節まわしの型　今日広く唄われている節まわしは、福浦くに子のものである。

関《せき》の五本松《ごほんまつ》

〽ハァー①関《せき》の五本松《ごほんまつ》（アァ　ドッコイショ）
一本《いっぽん》伐《き》りゃ四本《しほん》
あとは伐《き》られぬ　夫婦松《めおとまつ》　ショコォ　ショ
コホイノー　松《まつ》ホイー

〽②関《せき》はよい所《とこ》　朝日《あさひ》を受《う》けて
③お山颪《やまおろし》が　そよそよと

〽逢《お》うてうれしや　顔《かお》④美保関《みほのせき》
早《はや》く⑤なりたい　夫婦松《めおとまつ》

〽一夜泊《いちやど》まりが　つい二晩《ふたばん》に
美保《みほ》は四《よ》い所《とこ》　五《いつ》までも

〽関《せき》と⑥境《さかい》に　一本橋《いっぽんばし》架《か》けて
一夜通《いちやがよ》いが　してみたい

〽⑦お国恋《くにこい》しや　あの灯《ひ》は関《せき》か
⑧関《せき》はよい所《とこ》　五本松《ごほんまつ》

〽関《せき》の女《おんな》は　医者《いしゃ》より⑨偉《えら》い
縞《しま》の財布《さいふ》の　脈《みゃく》を取《と》る

〽松《まつ》になりたや　⑩出雲《いずも》の国《くに》の
晴《は》れてうれしき　夫婦松《めおとまつ》

〽関《せき》はよい所《とこ》　⑪松《まつ》さえ契《ちぎ》る
神代《かみよ》ながらの　恋《こい》の跡《あと》

〽関《せき》はよい所《とこ》　鴎《かもめ》が飛《と》んで
波《なみ》に散《ち》り添《そ》う　花《はな》もある

〽関《せき》で見初《みそ》めて　⑫大社《たいしゃ》で⑬結《えす》び
末《すえ》は⑭松江《まつえ》の　⑮嫁ヶ島《よめがしま》

〽主《ぬし》は⑯中海《なかうみ》　わたしは関《せき》よ
いつか逢《お》う瀬《せ》を　⑰夜見ヶ浜《よみがはま》

〽関《せき》の⑱岬《みさき》に　蛇《じゃ》が棲《す》むそうな
大《おお》きな蛇《じゃ》じゃげな　嘘《うそ》じゃげな

〽関《せき》の女郎衆《じょろしゅ》は　錨《いかり》か綱《つな》か
今朝《けさ》も出船《でふね》を　五艘《ごそう》止《と》めた

〽関《せき》の⑲鼻《はな》には　⑳二瀬《ふたせ》がござる
思《おも》い切《き》る瀬《せ》と　切《き》らぬ瀬《せ》と

〽想《おも》って（表）来《き》たかよ　裏《うら》から来《き》たか
わたしゃ裏《うら》から　想《おも》って（表）来《き》た

〽名残《なご》り惜《お》しさに　あと見返《みかえ》れば
霞《かすみ》たなびく　五本松《ごほんまつ》

注①➡解説。
②現松江市美保関町。
③鳥取県の西部にそびえる大山《だいせん》（一七二九メートル）から吹きおろしてくる風。「大山颪が」とも。
④➡解説。「見る」を掛ける。
⑤「なりたや」とも。
⑥鳥取県の北西端にある現境港市。北の美保関町との間には境水道（中江の瀬戸）がある。一九七二年に大橋が架けられた。
⑦故郷。
⑧「関の名所は」とも。
⑨「利口」とも。
⑩旧国名。現島根県北東部。
⑪松さえも、四本二組の夫婦として、生涯連れ添う約束をしている。

⑫出雲大社。出雲市大社町にある神社。
⑬縁結びをし。
⑭現松江市中心部。
⑮島根県の北東部にある宍道《しんじ》湖中東端の小島。周囲約二四〇㍍。数本の黒松と、弁財天の祠《ほこら》がある。嫁になる、の意を掛ける。
⑯宍道湖の東にある潟湖《せきこ》。周囲約八四㌔。なかのうみ。
⑰中海の東にある弓ヶ浜のこと。鳥取県北西端の半島。東側は弓状の砂浜で、米子市の日野川河口から境港市の北東端まで続いている。長さ約一八㌔。「(瀬を) 読む」を掛ける。
⑱美保関町の東端にある地蔵崎のこと。「鼻には」とも。
⑲地蔵崎。
⑳「瀬」は、潮の流れの速い所。

島根県のお座敷唄。島根県の北東端、それも島根半島の東端にある美保関《みほのせき》港(松江市美保関町)の花柳界の宴席で、芸者衆が唄ってきたものである。

美保関は日本海の要港で、古くから海の関所があったが、江戸時代には帆船の風待ち港としてにぎわい、また、海上守護の美保神社の鳥居前町として栄えた所である。そして、後鳥羽《ごとば》上皇《じょうこう》や後醍醐《ごだいご》天皇が隠岐島《おきのしま》へ配流《はいる》された時に行在所《あんざいしょ》となった仏谷寺がある。

その美保関の名物は、港の西の丘上にある「関の五本松」で、海上の船の目標物になっていた。地元の言い伝えでは、そのうちの一本の枝に槍がつかえ、通行のじゃまになるため、松江の殿様が伐り倒させてしまったという。そこで、美保関の人たちは、残った四本を二組の夫婦になぞらえて「夫婦松《めおとまつ》」と呼ぶようになった。縁結びの神である出雲《いずも》大社にちなむ考え方が働いたのであろう。

しかし、その四本のうちの一本は、一九五八年九月の台風で倒れ、一本は七〇年八月に枯死し、もう一本も同年一〇月の台風で倒れて、七一年三月に天然記念物の指定を解除されてしまった。そこで地元では同年一〇月に、初代の松のあった脇に若木を植え、これを二代目の「関の五本松」と定めた。

唄の履歴　この唄の源流は、溜め池造りの時に唄う、地固め唄の『リキヤ節』である。それには、四国の香川県仲多度《なかたど》郡多度津町山階《やましな》にある雨霧山《あまぎりやま》(三六〇㍍)頂上の「焼香場《しょうこうば》のお井戸」が唄われている。

雨霧山の頂上は平らな草原で、昔は香川氏の居城があった。その本丸跡と二の丸跡の間に幅二間(約三・六㍍)ほどの馬道が東西に通じている。その馬道の東方三〇間ほどの所に大きな一枚岩がある。この岩は高さ八尺(約二・四㍍)、長さ一五間、幅三間ほどあるが、その上で、長宗我部軍に敗れた香川氏の家臣たちが切腹して果てた。それで、ここを焼香場と呼ぶ。

一方、馬道の西方三〇間ほどの所にある高さ一間ほどの大岩に祇園《ぎおん》神社の祠《ほこら》(高さ三尺、幅一尺五寸)が刻んであり、その脇に直径五尺の、石で固めた井戸がある。これが「焼香場のお井戸」で、近くの村々の人たちは、この井戸から水を汲んできて雨乞いの祈禱《きとう》をした。

そのため、降雨量の少ない香川・愛媛県下の人たちは、溜め池を造る時に「〽焼香場のお井戸のような　深いわたしの心　ふられて茶にさりゃ腹が立つ　ショコホイ　ショコイチリキヤノ　ホーイホイ」と唄いながら、千本杵《せんぼんぎね》で堤防を搗き固めた。この井戸を唄った歌詞は、初めは信仰心の強いものだったであろうが、もう残っていない。

溜池造りの職人たちは、この『リキヤ節』を四国・中国・近畿地方などの工事現場で唄った。それが美保関でも唄われ、のちに花柳界に入った。「焼香場のお井戸」の歌詞は、お座敷唄の『関の五本松』になった後も、昭和時代の初めまでは唄われていた。

さて、「関の五本松　一本伐りゃ四本」は算数のような歌詞であるが、松江の殿様が命じたかどうかは別として、なにかの都合で伐ったことだけは確かであろう。しかし、こういう引き算の歌詞は、『新津《にいつ》松坂』(新潟)に「堰場山《せきばやま》七本松は　五本伐られて今二本」とあるので、こうした歌詞をもじったものではないかと思われる。

その『関の五本松』、一九二八年に山村豊子がビクターレコードに吹き込んだ。しかし、この唄は『安来節《やすぎぶし》』の流行に乗って世に出たので、もっと早くレコード化されているかもしれない。今日の『関の五本松』も『安来節』の芸人たちによって唄い広められているため、その節の運びと声の使い方は『安来節』的である。

節まわしの型　今日広く唄われている節まわしは、「正調」と呼んでいる「地元節」は高山保子のものである。世間一般で唄われているのは初代黒田幸子《さちこ》のもので、ゆったりとした、粘る感じの節まわしである。この二人は『安来節《やすぎぶし》』の唄い手であった。

どっさり節《ぶし》

〽①忍《しの》び出《で》よとすりゃ　烏《からす》めがつける
まだ夜《よ》も明《あ》けぬに　カオカオと
サノォーエー憎《にく》やコレワイ　ドージャナー
アァ②八幡《やわた》のナー　チョイトォー森烏《もりからす》サー
ノーエー

〽③大山《だいせん》お山《やま》から　④隠岐《おき》の国見《くにみ》れば
島《しま》が⑤四島《よしま》に　⑥大満寺《だいまんじ》
中《なか》の小島《こじま》に　⑦長者《ちょうじゃ》ある

〽叶《かの》うた⑧叶《かの》うた　思《おも》うこと叶《かの》うた
鶴《つる》が御門《ごもん》に　巣《す》をかけた
お家御繁昌《いえごはんじょ》と　巣《す》をかけた

〽隠岐《おき》の名物《めいぶつ》　いろいろあれど
鯣材木《するめざいもく》　馬《うま》と牛《うし》
⑨牛《うし》の相撲《すもう》に　どっさり節《ぶし》

〽島《しま》が⑩小《ちい》さいとて　馬鹿《ばか》にはするな
ここは⑪都《みやこ》の　跡《あと》じゃもの
⑫蛙《かわず》鳴《な》く声《こえ》　松《まつ》の音《おと》

〽⑬昔偲《むかししの》べば　⑭涙《なみだ》でうるむ
おぼろ月夜《づきよ》に　⑮海士《あま》の里《さと》
⑯鞴《ふいご》　吹《ふ》き吹《ふ》き　刀鍛冶《かたなかじ》

〽お客望《きゃくのぞ》みなら　⑰やり出《だ》いてみましょ
当世流行《とうせはや》りの　⑱広大寺《こだいじ》を
唄《うた》に不調法《ぶちょうほ》な　わしなれど

〽⑲新保広大寺《しんぼこだいじ》　⑳お市見《いちみ》る目元《めもと》
七《なな》つ㉑筬《おさ》より　八《や》つ筬《おさ》よりも
十《と》㉒よみ筬《おさ》より　まだ細《こま》い

〽㉓朝《あさ》な夕《ゆう》なに　便《たよ》りを待《ま》てど
㉔磯辺《いそべ》の松《まつ》の　音《おと》ばかり
狂《くる》うこの身《み》は　なんとしょう

〽わしが兄弟《きょうだい》　七人《しちにん》ござる
㉕京《きょう》や㉖大坂《おおざか》　㉗江戸《えど》㉘伏見《ふしみ》
㉙妹《いもと》が㉚長崎《ながさき》　㉛わしゃここに

〽京《きょう》の㉜新町《しんまち》で　桐《きり》の箱拾《はこひろ》うて
開《あ》けてみたれば　扇《おうぎ》の㉝地紙《じがみ》
先《さき》が開《ひら》いて　末繁昌《すえはんじょ》

注①他人に知られないように、思う人の所へ行こうとすると。一説に、配流《はいる》された後醍醐《ごだいご》天皇が隠岐島を脱出しようとする苦労を詠んだというが、考証のしすぎ。「カオカオ」は遊女を買おうの意で、各地の酒盛り唄で「烏が　金もないのにカオカオと」の形で唄われている。
②西ノ島中央部にある美田《みた》八幡神社の森で鳴く烏。
③鳥取県の西部にそびえる山（一七二九メートル）。中国地方の最高峰。
④旧国名。隠岐諸島全域。
⑤島後《どうご》と、島前の西ノ島・中ノ島・知夫里《ちぶり》島。
⑥島後の中東部にそびえる山（六〇八メートル）。日本海を往来する船の目印になっていた。
⑦名は村上助九郎だという。
⑧「叶うたや」とも。
⑨牛どうしに角突き合いをさせる、一種の闘牛。隠岐島では「牛突き」と言う。
⑩「こまいとて」とも。
⑪後鳥羽《ごとば》上皇《じょうこう》や後醍醐天皇の行在所《あんざいしょ》があったので「都」としたもの。
⑫後鳥羽上皇の歌に「蛙鳴く葛田《かった》の池の夕たたみ聞かまじものは松風の音」。
⑬後鳥羽上皇を詠んだもの。一二二一年、上皇は鎌倉幕府を打倒しようと執権北条義時追討の宣旨を発したが、敗れて隠岐島へ配流され（承久の乱）、一九年後に没した。
⑭「涙に」とも。
⑮中ノ島の現海士町。上皇の行在所（源福寺）があった。
⑯鉄を精錬・加工する炉の火力を強めるために風を送る器械。上皇は、再起を祈願して、神剣を自分で鍛造したという。
⑰「やり出して」の音便形。
⑱『新保広大寺《しんぽこうだいじ》』という流行り唄。
⑲現新潟県十日町市下組新保にある広大寺の和尚（四〇五ページ）。
⑳広大寺門前の豆腐屋の娘。
㉑機織り用具。竹を薄く切って櫛の歯のように並べ、枠をつけたもの。縦糸を整えて織物の幅と織り目の密度を決め、通した横糸をたたいて締める器具。

㉒筬の数を表す助数詞。筬の数四〇を「一よみ」と言う。よみの数が多いほど縦糸が多く、織り目は密になる。
㉓知夫里島の娘お松を詠んだもの。お松は越後の漁師と恋仲になって「追分節」を教わったが、覚えきれないうちに船は出港してしまった。その後、再会を約した男から消息がなく、男恋しさに、あとは自己流で唄ったのが『どっさり節』の始まりだという伝説がある。
㉔「磯の浜風」とも。
㉕現京都市。
㉖現大阪市。
㉗現東京都東部。
㉘現京都市伏見区。
㉙「佐渡や新潟」とも。
㉚現長崎市。
㉛わたしは遊女として売られて、隠岐島の港町にいる、の意。
㉜現京都市中南部にある、江戸時代からの町名。現伏見区内。
㉝扇にはるために、扇形に切った紙。

島根県の祝い唄。島根県も日本海上に浮かぶ隠《お》岐島《きのしま》の人たちが、祝いの酒席で唄ってきたものである。(祝い唄を唄う順序については五六九ページ参照)

唄の履歴　この唄の源流は、越後《えちご》(新潟県)の『新保広大寺《しんぼこうだいじ》』(四〇五ページ)である。それが、のちに越後瞽女《ごぜ》たちの長編「細か広大寺《こまくどき》」(広大寺口説《くどき》)と、太神楽《だいかぐら》連中の「神楽広大寺」に分かれた。その「神楽広大寺」は、神楽の幕間《まくあい》に演じる手踊りで、西日本、それも中国山地を中心に広がっていった。

ところが、中国地方では、秋の「夜神楽」に、見物人が、神楽の太夫たちを励ますために、肩を組んで「神楽せぎ唄」(「神楽せり唄」とも)を唄うが、その唄に「神楽広大寺」を用いた。加えて、伊勢太神楽の連中が「広大寺」に「皇太神」の文字をあてたため、西日本の人たちは、伊勢の皇太神宮ゆかりの、ありがたい唄と考えていたようである。

ところで、『新保広大寺』は、唄の最後に「サーエー」がつくが、「神楽せぎ唄」の「広大寺」では「サーノーエー」となっている。

また、本来は七七七五調(二十六音)であったが、現鳥取県下か広島県下で、「下の句」(七五)を繰り返して唄うようになった。それを図にすると、次のとおりである。

神楽せぎ唄　七　五　サーノーエー
変型一期　七　チョイト　五　サーノーエー
変型二期　七　五　㊂　コレワイ
　　　　　四三　㊃　チョイト　㊄　サーノーエー

そして、次には七五を繰り返さずに、そこへ別の語をあてはめて、七七七五七五(三十八音)の歌詞を生み出した。その唄を鳥取県下では「古代神」と呼んでいた。

その「古代神」が、海路、隠岐島に伝えられた。そして、はやし詞「どっさり積み込め」から『どっさり節』と呼ばれ、今では島を代表する唄になっている。(また、前掲七首目の歌詞「〽お客望みなら…」は、今日でも元唄のように唄われており、この唄の源流が越後の『新保広大寺』であることを明らかにしている。)

なお、「古代神」は、流行《はや》り唄として、千石船の船乗りたちによって、海路、各地の港へ伝えられたようで、今日でも、瀬戸内海の島々から日本海に面した港々を北上して能登《のと》半島(石川県)に至るまで点々と残っている。

節まわしの型　今日広く唄われている節まわしは、隠岐島島後《どうご》の福浦くに子のものである。

浜田節《はまだぶし》

〽浜田《①はまだ》エー　浜田《はまだ》　鶴島《②つるじま》　首《くび》をば伸《の》ばし
大漁戻《たいりょもど》りをサァマー　松《まつ》(待つ)の色《③いろ》

〽大漁戻《たいりょもど》りの　大船《おおぶね》小舟《こぶね》
浜田《はまだ》市場《いちば》にゃ　人《④ひと》の山《やま》

〽わたしゃなります　あの人柱《⑤ひとばしら》
築《つ》いてくだんせ　浜田港《はまだこう》
〔駒太郎作〕

〽沖《おき》の荒波《あらなみ》　築港《⑥ちっこう》で止《と》めて
握手《あくしゅ》させたい　船《ふね》と汽車《きしゃ》
〔林勘次郎作〕

〽港築《みなときず》いて　にぎわう浜田《はまだ》
今日《きょう》も市場《いちば》にゃ　人《ひと》の波《なみ》

〽港築《みなときず》いて　にぎわう浜田《はまだ》
今日《きょう》も大漁《たいりょ》の　船幟《⑦ふなのぼり》

〽浜田育《はまだそだ》ちは　気立《きだ》てが違《ちが》う
⑧烈女《れつじょ》⑨お初《はつ》の　出《で》た所《ところ》　〔野口雨情作〕
〽浜田《はまだ》　⑩粟島《あわしま》　日《ひ》の入《い》る頃《ころ》は
沖《おき》にゃ大漁《たいりょ》の　漁《いさ》り船《ぶね》

注①➡解説。
②浜田漁港の北西部にある小島。
③「枝」とも。
④のちに「魚の山」とも。
⑤堤防・橋・城などの難工事の完成を祈って、人をいけにえとして地中に生き埋めにすること。また、その埋められた人。
⑥防波堤を築いて造った港。
⑦細長い布を、長い竿に取り付けたもの。大漁の文字や船名を書いて船上に立てる。
⑧節操が固くて、気性の激しい女。
⑨浄瑠璃《じょうるり》「加賀見山　旧錦絵《こきょうのにしきえ》」（容楊黛《ようようたい》作）の登場人物。局《つぼね》の岩藤に侮辱されて自害した中老尾上の侍女お初が、その仇を討つ。モデルは、浜田藩主松平家の侍女、松田察《さつ》。
⑩粟島公園。浜田漁港の東方の丘上にある。

島根県の、お座敷唄形式の新民謡。島根県の北西部、それも日本海に面した浜田港（浜田市）の花柳界の宴席で、芸者衆が唄ってきたものである。

唄の履歴　この唄を作る発端になったのは、浜田港の築港運動である。浜田港は、一八八七年頃には、二〇〇石積み以上の船が年間千四百隻も入るほどの、石見《いわみ》地方屈指の商港であった。ところが、一九二一年に山陰本線が開通したために寂れてしまった。漁港としても、地形上、中国大陸からの西風がまともに吹きつけるため、秋から冬にかけては使用不可能になる。そこで、年間を通して使用可能な港に改修しようと、浜田浦四百戸の人たちが漁港修築基金を積み立てることにした。そして、一九二六年二月から、漁業組合員は漁獲物売り上げ高一円につき四銭一厘、他の浦の漁船に乗り込んで働く者は月に一円、などの細かい規定を設けて積み立て、国の補助もあって二八年九月から五年間で総額六五万円をかけて改修工事を行った。

その築港運動を始めた一九二一年頃、浜田町の有力者が集まって、築港を促進するための「浜田築港節」を作ることになった。そして、歌詞を懸賞募集し、一等に選んだのは前掲三首目の「〽わたしゃなります…」（芸者駒太郎、本名飯島滋子作）であった。なお、後から二首目の「〽浜田育ちは…」は、のちに詩人野口雨情《うじょう》が「新調浜田小唄」のために作った歌詞をこの唄に流用しているものである。

曲は、浜田市錦町で芸者置屋を営んでいた谷キチ（一八五八年生まれ、一九三五年一一月一五日没）がまとめた。谷は中関《なかのせき》港（山口県防府市田島）出身で、一九〇一年頃に浜田へ移ってきた人で、作曲ではなく、中関時代に覚えた「はいや節」を利用したのである。しかも、七七七五調の四句目の前の「サーマ」までそっくり残したまま、伴奏の三味線の手を工夫し、お座敷唄用に、ゆったりしたものに仕立て直した。

踊りは、谷の弟子で、中関生まれの芸者藤田さと（一八六八年生まれ）が振り付けた。こうして作られた唄と踊りは、浜田港へ調査に来る関係者の接待の時に演じられた。

その「浜田築港節」、一九五二年四月八日に保存会を結成した時に、曲名を『浜田節』と改め、翌五三年五月二一日にコロムビアレコードに吹き込んだ。歌は杉本トメヨ・岩竹節子、三味線は吉見ナツ子・鎌田花代、太鼓は池岡キサヨ、鉦《かね》は谷留子であった。

また、一九五七年一一月に、愛知県の民踊舞踏家島田豊年が訪ねてきて、新しい振りを付けた。そして、六〇年一一月、浜田市市制二〇周年祝賀市民体育祭に、フォークダンス化した踊りが披露され、今日に至っている。

節まわしの型　今日広く唄われている節まわしは、岩竹節子のものである。

安来節《やすぎぶし》

定型

〽①松江大橋《まつえおおはし》　②流《なが》りょと焼《や》きょと
（アァ　コリャ　コリャ）
③和多見通《わだみがよ》いは　舟《ふね》でする
〽④安来千軒《やすぎせんげん》　名《な》の出《で》た所《ところ》
⑤社日桜《しゃにちさくら》に　⑥十神山《とかみやま》
〽⑦出雲名物《いずもめいぶつ》　荷物《にもつ》にゃならぬ

島根県

聞《き》いてお帰《かえ》り　安来節《やすぎぶし》

〽⑧愛宕《あたご》お山《やま》に　春風《はるかぜ》吹《ふ》けば
安来千軒《やすぎせんげん》　花吹雪《はなふぶき》

〽⑨松江名所《まつえめいしょ》は　数々《かずかず》あれど
⑩千鳥《ちどり》お城《しろ》に　⑪嫁ケ島《よめがしま》

〽⑫出雲八重垣《いずもやえがき》　⑬鏡《かがみ》の池《いけ》に
映《うつ》す二人《ふたり》の　晴《は》れ姿《すがた》

〽わたしゃ⑭雲州《うんしゅう》　⑮浜佐田《はまさだ》生《う》まれ
⑯朝間《あさま》⑰凩《と》うから　泥鰌《どじょう》や泥鰌《どじょう》

〽安来港《やすぎみなと》に　錨《いかり》はいらぬ
⑱十神水雲《とかみもずく》で　船《ふね》つなぐ

〽十神《とかみ》お山《やま》に　⑲花衣《はなぎぬ》着《き》せて
添《そ》わせたいぞえ　⑳出雲富士《いずもふじ》

〽㉑宍道湖水《しんじこすい》を　鏡《かがみ》に見立《みた》て
素肌《すはだ》見《み》せたか　出雲富士《いずもふじ》

〽㉒関《せき》は㉓朝日《あさひ》よ　㉔杵築《きづき》は㉕夕日《ゆうひ》
名所出雲《めいしょいずも》の　西東《にしひがし》

〽㉖恵比寿《えびす》　㉗大黒《だいこく》　出雲《いずも》の国《くに》の
西《にし》と東《ひがし》の　守《まも》り神《がみ》

〽わたしが㉘出雲《いずも》の　神様《かみさま》ならば
添《そ》わせてあげたい　人《ひと》がある

〽揚《あ》げた白帆《しらほ》が　染《そ》まりはせぬか
安来港《やすぎみなと》は　花吹雪《はなふぶき》

〽旅《たび》は道連《みちづ》れ　この世《よ》は情《なさ》け
助《たす》け合《お》うてぞ　世《よ》は丸《まる》い

〽あの唄《うた》聞《き》くたび　想《おも》いは㉙出雲《いずも》
夢《ゆめ》も㉚安来《やすぎ》の　その一夜《いちや》

五字冠り

〽紫陽花《あじさい》は
粋《いき》な花《はな》だよ　七色持《なないろも》ちて
深《ふか》くなるほど　色《いろ》を増《ま》す

〽㉛嵐山《あらしやま》
桜《さくら》咲《さ》かねば　ありゃただの山《やま》
あなたも実《じつ》なきゃ　ただの人《ひと》

〽㉜竜田川《たつたがわ》
無理《むり》に渡《わた》れば　㉝紅葉《もみじ》が散《ち》るし
渡《わた》らにゃ聞《き》かれぬ　鹿《しか》の声《こえ》

〽滝《たき》の水《みず》
岩《いわ》に㉞せかれて　一度《いちど》は切《き》れる
流《なが》れ行《ゆ》く末《すえ》　また一《ひと》つ

口説《くどき》

〽鳴《な》いてくれるな　出船《でふね》の鷗《かもめ》
これが別《わか》れと　なるじゃなし
社日桜《しゃにちさくら》の　咲《さ》く頃《ころ》は
㉟追風《おいて》に帆掛《ほか》けて
酒樽積《さかだるつ》んで　港入《みなとい》り

〽安来千軒《やすぎせんげん》　名《な》の出《で》た所《ところ》
社日桜《しゃにちさくら》に　十神山《とかみやま》
十神山《とかみやま》から沖見《おきみ》れば
いずこの船《ふね》かは　知《し》らねども
㊱せみの元《もと》まで　鉄積《てつつ》んで
帆《ほ》を捲《ま》いて
ヤサホヤサホと　㊲上《かみ》のぼる

口説（五字冠り）

〽㊳敷島《しきしま》の

大和心《やまとごころ》は　桜《さくら》か梅《うめ》か
㊴四十七士《しじゅうしちし》は　国《くに》の花《はな》（華）
花《はな》は散《ち》りても
残《のこ》る誉《ほま》れは　芳《かんば》しく

字あまり

〽思《おも》うて通《かよ》えば　七曲《ななま》がりも　一曲《ひとま》がり
会《あ》わず帰《かえ》れば　ただの一曲《ひとま》がりも　七曲《ななま》が
り

〽竹《たけ》になりたや
㊵紫竹《しちく》㊶淡竹《はちく》の　㊷蛇《じゃ》の目《め》の㊸唐傘《からかさ》
㊹下轆轤《したろくろ》の竹《たけ》に
可愛《かわ》い㊺ト一《といっ》つぁんと　パラリと広《ひろ》げて
相傘《あいがさ》差《さ》してな
㊻小宿通《こやどがよ》いの　ほどのよさ

〽わたしゃ出雲《いずも》の　㊼御津浜生《みつはまう》まれ
㊽若布《わかめ》や若布《わかめ》
㊾布《め》の葉《は》や布《め》の葉《は》
おばはんこんちは　御機嫌《ごきげん》さん
毎日《まいにち》おおきに　ありがとさん
㊿あげこげ　(51)さっしゃいますと
(52)斤量《きんりょう》の目《め》が　減《へ》りますよ
(53)掛《か》けた若布《わかめ》が　(54)ほなおばはん

一貫飛《いっかんと》んで　二十四匁《にじゅうしもんめ》

あんこ（加薬）入り

〽鹿《しか》の声《こえ》
聞《き》くが嫌《いや》さに　浜辺《はまべ》に住《す》めば
［追分］　千鳥鳴《ちどりな》く　(55)須磨《すま》のほとりに
［新磯節］　あの侘《わ》び住《ず》まい
二人《ふたり》の中《なか》に　吹《ふ》く松風《まつかぜ》か
［追分］　アーまたもや射《さ》し込《こ》む
二十三夜《にじゅうさんや》の　窓《まど》の月《つき》
晴《は》れて嬉《うれ》しや　新所帯《しんじょたい》

〽唄《うた》はいろいろ　数《かず》ある中《なか》で
［どどいつ］　一《いち》に(56)どどいつ
［博多節］　二《に》に(57)博多節《はかたぶし》
［江差追分］　三《さん》に(58)追分《おいわけ》
［米山甚句］　四《し》に(59)米山薬師《よねやまやくし》
五《いつ》つ出雲《いずも》の　安来節《やすぎぶし》

〽(60)流離《さすらい》の
旅《たび》を重《かさ》ねて　わしゃ安来《やすぎ》より
［越中オワラ節］（万竜節）
押《お》せや押《お》せ押《お》せ　二挺艪《にちょろ》で押《お》せや
（キタサノサーアア　ドッコイシ
ヨ　キターサッサ）
押《お》せば港《みなと》が　オワラ近《ちか》くなる
［新磯節］
幾夜寝《いくよね》ざめの　海原越《うなばらこ》えて
（オヤ　サイショネ）
行《ゆ》くよ(61)仙台《せんだい》　(62)石巻《いしのまき》
行《ゆ》くよネ
仙台《せんだい》　石巻《いしのまき》
（アードン　ドン）
［江差追分］（前唄）
(63)三十五反《さんじゅうごたん》の　帆《ほ》を捲《ま》き上《あ》げてネー
（ハー　サイ）
(64)蝦夷地離《えぞちはな》れりゃ　(65)佐渡島《さどがしま》
［佐渡おけさ］
（ハー　アリャサ　サッサー）
ハー佐渡《さど》の（アリャサ）おけさに　つ
い浮《う》かされて
（アリャアリャ　アリャサ）
月《つき》も踊《おど》るか　佐渡島《さどがしま》
(66)大島《おおしま》(67)小島《こじま》や　(68)出雲崎《いずもざき》
これほど帆掛《ほか》けて　来《き》たけれど
頼《たよ》りに思《おも》うは　ここにお越《こ》しの　お客様《きゃくさま》

〽娘《むすめ》　十七八《じゅうしちはち》　嫁入《よめい》り盛《ざか》り
［相撲甚句］
簞笥《たんす》　(69)長持《ながもち》　(70)挟《はさ》み箱《ばこ》

鏡台《きょうだい》 針箱《はりばこ》 (71)針休《はりやす》め
これほど持《も》たせて やるからは
必《かなら》ず戻《もど》って くださるな
もうし母《かあ》さん そりゃ無理《むり》よ
西《にし》が曇《くも》れば 雨《あめ》となる
東《ひがし》が曇《くも》れば 風《かぜ》となる
(72)千石《せんごく》積《つ》んだる 船《ふね》でさえ
風《かぜ》が変《か》われば ヨーオホホイ
出《で》て戻《もど》る
わたしの心《こころ》も そのとおり
先《さき》の出《で》ようで 出《で》て戻《もど》る

〽荒《あら》い波風《なみかぜ》 逆巻《さかま》く怒濤《どとう》
船《ふね》は帆《ほ》まかせ 風《かぜ》まかせ
［米山甚句］
沖《おき》の暗《くら》いのに あんな恐《おそ》ろしい嵐《あらし》に
白帆《しらほ》が見《み》ゆるじゃ ないかいな
あれは(73)紀《き》の国《くに》 蜜柑船《みかんぶね》
男《おとこ》 (74)文左《ぶんざ》と 今《いま》の世《よ》までも 名《な》を残《のこ》す

〽見定《みさだ》めた
人《ひと》はあれども なぜままならぬ
瞼《まぶた》に浮《う》かぶ 幻《まぼろし》は
［二上り］ 一人《ひとり》しょんぼり 寝《ね》もやらで

もしやと思《おも》い (75)切《き》り戸口《どぐち》
［青柳］ 青柳《あおやぎ》の
陰《かげ》に誰《だれ》やら おるわいな
人《ひと》じゃござんせぬ
［二上り］ おぼろ月夜《づきよ》の 影法師《かげぼうし》
さめてはかない このわたし
今《いま》のは夢《ゆめ》かや なつかしや

〽(76)一《ひと》つ家《や》の
鹿《しか》の鳴《な》く声《こえ》 もう聞《き》き飽《あ》いた
(77)逗子《ずし》や(78)熱海《あたみ》の 海岸《かいがん》で
［江差追分］（前唄）
寄《よ》せては返《かえ》す あの夫婦波《めおとなみ》ヤンサノ
エー
いとも静《しず》かに 銀世界《ぎんせかい》
好《す》いたお方《かた》と あの二人《ふたり》連《づ》れネー
晴《は》れて射《さ》し込《こ》む 窓《まど》の月《つき》
粋《いき》な二上《にあが》り 三下《さんさが》り
浮《う》き世《よ》離《はな》れて 暮《く》らしたい

注
①島根県北東部の、中海と宍道湖《しんじこ》をつなぐ大橋川に架かる橋。
②「流りょが焼きょが」とも。
③松江大橋の南東にある町。「和田見」とも。明治時代までは遊廓があった。
④〔「千軒」は実数ではない〕安来は、沢山の家が建ち並んでいる、大きな、にぎやかな町で。
⑤安来市市街地の中南方、社日山（現安来公園内）にあった桜の名木。初代は明治時代中期に台風で倒れ、二代目は末期に枯死した。「社日桜や」とも。
⑥安来港の北東にある、円錐形の山（九三メートル）。
⑦旧国名。現島根県北東部。「所名物」とも。
⑧安来駅の西方にある山（二三メートル）。
⑨現松江市中心部。
⑩千鳥城。松江城の別称。
⑪宍道湖の中東端にある小島。周囲約二四〇メートル。数本の黒松と、弁財天の祠《ほこら》がある。
⑫八重垣神社。松江市佐草町にある。縁結びの神。
⑬紙に硬貨をのせてこの池の水に浮かべ、早く沈めば早く良縁があるという。
⑭出雲の国の別称。
⑮宍道湖北東岸の現松江市浜佐田町・西浜佐陀町辺り。
⑯「朝もはよから」とも。
⑰早くから。
⑱十神山下の海岸辺りで採れる海藻。食用。暗に遊女のことを言う。
⑲桜の花の着物。
⑳枕木山。中海の北西方にそびえる山（四五六メートル）。
㉑島根県の北東部にある汽水湖。周囲約四七キロ。
㉒現松江市美保関《みほのせき》町のこと。島根半島の東端にある。
㉓弓ヶ浜や大山の向こうから昇る。
㉔旧町名。現出雲市大社町内。島根半島の西端にある。
㉕出雲大社西方の稲佐浜の沖へ沈む。
㉖七福神の一。福徳・漁・商売繁昌などの神。右手に釣り竿を持ち、左手で鯛を抱える。美保関町にある美保神社の祭神事代主命《ことしろぬしのみこと》は恵比須になぞらえられている。
㉗大黒天。七福神の一。福徳・財宝・食物などの神。右手に打ち出の小槌《こづち》を持ち、左肩に大きな袋をかつぎ、米俵二俵の上に立つ。出雲大社の祭神

大国主命《おおくにぬしのみこと》は大黒天になぞらえられている。
㉘出雲大社の。
㉙「いずる」を掛ける。
㉚「安らぎ」の意を掛ける。
㉛京都市右京区の、保津川の南にそびえる山（三八二メートル）。桜・紅葉の名所。「桜山」とも。
㉜奈良県北西部の生駒《いこま》山地に発して南流し、生駒郡斑鳩《いかるが》町の南で大和川へ注ぐ川（約一五キロ）。紅葉の名所。
㉝川の水に映った紅葉の影が乱れることをいう。
㉞さえぎられて。「打たれて」は誤唱。
㉟帆船の進行方向へ向かって吹く風。追い風。
㊱帆柱の先端の滑車。帆を捲き上げるのに用いる。

㊲上方（京都・大坂）へ向かう。

㊳枕詞。「大和」へ掛かる。

㊴元赤穂藩の、四七人の浪士。一七〇二年一二月一四日夜、江戸本所松坂町の吉良上野介《きらこうずけのすけ》邸を襲って、主君浅野内匠頭《たくみのかみ》の仇を討った。浄瑠璃「仮名手本忠臣蔵」などに脚色されている。

㊵淡竹の栽培変種で、稈《かん》が黒紫色の竹。黒竹。

㊶中国原産の大形の竹。高さ一〇メートル、径一〇センチほど。稈は緑色で白粉がある。広く栽培される。

㊷中央の丸と周辺の輪を赤・黒または紺色に塗って、蛇《へび》の目の形を表した図柄。

㊸〔中国風のかさの意〕細く割った竹を骨とし、油紙をはった傘。

㊹傘の柄に取りつけて骨を束ねる二つの器具のうち、下側の、傘を開いたり閉じたりするもの。

㊺トイチさん。〔「上」を上下に分けてできた隠語で、上様の意から〕好きな人。恋人。愛人。

㊻江戸時代の語で、男女が密会する宿。

㊼島根半島北中部の、日本海に面した現松江市鹿島町御津の浜辺。

㊽若布を売り歩く声。

㊾現島根県の方言で、若布のこと。

㊿あれこれ。
(51)なさいますと。
(52)はかりではかった目方の数字。
(53)はかりに。
(54)そんなら。
(55)現兵庫県神戸市須磨区の地名。
(56)都々逸坊扇歌が天保年間に完成させた俗曲。主に男女間の情を七七七五調の歌詞にまとめ、三味線の伴奏で唄う。
(57)六二七ページ。
(58)江差追分（三ページ）。
(59)『米山甚句』（四一九ページ）のこと。「米山薬師」は、新潟県柏崎市南西端近くの米山山頂（九九三メートル）にある薬師堂。
(60)各地を、あてもなくさまよい歩くこと。
(61)現宮城県仙台市。
(62)現宮城県石巻市。
(63)三五反の麻布で作った帆。一反は、幅二尺五寸（約七六センチ）、長さ二丈六尺か八尺（約七・九メートルか八・五メートル）。千石船は二五反帆なので、千五百石積みぐらいの大型船である。
(64)明治以前の北海道の呼び名。
(65)新潟市の西方約四五キロにある島。周囲約二一七キロ。
(66)北海道南西端の松前郡松前町の西方約五六キロの沖合いにある島。周囲約一六キロ。
(67)大島の手前、松前町から約三〇キロの所にある島。周囲約四キロ。
(68)現新潟県三島郡出雲崎町。
(69)衣類・調度品などをしまっておくための、大きな箱。木製で、ふたつき。
(70)衣類などを持ち運ぶための、浅い箱。ふたに取り付けた棒を担ぐ。「鋏箱」ではない。
(71)縫い針を刺しておくもの。さびないように、ぬかや毛髪などを布で包んで作る。針刺し。針立て。
(72)千石の米。四斗（約七二・一二リットル）入りの俵で二千五百俵分。
(73)紀伊の国（旧国名）の古称。紀州。現和歌山県全域と三重県南部。
(74)紀国屋文左衛門。江戸時代中期の豪商。江戸大火の際に材木を買い占めたり、紀州蜜柑を暴風雨をついて江戸へ船送したりして巨利を得たという。
(75)門の脇や、大きな扉・戸などの下隅に設けた、くぐって出入りする、小さな戸口。
(76)一軒家。
(77)現神奈川県逗子市。徳富芦花作「不如帰《ほととぎす》」の舞台。
(78)現静岡県熱海市。尾崎紅葉作「金色夜叉《こんじきやしゃ》」の舞台。

島根県のお座敷唄・遊芸唄。島根県の中東端、中海に面した港町安来（安来市）の花柳界の宴席で、千石船の船乗り相手の芸者衆が唄ってきたものである。のちには、遊芸人が舞台で好んで唄うようになった。

唄の履歴　この唄の源流は、鳥取県境港《さかいみなと》市の『さんこ節』（五六一ページ）である。それが、西まわり航路の寄港地として、また、中国山地の踏鞴《たたら》製鉄の積み出し港としてにぎわった安来港にも伝えられ、船乗りたちの宴席で、芸者衆が好んで唄うようになった。

その『さんこ節』を安来で変えた点は、『さんこ節』の下の句の、魅力的な落としを上の句のしまいにも加えたことと、出雲拳《いずもけん》の下座に用いる間に長編の「口説《くどき》」や「字あまり」にしたことである。その長編化した唄は『出雲節』（別名「船方節」）と呼ばれた。曲名は、「〽出雲捲き出しゃ…」などという唄い出しからの命名である。初期の『安来節』も、前掲の口説形式の歌詞「〽安来千軒名の出た所…」の唄い出しを取って『安来節』と呼ばれたが、のちには安来港の名物唄ということで、地名から『安来節』となった。

　安来市に伝わる話では、天保から嘉永年間（一八三〇～五四）に鍼医《はりい》大塚順仙が『出雲節』を改良し、さらに煮売り屋今井屋伝来が三味線の手を改めて、今日の基礎を築いたという。したがって、この頃に、船乗り相手の女たちの騒ぎ唄から『安来節』への脱皮が始まったのかもしれない。

　その『安来節』の唄い手として、明治維新の前後に、島田専十・川尻屋権市・渡部《わたなべ》佐兵衛《さへえ》・荒島屋伝次郎・堀口吉兵衛・渡辺重兵衛・松本権重・山形屋常七などの名手が輩出した。特に、渡部佐兵衛は料理屋を営んでいたが、三味線が巧みで、糸一本ずつをひく技法を確立したという。リズムを刻むだけの、あしらいの伴奏からの脱皮である。その佐兵衛の末娘が初代渡部お糸（一八七六年生まれ）である。

　さて、安来では、毎年八月一四～一七日の四日間、「出雲風土記」の伝説にちなむ「月の輪神事」が催され、山車《だし》が笛や太鼓で町中を練り歩く。その時、「仁輪加《にわか》」が演じられ、『安来節』も天狗連によって披露された。その「仁輪加」のコンクールが、一九一五年の御大典の祝賀に松江で行われた。その時、松江の楽器商園山清次郎が望湖楼で唄会を開き、唄渡部お糸・三味線富田徳之助のコンビによって『安来節』が演じられた。翌年一月、園山は両人を連れて上京し、フジサンレコードに二枚吹き込ませた。その一枚の『安来節』の歌詞は「〽松江大橋…」他二首で、裏が『博多節』（福岡）、もう一枚は「〽安来千軒…」他二首で、裏が端唄の『海晏寺《かいあんじ》』であったという。

　このレコードはよく売れたが、東京の寄席《よせ》では相手にしてくれなかった。この時、日本画家横山大観が、かつて松江に滞在していた折りに渡部お糸から『安来節』を習ったことがあったので、下谷《したや》の芸者衆に習わせる段取りをしてくれた。また、都新聞主筆の伊原青々園《せいせいえん》（島根県出身）が紙上で宣伝した。そのおかげで、お糸は一九一七年には東京の寄席にも出られるようになった。それから『安来節』が盛んになり、浅草の興行街に「安来節王国」が育ったのである。とりわけ、その人気を支えたのは「泥鰌掬い《どじょうすくい》」の踊りで、それは、笊《ざる》を持って踊る「女踊り」の道化役踊りとして派生したものである。そして、その「女踊り」は、北陸地方一円に広く分布する笠踊りの笠を、笊に替えて『安来節』の踊りに取り入れたものである。

　なお、「正調安来節保存会」が一九一一年に結成されている。この会員の中に渡部お糸と富田徳之助も加わっているから、園山清次郎に招かれた時は、すでにこの両人のコンビはかなり有名であったと思われる。

　その渡部お糸の名跡は、二代目（川島ナミ）・三代目（雲津ハル子）・四代目（藪内和子）と継がれている。一方、二代目を継ぐはずで、なにかの理由ではずれてしまった高弟遠藤お直の名跡も、二代目まで継がれている。また、出雲愛之助も、今は三代目が継承している。

　節まわしの型　今日広く唄われている節まわしは、地元安来では初代渡部お糸の節から派生した「遠藤お直節」と「出雲愛之助節」、東京などでは「初代黒田幸子《さちこ》節」である。

山口県

男《おとこ》なら

上の句

男《おとこ》なら
①お槍《やり》担《かつ》いで　②お仲間《ちゅうげん》となって
ついて行《ゆ》きたや　③下関《しものせき》

下の句

口《く》説《どき》

④お国《くに》の大事《だいじ》と　聞《き》くからは
女《おんな》ながらも　武士《ぶし》の妻《つま》
まさかの時《とき》には　締《し》め襷《だすき》
⑤神功皇后《じんぐうこうごう》さんの　⑥雄々《おお》しい姿《すがた》が
⑦鑑《かがみ》じゃないかいな
⑧オォシャーリ　シャーリー

男《おとこ》なら
⑨三千世界《さんぜんせかい》の　⑩烏《からす》を⑪殺《ころ》し
主《ぬし》と朝寝《あさね》が　してみたい
酔《よ》えば美人《びじん》の　膝枕《ひざまくら》
さめりゃ天下《てんか》を　手《て》で握《にぎ》り
咲《さ》かす⑫長州桜花《ちょうしゅうさくらばな》
⑬高杉晋作《たかすぎしんさく》さんは　男《おとこ》の男《おとこ》よ
偉《えら》いじゃないかいな

注①「たとえ嵐が　吹こうとままよ　飛んで行きたや下関」とも。
②武士に仕えて、雑務を行う者。
③現下関市。➡解説。
④➡解説。
⑤上代の伝説的な人物。仲哀天皇の皇后。天皇の死後、朝鮮半島へ出兵し、新羅《しらぎ》・百済《くだら》・高句麗《こうくり》を帰服させた。応神天皇の母で、六九年間摂政を務めたという。
⑥➡解説。
⑦手本。
⑧おっしゃるとおり、の意だという。
⑨仏教語。ありとあらゆる世界。全世界。以下二行、高杉晋作作と伝えられる歌詞の流用。
⑩夜明け烏が鳴くと夜が明けて、起きなければならなくなるから。
⑪「死なし」とも。
⑫長門の国（旧国名）の別称。現山口県の北部・西部。
⑬江戸時代末期の倒幕派の志士。長州藩の正規兵外による軍隊（奇兵隊）を結成し、第二次長州征伐時や戊辰《ぼしん》戦争等で活躍した。

山口県のお座敷唄。山口県の北中部、それも日本海に面した萩《はぎ》市の花柳界の宴席で、芸者衆が唄ってきたものである。萩は、毛利氏三六万九千石の城下町であった。

別名　オーシャリ節。維新節。

唄の履歴　この唄の源流は、江戸時代末期から明治時代初期に日本中の花柳界で大流行した「本調子甚句《じんく》」である。それが、江戸時代末期頃に、はやし詞「そうじゃおまへんか」が加えられて、大坂地方を中心に唄われた。その『そうじゃおまへんか節』が各地の花柳界へ広まって、山形県下では『酒田甚句』に、熊本県下では『熊本甚句』（現在の『おてもやん』）になった。

そして萩の花柳界にも伝えられたが、この唄は、明治維新の政争の中に巻き込まれてしまった。当時、長州藩（毛利藩）は、藩内が尊皇派と佐幕派に割れて争っていた。尊皇派の藩主毛利敬親《たかちか》は、佐幕派の多い萩にいにくくなったため、一八六三年四月一六日に、日帰りの湯治を口実に萩を抜け出し、山口（山口市）の藩邸へ移った。そして、尊皇攘夷に傾いた長州藩は、開国を求める外国の軍艦や商船へ向かって、下関《しものせき》（下関市）の砲台や軍艦から発砲を始めた。発砲は五月一〇日から三度にわたって行われたが、六月一日にアメリカ軍艦が反撃して亀山砲台を破壊し、軍艦二隻を撃沈し、一隻を大破した。五日には、フランス軍艦の兵士が上陸して前田砲台を破壊し、兵営の寺や民家を焼き払った。

　このことが萩城下へ伝えられると、藩の幹部は、海岸から遠い山口の藩邸へ避難してしまった。そのため、萩城下の人たちは、外国軍艦が萩へ攻めてくるのではないかと、大混乱に陥った。そこで、その混乱を鎮めようと、浜崎町方の発案で、菊ヶ浜（萩市北中部の海岸）の六ヶ所に、大砲を据えるための土塁造りを、官民総動員で始めることになった。しかし、藩の力がなくなっているので、参加者は勝手放題で、工事現場へ酒肴《しゅこう》や音曲を持ち込む者まで現れた。奥女中や商家の女主人などにいたっては衣装競べを始め、ついに呉服屋が工事現場に店を出すほどになった。そこで藩は派手な衣装を禁じ、九月上旬にやっと土塁が完成した。

　この工事は、男は下関へ出兵していたので女が中心になって行ったため、女台場と呼ばれたが、武士《おとこ》の弱腰を皮肉って、

〽男なら
　お槍《やり》担がせ　お仲間《ちゅうげん》を連れて
　攻めて行きたや　下関
　女ながらも　武士の妻
　まさかの時には　締め襷《だすき》
　三韓退治が　手本じゃそうな
〽男なら
　お槍担いで　お仲間となって
　ついて行きたや　下関
　尊皇攘夷と　聞くからは
　女ながらも　武士の妻
　まさかの時には　締め襷
　神功《じんぐう》皇后さんの　三韓退治が
　鑑《かがみ》じゃないかいな

などと、先の唄の替え唄が唄われた。「そうじゃおまへんか」の部分は「鑑じゃないかいな」と替えられた。また、はやし詞の「オーシャリ　シャーリ」は「おっしゃるとおり」という意味だという。

　それから七〇年ほど過ぎた一九三五年四月五日から五月一五日まで、萩市で「萩史蹟産業大博覧会」が催された。その時、萩市助役の市川一郎（元陸軍大佐）が、母親のタツ（八六歳）の記憶を元に『男なら』を復元しようと考えた。そこで、同年六月に、萩の音楽家安藤清彦にピアノ伴奏のつく曲に編曲してもらい、三味線の手をつけ直し、七月に、広島県呉《くれ》市から萩の巴城《ともしろ》券番へ踊りを指導に来ていた花柳寿豊に振り付けを依頼した。そして、一〇月二〇日に、萩の女子青年団や連合婦人会の人たち三千人が参加して、菊ヶ浜台場修築工事跡で発表会が行われた。三味線は、市川助役自身がひいた。

　同月三一日には、愛国婦人会萩市分会総会に総裁の東伏見宮妃殿下が臨席され、式典のあと、萩市東田町の毛利氏別邸での酒宴で『男なら』が披露された。唄い手は、花月堂（菓子屋）の女主人中村トキ（五二歳）であった。その一か月後、愛国婦人会会長の本野久子が、妃殿下は『男なら』が大変気に入ったと、萩へ伝えてきた。それで関係者は張り切って、映画化やレコード化を企画したが、関連が皇室にまで及んだため、芸者衆は敬遠して、アマチュアの愛国婦人会や女子青年団に演じさせた。そして、太平洋戦争終了まで、芸者衆が唄うことを禁じてしまった。

　一九三六年一月一四日、萩市西田町のレコード商有吉伝次郎の紹介で、中村トキが、コロムビアレコードに吹き込むために上京し、山口県防府《ほうふ》市出身の作曲家大村能章に編曲を依頼した。それが、音丸の唄でレコード化された。伴奏は、三味線豊吉とオーケストラであった。

　一九四四年になると、「神功皇后さんの　三韓退治が」は日朝融和に反するからと、「雄々しい姿が」に替えられた。そして、五一年一月一五日には、萩市の公民館に集まった山口県商工部観光課次長山本明治・萩市商工会事務長葭浜信夫・萩市立図書館館長河野道らが、「尊皇攘夷と聞くからは」を「お国の大事と聞くからは」と改め、中村トキの唄で吹き込みをし直した。民謡がこれほど政治に振りまわされたのも珍しいが、大衆の唄が政治にかかわりを持ったり利用されたりすることには気をつけなければならない。

節まわしの型　今日広く唄われている節まわしは、太平洋戦争後の、中村トキのものである。

補足　この唄は、歌詞が政治がらみで、軍国の女の亀鑑という感じが強い。男女の人情の機微や、長州の風土・風俗を詠んだ歌詞を補って、お座敷唄として、粋に、艶っぽく、華やかに唄うものへと替える必要がある。

南《なん》蛮《ばん》音《おん》頭《ど》

本唄〔音頭取り〕

〽ハァー①南蛮《なんば》押《お》せ押《お》せ　押《お》しゃこそ揚《あ》がる
揚《あ》がる②五平太《ごへいた》のヤットコセ　③竪坑掘《たてこうぼ》りヨー

長ばやし〔音頭取り〕

（〔はやし手〕サノオ）　④後山《あとやま》　⑤先山《さきやま》　お前《まえ》は
⑥晩《ばん》コか　ギッコラサー
《繰り返し》〔はやし手〕
揚《あ》がる五平太《ごへいた》のヤットコセ　竪坑掘《たてこうぼ》りヨー

〽わしも若《わか》い時《とき》や　⑦緑ケ浜《みどりがはま》の
男《おとこ》泣《な》かせの　南蛮押《なんばお》し

〽⑧宇部《うべ》の五平太《ごへいた》は　南蛮《なんば》で揚《あ》がる
揚《あ》がる五平太《ごへいた》に　花《はな》が咲《さ》く

〽花《はな》じゃ蕾《つぼみ》じゃ　押《お》せ押《お》せ南蛮《なんば》
枝《えだ》に実《み》も生《な》りゃ　葉《は》も茂《しげ》る

〽思案《しあん》しながら　南蛮《なんば》を押《お》せば
押《お》した南蛮《なんば》も　後戻《あともど》り

注①⬇解説。
②石炭のこと。北九州で、五平太という人が初めて掘り出したことから。
③地表から垂直に穴を掘っていって、石炭を掘り出すこと。
④掘った石炭を運び出す人。
⑤坑道の中で石炭を掘る人。
⑥夜に坑道の中へ入って仕事をする人。
⑦現宇部市中南部の海岸。旧炭坑地帯。
⑧⬇解説。

山口県の、お座敷唄形式の新民謡。山口県南西部にある宇部《うべ》市の花柳界の宴席で、芸者衆が唄ってきたものである。

唄の履歴　この唄は、作曲家藤井清水《きよみ》が、一九二九年一一月一二日に宇部電鉄専務取締役浜田浅一の案内で宇部を訪ねて、野口雨情《うじょう》の詞に曲づけしたものである。

「南蛮」とは、現タイ・フィリピン・インドネシアなどの南方諸国や、ポルトガル・スペインなどから渡来したものという意味であるが、ここでは、炭坑で用いられた轆轤《ろくろ》のことである。宇部は、江戸時代から大規模な海底炭田が開発され、石炭産業が栄えていた。

地底で掘った石炭を入れた箱の綱を、竪坑《たてこう》の上の滑車（せみ）を通して「南蛮」に結びつける。「南蛮」の直径は四尺（約一・二一メートル）で、八本の横木が放射状についている。（漁師が船を曳き上げるのに用いる「神楽《かぐら》さん」と同じものである。）これを、女たちが一分間に一二〇歩ほどの速さで歩きながら押し続けて綱を巻き取り、石炭を地上へ曳き上げる。

この「南蛮」を押しながら唄うのが「南蛮唄」で、藤井清水は、その伝承民謡の仕事唄を編曲したのである。

節まわしの型　今日広く唄われている節まわしは、東京在住の民謡家たちのものである。

ヨイショコショ節《ぶし》

〽磨《みが》き上《あ》げたる　剣《つるぎ》の光《ひかり》
雪《ゆき》か氷《こおり》か　①下関《しものせき》ヨイショ　コショデー
ヨサノサァ　下関《しものせき》

〽②長州殿様《ちょうしゅうとのさま》　力《ちから》が強《つよ》い
③三十六万石《さんじゅうろくまんごく》　④棒《ぼう》に振《ふ》る

〽梅《うめ》と香《かお》りて　桜《さくら》と散《ち》りゃれ
わたしゃ嫌《いや》だよ　⑤柳武士《やなぎぶし》

〽⑥三千世界《さんぜんせかい》の　⑦烏《からす》を⑧殺《ころ》し
主《ぬし》と朝寝《あさね》が　してみたい

〽これのお⑨背戸《せど》に　茗荷《みょうが》と⑩蕗《ふき》が
茗荷《みょうが》⑪（冥加）目出度《めでた》や　蕗《ふき》⑫（富貴）繁昌《はんじょ》

〽うれし目出度《めでた》の　若松様《わかまつさま》よ
枝《えだ》も栄《さか》える　葉《は》も茂《しげ》る

〽枝《えだ》が栄《さか》えて　お庭《にわ》が暗《くら》い

おろせ小松《こまつ》の　一《いち》の枝《えだ》
〽⑬菊《きく》が開《ひら》けば　⑭葵《あおい》が枯《か》れる
長州《ちょうしゅう》　⑮沢潟《おもだか》　花《はな》が咲《さ》く

注①現下関市。山口県の南西端にある。作詞者は⬇解説。
②現山口県全域を支配した、長州藩の藩主毛利敬親のこと。
③長州藩の禄高。
④江戸幕府による、二度の長州征伐をいう。一八六四年に禁門の変で長州藩士が皇居へ発砲したために、また、六六年に倒幕運動を鎮圧するために、幕府が長州へ出兵した。
⑤柳が風の吹くままになびくことから、自分の主義・主張を持たない武士、の意。
⑥仏教語。ありとあらゆる世界。全世界。⬇解説。
⑦夜明け鳥が鳴くと夜が明けて、起きなければならなくなるから。
⑧「死なし」とも。
⑨家の裏口。
⑩「蕗と」とも。
⑪知らないうちに受ける、神仏の援助や保護。
⑫財産が豊かで、身分が高いこと。ふうき。
⑬菊の紋章から、天皇家のこと。⬇解説。
⑭葵の紋章から、徳川家のこと。
⑮沢潟の紋章から、長州藩主、毛利家のこと。沢潟は、池・沼・水田などに自生する多年草。泥土中の根茎から出る長い柄の先に、やじり形の葉をつける。夏、六〇㌢ほどの花茎に白色の花が咲く。

山口県のお座敷唄。山口県下の花柳界の宴席で、芸者衆が唄ってきたものである。

唄の履歴　この唄の源流は不明である。『ヨイショコショ節』という曲名は、七七七五調の歌詞の四句目（五音）の前に「ヨイショ　コショデーヨサノサー」が入るところからの名称であるが、江戸時代末期から明治時代の初めに山口県下を中心に流行した。しかし、同系統の唄は、ほかには見当たらない。

その『ヨイショコショ節』、明治維新で長州の人たちが役人になって東京へ進出したため、東京の花柳界でも盛んに唄われた。

ちなみに、前掲の歌詞「〽磨き上げたる…」は、幕末の奇兵隊士宮城彦助の作、「〽三千世界の…」は、奇兵隊を組織した高杉晋作の作、「〽菊が開けば…」は、長府屋お倉の作と伝えられている。

なお、この唄は、のちに志賀廼家淡海《しがのやたんかい》によって『淡海節』（五〇五ページ）に作り替えられた。

節まわしの型　今日広く唄われている節まわしは、東京の俗曲の唄い手たちのものである。

補足　歌詞が、幕末の長州の志士がらみで、理屈っぽすぎるものばかりである。お座敷唄として、男女の機微や、長州の風土・風俗を詠んだ歌詞を加えるほうがよい。

香川県

一合播《いちごうま》いた

数え唄

〽エエー①一合播《いちごうま》いた　②籾《もみ》の種子《たね》
その③枡有《ますあ》り高《だか》は（コリャセー）
④一石《いちこく》⑤一斗《いっと》⑥一升《いっしょう》　一合《いちごう》と⑦一勺《いっしゃく》
（ハァヨーホイ　ヨーホイ　ヨーイヤセー　コリャセー）
☆〔以下、数字が一つずつ増えていく〕

〽九合播《くごうま》いた　籾《もみ》の種子《たね》
その枡有《ますあ》り高《だか》は
九石九斗九升《きゅうこくきゅうときゅうしょう》　九合《きゅうごう》と九勺《きゅうしゃく》

止め唄

〽エエー⑧丸《まる》くなれ　丸《まる》くなれ
ちょいと丸《まる》くなれ（コリャセー）
十五夜《じゅうごや》⑨お月《つき》さんほど　ちょいと丸《まる》くなれ

注①約〇・一八リットル。
②高松市の塩江《しおのえ》町農民節では「籾種子の」。
③枡で計った現在の量は。
④約一八リットル。一合の種子から、以下の量だけ収穫した、の意。
⑤一石の十分の一。
⑥一斗の十分の一。
⑦一合の十分の一。
⑧盆踊りの輪のこと。
⑨塩江町農民節では「月のように」。

香川県の盆踊り唄。香川県の中部から東部にかけての人たちが、お盆に唄い踊ってきたものである。

別名　讃岐盆踊り唄。讃岐節。

唄の履歴　この唄の歌詞の源流は、稲の開花期に唄い踊る「豊年踊り」である。それは、収穫期を前にして「籾の種子」が千倍以上に増えたと唄って、田の神に豊作を約束させるための踊りであった。

この歌詞は、手鞠唄《てまりうた》の「一匁《もんめ》の一助さん　一の字が嫌いで　一万一千一百石　一斗一斗一斗まのお蔵に納めて　二匁に渡した」や、長野県松代《まつしろ》町（現長野市内）の祇園《ぎおん》神社例祭で踊られる『大門《おおもん》踊り』の「一番目の早乙女《さおとめ》の　計りし米は　一万石一十一斗　一升一合　一勺一才まで　計り納めて二番目へ渡した」なども同種のものと考えれば、日本中に分布している。その大元は、室町時代から唄い踊られていた「穀旦《こくだん》（段）舞《まい》」の「一番目の大黒さん　一石一斗一升まで　金の金枡で鉄《くろがね》の斗掻き棒で　斗掻きかけるも　穀旦（段）よ…」であるらしい。それは、「大黒舞」と同じような、正月を祝う門付け芸であった。

一方、節は、西日本地方に広く分布する「松坂踊り」を利用したものと考えられる。とりわけ「止め唄」は、その感が強い。それが、田の神に豊作を祈って唄い踊る「豊年踊り」として農村に定着した。

ところが、農業技術の進歩につれて田の神信仰が薄れると、豊年予祝踊りも廃り始めた。そして、稲の開花期がお盆の時期と近いことから、いつのまにかお盆の踊りの中に吸収されてしまい、今日では「盆踊り唄」として唄い継がれている。

なお、この『一合播いた』とそっくりの唄が、瀬戸内海沿岸の四国・中国地方から九州、さらに日本海側の京都府宮津市にまで点在している。

節まわしの型　今日広く唄われている節まわしは、高松市の民謡界の人たちのものである。

金毘羅船々《こんぴらふねふね》

〽①金毘羅船々《こんぴらふねふね》　②追風《おいて》に帆《ほ》掛《か》けて　シュラシュシュシュウ
まわれば四国《しこく》は　③讃州《さんしゅう》④那珂《なか》の郡《こおり》　⑤象頭山《ぞうずさん》
⑥金毘羅《こんぴら》　大権現《だいごんげん》
（⑦一度《いちど》まわれば）

〽⑧金毘羅御山《こんぴらみやま》の　青葉《あおば》の陰《かげ》から　キララララ
⑨金《きん》の御幣《ごへい》の　光《ひかり》がちょいと射《さ》しゃ　⑩海上《かいじょう》は
雲霧《くもきり》　晴《は》れ渡《わた》る

〽金毘羅《こんぴら》　⑪石段《いしだん》　桜《さくら》の真盛《まさか》り　チラララ
振《ふ》り袖《そで》⑫島田《しまだ》が　さっさと登《のぼ》るよ　裾《すそ》には降《ふ》
りくる　花《はな》の⑬雪《ゆき》

〽お宮《みや》は金毘羅《こんぴら》　⑭船神様《ふながみさま》だよ　ララララ
⑮時化《しけ》でも無事《ぶじ》だよ　⑯雪洞《ぼんぼり》ゃ明《あか》るい　錨《いかり》を降《お》
ろして　遊《あそ》ばんせ

〽⑰金毘羅大祭《こんぴらたいさい》　⑱夜更《よふ》けの行列《ぎょうれつ》　ヨイセッセ
⑲鳥毛《とりげ》の掛《か》け声《ごえ》　⑳頭人《とうにん》の㉑下座《げざ》触《ぶ》れ　㉒神事場《しんじば》は
花火《はなび》で　白《しら》みゆく

注①⬇補足。
②船の進行方向へ向かって吹く風。追い風。
③讃岐の国（旧国名）の別称。現香川県全域。
④那珂郡。一八九九年に多度郡と合併して仲多度郡となった。
⑤琴平町南西端の琴平山（五二一メートル）のこと。東方から見ると、象の頭の形に見える。中腹に金刀比羅宮がある。「金毘羅大権現」の山号でもあった。
⑥金刀比羅宮《ことひらぐう》の、神仏混淆時代の旧称。
⑦歌詞が一巡したことと、拳をする二人が、勝負がつかずに、ここで体を一回転させることを意味する。
⑧象頭山のこと。
⑨太陽の光のこと。
⑩「海山」「街道は」とも。
⑪参道入り口から本宮まで七八五段、本宮から奥社まで五八三段、計一三六八段ある。
⑫島田髷の娘が。島田髷は日本髪の髪型で、未婚の女性が結うもの。
⑬「雲」は誤唱。
⑭金毘羅さんは海上安全の守護神。
⑮風雨のため、海が荒れること。
⑯小形の行灯《あんどん》。脚と台座をつけた枠に紙をはり、中に火をともす照明器具。
⑰金刀比羅宮の例大祭。毎年一〇月九〜一一日に行われる。
⑱神輿は一〇日の深夜一二時に本宮を出発して神事場へ向かい、先払い・頭人・神職など約五百名が行列を作る。
⑲鳥毛棒（先端を鳥の羽でおおった棒）を捧げ持った、先払いの者の。
⑳祭りの斎主で、少年少女各二名。約一月間潔斎した少年は馬に、少女は駕籠《かご》に乗って、神輿の前に立つ。
㉑先駆けの者が、頭人の行列が通ることを触れて歩くこと。
㉒渡御した神輿を安置し、舞楽などを奉納する所。金倉川《かなくら》の東岸にある。行宮《あんぐう》・御旅所・南神苑とも。

香川県のお座敷唄。香川県の中西部、金刀比羅《ことひら》宮《ぐう》の鳥居前町、仲多度《なかたど》郡琴平《ことひら》町の花柳界の宴席で、芸者衆が唄ってきたものである。

唄の履歴　この唄の源流は不明である。珍しい詞型で、しかも、上掲一番目の歌詞一首しかなく、はやし詞の「一度まわれば」から初めへ戻って唄い続ける。（他の歌詞は昭和時代に入ってから補作したものである。）

終わりのない唄で、二上りの派手な三味線伴奏がついていて、「一度まわれば」というはやし詞のあることを併せ考えると、花柳界の拳遊《けんあそ》びの唄が思い浮かぶ。それは、金毘羅参りのお客と芸者が向き合い、「追風《おいて》に帆掛けて　シュラシュシュシュ」と唄う文句に合わせて、着物の裾《すそ》をはしょって駆ける格好をして拳をする遊びで、「一度まわれば」で二人が一回転して、また拳をする。そうした唄が、いつか拳遊びから放れて、唄だけが宴席で唄われたのである。

節まわしの型　今日広く唄われている節まわしは、琴平の芸者衆のものである。

補足　金毘羅船とは、金刀比羅宮へ参詣に向かう人たちを本州から四国へ渡す船のことである。四国側の港は丸亀（香川県丸亀市）と多度津（仲多度郡多度津町）で、大坂から海上約五〇里（約一九六キロ）、兵庫（現神戸港）から約四〇里、室津（兵庫県たつの市御津町）から約二五里、西大寺《さいだいじ》（岡山市）から約一二里、宇野（岡山県玉野市）から約七里、下津井（倉敷市）から約五里であった。さらに、和歌山・大坂方面からの金毘羅船の中には、淡路島の南を通って阿波の徳島（徳島市）入りするものもあった。（⬇五九九ページ）

讃岐踊《さぬきおど》り

前　唄

〽①讃岐《さぬき》②高松《たかまつ》　芸所《げいどころ》
どの町通《まちとお》ても　③ツンチンツンツンツン
④ねんごげに踊《おど》って　⑤おいでまいよ
⑥ほんどり踊《おど》って　おいでませ

本唄・「⑦一合播《いちごうま》いた」

後　唄

〽エェー⑧屋島《やしま》⑨時雨《しぐ》れて　⑩八栗《やくり》は晴《は》れて
（コリャセー）
⑪壇《だん》ノ浦《うら》では　チョイト薄曇《うすぐも》り
（ハァ　ヨーホイ　ヨーホイ　ヨーイヤ
セー　コリャセー）

前　唄

〽⑫玉藻《たまも》のお城《しろ》に　⑬瀬戸《せと》の風《かぜ》
⑭丸亀城《まるがめじょう》には　⑮団扇風《うちわかぜ》
浜《はま》は⑯坂出《さかいで》　潮風《しおかぜ》よ
わたしゃあなたに　恋《こい》の風《かぜ》

〽お国自慢《くにじまん》の　その中《なか》で
⑰弘法《こうぼう》さんは　⑱筆頭《ふでがしら》
⑲田宮坊太郎《たみやぼうたろう》　⑳丸亀《まるがめ》で
㉑源内《げんない》さんは　㉒志度《しど》の人《ひと》

〽玉藻《たまも》のお城《しろ》に　朝日影《あさひかげ》
㉓常盤《ときわ》の松《まつ》の　深緑《ふかみどり》
唄《うた》えや小鳥《ことり》よ　面白《おもしろ》く
踊《おど》れや㉔胡蝶《こちょう》よ　華《はな》やかに

後　唄

〽㉕盆《ぼん》の十四日《じゅうよっか》の　㉖蓮《はす》の葉《は》の団子《だんご》
一夜《ひとよ》さ揉《も》まれて　流《なが》された

〽的《まと》は扇《おうぎ》か　狙《ねら》いは姫《ひめ》か
㉗那須《なす》の与一《よいち》の　㉘梓弓《あずさゆみ》

〽㉙女木《めぎ》という名《な》は　しおらしけれど
昔《むかし》や恐《おそ》ろし　㉚鬼ヶ島《おにがしま》

注①讃岐の国（旧国名）。現香川県全域。
②現高松市。
③三味線の口譜《くちふ》。
④自慢そうに。
⑤いらっしゃいよ。
⑥沢山。十分に。
⑦歌詞は五八九ページ。
⑧高松市北東部の島（現在は陸続き）。源平合戦の古戦場。一ノ谷の合戦に敗れ屋島へ逃れた平家は、一一八五年二月に源　義経《みなもとのよしつね》の軍勢に急襲されて敗走。続く長門の壇ノ浦の合戦で滅亡した。
⑨時雨が降って。時雨は初冬の雨で、しばらくの間激しく降ってはやみ、降ってはやみするもの。
⑩八栗山。高松市北東端の八栗半島にある五剣山（三六六メートル）のこと。
⑪屋島と八栗半島の間にある入り江。
⑫玉藻城。高松城の別称。
⑬瀬戸内海から吹いてくる風。
⑭現丸亀市市街地の南東方にある。
⑮丸亀市は団扇の、日本一の生産地。
⑯現坂出市。香川県の北中部にある。江戸時代から製塩業が盛んであった。
⑰弘法大師。平安時代初期の僧空海のおくり名。八〇四年に遣唐使となり、八一六年に高野山金剛峯寺《こんごうぶじ》を開山。真言宗の開祖。讃岐の人。
⑱毛筆の字が、最も上手な人。
⑲江戸時代初期の伝説上の人物。幼くして父を丸亀藩士に謀殺されたが、一五年後に仇を討った。
⑳現丸亀市。
㉑姓は平賀。江戸時代中期の科学者・発明家・戯作者。
㉒現さぬき市北部の地名。
㉓葉が、いつまでも変わらない深緑色で。
㉔蝶々。
㉕陰暦七月一四日。月遅れの盆では陽暦の八月一四日。
㉖蓮の葉の上にのせた団子。仏前に供えたあと、川や海へ流す。
㉗⬇五四八ページ。
㉘梓の木で作った弓。
㉙女木島。高松港の北方海上に浮かぶ島。周囲約八キロ。桃太郎の鬼退治伝説がある。
㉚女木島の別称。

香川県の、お座敷唄形式の新民謡。香川県の北中部、旧城下町高松（高松市）の花柳界の宴席で、芸者衆が唄い踊ってきたものである。

唄の履歴　香川県の盆踊り唄『一合播《ま》いた』（五八九ページ）は、単に数字が増えていくだけの同一歌詞しか存在しないため、単純すぎて、酒席の遊び唄にはなりにくい。そこで、一九三五年春に、高松市商工会議所が、観光宣伝用の、高松名所づくしの歌詞を、高松市在住の詩人河西新太郎に依頼した。

　河西は、伝承民謡の『一合播いた』を「本唄」にし、これに「前唄」と「後唄」を加えて『讃岐踊り』とした。

　作曲者は不明であるが、芸者衆がいろいろ手を加えるうちにまとまったものか、作詞者が口ずさんだ節に芸者衆が手を入れたものなのであろう。「前唄」は地口風《じぐちふう》の、わらべ唄的な、軽快な唄に、「後唄」は粋な、新民謡風の唄になっている。

　今日、ともすると伝承民謡の『一合播いた』（盆踊り唄）と新民謡の『讃岐踊り』（お座敷唄）の曲名が混同されるので、きちんと区別する必要がある。

　節まわしの型　今日広く唄われている節まわしは、高松市の民謡界の人たちのものである。芸者衆のものは世間には出てきていない。

徳島県

阿波踊《あわおど》り

前ばやし〔踊り手の一人〕

＼アァラ　エライヤッチャ　エライヤッチャ
　ヨイヨイ　ヨイヨイー
踊《おど》る阿呆《あほう》に　見《み》る阿呆《あほう》
同《おな》じ阿呆《あほ》なら　①踊《おど》らにゃ損々《そんそん》

本　唄〔音頭取り〕

＼②阿波《あわ》の殿様《とのさま》　③蜂須賀様《はちすかさま》が
④今《いま》に残《のこ》せし　⑤阿波踊《あわおど》り
（アァラ　エライヤッチャ　ヨイソラ
　ヨイヨイ　ヨイヨイ　ヨイヨイー）

長ばやし〔踊り手の一人〕

＼笹山通《ささやまとお》れば　笹《ささ》ばかり
⑥石山通《いしやまとお》れば　石《いし》ばかり
猪《いのしし》豆食《まめく》って　ホォイ　ホイ　ホイー

本　唄

＼踊《おど》り踊《おど》らば　⑦科《しな》よく踊《おど》れ
科《しな》の⑧よい娘《こ》を　嫁《よめ》に取《と》る
＼顔《かお》は見《み》えねど　編《あ》み笠《がさ》越しに
主《ぬし》を見初《みそ》めた　盆踊《ぼんおど》り
＼秋《あき》の⑨時雨《しぐれ》に　紅葉《もみじ》を染《そ》めて
流《なが》れ筏《いかだ》の　⑩吉野川《よしのがわ》
＼こうも⑪鳴門《なると》て　未練《みれん》の深《ふか》み
それで⑫渦《うず》ほど　気《き》がまわる
＼唄《うた》え唄《うた》えと　せきたてられて
唄《うた》いかねます　ひよこ鳥《どり》
＼⑬ままよままよと　捨《す》ておく気《き》なら
⑭初手《しょて》に手出《てだ》しは　せぬがよい
＼⑮滝《たき》の桜《さくら》と　心《こころ》の花《はな》を
徒《あだ》に散《ち》らさす　⑯まぜが吹《ふ》く
＼阿波《あわ》の⑰徳島《とくしま》　⑱十郎兵衛《じゅろべえ》娘《むすめ》
⑲お鶴《つる》いとしや　⑳巡礼《じゅんれい》唄《うた》
＼巡礼《じゅんれい》お鶴《つる》の　あの㉑菅笠《すげがさ》に
いとし涙《なみだ》の　雨《あめ》が降《ふ》る
＼惚《ほ》れた惚《ほ》れぬは　目元《めもと》でわかる
惚《ほ》れた目元《めもと》は　㉒糸柳《いとやなぎ》
＼鳥《とり》も㉓はらはら　夜《よ》もほのぼのと
鐘《かね》も鳴《な》ります　寺々《てらでら》に
＼阿波《あわ》の踊《おど》り子《こ》　㉔よしこのばやし
㉕盆《ぼん》の三日《みっか》を　町々《まちまち》へ
＼盆《ぼん》に見《み》せたい　編《あ》み笠姿《がさすがた》
誰《だれ》と踊《おど》ろか　宵星《よいぼし》に
＼阿波《あわ》の徳島《とくしま》　城下《じょうか》の町《まち》は
今《いま》も踊《おど》りの　㉖ぞめき唄《うた》

〽阿波《あわ》の城山《しろやま》㉗　昔《むかし》も今《いま》も
ぞめき踊《おど》りの　声《こえ》がする

〽野辺《のべ》の草木《くさき》は　刈《か》り取《と》られても
土《つち》に思《おも》いの　根《ね》を残《のこ》す

〽まぜがそよそよ　浮《う》き名《な》の風《かぜ》で
滝《たき》㉘の山《やま》から　花咲《はなさ》かす

〽盆《ぼん》の月夜《つきよ》は　新町川《しんまちがわ》㉙に
今《いま》も藍蔵《あいぐら》㉚　思《おも》い出《だ》す

〽越《こ》㉛すに越《こ》したが　新町橋《しんまちばし》㉜は
月《つき》を隠《かく》した　恋《こい》の闇《やみ》

長ばやし

〽瓢簞《ひょうたん》ばかりが　浮《う》㉝きものか
わたしの心《こころ》も　浮《う》いてきた
後先《あとさき》や子供《こども》じゃ　危《あぶ》ない危《あぶ》ない

注①「踊らな」とも。
②旧国名。現徳島県全域。
③名は家政。一五八五年に徳島へ入封。一七万石。「蜂須賀公が」とも。
④➡解説。
⑤「盆踊り」とも。
⑥「大谷通れば」とも。
⑦しぐさ。体の動きから受ける感じ。
⑧「よいのを　妻に持つ」とも。
⑨晩秋〜初冬の雨で、しばらくの間激しく降ってはやみ、降ってはやみするもの。
⑩四国中央部の山地に発して東流、北流、東流し、徳島市で紀伊水道へ注ぐ川（約一九四キロ）。
⑪鳴門海峡。鳴門市北東部と淡路島の間の、狭い海。「こうなるとて」を掛ける。
⑫渦潮。
⑬どうにでもなれ。
⑭最初に。
⑮大滝山。徳島市中央部にある眉山の東麓の、現寺町辺り。大滝山持明院があった所で、かつての桜の名所。
⑯徳島県では南風、また南東風。帆船時代は出航によい風で、男女の別れの風になった。
⑰現徳島市。
⑱浄瑠璃「傾城《けいせい》阿波の鳴門」（近松半二他作）中の人物。主家の盗まれた宝刀を捜すために盗賊になる。
⑲別れた親を捜す巡礼娘。所持金を見て十郎兵衛が貸せと頼むが、大声で拒むため、口を封じようとして窒息死させてしまう。のちに、実の娘と知る。「年は九つ　名はお鶴」とも。
⑳御詠歌。巡礼者が唄う、仏や霊場をたたえる唄。
㉑菅で作った編み笠。菅は、水辺や湿地に生える多年草。茎は三角形で、葉は細長い。
㉒枝垂れ柳の葉のように細い、の意。
㉓鳥が一斉に飛び立つさま。訛って「ばらばら」とも。
㉔よしこの節。『阿波踊り』で唄う唄。
㉕陰暦七月一四日から一六日まで（現在は陽暦八月一二日から一五日まで踊る）。
㉖➡解説。
㉗徳島城があった所。徳島市市街地の中央部の山。
㉘大滝山。➡注⑮。
㉙吉野川最下流部に架かる吉野川橋の西方から分流し、徳島市の市街地を南流、南東流して徳島港へ注ぐ川（約七・三キロ）。
㉚藍玉を保管しておく建物。藍玉は、水を打って発酵させた藍の葉を搗き固めたもの。新町川の河岸から、船に積んで日本中へ輸送した。
㉛江戸時代は、他の町へ踊り進むことは禁じられていた。その禁を破って新町橋の向こうまで踊って行ったが。
㉜現徳島駅南方の、新町川に架かる橋。
㉝「浮くものか」とも。

徳島県の盆踊り唄。蜂須賀氏一七万石の旧城下町徳島（徳島市）の人たちが、お盆に唄い踊ってきたものである。

別名　唄が「はいや節」から「よしこの節」に替わってからは「阿波よしこの」とも。

唄の履歴　この唄の源流は、九州天草《あまくさ》の熊本県天草市牛深《うしぶか》町で生まれた『牛深はいや節』（六七四ページ）である。それが大坂通いの帆船によって瀬戸内海沿岸の港町へ運ばれ、酒席で唄われていた。その瀬戸内海には、大坂—松前（北海道）間を往来する北前船が就航しており、松前からの積み荷の中心は、鰊《にしん》の搾《し》め粕《かす》であった。それは、中国地方では棉の栽培に、四国地方では讃岐《さぬき》（香川県）の砂糖黍《きび》や、阿波（徳島県）の藍《あい》の栽培に欠かせない肥料であった。そのため、北前船が徳島港にも入り、「はいや節」も伝えられた。

さて、『阿波踊り』という曲名は意外に新しく、昭和も一〇年代（一九三五〜）に入ってからのものである。それ以前は「徳島踊り」と呼ばれており、明治時代までは唄も伴奏も踊りも「はいや節」そのままであった。したがって、広島の『三原ヤッサ』（五五六ページ）と同系統のものであったが、広島から徳島へ伝わったものでも、その逆でもなく、同種の唄が瀬戸内海地方一円で流行していたと見るほうがよい。

　ところで、徳島は芸所で、江戸時代から太平洋戦争前までは、お盆になると粋人たちによって「俄《にわか》」が演じられた。それは一種の即興劇で、街頭で、二、三人で時事諷刺の寸劇を演じたり、仮設舞台で衣装をつけて歌舞伎の一場面を演じたりするものであった。また、街頭で芸を披露する「流し」は、現在でも行われている。町中を尺八を吹いて行く人、二〜三人連れで三味線のひき語りをする人、弟子たちと三味線を合奏しながら流していく師匠などがいて、城下町らしい、優雅なものである。

　これらは朝方から夕方にかけて行われたが、夜には、大勢の人たちが町へ出て乱舞する「ぞめき」踊りとなった。それが今日の『阿波踊り』へ発展したのである。「ぞめき」とは「浮かれ騒ぐこと」で、特に、花柳界の酒席で三味線をかき鳴らして唄い騒ぐ「騒ぎ唄」を意味する。

　徳島の花柳界の「騒ぎ唄」は「はいや節」であった。その踊りは、手を頭上にかざして腰を振る、乱痴気騒ぎのような踊りで、それを、お盆に町中へ持ち出した。その、行進しながら踊る盆踊りは「虫送り」形式で、悪霊を自分たちの町から隣り町へ追い払っていくものである。三味線や鉦《かね》・太鼓の激しさ、熱っぽさも、悪霊を追い払うのに最適であった。

　しかし、明治時代の末頃、「はいや節」による野外踊りの「徳島踊り」が、一時廃ってしまった。そして、一九一三、一四年頃に復活させた時は、「よしこの節」（「どどいつ」の前身）が大流行していたため、唄を「よしこの節」に取り替えてしまった。その結果、伴奏と踊りは「はいや節」時代そのままの動的なもの、唄は静的な「よしこの節」という形になった。そして、現在の『阿波踊り』は毎年八月一二日から一五日まで行われ、揃いの衣装を着た二、三〇人から百人に及ぶ「連《れん》」（踊りの団体）が何十組も町中を踊り歩く、盛大なお祭りとなっている。

　なお、『阿波踊り』は、一五八七年七月一五日に初代藩主蜂須賀家政が徳島城の落成祝いに酒食を供し、無礼講としたため、職人・人夫や町人たちがにぎやかに唄い踊ったのが始まりだとする伝説がある。そして、前掲一首目の歌詞が元唄のような扱いになっている。しかし、この歌詞は昭和時代に入ってから作られたものである。日本人にはすべての始まりを藩主に求める好みがあるが、事実とは無縁である。

　また、現在の『阿波踊り』は、何十万人という観光客を集めるためのショーになっており、唄は不要で、必要なのは、踊りと打楽器のリズムだけという感じになっている。（三味線も打楽器がわりにひく傾向がある。）

　節まわしの型　今日広く唄われている節まわしは、徳島市の芸者、お鯉《こい》のものである。

阿波《あわ》の麦打《むぎう》ち唄《うた》

〽阿波《①あわ》の藍《②あい》ならヨーホホ　ヨホホーヤァ　昔《むかし》
　を今《いま》に
染《そ》まる色香《いろか》は　変《か》わりゃせぬヨホホーヤー
　トヨエー
（ハァ　打《う》っとけ　打《う》っとけ）

〽山《やま》は焼《や》けても　山鳥《やまどり》や飛《と》ばぬ
可愛《かわ》い我《わ》が子《こ》に　ひかされて

〽阿波《あわ》に来《く》るなら　お盆《ぼん》に来《③こ》んせ
町《まち》は渦巻《うずま》く　阿波踊《④あわおど》り

〽鳥《とり》もはらはら⑤　夜《よ》はほのぼのと
鐘《かね》が鳴《な》ります　寺々《てらでら》に

〽嫁《よめ》の晴《は》れ着《ぎ》に　白無垢《⑥しろむく》着《き》せて
藍《あい》で染《そ》めたい　家《⑦いえ》の紋《もん》

〽阿波《あわ》の徳島《⑧とくしま》　眉山《⑨びざん》の鐘《かね》は
一里《⑩いちり》聞《き》こえて　二里《にり》響《ひび》く

〽四万十川《⑪しまんとがわ》の　落《⑫お》ち合《あ》いよりも
阿波《あわ》の鳴門《⑬なると》が　ものすごい

〽雨《あめ》よ降《ふ》れ降《ふ》れ　七日《なのか》も八日《ようか》も
殿《との》の旅立《たびだ》ち　できぬよに
〽今《いま》は麦打《むぎう》ち　手《て》に豆七《まめなな》つ
夕《ゆう》べ殿御《とのご》に　見《み》せ話《はな》す
〽お前想《まえおも》たり　麦打《むぎう》ちしたり
見《み》やれ体《からだ》の　痩《や》せたこと

注①旧国名。現徳島県全域。
②紺色の染料。阿波の名産。
③「おいで」とも。
④➡五九三ページ。
⑤鳥が一斉に飛び立つさま。訛って「ばらばら」とも。
⑥白い布で仕立てた着物。ここでは婚礼衣装。
⑦家紋。
⑧現徳島市。
⑨徳島市の中央部にある山（二八三メートル）。中腹や山麓に多くの寺がある。
⑩約三・九三キロ。
⑪高知県北西部の山地に発して南流、西流、南東流し、四万十市南部で土佐湾へ注ぐ川（約一九二キロ）。
⑫川と川が合流する所。
⑬鳴門市北東部と淡路島の間にある鳴門海峡の渦潮のこと。

徳島県の仕事唄。徳島県の北東部、吉野川北岸の阿波市・板野郡一帯の農村で、農民たちが麦打ちをしながら唄ってきたものである。麦打ちとは、唐竿《からさお》（くるり棒）を用いて麦を脱穀する作業のことである（➡三五三ページ）。

別名　徳島麦打ち唄。しかし、「徳島」には県と市の双方があり、また、この唄は江戸時代から唄われているので、筆者（竹内勉）は、旧国名を冠《かぶ》せた『阿波の麦打ち唄』を採る。

唄の履歴　この唄の源流は不明である。阿波から讃岐《さぬき》（現香川県）にかけての農村では、「トーヨーエー節」が広く唄われている。それは、七七七五調の歌詞の一句目のあとに「ヨーホホ」「ヨーホエ」「ヨホホーヤ」「ヨーヤ」などが挿入され、四句目のあとに「ヨホホヤ　トーヨーエー」がつく。その唄は、この地方では麦打ちにも米搗きにも、藍《あい》打ちにも用いられた。藍打ちの場合は、麦打ちより二倍ぐらい速く唄ったという。

その麦打ち唄が、のちに徳島市の花柳界に入り、三下りの三味線伴奏がつけられて、艶っぽいお座敷唄になった。それが、芸者のお鯉《こい》の唄で電波に乗り、広まっていった。

節まわしの型　今日広く唄われている節まわしは、お鯉《こい》のものである。

祖谷甚句《いやじんく》

〽エェー①祖谷《いや》の②甚句《じんく》と　③蔓《かずら》の橋《はし》は
④聞《き》こえ渉《わた》らぬ　⑤島《しま》はない

長ばやし〔酒宴の同席者〕
〽アラ　お前《まえ》さんに　会《あ》おうとて
⑥たいてな辛抱《しんぼ》は　したわいなァ
来《き》なえ　毎晩《まいばん》

〽⑦甚句甚句《じんくじんく》と　名《な》はよいけれど
甚句《じんく》さほどの　唄《うた》じゃない
〽山《やま》が⑧高《たか》くて　あの家《や》が見《み》えぬ
⑨恋《こい》しあの人《ひと》　山憎《やまにく》や
〽ここで唄《うと》たら　向《む》かいで継《つ》げる
⑩いとこ妹様《いもとさま》かえ　愛《あい》らしや
〽ここで唄《うと》たら　聞《き》こよか殿《との》に
なんの⑪聞《き》こよに　⑫小畝《こうね》越し
〽⑬須磨《すま》と⑭屋島《やしま》の　⑮源平《げんぺい》つつじ
源氏平家《げんじへいけ》の　花戦《はないくさ》
〽源氏平家《げんじへいけ》の　⑯屋島《やしま》の戦《いくさ》
武者《むしゃ》が逃《のが》れた　祖谷《いや》の里《さと》
〽紺《こん》の前垂《まえだ》れ　松葉《まつば》の散《ち》らし
待《ま》つ（松）に来《こ》ん（紺）とは　気《き》にかかる
〽会《お》うて嬉《うれ》しや　別《わか》れが辛《つら》い
会《お》うて別《わか》れが　なけりゃよい

長ばやし

〽大《おお》きな提灯《ちょうちん》　⑰こんまい提灯《ちょうちん》
⑱行灯《あんどん》に提灯《ちょうちん》　⑲雪洞雪洞《ぼんぼりぼんぼり》

注①➡解説。
②酒盛り唄で、参会者が順番に唄い踊るもの。
③白口蔓（猿梨）を編んで作った吊り橋。長さ四五メートルほど。日本三奇橋の一。
④うわさになって伝わらない。
⑤村や集落。「暇《ひま》」ではない。
⑥大変な。
⑦五六一ページ『さんこ節』の、一首目の歌詞の替え唄。
⑧「高《たこ》うて」とも。
⑨「あの家恋しや」とも。
⑩親戚の娘か。真意は「恋人か」ということ。
⑪「聞こよか」とも。
⑫畑の向こうにいるのだから、の意。「畝」は、作物を植えるために、畑の土を列状に盛り上げたもの。
⑬現兵庫県神戸市須磨区の地名。源平合戦の古戦場一ノ谷がある。
⑭現香川県高松市の北東部にある、瀬戸内海へ突き出た島。現在は陸続きになっている。
⑮源氏は白旗を、平家は赤旗を用いたことから、同じ木に白い花と赤い花をつけるつつじのこと。
⑯一ノ谷の合戦に敗れて屋島に集結した平家は、一一八五年二月に源義経の軍勢に急襲されて敗走、続く長門壇ノ浦の合戦で滅亡した。「戦の果ては」とも。
⑰小さい。
⑱竹や木の枠に紙をはり、中に火をともす照明具。
⑲小形の行灯。

徳島県の酒盛り唄。徳島県の南西部、吉野川の支流祖谷川が作った祖谷の、西祖谷山村《にしいややまむら》（現三好《みよし》市内）の人たちが、酒宴の時に手拍子に合わせて唄ってきたものである。

唄の履歴　この唄の源流は、江戸時代末期から明治時代初期に江戸の花柳界を中心に大流行した「二上り甚句」である。西日本地方では「東京甚句」などと呼ばれているので、西へは、明治時代になってから広まったようである。

一九六二年一〇月二六日に東京の日本青年館で行われた第一三回「全国民俗芸能大会」に、西祖谷山村の人たちが「民謡と神代《じんだい》踊り」と題して参加した。その本命は「神代踊り」で、添え物として無伴奏の『祖谷の木挽《こび》き唄』と『祖谷甚句』が披露された。『祖谷甚句』は、これがきっかけで地元以外でも唄われるようになり、昭和四〇年代（一九六五〜）には、吉岡和行や井上文明の無伴奏の唄がラジオやテレビで放送された。

そして、昭和五〇年代に入ると、四国と大阪の民謡界で三味線の伴奏がつけられ、若手女性民謡歌手用の唄として盛んに唄われるようになった。

節まわしの型　今日広く唄われている節まわしは、大阪市民謡界の、少女歌手のものである。

祖谷《いや》の粉《こ》挽《ひ》き唄《うた》

〽①祖谷《いや》の　②蔓橋《かずらばし》や　③蜘蛛《くも》のゆのごとく
風《かぜ》も吹《ふ》かんのに　ゆらゆらと
〖繰り返し〗〔粉挽き仲間〕
吹《ふ》かんのに　吹《ふ》かんのに　風《かぜ》も
風《かぜ》も吹《ふ》かんのに　ゆらゆらと

〽祖谷《いや》の蔓橋《かずらばし》や　ゆらゆら揺《ゆ》れど
主《ぬし》と手《て》を引《ひ》きゃ　恐《こわ》くない

〽祖谷《いや》の蔓橋《かずらばし》や　④様《さま》となら渡《わた》る
落《お》ちて⑤死《し》んでも　⑥諸共《もろとも》に

〽臼《うす》よ早《は》よ⑦回《ま》え　早《は》よ回《も》うてしまえ
外《そと》にゃ殿御《とのご》が　待《ま》ちござる

〽臼《うす》の⑧しゃくり挽《び》きゃ　粗《あら》い粉《こ》がおりる
明日《あす》のお客《きゃく》にゃ　⑨もられまい

〽粉挽《こひ》け粉挽《こひ》けと　挽《ひ》かせておいて
粗《あら》いの細《こま》いの　⑩なしょたてる

〽都思《みやこおも》えば　月《つき》さえ曇《くも》る
飛《と》んで行《ゆ》きたや　あの空《そら》へ

〽粉挽《こひ》き婆《ばあ》さん　お年《とし》はいくつ
わたしゃ⑪挽《ひ》き木《ぎ》と　⑫うない年《どし》

〽祖谷《いや》の⑬源内《げんない》さんは　稗《ひえ》の粉《こ》にむせた

徳島県

お茶《ちゃ》がなかったら⑭　むせ⑮死《し》ぬる
〽祖谷《いや》の源内《げんない》さんと　蔓《かずら》の橋《はし》は
⑯響《ひび》き渉《わた》らぬ　⑰島《しま》がない
〽粉《こ》挽《ひ》き子供《こども》よ　⑱唄《うた》なぞ唄《うた》え
⑲ちらし噛《か》むよに　思《おも》わるぞ
〽⑳小島峠《おしまとうげ》で　㉑菅生《すげおい》見《み》れば
㉒相《あい》も変《か》わらず　徳島《とくしま》は

注①➡解説。
②白口蔓（猿梨）を編んで作った吊り橋。長さ四五メートルほど。日本三奇橋の一。
③蜘蛛の巣。
④あなた様。
⑤「死ぬとも　二人連れ」とも。
⑥一緒に。
⑦まわれ。
⑧臼を、急に力を入れてまわすこと。
⑨食膳に出せない。
⑩小言を言う。
⑪石臼を手でまわすための棒。上段の石についており、長いものは、先を天井に固定してある。
⑫「おない年」の訛り。
⑬喜多源内。徳島藩の村役人で、明治維新まで祖谷地方の庄屋を統轄した喜多家累代の称。
⑭「なかったりゃ」とも。
⑮のどが刺激されてせき込み、呼吸ができなくなって死ぬ。
⑯評判にならない。
⑰村や集落。
⑱「唄なと」とも。
⑲〔唄わないと〕麦焦がしをつまみ食いしているように。
⑳現三好市東祖谷と美馬郡つるぎ町一宇の境にある峠（一三八〇メートル）。
㉑東祖谷の地名。
㉒阿波名産の「藍」を掛ける。

徳島県の仕事唄。徳島県の南西部、吉野川の支流祖谷川が作った祖谷谷にあった旧西祖谷山村《にしいややまむら》（現三好《みよし》市内）の農民たちが、石臼《いしうす》で雑穀（粟《あわ》・黍《きび》・稗《ひえ》・蕎麦《そば》など）を粉に挽きながら唄ってきたものである。

唄の履歴　この唄の源流は、江戸時代後期から明治時代に日本中で大流行した「甚句《じんく》」である。本来は盆踊り唄や酒盛り唄として唄われていた唄であるが、のちに種々の農作業唄に転用されるようになり、祖谷谷にも伝えられた。

ところが、西祖谷山村田ノ内の松爺《まつじい》（通称「粉挽き松」）が、それまでの七七七五調の歌詞に「繰り返し」をつけて唄うようにした。こうした「繰り返し」は、元禄時代（一六八八〜一七〇四）の「投げ節」などに見られるものであるが、この村の「神代踊《じんだい》り」の中の「韮生《にろう》踊り」（「韮生」は地名）にもついているので、それにヒントを得たのかもしれない。

その『祖谷の粉挽き唄』（旧東祖谷山村〈現三好市内〉の唄は別種なので、厳密には「西祖谷の粉挽き唄」）、一九五九年に民謡研究家服部《はっとり》竜太郎が西祖谷山村善徳の豊永かずえ（六四歳）の唄を採譜し、コロムビアレコードの流行歌手島倉千代子に吹き込ませた。その唄は、奇橋 蔓橋《かずらばし》と平家の落人《おちうど》伝説を持つ土地と、島倉の泣き節とが重なって、なんとも哀れな、もの悲しい、流行歌調の民謡になってしまった。

その後、テレビやラジオで豊永かずえ自身も唄ったが、島倉の節まわしを修正するほどにはならなかった。

節まわしの型　今日広く唄われている節まわしは、島倉千代子のものである。

鳴門馬子唄《なるとまごうた》ばやし

〽①阿波《あわ》のエェー②鳴門《なると》は　天下《てんか》の③奇勝《きしょう》
潮《しお》も④せかれりゃヤレサノー（アァドシター）
⑤大渦小渦《おおうずこうず》ヨー
（ハイィー　ハイー）
金波銀波《きんぱぎんぱ》のヤレサノー（アァドシター）波《なみ》がアァ立《た》つヨー

長ばやし

〽〔馬子〕トコ　ドォッコイ
〔馬の背の客〕ソレー　⑥親方《おやかた》　⑦酒手《さかて》は　どうじゃい　どうじゃい

〽⑧まぜが吹《ふ》き出《だ》しゃ　心《こころ》もはずむ
日本晴《にほんば》れだよ　凧《たこ》あげ日和《びより》
昇《のぼ》る⑨わんわん　日本一《にほんいち》
〽いざや⑩讃州《さんしゅう》　⑪金毘羅様《こんぴらさま》へ

〽行《ゆ》くも弥生《やよい》⑫の　あの旅衣《たびごろも》⑬
姿揃《すがたそろ》えた　菅《すげ》⑭の笠《かさ》

〽お参《まい》りなされよ　天神様《てんじんさま》⑮へ
月《つき》も傾《かたむ》く　十日《とおか》の夜《よ》さは
好《す》いたどうしの　縁結《えんむす》び

〽桜咲《さくらさ》いたよ　妙見様《みょうけんさま》⑯の
高《たか》い石段《いしだん》　登《のぼ》りて見《み》れば
潮《しお》⑰の鳴門《なると》を　下《した》に見《み》る

〽思《おも》い焦《こ》がれて　駒急《こまいそ》がせて
里路下《さとじくだ》れば　潮間《しおま》に上《のぼ》る
痩《や》せてみたよな　三日月《みかづき》よ

〔以上、田淵政一作〕

注①旧国名。現徳島県全域。
②鳴門海峡。鳴門市北東部と淡路島の間の、狭い海。
③珍しく、すばらしい景色。
④流れを、さえぎられると。
⑤渦潮のこと。
⑥馬子のこと。
⑦客が馬子に、料金以外に、酒代の名目で与えるお金。チップ。
⑧徳島県では南風、また南東風。
⑨大型の凧。
⑩讃岐の国（旧国名）の別称。現香川県全域。
⑪金刀比羅宮《ことひらぐう》。仲多度郡琴平町にある神社。
⑫陰暦三月。
⑬旅の時に着る衣服。
⑭菅で作った編み笠。菅は、水辺や湿地に生える多年草。茎は三角形で、葉は細長い。
⑮天神社。徳島市北田宮にある。
⑯妙見神社。鳴門市撫養町林崎にある。
⑰渦潮。

徳島県の仕事唄。徳島県下の「金毘羅《こんぴら》道中馬子」たちが、「金毘羅参り」（金刀比羅宮《ことひらぐう》参詣）の客を馬の背に乗せて、客を楽しませるために唄ってきたものである。

金刀比羅宮は現香川県仲多度《なかたど》郡琴平《ことひら》町にある。本州からの参詣客は、大坂港・西大寺《さいだいじ》港（岡山市）・下津井港（倉敷市）などから、金毘羅船で丸亀港（丸亀市）や多度津港（仲多度郡多度津町）へ渡った。しかし、和歌山や大坂方面からは、船で徳島港（徳島市）へ行き、それから陸路金毘羅さんへ向かった人たちもある。そして、歩くのが難儀な人は馬を利用したが、背に木枠を据えて三人の客を乗せる馬もあった。その馬を曳く馬子を「金毘羅道中馬子」と呼んだ。

経路は、吉野川沿いに西へ進んで現美馬《みま》市脇《わき》町から北へ折れ、仏生山《ぶっしょうざん》街道を北上して讃岐《さぬき》（現香川県）へ入る。それから西方の現高松市塩江《しおのえ》町を抜けて琴平町へ向かうのである。

唄の履歴　この唄の源流は、徳島県下一円でお盆に唄い踊られる「浄瑠璃《じょうるり》くずし」である。徳島県は人形浄瑠璃の本場で、唄好きな人はだれでもすぐに語るため、県民にはなじみが深い。寺の吊り鐘を鋳造する時に踏鞴《たたら》を踏みながら唄う『鐘鋳《かねい》音頭』にも、この「浄瑠璃くずし」に、はやし詞「エイエイサッサ　エイサッサ」を加えて唄う土地柄である。

それだけに、「金毘羅道中馬子」が客へのサービスになにか唄おうとすれば、長編で、物語性があって、徳島県下の人ならだれでも唄える「浄瑠璃くずし」は最も便利であった。

その語り手の一人に田淵政一（鳴門市撫養《むや》町北浜）がおり、この唄を舞台用に仕立て直し、一九六七年の「NHK素人のど自慢全国コンクール」に四国代表として出場した。この時、孫娘の掛ける「親方酒手は　どうじゃい　どうじゃい」という長ばやしが人気を集めた。

また、旧来の歌詞は「浄瑠璃くずし」のものであったが、田淵自身が前掲の、観光用の歌詞を作って唄うようになった。それが今日では徳島県下に広まっている。

なお、一九六一年六月一七日に民謡研究家町田佳聲《かしょう》とNHK音楽資料取材班が田淵政一を訪ねた。その時、この唄はすでに旧来の伝承民謡とはかなり形を変えた「田淵節」になっていたので、「馬子唄」という曲名ではなく、「馬子唄ばやし」のほうがよい、と提案した。そのため、『鳴門馬子唄ばやし』と呼ぶようになった。

その後、昭和五〇年代（一九七五〜）に入って、愛媛県松山市在住の民謡家川崎雅彦が、この唄に三味線の伴奏をつけ、弟子の藤田かおりの唄で、NHKラジオの「民謡を訪ねて」で紹介し、さらにビクターレコードに吹き込ませた。それが広まって、今日では、三味線入りの馬子唄という、ふしぎな雰囲気の唄に仕立て上がっている。元は「浄瑠璃くずし」であるために、三味線に違和感がないのであろう。

節まわしの型　今日広く唄われている節まわしは、田淵政一のものである。

愛媛県

伊予《いよ》の酒屋酛摺《さかやもとす》り唄《うた》

〽〔音頭取り〕ハァー揃《そろ》たヨー揃《そろ》たよノー　ヨーホイ（ヨイトナァ　ヨイトナー）　エエー①櫂声《かいごえ》サァ　ヤレ揃《そろ》たヨイトナー
稲《いね》の出穂《でほ》より
〔酒屋職人〕出穂《でほ》よりヨーホイィ　ヤレよく②
揃《そろ》た
（アァ　ヨイトナエ　ヨイトナー）

〽わしが出《だ》③します　藪《やぶ》から笹《ささ》を
付《つ》けてお④流《なが》し　短冊《たんざく》を

〽酒屋男《さかやおとこ》は　花《はな》なら蕾《つぼみ》
朝《あさ》も咲《さ》け（酒）咲《さ》け　晩《ばん》も咲《さ》け

〽遠《とお》く離《はな》れて　飛《と》んではおれど
切《き》れておくれな　凧《たこ》の糸《いと》

〽切《き》れた草履《ぞうり》も　つないで履《は》くよ
元《もと》はお米《こめ》の　親《おや》じゃもの

〽これのお蔵《くら》は　目出度《めでた》いお蔵《くら》
鶴《つる》と亀《かめ》とが　舞《ま》いを舞《ま》う

〽⑤伊勢《いせ》は⑥萱葺《かやぶ》き　⑦熱田《あつた》は⑧檜皮《ひわだ》
⑨八幡《やわたはちまん》八幡　⑩柿葺《こけらぶ》き

〽櫂《かい》を揃《そろ》えて　今摺《います》る⑪酛《もと》を
酒《さけ》に造《つく》りて　⑫江戸《えど》にやる

〽⑬酒屋仕舞《さかやしも》うたら　お帰《かえ》り殿御《とのご》
冬《ふゆ》の寒《さむ》さを　寝《ね》て⑭忘《わす》りょ

注①蕪櫂《かぶらがい》を用いて酛摺りをする時の唄声が。蕪櫂は、水を加えた蒸し米と麹を突いて摺りつぶすための棒。長い柄の先に直径一五㌢ほどの、円形の板がついている。「櫂の柄」「櫂の手」とも。
②「なお」とも。
③「出しましょ」とも。
④「おくれや」とも。
⑤伊勢神宮。三重県伊勢市にある。
⑥薄《すすき》・刈安などの、丈の高い草で葺いた屋根。
⑦熱田神宮。愛知県名古屋市熱田区にある。
⑧檜《ひのき》の皮で葺いた屋根。
⑨石清水《いわしみず》八幡宮。京都府八幡《やわた》市にある。
⑩四角の、小さな、薄い板で葺いた屋根。
⑪蒸し米と麹に水を加えて摺りつぶし、発酵させたもの。酒母。
⑫現東京都東部。江戸幕府の所在地。
⑬酒造りの作業が、すべて終わったら。
⑭「語ろ」とも。

愛媛県の仕事唄。愛媛県北中部の北方、瀬戸内海に浮かぶ伊予大島の現今治《いまばり》市宮窪《みやくぼ》町の酒屋職人たちが、四国各地の酒蔵で酛摺り作業（一八一ページ）をしながら唄ってきたものである。

別名　伊予の酒造り唄。しかし、酒造り唄は作業工程によって何種類もあるので、表記の曲名のほうがよい。

唄の履歴　この唄の源流は、現広島県の「西条《さいじょう》酒造り唄」（⬇五五三ページ）のうちの「酛摺り唄」である。

ということは、宮窪の酒屋職人たちが、広島県下の酒蔵で働いた時か、三津杜氏《みつとうじ》（東広島市安芸津《あきつ》町三津）から技術指導を受けた時に、唄も一緒に学んだのである。

　その宮窪杜氏の藤井三郎が唄う「酛摺り唄」を、宮窪町の公民館が収録した。それを宮川松也が採譜し、松山市の民謡家浜田喜晴が唄うなどして、この『伊予の酒屋酛摺り唄』はしだいに広まっていった。

節まわしの型　今日広く唄われている節まわしは、浜田喜晴あたりのものである。

伊《い》予《よ》節《ぶし》

〽①伊予《いよ》の②松山《まつやま》　名物名所《めいぶつめいしょ》
③三津《みつ》の④朝市《あさいち》　⑤道後《どうご》の湯《ゆ》
音《おと》に名高《なだか》き　⑥五色素麺《ごしきそうめん》
⑦十六日《じゅうろくにち》の　初桜《はつざくら》
⑧吉田《よしだ》⑨挿《さ》し桃《もも》　⑩小杜若《こかきつばた》
⑪高井《たかい》の里《さと》の　⑫ていれぎや
⑬紫井戸《むらさきいど》や　⑭　⑮片目鮒《かためぶな》
⑯薄墨桜《うすずみざくら》や　⑰緋《ひ》の蕪《かぶら》
チョイト⑱伊予絣《いよがすり》

〽伊予《いよ》の松山《まつやま》　名物名所《めいぶつめいしょ》
緑《みどり》したたる　⑲勝山城《かつやまじょう》
⑳鷺《さぎ》が手引《てび》きの　道後《どうご》の湯《ゆ》
㉑子規《しき》の庵《いおり》や　㉒石手川《いしてがわ》
㉓孝子桜《こうしざくら》に　㉔小富士桃《こふじもも》
お国訛《くになま》りは　今《いま》もなお
㉕あばなだんだん　㉖　㉗おいきんか
㉘さっちにおしなや　㉙あのなもし
チョイト悪《わる》いねや

〽竹《たけ》に節《ふし》あり　枝《えだ》にも小節《こぶし》
㉚端唄伊予節《はうたいよぶし》　竹《たけ》づくし
主《ぬし》は㉛若竹《わかたけ》　㉜日頃《ひごろ》㉝寒竹《かんちく》
愚痴《ぐち》を言《い》うのが　㉞女子竹《おなごだけ》
㉟孟宗《もうそう》㊱淡竹《はちく》の　竹《たけ》なれば
義理《ぎり》を立《た》てぬく　㊲男竹《おとこだけ》
雪折《ゆきお》れ笹《ざさ》や　㊳棕梠竹《しゅうろちく》
せめて㊴根竹《ねだけ》は　七夕《たなばた》の
チョイト㊵一節竹《ひとよだけ》

〽伊予《いよ》の㊶今治《いまばり》　名所《めいしょ》がござる
四方《よも》の景色《けしき》は　㊷唐子《からこ》㊸世田山《せたやま》
㊹石鎚《いしづち》㊺奈良原《ならばら》　㊻近見山《ちかみやま》
船《ふね》の行《ゆ》き来《き》は　㊼燧灘《ひうちなだ》
㊽蒼社《そうじゃ》の川《かわ》の　松《まつ》の色《いろ》
㊾来島瀬戸《くるしませと》の　渦潮《うずしお》や
㊿港《みなと》㉛中渡《なかと》の　灯台《とうだい》や
チョイト㊾四阪島《しさかじま》

〽㊳縁《えん》の鵲《かささぎ》　渡《わた》せる橋《はし》に
主《ぬし》と二人《ふたり》で　暮《く》らすなら
春《はる》の野《の》に出《で》て　若菜摘《わかなつ》むやら
㊴細田《ほそだ》にいでて　㊵賤《しず》の業《わざ》
主《ぬし》のためなら　なんのその
機《はた》も織《お》ります　糸紡《いとつむ》ぎ
柴刈《しばか》る袖《そで》に　露繁《つゆしげ》く
月漏《つきも》る㊶伏《ふ》せ家《や》に　住《す》むとても
チョイト厭《いと》やせぬ

注①旧国名。現愛媛県全域。
②現松山市中心部
③松山港沿岸の地名。
④早朝の魚市。江戸時代初期から行われているという。
⑤道後温泉。松山市市街地の北東部にある。
⑥小麦粉に鶏卵・抹茶・梅肉・そば粉・山芋粉などを加えて色をつけた、五種類の素麵。享保年間（一七一六〜三六）からあるという。
⑦十六日桜。現松山市山越の天臨山竜穏寺にあった。昔、病気の父が「桜を見ずに死ぬのは心残りだ」と言うのを聞いた子が、厳寒に水垢離《みずごり》を取って祈ったところ、旧正月一六日の朝にこの桜が咲き、父の病気も治った。以後、毎年この日に咲くようになったという。
⑧吉田浜。松山市の南西部、現南吉田町辺り。
⑨桃畑が津波で砂に埋もれ、南北約三キロの砂丘上に桃の枝を挿した感じになったものだという。
⑩愛媛菖蒲《あやめ》。アヤメ科の多年草。春、五〜一五センチの茎頂に径四センチほどの、青紫色の花をつける。四国・中国・九州地方の低山に自生。愛媛県下では松山市北西部の腰折山辺りのものが有名。誰故草《たれゆえそう》とも。
⑪旧高井村。現松山市南東部の高井町・南高井町。

⑫水田芥子《みずたがらし》。アブラナ科の多年草。高さ三〇〜六〇センチ。春に白い四弁花を総状につける。関東地方以西の湿地に自生。刺し身のつまにする。
⑬現松山市御幸町にある井戸。水が紫色に見える。
⑭「の」とも。
⑮伝説。老婆が鮒を焼いているのを、通りがかりの弘法大師が見て哀れに思い、金を与えて川へ放させた。鮒は片側は焼けていたが、生き返って泳いでいった。以後、この辺りの鮒は、みな片目になってしまったという。
⑯現松山市下伊台町の大楽山西法寺にあった。花は淡紅色で八重咲き。皇后の病気全快を祈願した某天皇が、薄墨紙に書いた礼状を寺へ送ったことからの名称。
⑰赤かぶ。酢漬けにして食べる。
⑱松山地方で産出する、木綿の、紺絣の織物。享和年間（一八〇一〜〇四）に鍵谷《かぎや》カナが創案した。
⑲松山城の古称。
⑳道後温泉は、白鷺が、岩間から湧き出る湯で足の傷をいやしているのを見て発見したという。
㉑正岡子規の旧居。湊町から末広町の正宗寺境内に移築したが焼失し、一九四六年に再建。子規は、明治時代に俳句・短歌の革新運動をした人。
㉒松山市中東部の山地に発して南西流し、松山市南西端近くで重信川へ注ぐ川（約一二キロ）。
㉓十六日桜のこと。➡注⑦。
㉔松山港北西方の興居島《ごごしま》にある小富士（二八二メートル）の山腹で産出する桃。
㉕あばよ。さよなら。
㉖ありがとう。
㉗お行きになりませんか。
㉘無理にしなさるな。
㉙あのね。「もし」は、松山方言で文末に添える助詞。
㉚宴席などで三味線の伴奏で唄われた俗曲。江戸時代中期以後に江戸で流行した。

㉛今年生えて生長した竹。年が「若い」を掛ける。
㉜「肥後の」の意を掛ける。肥後は旧国名で、現熊本県全域。また、竹の「ひご」を掛ける。
㉝高さ二〜三メートル、径一センチほど。節間はやや紫色。九州地方に自生。観賞用、生け垣用。「痛が強い」（感情が激しやすい）の意を掛ける。
㉞雌竹。篠竹。高さ五メートル、径二・五センチほどの細い竹。山野に群生する。「女だけ」を掛ける。
㉟中国原産の太い竹。高さ一二メートル、径一〇センチほど。竹の子は食用。「猛・壮」の意を掛ける。
㊱中国原産。高さ一〇メートル、径一〇センチほど。稈《かん》は工芸用、竹の子は食用。「破竹」を掛ける。

㊲雄竹。真竹。中国原産。高さ一八メートル、径一五センチほど。稈は工芸用、竹の子は食用。

㊳しゅろちく。ヤシ科の常緑低木。中国原産の観葉植物。幹は叢生し、その先に葉をつける。高さ二メートルほど、夏、淡黄色の小花が集まって円錐状になる。「黒竹に」とも。

㊴竹の根元の、節の多い部分。「寝酒」「寝るだけ」の意を掛ける。「根笹」とも。

㊵節を一つつけて切った竹。「一夜だけ」を掛ける。

㊶現今治市中心部。松平氏三万石の旧城下町。

㊷唐子山。今治市の南東部にある山（一〇五メートル）。

㊸今治市の南東部、東予市との境にある（三三九メートル）。

㊹今治市南方の、西条市中南端にそびえる山（一九八二メートル）。四国の最高峰で、修験道の霊山であった。

㊺今治市の南端にある山（一〇四二メートル）。「楢原」とも書く。

㊻今治市街地の北西方にある（二四四メートル）。

㊼瀬戸内海の中央部で、今治市街地の東方に広がる海域。

㊽今治市街地の中央部を北東流して燧灘へ注ぐ川（約一九キロ）。土手の松は、樹齢数百年という。

㊾今治市市街地の北方、来島と小島《おしま》の間にある狭い海峡。

㊿港や。

(51)小島《おしま》の南東方にある、小さな島。
(52)今治市市街地の東方海上にある美濃島・家ノ島・明神島・鼠島の総称（梶島を加えることもある）。
(53)仲を取り持つ人があって。「鵲の渡せる橋」は、伝説で、七夕の夜に鵲が翼を並べて天の川の橋となり、牽牛星と織女姫を逢わせるという。
(54)細長い、狭い田。
(55)汚れる仕事。
(56)みすぼらしい家。

愛媛県のお座敷唄。愛媛県の北中部、久松氏一五万石の旧城下町松山（松山市）の花柳界の宴席で、芸者衆が唄ってきたものである。

唄の履歴　この唄の源流は、『宮参り』という端唄である。その歌詞は、伊勢神宮参詣の様子で、

〽伊勢に宇治橋　内宮《ないくう》外宮《げくう》
八十末社の　宮雀《みやすずめ》
お杉お玉に　間《あい》の山から
縞《しま》さん紺さん　花色さん
……………

といったものであるから、伊勢の唄である。今でも、伊勢の花柳界では芸者衆の練習曲として唄われている。

この『宮参り』の替え唄として「〽江戸に名所は　隅田《すみだ》の川原…」や「〽播磨《はりま》名所は　四社寺ありて…」などの名所づくしがあるが、少し遅れて「〽稲穂拾いて　雁《かりがね》二つ…」が生まれた。それは、一八一五年二月に江戸中村座で演じられた「天下《あまくだ》る傾城《けいせい》」という長唄の中に、今日の『伊予節』と同じ節で取り入れられている。したがって、この節の唄は文化年間（一八〇四〜一八）にはかなり流行していたようである。たぶん、伊勢土産として日本中

で唄われていたのであろう。

そして、一八六二年頃の「粋《すい》の懐《ふところ》」（一荷堂半水編）という歌謡集には、「〽稲穂拾いて…」が『伊予節』として載っている。江戸時代末期頃に、先の江戸や播磨の名所づくしを模して「〽伊予の松山　名物名所…」（前掲一首目）という歌詞が作られて大流行し、その唄い出しから、この節の唄が『伊予節』と呼ばれるようになったものと思われる。

節まわしの型　今日広く唄われている節まわしは、松山市花柳界の芸者衆のものである。

伊《い》予《よ》万《まん》歳《ざい》

松山名所《まつやまめいしょ》づくし

上げ

（ハイイ）

〽郷土芸術《きょうどげいじゅつ》　伊予万歳《いよまんざい》よ

（アアヤッサイ　ヤッサイイ）

口説《くどき》

〽さて名《な》も高《たか》き　①松山《まつやま》の

②勝山城《かつやまじょう》に　そびゆるは

（アァヤッサイ　ヤッサイイ）

昔《むかし》　偲《しの》ばす　③天守閣《てんしゅかく》

（アァキタコラ　サッサイイ）

ほとりに近《ちか》き　出湯町《いでゆまち》

④道後温泉《どうごおんせん》と　人《ひと》も知《し》る

（アァヤッサイ　ヤッサイイ）

氷融《こおりと》けない　⑤山越《やまごえ》の

（アァキタコラ　サッサイイ）

⑥十六日《じゅうろくにち》の　初桜《はつざくら》

孝子《こうし》の誉《ほま》れ　世《よ》に高《たか》し

（アァヤッサイ　ヤッサイイ）

⑦伊台《いだい》の里《さと》の　⑧御寺《おんてら》に

⑨薄墨桜《うすずみざくら》も　咲《さ》き初《そ》めて

（アァヤッサイ　ヤッサイイ）

⑩紫《むらさき》　井戸《いど》⑪の　⑫片目鮒《かためぶな》

（アァヤッサイ　ヤッサイイ）

⑬高井《たかい》の里《さと》の　ていれぎや⑭

⑮小杜若《こかきつばた》も　咲《さ》き匂《にお》う

（アァヤッサイ　ヤッサイイ）

⑯五色素麺《ごしきそうめん》　⑰緋《ひ》の蕪《かぶら》

（アァキタコラ　サイサイイ）

⑱三津《みつ》の⑲朝市《あさいち》　これ名所《めいしょ》

⑳菅公出船《かんこうでふね》の　御時《おんとき》に

（アァヤッサイ　ヤッサイイ）

ここに㉑今出《いまづ》と　㉒残《のこ》されて

（アァヤッサイ　ヤッサイイ）

㉓鍵谷《かぎや》カナ女《じょ》の　功績《こうせき》は

（アァヤッサイ　ヤッサイイ）

㉔伊予《いよ》の絣《かすり》と　名《な》も高《たか》い

（アァキタコラ　サッサイイ）

納め

郷土芸術《きょうどげいじゅつ》　伊予万歳《いよまんざい》よ

ハイまずこれと　㉕目出度《めでと》う候《そうら》いける

注①現松山市。

②松山城の古称。

③城の中心部の高い建物。戦時には物見台や司令塔として、また弓・鉄砲の足場として用いた。

④現松山市市街地の北東部にある。

⑤現松山市市街地の北西部の地名。

⑥十六日桜。山越の曹洞宗天臨山竜穏寺にあった。昔、病気の父が「桜を見ずに死ぬのは心残りだ」と言うのを聞いた子が、厳寒に水垢離《みずごり》を取って祈ったところ、旧正月一六日の朝にこの桜が咲き、父の病気も治った。以後、毎年この日に咲くようになったという。

⑦旧伊台村。現松山市の中央部にある上伊台町・下伊台町。

⑧大楽山東光院西法寺。天台宗。

⑨西法寺にあった。花は淡紅色で八重咲き。皇后の病気全快を祈願した某天皇が、薄墨紙に書いた礼状を寺へ送ったことからの名称。

⑩現松山市御幸町にある井戸。水が紫色に見える。

⑪「や」とも。

⑫伝説。老婆が焼いている鮒を、通りがかりの弘法大師が見て哀れに思い、金を与えて川へ放させた。鮒は片側は焼けていたが、生き返って泳いでいった。以後、この辺りの鮒は、みな片目になってしまったという。

⑬旧高井村。現松山市南東部の高井町・南高井町。

⑭水田芥子《みずたがらし》。アブラナ科の多年草。高さ三〇～六〇センチ。春に白い四弁花を総状につける。関東地方以西の湿地に自生。刺し身のつまにする。

⑮愛媛菖蒲《あやめ》。アヤメ科の多年草。春、五～一五センチの茎頂に径四センチほどの、青紫色の花をつける。四

国・中国・九州地方の低山に自生。愛媛県下では松山市北西部の腰折山辺りのものが有名。誰故草《たれゆえそう》とも。
⑯小麦粉に鶏卵・抹茶・梅肉・そば粉・山芋粉などを加えて色をつけた、五種類の素麵。享保年間（一七一六〜三六）からあるという。
⑰赤かぶ。酢漬けにして食べる。
⑱松山港沿岸の地名。
⑲早朝の魚市。江戸時代初期から行われているという。
⑳菅原道真《すがわらのみちざね》の敬称。平安時代前期の学者・政治家。八八六年に讃岐守《さぬきのかみ》（現香川県地方の国守）となり、八九〇年に帰京。のちに右大臣となったが、九〇一年に九州太宰府へ配流され、九〇三年に没した。
㉑現松山市の南西端にある西垣生町《にしはぶまち》の地名。「います」を掛ける。
㉒「称されて」とも。
㉓今出の人で、享保年間（一八〇一〜〇四）に伊予絣を創案した。
㉔松山地方で産出する、木綿の、紺絣（藍染《あいぞ》め）の織物。
㉕「まことに」とも。

愛媛県の祝い唄。愛媛県北中部の旧城下町松山（松山市）と、周辺の農村の祝いの場で、農民たちが一座を組んで演じてきた郷土芸能である。

唄の履歴　この唄の源流は、日本各地に点在する「万歳」で、それが伊予化した。地元の言い伝えでは、松山藩主松平（久松）定行が、一六三五年から五八年間の正月に、新年を祝うために上方から「万歳」を呼び寄せたのが始まりだという。上方からということは、「大和万歳」を招いたのかもしれない。たぶん、徳川家康が故郷の「三河万歳」を江戸城へ招き入れたのをまねたのであろう。

ところが、文化・文政（一八〇四〜三〇）頃になると、新年の祝福芸であった「万歳」が、松山周辺の農村では、秋祭りにも演じられるようになった。そして、十二支を詠み込んだ「豊年踊り」の歌詞が作られ、一八〇六年には「松山名所づくし」ができた。また、一八三二年には「溝辺《ふちのべ》騒動」や「宮島心中」などといった世話物が演じられるようになった。「万歳」本来の「柱揃え」だけでは、客が喜ばなくなったためである。こうして『伊予万歳』は、新年の祝福芸から農民の娯楽芸へと変わっていった。

今日の『伊予万歳』は、「三番叟」から始めて「柱揃え」や「豊年踊り」、そして「宮島心中」のような心中物、あとは「忠臣蔵」や「松づくし」などの順で演じる。

一座は、農民七人から一〇人ほどである。太夫は舞台の後ろに立って、腰につけた鼓を打ちながら唄い、才蔵は客の笑いを誘う。伴奏は、一人が三味線を首からひもで吊ってひき、一人が拍子木を打つ。これに踊りがつき、男が三人から五人ほどで、女装して演じていたが、一九四七、四八年頃から、若い女性を使うようになった。というのは、道後温泉のショーに登場するようになったためである。

一九六一、六二年頃、ビクターレコードが、その『伊予万歳』の「松山名所づくし」を民謡の唄い手初代黒田幸子《さちこ》に覚えさせ、柏木舞踊団の踊り用としてレコード化した。

節まわしの型　今日広く唄われている「松山名所づくし」の節まわしは、初代黒田幸子のものである。

宇和島《うわじま》さんさ

〽①竹《たけ》に雀《すずめ》の　②仙台様《せんだいさま》も
（ショ ンガイナァ）
今《いま》じゃ③こなたと　エェー諸共《もろとも》にヨー

〽しかと誓《ちか》いし　④宇和島武士《うわじまぶし》は
死《し》ぬも生《い》きるも　諸共《もろとも》に

〽君《きみ》は小鼓《こつづみ》　⑤身共《みども》が唄《うた》い
⑥締《し》めつゆるめつ　諸共《もろとも》に

〽笠《かさ》を忘《わす》れた　旅路《たびじ》の⑦時雨《しぐれ》
雨《あめ》に濡《ぬ》れたは　諸共《もろとも》に

〽宇和島出《うわじまで》る時《とき》ゃ　一人《ひとり》で出《で》たが
今《いま》じゃお前《まえ》と　諸共《もろとも》に

〽殿《との》は⑧御屋形《おやかた》　⑨すっぴん様《さま》よ
国《くに》のためなら　諸共《もろとも》に

〽差《さ》すぞ盃《さかずき》　見込《みこ》んだ上《うえ》は
酔《よ》うて寝《ね》るなら　諸共《もろとも》に

注①仙台藩主伊達氏の家紋。葉のついた二本の竹で作った輪の中に、羽ばたく二羽の雀を向き合わせに配した図柄。
②仙台藩（現宮城県下一帯）。
③宇和島藩と一緒に。
④宇和島藩士。
⑤私。
⑥小鼓の締め緒を。
⑦初冬の雨で、しばらくの間激しく降ってはやみ、降ってはやみするもの。
⑧大名。
⑨まげ。ちょんまげ。宇和島藩の五代目藩主伊達村《むら》候《とき》が、髪の髻《たぶさ》を異様に結んでいたための称。

愛媛県のお座敷唄。愛媛県の南西部、伊達《だて》氏十万石の旧城下町宇和島（宇和島市）の花柳界の宴席で、芸者衆が唄ってきたものである。

唄の履歴　この唄の源流は不明であるが、さして古いものではなく、江戸時代末期か明治時代初期の流行《はや》り唄ではないかと思われる。また、歌詞は、宇和島藩士吉田万助が唄い始めた「万助節」の「〽宇和島出る時ゃ…」（前掲五首目）が元唄だとされている。

なお、『宇和島さんさ』の「さんさ」は、山口県から愛媛県にかけてお盆に唄い踊られる「さんさ踊り」とのかかわりを示すものなのかもしれない。しかし、現在のこの唄とその踊り唄は、全く別種のものである。

ところで、昭和三〇年代（一九五五〜）の中頃、民謡研究家の服部《はっとり》竜太郎が採譜し、歌詞を補作したというが、何を補ったのかは不明である。その歌謡曲調の唄を、さらに尺八の石高琴風が編曲し、レコード化した。それが、声が細く、高音部しか出ない女性の民謡愛好者たちの人気を集め、広く唄われるようになった。

一方、仙台藩主伊達政宗の長男秀宗が一六一四年に宇和島へ入封したため、「伊達六二万石」と『さんさ時雨《しぐれ》』（一九七ページ）の影をひきずって、伊予の「さんさ時雨」といった扱いをしたがるところがあって、この唄を、必要以上に朗々とした、ゆっくりとした、哀調綿々としたものに仕立ててしまっている。

さしあたっては、伊達藩や宇和島藩の武士を連想させる歌詞をさけ、今日の倍ぐらいの速さの、さっぱりとした、すっきりとした、きりっとした、粋な唄に仕立て直せば、この唄は長く唄い継がれるであろう。

節まわしの型　今日広く唄われている節まわしは、二代目浜田喜一が『江差追分』調の発声で唄ったものである。これからは、前記のように仕立て直すことが必要である。

新《しん》崖《がい》節《ぶし》

七七七五調

〽新崖節《しんがいぶし》の　音頭《おんど》取《と》る声《こえ》は
（ソーレ　サーノ　ヤァットセー）
①一里《いちり》聞《き》こえて　二里《にり》響《ひび》く
〔踊り手〕ソーリャ　ヨォホーイ　ヨーホー
イ　ヤァットセー

〽踊《おど》り踊《おど》るから　手拭《てぬぐ》い欲《ほ》しや
②様《さま》の浴衣《ゆかた》の　袖《そで》なりと

〽盆《ぼん》の踊《おど》りが　習《なら》いたきゃござれ
③盆《ぼん》の十三日《じゅうさんにち》に　見《み》にござれ

〔以上三首、竹内勉作〕

〽踊《おど》りましょうよ　踊《おど》り子《こ》さんよ
唄《うた》と踊《おど》りの　根競《こんくら》べ

〽唄《うた》いますぞえ　踊《おど》っておくれ
年《ねん》に一度《いちど》の　盆踊《ぼんおど》り

口説《くどき》

〽これは④小松《こまつ》の　御殿様《おんとのさま》が
参勤交代《さんきんこうたい》で　お旅立《たびだ》ち
さらばおいでか　⑤江戸《えど》へのお立《た》ち
殿《との》はお駕籠《かご》で　⑥玉《たま》の輿《こし》
四方《よも》の景色《けしき》を　後《うし》ろに眺《なが》め
⑦美保《みほ》の小浜《こはま》を　船出《ふなで》する
昔《むかし》ながらの　船頭《せんど》と⑧水手《かこ》が
唄《うた》う⑨船唄《ふなうた》　豊丸《ゆたかまる》
御船《みふね》豊《ゆたか》は　⑩多度津《たどつ》の沖《おき》で
向《む》かうは⑪牛窓《うしまど》　⑫下津井《しもつい》か
⑬七里《しちり》の渡《わた》しで　⑭熱田《あつた》の宮《みや》へ
⑮木曽《きそ》の川舟《かわぶね》　よい月夜《つきよ》

⑯箱根越《はこねご》えする　紫房《むらさきふさ》の
槍《やり》は小松《こまつ》の　⑰一旨流《いっしりゅう》
今年《ことし》⑱参府《さんぷ》で　⑲如月《きさらぎ》からは
殿《との》は⑳愛宕《あたご》の　㉑上御殿《かみごてん》
㉒二百七十《にひゃくしちじゅう》　余侯《よこう》もあれど
槍《やり》は小松《こまつ》が　天下一《てんかいち》
トントトントと　㉓陣屋《じんや》で響《ひび》く
あれは㉔七《なな》つの　㉕時太鼓《ときだいこ》
㉖一万石《いちまんごく》でも　太鼓《たいこ》が打《う》てりゃ
十万石以上《じゅうまんごくいじょう》の　格《かく》がある
心《こころ》あるなら　治《おさ》まる所《ところ》
㉗伊予《いよ》の小松《こまつ》へ　来《き》て暮《く》らそ

〽老《お》いも若《わか》きも　昔《むかし》を偲《しの》び
みんな踊《おど》れよ　㉘トンカカさんを
頃《ころ》は㉙天正十三年《てんしょうじゅうさんねん》の
㉚四国征伐《しこくせいばつ》　物語《ものがたり》
七月半《しちがつなか》ばに　寄《よ》せ来《く》る敵《てき》は
㉛隆景《たかかげ》の勢《ぜい》　三万騎《さんまんき》
㉜高尾《たかお》を守《まも》る　㉝金子《かねこ》の殿《との》は
敵大将《てきだいしょう》と　友《とも》の仲《なか》
昨日《きのう》は友《とも》に　今《いま》また敵《てき》に
なるがこの世《よ》の　世渡《よわた》りか
利欲《りよく》は一代《いちだい》　名《な》は末代《まつだい》と
義理《ぎり》の義《ぎ》の字《じ》に　立《た》ち上《あ》がる

末《すえ》は火《ひ》を噴《は》き　㉞野々市原《ののいちはら》に
幾度《いくど》か起《お》こる　鬨《とき》の声《こえ》
花《はな》と散《ち》りたる　㉟備後《びんご》の殿《との》に
虫《むし》も鳴《な》くかよ　月明《つきあ》かり
勇士弔《ゆうしとむら》う　太鼓《たいこ》となれば
月《つき》と冴《さ》え合《あ》う　十七夜《じゅうしちや》
討《う》つも討《う》たるも　皆夢《みなゆめ》なりと
袖《そで》をば濡《ぬ》らす　隆景等《たかかげら》

注
①約三・九キロ。
②あなた様。
③旧暦七月一三日。月遅れの盆では新暦の八月一三日。盆の始まる日。
④小松藩（現西条市小松町辺りにあった）の藩主、一柳氏。
⑤現東京都東部。江戸幕府の所在地。
⑥貰い人が乗る、立派な乗り物。
⑦現今治市美保町。今治漁港の沿岸にある。
⑧船の乗組員で、船頭以外の者。
⑨〔艪漕ぎ唄ではなく〕御船唄。大名の出航祝いや海上安全祈願のために、船頭や水手が唄うもの。
⑩現香川県仲多度郡多度津町。
⑪現岡山県瀬戸内市牛窓町の港。
⑫現倉敷市下津井の港。
⑬旧東海道の桑名宿（三重県桑名市）から宮の宿（愛知県名古屋市熱田区）へは船で渡る。その間七里あり、「七里の渡し」と呼ばれた。
⑭熱田神宮。熱田区にある。
⑮木曽川。長野県中西部の山地に発して南西流し、愛知県の北西端から南流して桑名市の東部で伊勢湾へ注ぐ（約二二七キロ）。
⑯箱根峠（八四九メートル）。静岡県三島市の北東端と神奈川県足柄下郡箱根町との境にある旧東海道の難所。
⑰槍術の一流派。慶安年間（一六四八～五二）頃、松本長門守定好（理左衛門利直とも）が創始。
⑱大名が、参勤交代で江戸へ出ること。
⑲旧暦二月。
⑳現東京都港区北東部の地名。
㉑上屋敷。大名が江戸滞在中の住まい居とする屋敷。
㉒二百七十余人の大名。
㉓小松藩主の屋敷。
㉔昔の時刻。今の午前と午後の四時頃。
㉕時刻を知らせるために打つ太鼓。
㉖小松藩主の禄高。一万石以上の武士を「大名」と称した。
㉗旧国名。現愛媛県全域。
㉘『新崖節』の別称。⬇解説。
㉙一五八五年。
㉚豊臣秀吉が、長宗我部元親軍を討って四国を統一した戦い。
㉛姓は小早川。安土桃山時代の武将。毛利元就《もとなり》の三男。のちに秀吉の五大老の一。
㉜高尾城。現愛媛県西条市の北中部にあった山城。
㉝金子備後守元宅《びんごのかみもといえ》。
㉞高尾城の北東方の野原。現西条市野々市辺り。
㉟元宅のこと。

愛媛県の盆踊り唄。愛媛県の中央部、西条《さいじょう》市の農民たちが、お盆に唄い踊ってきたものである。

別名　トンカカさん。トンカカはん。この唄に加える太鼓の、打ち方の口譜《くちふ》「トンカカ　カカカ　トンカカ　カカカ…」からの呼び名。

唄の履歴　この唄の源流は、室町時代か江戸時代初期に生まれた「念仏踊り」である。それは、『白石踊《しらいし》り』（岡山）などと同系統の、海の水死者の供養踊りで、瀬戸内海一円に広く分布している。

曲名の『新崖節』は当て字で、「新開地節」のことであり、「新開地」とは新田のことである。江戸幕府は、一七二六年に「新田検地条目」を制定し、元禄年間（一六八八～一七〇四）以前に検地を受けた田畑を「本田畑」、元禄から享保年間（一七一六～三六）までの新開地を「古新田」と呼び、また、享保後の新開地を、単に「新田」と称した。

現西条市小松町一帯を治めた小松藩では、瀬戸内海沿岸地方に大きな干拓新田を造っていったが、その新田完成記念に、踊りが奉納された。それが「新開地節」で、厳密に言えば「新開地完成記念祝賀踊り唄」である。

とはいっても、農民に新曲が作れるわけはなく、瀬戸内海一円で広く唄い踊られている「念仏踊り」を利用した。しかし、七七七七の四句を繰り返していく長編の「口説節《くどきぶし》」は、素人には歌詞を作るのも語るのもむずかしいため、のちには、簡単な、七七七五調の「どどいつ」的な歌詞を作って唄うようになっていった。

その『新崖節』を、小松町の杉原照重（一九七二、七三年頃、八〇歳で他界）が、日本民謡協会の大会へ単身参加して唄っていた。しかし、出演の持ち時間が少なく、前掲五首目の歌詞「〽唄いますぞえ…」一首ぐらいしか唄えなかった。そこで、一九六八年八月一二日に、初代黒田幸子《さちこ》がコロムビアレコードに吹き込む時に、筆者（竹内勉）が前掲一～三首目の歌詞を作り、伴奏は黒田幸文《さちふみ》（二代目幸子）がつけた。それが、有名民謡の少ない愛媛県で、しだいに広まっていった。

なお、前掲の「口説《くどき》」（長い歌詞）は七七七七五の繰り返しになっているが、これらは、七七七五を一首とする歌詞のものがよく唄われた、そのあとで作られたものである。

節まわしの型　今日広く唄われている節まわしは、初代黒田幸子のものである。

別子石刀節《べっしせっとうぶし》

〽ハァー①別子銅山《べっしどうざん》　②金吹《かねふ》く音《おと》が
聞《き》こえますぞえ　③立川《たつかわ》へ
（アァ　チンカン　チンカン）

長ばやし〔はやし手〕
チンカン好《す》きなら　鉱夫《こうふ》の子《こ》になれ

〽朝《あさ》も早《は》よから　④カンテラさげて
⑤急坑《きゅうこう》　降《お》りるは　⑥親《おや》の罰《ばち》

〽朝《あさ》も早《は》よから　カンテラさげて
坑内《こうない》行《ゆ》くのも　粋《いき》なもの

〽黄金《こがね》掘《ほ》りつつ　落《お》とした涙《なみだ》
滲《し》みて今宵《こよい》も　石《いし》が泣《な》く

〽行《い》たら見《み》てこい　別子《べっし》の山《やま》を
山《やま》に黄金《こがね》の　花《はな》が咲《さ》く

〽花《はな》よ咲《さ》くなよ　蕾《つぼみ》でおれよ
咲《さ》いて小枝《こえだ》を　折《お》られるな

〽石《いし》が固《かた》いか　手《て》の皮柔《かわやわ》いか
なんぼたたいても　⑦下《さ》がりゃせぬ

〽固《かた》いようでも　女《おんな》は柔《やわ》い
柔《やわ》いようでも　石《いし》や固《かた》い

〽行《ゆ》こか戻《もど》ろか　銅山山《どうざんやま》へ
ここは思案《しあん》の　⑧眼鏡橋《めがねばし》

〽お嬶今月《かかこんげつ》は　掘《ほ》り場《ば》は⑨蜂《はち》じゃ
⑩湯巻《ゆま》き買《か》うのは　来月《らいげつ》じゃ

〽⑪目出度町《めったまち》には　箒《ほうき》はいらぬ
⑫お染《そめ》お仙《せん》の　袖《そで》で掃《は》く

〽米《こめ》の飯食《めしく》うて　⑬芳味噌添《かんばみそそ》えて
これで⑭下財《げざい》が　やめらりょか

〽あなた想《おも》いに　これほど痩《や》せた
⑮二《に》コまわしが　三《さん》コまわる

〽⑯牡丹餅鉱夫《ぼたもちこうふ》は　棚《たな》から落《お》ちて
粟《あわ》の餅《もち》より　黍《きび》(気味)がよい

〽牡丹餅鉱夫《ぼたもちこうふ》は　⑰散財鉱夫《さんざいこうふ》
お手《て》をたたいて　舞《ま》いを舞《ま》う

〽うちのお父《とっ》つぁん　⑱チンカラ鉱夫《こうふ》
⑲五時《ごじ》よ早《は》よなれ　早《は》よ戻《もど》れ

注①一六九〇年に西赤石山の南斜面で鉱脈を発見し、翌年から住友家が採掘。同家は一七四九年からは北斜面の立川銅山の採掘も請け負い、のちに別子銅山と総称した。採掘の中心はしだいに北斜面へ移ったが、一九七三年に閉山。
②鉱石から金属を精錬する。
③立川銅山。西赤石山の北斜面、現新居浜市立川山にあった。寛永年間（一六二四～四四）から西条藩が採掘を始めたが、一七〇四年に江戸幕府の所有となった。
④携帯用の灯油ランプ。多くはブリキ製。
⑤坑道が急な坂になっているもの。
⑥親不孝して罰が当たった、の意。
⑦「水穴」の底が下がらない。掘れていかない、の意。
⑧龍河橋。現新居浜市立川町の、国領川に架かっていた橋。一九三四年の洪水で流され、架け替え後は立川橋と改称。
⑨赤字。➡解説。
⑩女性の腰巻き。
⑪新居浜市南部の別子山にあった、別子銅山の中心街の名。
⑫飲み屋街で人気の女性の名。実名ではなく、「お染久松」や「笠松お仙」から拝借した名かもしれない。
⑬味噌に煮干し・胡麻油・出しなどを加えて炒めたもの。芳しい味噌の意。
⑭鉱夫。
⑮腰を二まわりする帯が。
⑯甘い鉱夫。半人前の仕事しかできない鉱夫。
⑰遊廓や茶屋で多額の金を使う鉱夫。
⑱石刀で石ノミをたたく音から、鉱石採掘の鉱夫。
⑲一日の作業が終わる午後五時。

愛媛県の仕事唄。愛媛県の東部にあった別子銅山（新居浜市別子山《にいはま》）の鉱夫たちが、爆薬を仕掛ける穴をくりぬく時に、「石刀」（柄の長い金槌《かなづち》）で石ノミをたたきながら唄ってきたものである。

「石刀」は、フランス語の massette を略した「セット」に漢字をあてたものである。明治政府は、フランスから鉱山技師のフランソワ＝コワニーやルイ＝ラロックを招いて近代的採掘法を指導させた。そのため、鉱山にフランス語が持ち込まれたのであるが、別子銅山では「石頭」、鹿児島では「石当」の文字を用いることもあった。

「石刀」の目方は三八〇匁（約一・四キロ）から四五〇匁ぐらいで、腕の強い人は五〇〇匁のものを用いたという。これで石ノミ（ビット）を一分間に三五～四〇回たたく。

また、下へ向かって掘る穴を「水穴《みずあな》」、横へ向かって掘る穴を「空穴《からあな》」と呼び、一等鉱夫は一時間に「水穴」なら一尺五寸（約四五センチ）、「空穴」なら八寸（約二四センチ）から一尺掘った。この穴へ黒色火薬（のちにはダイナマイト）を仕掛け、鉱脈の岩盤を爆破した。なお、この爆薬の代金は鉱夫持ちだったので、穴を沢山あけて爆薬を大量に用いてもなお岩盤が壊せない時は赤字になり、「蜂の巣を撃った」とか「蜂をあけた」と言って嘆いたという。

唄の履歴　この唄の源流は、江戸時代後期に日本中で流行した「甚句《じんく》」が変化した唄と思われる。最初は、瀬戸内海の島や沿岸の石切り場で、石工たちが流行《はや》り唄として唄い始めたのであろう。

別子銅山で黒色火薬を用いる採掘法が始まったのは一八六八年であるが、八二年からはダイナマイトを用いるようになった。瀬戸内海の石工たちは、その爆薬を仕掛ける穴を掘りに銅山へ働きに出て、仕事をしながらその唄を唄ったのであろう。それが「石刀節」と呼ばれ、採掘鉱夫の移動などによって、しだいに日本中の鉱山へ広まっていった。

その後削岩機が使用されるようになり、「石刀」を用いる手掘りは、零細な鉱山や道路工事の現場などで行われるだけになった。しかし、そこでも同じ「石刀節」が唄われた。

別子銅山は一九七三年に閉山となったが、現在の『別子石刀節』は、同山の鉱夫の間で広く唄われていた唄が元になっている。

節まわしの型　今日広く唄われている節まわしは、愛媛県民謡同好会の人たちのものである。しかし、唄がまのびして遅すぎるので、本来の仕事場の唄を舞台芸化した感じまで、速める必要がある。

三坂馬子唄《みさかまごうた》

〽①三坂《みさか》越えすりゃ　雪降《ゆきふ》りかかる
戻《もど》りゃ妻子《つまこ》が　泣《な》きかかる

（ハイィ　ハイ）

〽②むごいもんぞな　③明神《みょうじん》　馬子《まご》は
三坂夜出《みさかよるで》て　夜戻《よるもど》る

〽わしも若《わか》い時《とき》や　④小田《おだ》まで通《かよ》うた
⑤小田《おだ》の川原《かわら》で　夜《よ》が明《あ》けた

〽馬《うま》よ歩《ある》けよ　沓買《くつこ》うてはかそ
二足五文《にそくごもん》の　⑥安沓《やすぐつ》を

注①➡解説。
②「えらい（大変な）ものぞな」とも。
③旧明神村（現久万高原町東明神・西明神）の馬子たち。
④現喜多郡内子町小田。久万の南西にある。「城下まで通うた　高井の」とも。
⑤小田の中央部を西流する小田川の川原。
⑥「四つ沓を」とも。

愛媛県の仕事唄。愛媛県の中央部、現上浮穴《かみうけな》郡久万高原《くまこうげん》町久万の馬子たちが、馬の背に荷を積んで現松山市まで運ぶ折りに唄ってきたものである。曲名の三坂は三坂峠（七二〇メートル）のことで、久万の北西方、松山市との境にある。

久万の馬子たちは、この地方で生産される材木・木炭・紙・櫨《はぜ》などを久万の中心部へ一度集め、ここから松山へ送り込んだ。

当時の馬は、背丈が四尺八寸（約一四五センチ）ほどの小馬であったが、体の割に力が強く、持久力があり、米なら二俵積めた。馬子の駄賃は、久万から松山へは唐黍《とうきび》三斗、戻りに塩や日用品などを積んでくる時は一斗で、合計四斗が日当になった。なお唐黍を米と交換する時は、二対一の割合であった。

唄の履歴　この唄の源流は不明である。久万地方の農民たちが農作業に利用した江戸時代後期の「甚句《じんく》」を、馬子たちが馬を曳《ひ》きながら唄い、それがしだいに定着したようである。

節まわしの型　今日広く唄われている節まわしは、高知県在住の作曲家武政英策が手を加え、それを、東北地方や北海道出身の民謡歌手が、東北の馬子唄風に唄ったものである。

補足　今日の唄は、高知県在住の作曲家武政英策が変曲したものであるが、武政は歌詞にも手を加え、前掲二首目の「むごいもんぞな」を「辛いものぞえ」とし、三首目の「小田まで通うた　小田の川原で」を「久万まで通うた　久万の三坂で」としている。しかし、「むごい」と「辛い」では意味が全く異なり、また、久万の馬子が久万へ通うのはおかしい。したがって、本書では旧来の歌詞を載せておく。

高知県

しばてん音頭《おんど》

本　唄

〽これがネー　①たまるかネー
昨夜《ゆんべ》の夢《ゆめ》に　ネートチャッチャァ
好《す》きなあの娘《こ》の　手《て》を引《ひ》いて

後　唄

〽②おんしゃなんなら　③俺《おら》しばてんよ
④おんちゃん相撲《すもと》取ろ　⑤取《と》ろうちゃ
チャッチャー　（ハッケヨイヨイ　ハッケヨイヨイ）
コリャー　（ハッケヨイヨイ　ハッケヨイヨイ）
（ソレ　ノコッタ　ノコッタ　マダマダ
　ノコッタ）

本　唄

〽⑥三五《さんご》　十五夜《じゅうごや》
⑦桂《かつら》の浜《はま》の　ネートチャッチャ
岩《いわ》に⑧竜馬《りょうま》の　⑨立《た》ち姿《すがた》
〽来《き》てみや　相撲《すもと》取ろ
⑩がいには放《ほう》らぬ　ネートチャッチャ
お前十八《まえじゅうはち》　花盛《はなざか》り
〽惚《ほ》れて　通《かよ》うた
⑪播磨屋橋《はりまやばし》で　ネートチャッチャ
⑫買《こ》うた簪《かんざし》　珊瑚玉《さんごだま》
〽唄《うた》は　⑬夜《よ》さ来《こ》い
晩来《ばんく》るはずが　ネートチャッチャ
主《ぬし》に惹《ひ》かれて　すぐに来《き》た

注①感嘆したり恐縮したりした時に発する語。まあ。たいへん。
②お主は（あなたは）何者なのか。
③➡解説。
④おじさん。
⑤取ろうよ。「取ろうちゃ」ではない。
⑥三×五で十五になることからの表現。
⑦高知市中南部にある浦戸湾の出入り口の南側の浜。特に太平洋に面した、竜頭岬と竜王岬の間の弓状の浜。五色の砂と岩礁と、背後の丘の松林が作る景勝の地。
⑧姓は坂本。幕末の志士。土佐で海援隊を組織。大政奉還を実現させたが、幕吏に暗殺された。
⑨銅像のこと。竜頭岬にある。
⑩ひどくは投げない。
⑪現高知駅の南方八百メートルほどにある、堀川に架かる橋。
⑫純信のこと（➡六一五ページ）。
⑬ヨサコイ節。「夜さ来い」は、夜に来い、の意。

高知県の、お座敷唄形式の新民謡。高知県の中南部、高知市の花柳界の宴席で、芸者衆が唄ってきたものである。

唄の履歴　この唄の作曲者は武政英策、作詞者は黒崎たけし（武政の筆名）である。一九五五年に、高知市の民間放送「ＲＫＣ」（高知放送）の開局記念番組「しばてんクイズ」のテーマソング用に作ったものであるが、二曲作ったうち、『しばてん音頭』はあくが強すぎるため、お蔵入りとなった。武政英策は大阪府出身で、歌謡曲「南国土佐を後にして」の作詞作曲者であるが、この種のあくの強いものが好きな人であった。なお、当初、歌詞を高知県民から募集したが適当なものがなく、武政が手を加えるうちに、ほとんどが武政の字句になったため、作詞者を黒崎名で発表したものである。

さて、一九六〇年、地元のレコード商が、自費出版レコード『よさこい鳴子《なるこ》踊り』（六一三ページ）の裏面に、春日《かすが》八郎の唄で『しばてん音頭』を入れた。そのレコードに添えた、地元の花柳《はなやぎ》芳七松・芳七一姉妹の振り付けに人気が集まって、この唄と踊りは、花柳界で、客と芸者の遊びとしてはやり始めた。艶っぽい動作が受けたのであろう。

「しばてん」は、「しば」は土佐方言で木の葉、「てん」は天狗《てんぐ》の略で、天狗と河童《かっぱ》の両性を持つ、空想上の動物である。大きさは七、八歳の子供ぐらいで、頭は青く剃《そ》り上がり、体は褐色でぬらぬらしていて、木の葉を着物代わりに着ており、両手に水かきがあって水中を泳ぎ、相撲が好きな、ユーモラスな動物である。太平洋戦争後に、川島三郎がその「しばてん」を漫画の主人公にして「高知新聞」に連載し、人気を博した。

節まわしの型　今日広く唄われている節まわしは、東京や大阪などの民謡歌手のものである。

土佐《とさ》訛《なま》り

上の句

〽①土佐《とさ》の訛《なま》りは　あいつにこいつ

口《く》説《どき》

②おんしゃどうすりゃ　俺《おら》去③《い》ぬる
④件《くだん》のことは　どうすりゃや
居《お》るかや去《い》ぬるか　やめるかや
⑤なんちややかまし　黙《だま》っちょれ
黙《だま》っちょれるか　⑥やめとうせ
⑦げに⑧滅相《めっそう》　くだらんねや
⑨去《い》んだらお母《なん》に　言《い》うちゃるぞ

下の句

⑩たかで⑪たまるか　⑫やちがない
（ヤア　ヤア）

注
①旧国名。現高知県全域。
②「お主は」の訛り。あなたは。
③帰る。
④前に言ったことは。
⑤なんだと。
⑥やめてくれ。
⑦実に。まことに。
⑧非常に。
⑨帰ったら。
⑩⑪連語で、強調語。まあ、なんと。
⑫あきれるばかりだ。ばかばかしい。

高知県のお座敷唄。高知県の中南部、山内《やまのうち》氏二四万石の旧城下町高知（高知市）の花柳界の宴席で、芸者衆が唄ってきたものである。

唄の履歴　この唄の源流は、江戸時代末期から明治時代初期に日本中の花柳界で大流行した「本調子甚句《じんく》」である。それが花柳界に根づき、熊本県下では『おてもやん』、山口県下では『男なら』、愛知県下では『名古屋甚句』、石川県下では『金沢訛り』、山形県下では『酒田甚句』、石川県下では『金沢訛り』となり、高知県下では『土佐訛り』となった。

その発端は、江戸時代末期に大阪で流行した、大阪弁の『そうじゃおまへんか節』なのであろう。そして、明治維新で、各地の人たちが交流するようになると、方言が異国語のように聞こえて面白く思われ、各地で国訛りづくしの歌詞が好んで作られたのであろう。

節まわしの型　今日広く唄われている節まわしは、高知市の芸者衆の唄をまねた、東京の民謡歌手たちのものである。

土佐《とさ》の柴刈《しばか》り唄《うた》

〽俺《おら》がノーォー①土佐《とさ》の　柴刈《しばか》り男《おとこ》
（ヨイショォー　ヨイショー）
鎌《かま》の光《ひかり》でヨーホー　山《やま》へ行《ゆ》く
（ハァー　ヤレショー　ヤレショー）

〽行《ゆ》きは朝星《あさぼし》　帰《かえ》りは夜星《よぼし》
昼《ひる》は②利鎌《とがま》の　③星《ほし》が飛《と》ぶ

〽来《こ》いと誰《たれ》が言《い》うた　笹山《ささやま》越《こ》えて
露《つゆ》に脚絆《きゃはん》の　紐《ひも》④濡《ぬ》らす

〽⑤朝《あさ》の露草《つゆくさ》に　刈《か》り込《こ》められて
泣《な》いて上《あ》がるは　きりぎりす

〽柴《しば》刈《か》れ⑥草刈《くさか》れ　⑦田肥《たご》えやれ励《はげ》め

今年《ことし》や米《こめ》穫《と》ろ　嫁《よめ》も取《と》ろ

注①旧国名。現高知県全域。
②よく切れる鎌。鋭い鎌。
③鎌が光ってキラキラするのが、星のように見えることをいう。
④「濡れる」とも。
⑤朝露に濡れた草。
⑥「草」は牛馬の飼料用で、夏の早朝に刈る。
⑦田の肥料。堆肥《たいひ》など。

高知県の仕事唄。高知県の北中部、土佐郡土佐町の人たちが柴刈りの折りに唄ってきたものである。

柴刈り唄といっても、鎌で柴を刈りながら唄うのではなく、山への往来や、刈る手を休めた時などに唄うのである。山で怪我《けが》をしたり急病になったりすると命にかかわるため、自分がいる場所を周辺の人たちに知らせておく必要があったからである。

唄の履歴　この唄の源流は、江戸時代後期から明治時代に日本中で大流行した「甚句《じんく》」である。この地方では、それを「臼《うす》唄」として唄っていたが、のちに野外へ持ち出し、長く伸ばして朗々と唄うようになった。

その『土佐の柴刈り唄』、昭和三〇年代（一九五五〜）中頃から四〇年代中頃にかけて、池添義行がNHKラジオの「民謡を訪ねて」で、哀感のある声で唄った。それが、しだいに知られるようになっていった。

節まわしの型　今日広く唄われている節まわしは、池添義行のものである。

ヨサコイ鳴子《なるこ》踊《おど》り

前　唄

〽（ヤッチョレヨ　ヤッチョレヨ　ヤッチ
ヨレ　ヤッチョレ　ヤッチョレヨ　ヤ
ッチョレ　ヤッチョレ　ヤッチョレヨ）

本　唄（ヨサコイ節）

〽高知《こうち》①の城下《じょうか》へ　来《き》てみいや
じんばもばんばも②③　よう踊《おど》る
鳴子両手《なるこりょうて》④に　よう踊《おど》る　よう踊《おど》る

〽土佐《とさ》⑤の（ヨイヤ　サノサノ　サノー）高知《こうち》
の　播磨屋橋《はりまやばし》⑥で
坊《ぼう》⑦さん簪《かんざし》　買《か》うを見《み》た
（ヨイヤ　サノサノ　サノー）

後ばやし

〽（ホイイ）
ヨサコイ　ヨサコイ
〽（ホイ　ホイ）

☆〔以下、「本唄」（ヨサコイ節）の歌詞は⬇次項〕

注①現高知市。
②お爺さんも。「じんまも」とも。
③お婆さんも。
④田畑の作物を食べにくる鳥獣（雀など）を音で脅し、追い払うための仕掛け。小さな竹の管を何本か四角い板にくくりつけたもの。それを何枚も吊るした縄を田畑の上に掛け渡し、縄の一端を引いて揺らして音を出す。この踊りでは、小さく作った鳴子を両手に一つずつ持って、鳴らしながら踊る。
⑤旧国名。現高知県全域。
⑥現高知駅の南方八百メートルほどにある、堀川に架かる橋。
⑦純信のこと（⬇次項解説）。

高知県の、踊り唄形式の新民謡。高知県中南部の高知市の人たちが、八月九〜一一日に行われる「よさこい祭り」のパレードで唄い踊ってきたものである。

唄の履歴　この唄の作詞作曲者は、武政英策である。一九五二年頃の高知市では、八月一〇日と一一日に「市民健康祈願祭」が行われていたが、当時の高知商工会議所会頭が、徳島市の『阿波《あわ》踊り』に対抗できるような踊り唄を作って観光客を集めたいと考えた。そして、武政英策（のちに「南国土佐を後にして」を作詞作曲した人）に曲作りを依頼した。それは、五三年七月のことであった。

武政の話によると、「前唄」は、夏目漱石《そうせき》の本に載っていた、江戸のわらべうたの歌詞「爺《じじい》も婆《ばば》もみな年寄《としよ》り　坊主の頭にゃお毛がない」にヒントを得て作ったという。そして、「本唄」には『ヨサコイ節』を利用し、「後ばやし」を加えた。

また、踊り手が手に持つ鳴子（⬇注④）は、その頃、都市対抗野球の高知県チーム応援団が、後楽園球場で鳴子を打ち鳴らしているのを見て、それを採用した。なお、踊りの振り付けは、高知市の花柳《はなやぎ》芳七松・芳七一姉妹がまとめたものである。

その『ヨサコイ鳴子踊り』、今日では日本各地の夏祭りに取り入れられ、多くの踊り連によって自由に振り付けられて、街の大通りで唄い踊られている。

節まわしの型　今日広く唄われている節まわしは、東京の民謡歌手のものである。

ヨサコイ節《ぶし》

〽①土佐《とさ》の②高知《こうち》の　③播磨屋橋《はりまやばし》で
④坊《ぼう》さん簪《かんざし》　買《か》うを見《み》た

はやし詞〔はやし手〕
ヨサコイィ　ヨサコイー

〽⑤御畳瀬《みませ》(見ませ)見《み》せましょ　⑥浦戸《うらど》(裏戸)を
開《あ》けて
月《つき》の名所《めいしょ》は　⑦桂浜《かつらはま》
〽⑧夜《よ》さ来《こ》い晩《ばん》に来《こ》いと　言《い》わんすけれど
⑨来《き》てみりゃ真実《しんじつ》　来《こ》い(恋)じゃない
〽⑩言《い》うたちいかんちゃ　⑪俺《おら》んくの池《いけ》にゃ
⑫潮吹《しおふ》く魚《さかな》が　⑬泳《およ》ぎよる
〽土佐《とさ》はよい国《くに》　⑭南《みなみ》を受《う》けて
⑮薩摩嵐《さつまあらし》が　そよそよと
〽土佐《とさ》の名物《めいぶつ》　珊瑚《さんご》に鯨《くじら》
紙《かみ》に生糸《きいと》に　鰹節《かつおぶし》
〽わしの⑯卜一《といち》は　浦戸《うらど》の沖《おき》で
雨《あめ》にしょんぼり濡《ぬ》れて　鰹釣《かつおつ》る
〽西《にし》に⑰竜串《たつくし》　東《ひがし》に⑱室戸《むろと》
中《なか》の名所《めいしょ》が　桂浜《かつらはま》
〽想《おも》うてかなわにゃ　願掛《がんか》けなされ
はやる⑲安田《やすだ》の　⑳神峰《こうのみね》
〽浦戸出《うらどで》る時《とき》ゃ　涙《なみだ》で出《で》たが
㉑お鼻《はな》まわれば　㉒小唄節《こうたぶし》
〽沖《おき》の㉓矢声《やごえ》に　波《なみ》さえ踊《おど》る
一艘万両《いっそうまんりょ》の　大漁船《たいりょぶね》
〽㉔様《さま》よ行《ゆ》かんか　お蔵《くら》の裏《うら》へ
㉕忍《しの》び桜《さくら》の　枝折《えだお》りに
〽わたしゃ㉖玉島《たましま》　ねぐらの烏《からす》
焦《こ》がれ鳴《な》くぞえ　㉗夜《よ》もすがら
〽土佐《とさ》はよい国《くに》　一度《いちど》はおいで
年《ねん》に二《に》度《ど》穫《と》る　米《こめ》もある
〽昨夜《ゆうべ》見《み》ていた　播磨屋橋《はりまやばし》で
昔《むかし》なじみの　後《うし》ろ影《かげ》
〽月《つき》はなくとも　桂《かつら》の浜《はま》は
波《なみ》に黄金《こがね》の　花《はな》が散《ち》る

注①旧国名。現高知県全域。本来は、初句「おかしなことよな」、結句「買いよった」であった。
②現高知市。
③現高知駅の南方八百㍍ほどにある、堀川に架かる橋。堀川は一九六六年頃に埋め立てられたが、九八年に周辺を公園として整備し、水路も復活した。
④純信のこと。⬇解説。
⑤浦戸湾の南西岸の地名。
⑥浦戸湾。高知市中南部の入り江。
⑦浦戸湾口の南側の浜。特に太平洋に面した、竜頭岬と竜王岬の間の弓状の浜。五色の砂と岩礁と、背後の丘の松林が作る景勝の地。(月と桂は縁語)
⑧夜に（今夜）来い。
⑨「行ってみりゃ」とも。
⑩文句をつけても、問題にならないよ。「いかんちゃ」ではない。
⑪俺の家の池。土佐湾のこと。
⑫鯨のこと。「魚が」は、土佐方言で「びんび（小魚）が」とも。
⑬泳いでいる。
⑭南風。
⑮幕末の倒幕運動の時に薩摩と長州が連合して、幕府より先に土佐を討つべしと騒いでいるのに、土佐の連中は悠然としていたことを唄ったものだという。また、「薩摩颪《おろし》」で、薩摩藩主島津斉彬《なりあきら》の

妹候子《ときこ》が、土佐藩一三代藩主山内豊熈《やまのうちとよひろ》に嫁いだことだという。そして、「あらし」「おろし」は「あらせ」の訛りであり、「薩摩あらせ」は、土佐沖を流れる黒潮が運ぶ風のことで、本来は船唄の歌詞であったという。（近森敏夫「土佐の民謡」）

⑯（「上」を上下に分けてできた隠語で、上様の意から）好きな人。恋人。愛人。
⑰高知県南西端の土佐清水市にある景勝地。砂岩が波や風に浸食されて、奇景を作っている。
⑱室戸岬。高知県の南東端にある。
⑲現安芸《あき》郡安田町。室戸岬の北西方にある。
⑳竹林山神峰寺《こうのみねじ》。真言宗豊山派の寺。縁結びに御利益がある。第二七番札所。
㉑室戸岬。
㉒流行《はや》り唄。
㉓船を漕ぐ時の掛け声。
㉔あなた様。
㉕他人に知られないように出かけて行って。
㉖浦戸湾の中央部にある小島。
㉗夜どおし。一晩中。

高知県のお座敷唄。高知県の中南部、山内《やまのうち》氏二四万石の旧城下町高知（高知市）の花柳界の宴席で、芸者衆が唄ってきたものである。

唄の履歴　この唄の源流は、鹿児島県の薩摩《さつま》半島一円に広く分布していた「夜さ来い節」（⬇六九七ページ）である。それは「掛け唄」（二〇一ページ）で、曲名は「夜さ来い　晩に来い」というはやし詞からつけられたものである。

その「夜さ来い節」が、鰹船《かつおぶね》の漁師などによって土佐（高知県）地方へ伝えられ、鹿児島と同じ「〽夜さ来い晩に来いと…」（前掲三首目）といった歌詞で唄われていた。

ところが、一八五五年に現高知市の播磨屋橋《はりまやばし》近くで、五台山金色教院竹林寺（第三一番札所）の僧侶純信が簪《かんざし》を買うところを他人に見られたことから、お馬との恋愛が人々のうわさとなった。純信は、九歳で京都の万善和尚に弟子入りし、二四、五歳の時に竹林寺の脇坊「南の坊」に入った人で、美男ではなく、身長一七〇センチほどの、がっしりとした男であったという。また、お馬は、五台山長江の鋳掛け屋大野新平の長女で、色の白い、ふくよかな美人であったという。行儀見習いのため、高知の追手筋の小倉六右衛門の家に上女中として仕えていて、当時、お馬は一七歳、純信は三七歳であった。二人は高知にいづらくなって駆け落ちしたが、琴平《ことひら》（香川県仲多度郡琴平町）の旅宿高知屋に泊まっているところを、関所破りの罪で捕まった。そして、高知城下でさらし者にされたうえ、純信は藩外へ、お馬は仁淀《によど》川以西へ追放となった。

この一件によって前掲一首目の歌詞が作られ、「夜さ来い節」の節で唄われるようになると、それがいつか元唄のような扱いになって広まっていった。この事件と唄が結びついたのは、「夜さ来い節」が、元々男女の仲を唄うものであったからであろう。

節まわしの型　今日広く唄われている節まわしは、高知市花柳界の芸者衆のものをまねた、東京の民謡歌手のものである。

福岡県

伊田《いた》の炭坑節《たんこうぶし》

〽①月《つき》が出《で》た出《で》た　月《つき》が出《で》たヨイ　ヨイィ
②伊田《いた》の炭坑《たんこう》の　上《うえ》に出《で》た
あんまり煙突《えんとつ》が　高《たか》いので
さぞやお月《つき》さんも　煙《けむ》たかろ
〔唄い手・踊り手〕サノ　ヨイヨイー

〽③香春岳《かわらだけ》から　見下《みお》ろせば
伊田《いた》の④竪坑《たてこう》が　真正面《ましょうめん》
⑤十二時下《じゅうにじさ》がりの　⑥様《さま》ちゃんが
⑦ゲイジにもたれて　思案顔《しあんがお》

〽⑧一山二山《ひとやまふたやま》　三山《みやま》越《こ》え
奥《おく》に咲《さ》いたる　⑨八重《やえ》つつじ
なんぼ色《いろ》よく　咲《さ》いたとて
⑩様《さま》ちゃんが通《かよ》わにゃ　⑪徒《あだ》の花《はな》

〽あなたがその気《き》で　言《い》うのなら
思《おも》い切《き》ります　別《わか》れます
元《もと》の娘《むすめ》の　十八《じゅうはち》に
返《かえ》してくれたら　別《わか》れます

〽あなたは⑫一体《いったい》　どこの人《ひと》
顔《かお》は⑬福岡《ふくおか》　目《め》は⑭久留米《くるめ》
足《あし》は⑮長崎《ながさき》　手《て》は⑯肥前《ひぜん》
心《こころ》⑰門司《もじ》門司《もじ》　気《き》は⑱馬関《ばかん》

〽格子窓《こうしまど》から　月《つき》がさす
⑲様《さま》ちゃんの寝顔《ねがお》の　愛《あい》らしさ
⑳はずした枕《まくら》を　㉑助《す》けさせて
㉒思案半《しあんなか》ばに　㉓明《あ》けの鐘《かね》

〽わたしの様《さま》ちゃん　㉔トロを押《お》す
わたしゃ㉕選炭場《せんたんば》で　㉖ボタを選《よ》る
見上《みあ》げ見下《みお》ろす　顔《かお》と顔《かお》
にっこり笑《わら》って　知《し》らん顔《かお》

〽竪坑《たてこう》㉗千尺《せんじゃく》　二千尺《にせんじゃく》
下《さ》がりゃ様《さま》ちゃんの　㉘鶴《つる》の音《おと》
ままになるなら　そのそばで
わたしも掘《ほ》りたや　㉙黒《くろ》ダイヤ

〽地下《ちか》は三千尺《さんぜんじゃく》　どこまでも
掘《ほ》れば出《で》てくる　黒《くろ》ダイヤ
我《わ》が㉚日《ひ》の本《もと》の　隅《すみ》までも
照《て》らす明《あか》るい　黒《くろ》ダイヤ

〽竪坑三千尺《たてこうさんぜんじゃく》　その中《なか》で
おいらもぐらか　穴暮《あなぐ》らし
あんまりあの娘《こ》が　恋《こい》しいので
やけに㉛発破《はっぱ》を　また掛《か》ける

〽お前《まえ》㉜先山《さきやま》　仕事《しごと》なら
わたしゃ選炭《せんたん》　音頭取《おんどと》り
苦労《くろう》する気《き》と　させる気《き》を
唄《うた》でのろけて　共稼《ともかせ》ぎ

〽捲《ま》き方《かた》さん捲《ま》くなら　㉝やわ捲《ま》いて

今日《きょう》は様《さま》ちゃんの　乗《の》りまわし
もしもケッチン㉞　切《き》れたなら
わたしゃ悲《かな》しい　嫁《ゆ》㉟かず後家《ごけ》

〽雨《あめ》のしょぼしょぼ　降《ふ》る晩《ばん》は
㊱唐傘片手《からかさかたて》に　㊲やや抱《だ》いて
坊《ぼう》や泣《な》くなよ　泣《な》いたとて
死《し》んだ㊳母《かあ》ちゃんな　帰《かえ》りゃせぬ

注①⬇解説。
②現田川市伊田にあった炭坑。一八九四年に採掘開始。「三池炭坑の」「三井炭坑の」「うちのお山の」とも。なお、⬇解説。
③田川郡香春町にある山。
④地下の石炭採掘現場へ通じる坑道で、地表から垂直に掘って作ったもの。
⑤正午に坑内へ入る、二番方の。「六時下がりの」とも。
⑥愛人。
⑦竪坑の出入り口にある昇降機。坑夫が乗って昇り降りする。
⑧香春岳のこと。南から一ノ岳・二ノ岳・三ノ岳（五二一メートル）と続く。
⑨「八重椿」とも。
⑩「主さんが」とも。
⑪実のならない花。子を産まない娘のこと。
⑫「一体全体」とも。
⑬現福岡市。「福々しい」の意を掛ける。
⑭現久留米市。「くるくるとして丸い」の意を掛ける。
⑮現長崎県長崎市。「長い」を掛ける。
⑯旧国名。現佐賀県全域と、壱岐《いき》・対馬《つしま》を除く長崎県。「皮癬」（皮膚病）を掛ける。
⑰旧門司市（現北九州市門司区）。「もじもじする」を掛ける。
⑱現山口県下関市の旧称。「馬鹿」を掛ける。「佐世保」とも。
⑲「坊やの」は改悪。
⑳「起こそかさまそか　寝せおこか」とも。
㉑枕の代わりに、ひざ枕をさせて。
㉒起こそうか、寝かせておこうか、と迷っているうちに。
㉓明け六つ（午前六時頃）に寺で鳴らす鐘。午前六時は、一番方の坑夫が入坑する時刻。
㉔トロッコの略。
㉕㉖⬇解説。
㉗約三〇三メートル。
㉘鶴はし。
㉙石炭のこと。
㉚日本国の。
㉛爆薬を仕掛けて、石炭の層を爆破する。
㉜坑道の中で石炭を掘る人。
㉝ていねいに。
㉞石炭を運ぶ炭車をつなぐ鎖。
㉟相手に死なれて、結婚する前に未亡人のようになった人。
㊱〔中国風のかさの意〕細く割った竹を骨とし、油紙をはった傘。
㊲赤ん坊。
㊳「母ちゃんは」の約音。

福岡県の盆踊り唄・お座敷唄。福岡県の北東部、それも筑豊炭坑地帯のまん中にあった伊田炭坑（田川市伊田）の人たちが、お盆に唄い踊ってきたものである。また、花柳界の宴席で、芸者衆が唄ってきた。

別名　北九州炭坑節。九州炭坑節。三池炭坑節。（⬇後記）

唄の履歴　この唄の源流は、演歌師の添田唖蟬《そえだあぜん》坊《ぼう》が、心中話などの歌本を売り歩く読売りの渋井某《なにがし》の女房に頼まれて一九〇四年に作った『ラッパ節』（⬇二二ページ）である。

それに、大正時代の初め頃に二上りの三味線の伴奏がつき、節まわしが少し変わって『新ラッパ節』となり、再流行して伊田の炭坑にも伝えられた。そして、掘り出した石炭からボタ（質の悪い石炭や岩石）を取り除いたり、石炭の大小を選《よ》り分けたりする「選炭作業」に唄われるようになった。それが「選炭節」で、「万石《ばんせき》」（大型のふるい）を揺すりながら唄われ、唄のしまいに「アラ　ヨイヨイ」という掛け声が加わった。

一九三一年五月、折りからの新民謡運動の中で『伊田小唄』のレコード化が企画され、裏面に「選炭節」を加えようとしたが、地元の民謡研究家小野芳香が、あまりに通俗的だと反対した。その翌年四月のことと思われるが、伊田の南西三キロほどの後藤寺《ごとうじ》（現田川市内）の花柳界で『後藤寺小唄』をレコード化し（ニットーレコード）、裏面に「選炭節」を入れた。曲名は「炭坑唄」で、唄い手は後藤寺町検の歌二と清代治《きよじ》（本名長尾イノ、一九〇一年生まれ）、三味線は同じく又兵衛で、これに二、三人の洋楽器が加わっていた。

その後、太平洋戦争中に音丸がレコード化したが、さしたる反応はなかった。ところが、一九四五年八月の敗戦でアメリカ兵が進駐してきて、三池炭坑（大牟田市）や筑豊炭坑（遠賀《おんが》川流域）はその監督下におかれた。そして、NHKでは、復興の中心となる石炭の増産のために、敗戦一週間後の八月二二日から「炭坑へ送る夕べ」というラジオ番組を毎週放送した。その中で三池のアメリカ兵が唄う「炭坑節」も放送した。それが、アッというまに日本中へ広まった。

　その歌詞は「三池炭坑の上に出た」であったが、伊田炭坑（筑豊）と三池炭坑は、同じ福岡県下とはいっても伊田は北東部、三池は南西端で、全く別の地域にある。伊田側では、この唄は伊田炭坑で生まれ育って筑豊地方一円へ広まり、それが炭坑夫の移動などによって三池へ伝わったものであるから、「三池炭坑の上に出た」と唄われるのは、がまんできなかった。だが、放送やレコードでは、「三池炭坑の」と唄われていた。そこで、一九六二年になって伊田側代表の坂田田川市長と三池側代表の細谷大牟田市長が九州朝日放送のスタジオで会談し、伊田を「本家」、三池を「分家」とすることで手打ち式が行われた。

　しかし、その伊田の歌詞も替え唄で、元唄は、唖蝉坊が一九一二年頃に『奈良丸くずし』のために作った、次の歌詞である。

〽月が出た出た　月が出た
　セメント会社の　上へ出た
　東京にゃ煙突が　多いから
　さぞやお月様　煙たかろ

　ところで、東の『常磐炭坑節』（福島・茨城）や北海道の『北海炭坑節』（現在の『北海盆唄』）も有名になってくると、この「炭坑節」は、それらと区別するために「北九州炭坑節」と呼ばれるようになった。「北九州」は北部九州という意味である。しかし、一九六三年に小倉市・八幡市・若松市・戸畑市・門司市が合併して北九州市と名乗ったため、この曲名では不都合となった。「筑豊」は、この中に入っていないからである。したがって、本書では、この紛らわしい曲名はやめ、唄の発祥地の地名を冠せて『伊田の炭坑節』とし、歌詞も「伊田の炭坑の上に出た」へ戻すことにした。

節まわしの型　今日広く唄われている節まわしは、「盆踊り唄」は赤坂小梅のものである。「お座敷唄」は清代治のものである。

祝《いわ》い目出度《めでた》

上の句〔音頭取り〕
〽祝《いわ》い目出度《めでた》の　若松様《わかまつさま》よ
≪繰り返し≫〔祝い座敷の同席者〕
若松様《わかまつさま》よ

下の句〔音頭取り〕
枝《えだ》も栄《さか》ゆりゃ　葉《は》も①繁《しゅげ》る
〔同席者〕　エェイショーエー
〔音頭取り〕エェイショー　エーショー　エ
ーショーエェ
〔同席者〕　アァ　ショーンガネー
〔音頭取り・同席者〕アレワイ　②サソーエ
サアソエー　ショーンガネェー

〽こちの座敷《ざしき》は　祝《いわ》いの座敷《ざしき》
鶴《つる》と亀《かめ》とが　舞《ま》い遊《あそ》ぶ

〽さても見事《みごと》な　③櫛田《くしだ》の④銀杏《ぎなん》
枝《えだ》も栄《さか》ゆりゃ　葉《は》も繁《しゅげ》る

〽こちのお庭《にわ》に　お井戸《いど》を掘《ほ》れば
水《みず》は⑤若水《わかみず》　金《かね》が湧《わ》く

注①「しげる」の訛り。
②「サトーエ　サアトエー」は誤唱。
③櫛田神社。福岡市博多区上川端町にある、博多の総鎮守。
④「ぎんなん」の約。櫛田神社の御神木で、樹齢約千年という。
⑤若々しい、生命力に満ちた水。

　福岡県の祝い唄。福岡県の北西部にある商人町博多《はかた》（福岡市博多区）の人たちが、祝いの席で納め唄として唄ってきたものである。

唄の履歴　この唄の源流は不明である。他県には見当たらない「木遣《きや》り唄」なので、福岡県独自のものらしい。

　『祝い目出度』は、博多祇園山笠《ぎおんやまかさ》の「追い山笠」で、山笠を櫛田《くしだ》神社へ納めたところで、担ぎ手一同が声をそろえて唄う。そのため、祝いの宴席などでも、納め唄として唄う風習が生まれたようである。

　なお、祇園山笠は櫛田神社例祭の山車《だし》のことで、「飾り山笠」と「追い山笠」とがある。飾り山笠は、歴史上・伝説上の一場面を豪華に飾りつけたもので、高さ一六メートルにも及ぶ。各町内に七月一日から一五日まで飾られる。追い山笠は約七五〇キロの山笠を二八人で担ぎ、時々交替しながら走って所要時間を競うものである。六基の山笠が、一五日午前四時五九分から五分おきに神社を出発し、須崎町まで約四キロの道を走る。

節まわしの型　今日広く唄われている節まわしは、博多町人本永《もとなが》二郎《じろう》のものらしい。

久留米《くるめ》の算盤踊《そろばんおど》り

本唄

〽わたしゃ久留米《くるめ》①の　機織《はたお》り娘《むすめ》ヨー
化粧《けしょう》ほんのり　花《はな》なら蕾《つぼみ》ヨー

台詞《せりふ》

わたしがっさい②の　久留米《くるめ》の日機織《ひばたお》③りで
ございますもんの
わたしがっさい　日機《ひばた》ば織《お》りよりますとっ
さいの
村《むら》の若《わか》い衆《しゅ》が来《き》て　遊《あす》ばんのじゃ遊《あす》ばんの
じゃと　言《い》いますもんの
一緒《いっしょ》に遊《あす》ぶた　よかばってん④
日機《ひばた》がいっちょん⑤　織《お》れまっせんもんの

後唄

惚《ほ》れちゃおれども　まだ気《き》がつかんかね

本唄

〽わたしゃ年頃《としごろ》　機織《はたお》り娘《むすめ》
赤《あか》い襷《たすき》に　姐《あね》さんかぶり

台詞

わたしがっさいの　久留米《くるめ》の日機織《ひばたお》りで
ございますもんの
わたしがっさい　日機《ひばた》ば織《お》りよりますとっ
さいの
村《むら》の若《わか》い衆《しゅ》が来《き》て　嫁《よめ》に欲《ほ》しか嫁《よめ》に欲《ほ》しか
と　言《い》いますもんの
嫁《よめ》に行《ゆ》くとぁ　よかばってん
まだまだ蕾《つぼみ》で　おりたかですもんの

後唄

その場限《ばかぎ》りの　浮気《うわき》は御免《ごめん》だよ

本唄

〽わたしゃ評判《ひょうばん》　機織《はたお》り娘《むすめ》
通《かよ》う心《こころ》は　一《ひと》つに結《むす》ぶ

台詞

わたしがっさいの　久留米《くるめ》の日機織《ひばたお》りで
ございますもんの
わたしがっさい　日機《ひばた》ば織《お》りよりますとっ
さいの
村《むら》の若《わか》い衆《しゅ》が来《き》て　彼氏《かれし》おるかおるかと
聞《き》きますもんの
彼氏《かれし》おることぁ　おりますばってん
名前《なまえ》は人《ひと》には　言《い》えまっせんもんの

後唄

心許《こころゆる》した　お方《かた》は一人《ひとり》だよ

注①⬇解説。井上伝が一九世紀初めに考案した、木綿の久留米絣で有名。
②久留米方言で、語末につく助詞。「さ・ね・よ」のようなもの。
③一日いくらという、決まった賃金で機を織る人。
④よいけれども。
⑤一向に。少しも。

福岡県の、お座敷唄形式の新民謡。福岡県の南西部、有馬氏二一万石の旧城下町久留米（久留米市）の花柳界の宴席で、芸者衆が唄い踊ってきたものである。

唄の履歴　この唄の「本唄」「後唄」部分の源流は、江戸時代後期から明治時代に日本中で大流行した「甚句《じんく》」である。

久留米の花柳界では、その唄に、手機織《てばたお》りの筬《おさ》の音を算盤を鳴らして加え、宴席の遊び唄にした。それは、機織り娘が男に口説かれている様子を身振り手振りでエロチックに演じるもので、歌詞は「村の若い衆《しゅ》が来て　いっちょんさせんのと言いますもんの　させとうはありますばってん…」というたものであった。

一九五四年の秋、赤坂小梅が、福岡市の料亭でその「算盤踊り」を見せられた。小梅は、翌年の秋に石本美由紀《みゆき》に作詞を依頼し、レイモンド服部《はっとり》に節まわしを整えてもらい、五六年八月に小梅の唄でコロムビアレコードより発売した。その曲名は、「久留米の機織り姫」であったが、その後、

『久留米の算盤踊り』と変わった。

節まわしの型　今日広く唄われている節まわしは、赤坂小梅のものである。

黒田節《くろだぶし》

〽酒《さけ》は飲《の》め飲《の》め　飲《の》むならば
①日《ひ》の本一《もといち》の　②この槍《やり》を
③飲《の》み取《と》るほどに　飲《の》むならば
これぞ真《まこと》の　④黒田武士《くろだぶし》

〽⑤峰《みね》の⑥嵐《あらし》か　松風《まつかぜ》か
尋《たず》ぬる人《ひと》の　琴《こと》の音《ね》か
⑦駒《こま》をとどめて　⑧聞《き》くほどに
⑨爪音《つまおと》⑩高《たか》き　⑪想夫恋《そうふれん》

〽春《はる》の⑫弥生《やよい》の　曙《あけぼの》に
四方《よも》の山辺《やまべ》を　見渡《みわた》せば
花盛《はなざか》りかも　白雲《しらくも》の
かからぬ峰《みね》こそ　なかりけれ
〔天台座主　慈円作〕

〽⑬皇御国《すめらみくに》の　武士《もののふ》は
いかなることをか　勤《つと》むべき
ただ身《み》に持《も》てる　赤心《まごころ》を
⑭君《きみ》と親《おや》とに　尽《つ》くすまで
〔加藤司書徳成作〕

〽⑮天津御空《あまつみそら》に　そそり立《た》つ
この⑯富士《ふじ》が嶺《ね》の　姿《すがた》こそ
我《わ》が日《ひ》の本《もと》の　宝《たから》なる
大和心《やまとごころ》の　一《ひと》つなれ

〽⑰園生《そのう》の梅《うめ》の　追《お》い風《かぜ》に
我《わ》が住《す》む山《やま》ぞ　春《はる》めきぬ
⑱門田《かどた》の雪《ゆき》も　斑消《むらぎ》えて
若菜摘《わかなつ》むべき　夕《ゆう》べなり

〽花《はな》の⑲錦《にしき》も　いつのまに
緑《みどり》に変《か》わる　夏木立《なつこだ》ち
涼《すず》しき月《つき》を　松《まつ》(待つ)の戸《と》に
山《やま》ほととぎす　訪《おとず》るる

〽軒端《のきば》の木々《きぎ》の　紅葉葉《もみじば》は
庭《にわ》の錦《にしき》と　散《ち》りはてぬ
枝守《えだも》る柿《かき》の　色映《いろは》えて
夕《ゆう》べの山《やま》こそ　あらわなれ

〽野辺《のべ》の秋風《あきかぜ》　身《み》にしみて
⑳鶉《うずら》鳴《な》くなる　草深《くさふか》や
更《ふ》けゆく秋《あき》の　山《やま》の端《は》に
昔《むかし》ながらの　㉑三日《みか》の月《つき》

〽丸《まる》め捨《す》てたる　去年《こぞ》の雪《ゆき》
また降《ふ》る雪《ゆき》に　埋《う》もれけり
日数《ひかず》を㉒春《はる》の　名《な》に立《た》てて
なお冬籠《ふゆごも》る　梅《うめ》が枝《えだ》

注①日本国で一番の。
②③➡解説。
④黒田藩（福岡藩）の武士。
⑤「平家物語」小督《こごう》の章による歌詞。高倉天皇の愛人小督は、中宮の父平清盛にうとまれて嵯峨野に身を隠す。天皇は源仲国に探させるが、尋ねあぐねる。そこへ、小督がひく琴の音が聞こえてくる。
⑥強く吹く風。
⑦「駒を控えて」「駒引き留めて」とも。
⑧「立ち寄れば」とも。
⑨琴の爪でひく音。
⑩「しるき」（はっきり聞こえる）とも。
⑪雅楽の曲名。元は「相府蓮」で、相府は大臣の役所や邸宅。中国東晋の大臣王倹が、庭の池に蓮を植えて愛でたことを奏した。また、失脚した王倹が潔白とわかって再任されたのを、泥中の蓮の花にたとえて作った曲ともいう。のちに「想夫恋」の字をあて、女が男を恋い慕う曲とされた。
⑫陰暦三月。
⑬天皇の治める国。この歌詞の作者は幕末の黒田藩家老で、勤皇派の人。
⑭天皇のこと。
⑮大空。
⑯富士山。
⑰庭園。
⑱その家の門の前辺りにある田。
⑲金銀糸や色糸などを縦横に交差させて美しい模様を織り出した、厚手の絹織物。

⑳キジ科の鳥。体長二〇チセンほど、尾が短く、ずんぐりした体形で、羽は茶褐色・黄褐色・黒色が交じる。日本では北海道・本州北部の草原で繁殖し、冬は中部以南へ渡る。また、採卵・食肉用に飼育される。

㉑三日月。

㉒立春になっても。

福岡県の酒盛り唄。福岡県の北西部、黒田氏五二万石の旧城下町福岡（福岡市）の人たちが、酒席で唄ってきたものである。

別名　筑前今様《ちくぜんいまよう》。

唄の履歴　この唄の源流は雅楽《ががく》の『越天楽《えてんらく》』で、その節に七五調四行（四十八音）の「今様形式」の歌詞をあてはめて唄ったものである。「今様」とは、当世風という意味で、平安時代中期から鎌倉時代にかけて流行した「新しい歌謡」のことである。

「今様」と黒田藩（福岡藩）とのつながりは、かなり古い。江戸時代中期の儒学者太宰春台《だざいしゅんだい》が一七四五年頃に書いた随筆集「独語」には、次のような記述がある。「三百年の昔、公家の人筑紫に流されて、配所のつれづれに、箏《そう》の手を弾きかへて煩手にし、雅楽の越天楽の歌を延ばして、節を長うして、これに箏を合はせて弾かれしを、筑後の国善導寺の僧、その曲を習ひ伝へて世に弘めしより、筑紫箏と名付けて世の玩《もてあそ》びとなれりとかや。その後、八橋の検校《けんぎょう》といふ盲法師、この曲を習ひて殊に上手なりしかば、越天楽の歌のふきといふも草の名といふ歌を本として、色々の歌を誰人にか作らせ…」

その「筑紫箏《つくしそう》」の一つの流れが黒田藩内でも流行し、他所のものと区別するために、国名を冠せて「筑前今様」と呼んだのであろう。

黒田藩では、藩の書学師を務める二川相近《ふたかわすけちか》が、十代目藩主黒田斉清《なりきよ》の命を受けて、今様形式の詞百数十首を「鴫《しぎ》の羽書《はねがき》」と題して献上した。その中に「平家物語」小督《こごう》の章の語句をまとめた「〽峰の嵐か松風か…」や、慈円和尚作の「〽春の弥生の曙に…」なども含まれていた。藩主が関心を持ち、書学師が歌詞を作ったりまとめたりするとなれば、藩内ではやり始めるのは当然のことである。

さて、今日の『黒田節』を代表する歌詞は、前掲一首目のものである。この歌詞中の槍は「日本号」と呼ばれ、一五九〇年の小田原攻めで手柄を立てた福島正則が、豊臣秀吉から賜った名槍である。

のちに初代福岡城主となった黒田長政がまだ京都の伏見にいた一五九五年に、家臣の母里《もり》太兵衛を尾張清州《きよす》城主福島正則のもとへ使者に立てた。母里は「鱶《ふか》」の異名を持つ直情型の酒豪なので、長政は任務中の飲酒を禁じた。しかし、酒豪といううわさを聞いていた正則は何度も酒を勧め、断られると、「この大盃を飲み干したら、なんでも望みのものを取らせる」と強要した。そこで、母里は三杯飲み干して「日本号」を所望した。正則はそれだけは困ると断ったが、母里は「武士に二言はない」と主張して、その名槍を持ち帰った。

この一件を、黒田藩士の高井知定が、今様形式の歌詞にまとめた。

〽飲め飲め酒を　飲み込みて
　日の本一の　その槍を
　取り越すほどに　飲むなれば
　これぞ真《まこと》の　黒田武士

今日唄われている歌詞とは特に一行目が異なるが、前掲一行目の語句は、別人の今様の語句を差し替えたものである。

その今様は、黒田藩の槍の指南役、吉富杏村《きょうそん》が、酒屋「栄屋」（現粕屋郡宇美町）の主人、小林作五郎のために作った、

〽酒は飲め飲め　飲むならば
　宇美の栄屋に　立ち寄りて
　早見川とぞ　いう酒を
　桝《ます》の隅から　二合半

という、コマーシャル用のものであった。

その「筑前今様」、一九二八年一一月にNHK福岡放送局の井上精三プロデューサーが、曲名を、歌詞のしまいの語を取って「黒田武士」として放送した。そして、一九四二年に赤坂小梅がコロムビアレコードに吹き込んだ時の曲名も「黒田武士」であった。しかし、この曲名は民謡には不向きなので、のちに、黒田藩の「節」という意味で『黒田節』に定着した。

節まわしの型　今日広く唄われている節まわしは、赤坂小梅のものである。

正調《せいちょう》博多節《はかたぶし》

〽①博多帯締《はかたおびし》め　②筑前絞《ちくぜんしぼ》り
　歩《あゆ》む姿《すがた》が　③柳腰《やなぎごし》

〽風《かぜ》がじゃまして　番《つが》いの蝶《ちょう》も
しばし菜《な》の葉《は》の　裏《うら》に住《す》む

〽操《みさお》④縦縞《たてじま》　命《いのち》も⑤献上《けんじょう》
固《かた》く結《むす》んだ　博多帯《はかたおび》

〽⑥筑紫名所《つくしめいしょ》は　⑦名島《なじま》に⑧宰府《さいふ》
⑨芥屋《けや》の⑩大門《おおと》の　⑪朝嵐《あさあらし》

〽誰《だれ》に買《か》われて　行《ゆ》くとも知《し》らず
⑫博多人形《はかたにんぎょ》の　片《かた》えくぼ

〽意気地《いきじ》ずくなら　命《いのち》もままよ⑬
⑭博多小女郎《はかたこじょろ》の　⑮末《すえ》じゃもの

〽なんの⑯玄海《げんかい》　船底枕《ふなぞこまくら》
さめりゃ⑰博多《はかた》の　灯《ひ》が招《まね》く

〽⑱御衣《ぎょい》を捧《ささ》げて　泣《な》く秋《あき》の夜《よ》に
月《つき》がさし込《こ》む　⑲榎寺《えのきでら》

〽博多《はかた》⑳柳町《やなぎまち》　柳《やなぎ》はないが
㉑女郎《じょろう》の姿《すがた》が　柳腰《やなぎごし》

〽恋《こい》の㉒中道《なかみち》　情《なさ》けの博多《はかた》
波《なみ》を隔《へだ》ての　磯千鳥《いそちどり》

〽㉓博多山笠《はかたやまかさ》　締《し》㉔め込《こ》み㉕法被《はっぴ》
シュッとしごいた　㉖力綱《ちからづな》

〽寄《よ》する㉗徒波《あだなみ》　いつしか引《ひ》いて
主《ぬし》と玄海《げんかい》　おぼろ月《づき》

〽㉘千代《ちよ》の松原《まつばら》　月夜《つきよ》に待《ま》てば
松《まつ》の模様《もよう》の　袖濡《そでぬ》らす

〽君《きみ》を㉙松原《まつばら》　月《つき》さえおぼろ
名所名島《めいしょなじま》の　波《なみ》の音《おと》

〽㉚千代《ちよ》の松《まつ》が枝《え》　㉛かたぶく月《つき》を
㉜翔《か》けて一声《ひとこえ》　ほととぎす

〽なにを偲《しの》びて　鳴《な》く小夜千鳥《さよちどり》
博多小女郎《はかたこじょろ》の　夢《ゆめ》の跡《あと》

〽博多恋《はかたこい》しや　小女郎《こじょろ》が招《まね》く
なんの玄海《げんかい》　波枕《なみまくら》

〽㉝飽《あ》かぬ別《わか》れに　今日《きょう》この頃《ごろ》の
痩《や》せを覚《おぼ》ゆる　博多帯《はかたおび》

〽締《し》めりゃ泣《な》くから　とる手《て》を替《か》えて
解《と》けばまた泣《な》く　博多帯《はかたおび》

〽知《し》らぬふりして　ただ一雫《ひとしずく》
㉞博多絞《はかたしぼ》りの　落《お》とし紅《べに》

〽博多見《はかたみ》せよか　㉟那珂川見《なかがわみ》しょか
㊱婀娜《あだ》な姿《すがた》の　水鏡《みずかがみ》

〽㊲蒙古十万《もうこじゅうまん》　沈《しず》めた海《うみ》と
聞《き》くも勇《いさ》まし　波《なみ》の音《おと》

字あまり

〽㊳博多《はかた》へ来《く》る時《とき》や　一人《ひとり》で来《き》たが
帰《かえ》りゃ人形《にんぎょ》と　二人連《ふたりづ》れ

〽行《ゆ》こか柳町《やなぎまち》　戻《もど》ろか㊴新茶屋《しんちゃや》
ここが思案《しあん》の　㊵石堂橋《いしどうばし》

注①博多織の帯。博多織は、博多地方産出の、かたい絹織物。細い練り糸の縦糸と、太い横糸を織り込んだもの。
②博多絞り。博多地方産出の、木綿の絞り染め。紺地に白い花模様を絞り出したものが多い。浴衣地。筑前は旧国名で、現福岡県北部・西部。
③細くて、しなやかな腰。美人の美しい姿をいう。
④博多帯の柄で、独鈷《とっこ》（仏具。中央に握りがあり、

両端がとがった、短い棒）や花紋を縦に何本も連続させ、縞にしたもの。「立てる」を掛ける。
⑤献上博多織の略。黒田藩主が毎年三月に江戸幕府へ献上した、博多織の帯地。「命をさしあげる」の意を掛ける。
⑥北九州地方。
⑦旧村名（現福岡市東区内）。景勝地で、一五八八年に小早川隆景が築いた古城があった。
⑧旧村名（現太宰府市内）。菅原道真をまつる天満宮がある。
⑨旧村名（現糸島郡志摩町内）。
⑩糸島半島西端部にある、玄武岩の海食洞や柱状節理。国の天然記念物。
⑪朝に吹く、強い風。
⑫博多地方産出の、粘土製・素焼きの人形。精巧、華麗に彩色。
⑬「なんの」とも。
⑭近松門左衛門作の浄瑠璃「博多小女郎波枕」（一七一八年初演）の女主人公。博多の遊女。
⑮血筋を引く人。子孫。
⑯玄界灘《なだ》の別称。福岡県の北方の海域。荒れることで有名。
⑰➡解説。
⑱太宰府へ左遷された菅原道真《すがわらのみちざね》のこと。九〇〇年の重陽の宴で、宇多天皇が出した勅題「秋思」にこたえて道真が漢詩を詠じた。感激した天皇は、着ていた衣服を道真に与えた。
⑲現榎社。道真の居所で、太宰府政庁の南館のこと。老朽化して雨もりし、床も落ちていたという。道真没して約一二〇年後に、跡地に榎寺が建立され、一八六八年の神仏分離で榎社となった。
⑳現博多区大博町辺りにあった遊廓街。
㉑「娘姿が」「歩む姿が」とも。
㉒海の中道。博多湾の北に東西に連なる砂州。長さ約一二キロ、幅〇・五～二キロ。西端に志賀島がある。
㉓櫛田神社例祭（七月一～一五日）の山車《だし》のうち、「追い山笠」のこと。約七五〇キロの山笠を二八人で担ぎ、時々交替しながら走って所要時間を競うもの。六基の山笠が、一五日午前四時五九分から五分おきに神社を出発し、須崎町まで約四キロの道を走る。
㉔下帯。
㉕丈が腰からひざぐらいまでの、広袖の上着。
㉖山笠を担ぐ時に、担ぐ棒に巻きつけて握る短い綱。
㉗いたずらに立ち騒ぐ波。
㉘現博多区千代の石堂橋際から筥崎宮《はこざきぐう》境内辺りまでの海岸にあった松原。長さ約九〇〇メートル。
㉙「待つ」を掛ける。
㉚千年も緑を失わない、松の枝。
㉛かたむく。
㉜空高く飛んで。
㉝名残り尽きない別れ。
㉞➡注②。
㉟福岡市南端の背振山に発し、北流して博多湾へ注ぐ川（約三一キロ）。
㊱なまめかしくて美しい、女の姿。色っぽい姿。
㊲文永（一二七四年）・弘安（八一年）の役で、蒙古（元）の軍勢が博多へ攻め寄ったが、台風で艦船の大半を失った。
㊳「たった一人で　博多に来たが」とも。
㊴現博多区下呉服町にあった花柳街。
㊵博多区内を北西流する御笠川の下流部に、一九〇四年に架けられた橋。

福岡県のお座敷唄。福岡県の北西部にある商人町博多（福岡市博多区）の花柳界の宴席で、芸者衆が唄ってきたものである。

唄の履歴　この唄の源流は、現山口県下関《しものせき》市の花柳界で唄われていた端唄『風がじゃまして』で、歌詞は前掲二首目のものである。ところが、その後「〽鼻と鼻とがおじゃまになって　口を吸われぬ天狗《てんぐ》様」の歌詞ができて、『天狗様』という曲名に変わった。

その『天狗様』を、芸者のお秀（本名藤井キエ。一八八〇年二月、大阪宗右衛門町生まれ）が、下関のお座敷に出ていた、一八九七年から一九〇五年までの間に覚えた。お秀は、その後、一九二〇年からは、博多の水茶屋券番からお座敷へ出るようになった。

ところが、二一年四月まで好景気でにぎわった博多の花柳界が、八月になると客足が半分にまで落ち込んでしまった。そこで、花柳界の人気挽回策として、また、「乞食節《こじきぶし》」と称する『博多節』に対抗するために、新しいお座敷唄を作ることになった。そうしてできたのが『正調博多節』である。

その曲名の名付け親は、福岡日日新聞社社長の三隈雲濤《みくまうんとう》といわれるが、節はお秀の覚えていた『天狗様』をそっくりそのまま利用した。ということは、当時、この唄は博多の花柳界でかなり流行していたのであろう。また、歌詞は、とりあえず『博多節』の元唄の中の語句を省いて、前掲一首目のように七七七五調にした。それから、一九二二年に東中州《なかす》の芝居小屋川丈座《かわじょうざ》の長尾寅吉や、箱島甚一郎・徳永忠七といった芸事好きの博多旦那衆が相談して、「福岡日日新聞」と「九州日報」に歌詞懸賞募集の広告を出した。この頃は、各地の新聞社が「どどいつ」などを募集することが流行していたが、この歌詞の応募作品は二万点以上に及んだという。

そして、同年六月一一日から一週間にわたって、川丈座で「正調博多節試演会」を開催した。その時選ばれた歌詞は五五首で、唄い手はお秀・忠七・おしんのほかに相生券番の芸者衆が応援に加わった。

その後、一九二七年の福岡勧業博覧会の頃までに、『正調博多節』の名手といえばお秀といわれるようになった。お秀は、この唄の土台となった『天狗様』を博多に伝えた人であり、また、博多の花柳界の客筋が、石炭と鉄の八幡を控えて官吏が多く、お秀の都会芸が好まれたためであろう。

節まわしの型 今日広く唄われている節まわしは、お秀のものである。

筑後酒屋米洗い唄《ちくごさかやこめあらいうた》

〽ハァー今《いま》が始《はじ》まり　始《はじ》まりました
（ハァ　ヨーイショ　ヨイショー）
①筑後酒屋《ちくごさかや》の　②米洗《こめあら》いヨー
《繰り返し》〔酒屋職人〕
ハァー　ドッコイ　米洗《こめあら》い
（ハァ　ヨーイショ　ヨイショー）

〽宵《よい》の③酛摺《もとす》り　夜明《よあ》けの④甑《こしき》
明日《あす》の⑤洗《あら》い場《ば》が　気《き》にかかる

〽酒屋《さかや》⑥杜氏《とうじ》さんと　⑦懇《ねんご》ろしたら
蔵《くら》の窓《まど》から　⑧粕投《かすな》げた

〽⑨千秋万歳《せんしゅうばんぜい》　治《おさ》まる御代《みよ》は
末《すえ》は鶴亀《つるかめ》　⑩五葉《ごよ》の松《まつ》

注①筑後の国（現福岡県南部）の酒蔵。
②➡解説。
③➡一八一ページ。
④米を蒸すのに用いる道具。ここでは、米を蒸すこと。
⑤酒蔵の、米や酒造り用具を洗う所。「洗い番」は、「場ア」の「ア」が、口を閉じたために「ン」になったもので誤唱。
⑥酒造り職人。
⑦親しく付き合ったら。
⑧酒粕。酒を搾ったあとに残るもの。
⑨千年も万年も。永遠に。
⑩五葉松。マツ科の常緑高木。山地に自生し、高さ三〇メートル《メー トル》、直径一メートル《メー トル》にもなる。樹皮は黒灰色。庭木や盆栽にする。針形の葉が五本ずつ小枝に密に束生し、夫婦と三人の子にたとえて一家繁栄の象徴とされる。

福岡県の仕事唄。福岡県南西部の、筑後川下流部にある久留米《くるめ》市城島《じょうじま》町の酒蔵の洗い場で、酒屋職人たちが酒の原料米の糠《ぬか》を水で洗い落とす作業をしながら唄ってきたものである。

米洗い作業は、一〇一ページに述べた方法で行われたが、その時に唄う「米洗い唄」は、洗米時間を計る時計代わりであった。それを城島では「米踏み唄」と呼んでいたので、足で踏んで米を洗っていたのであろう。

唄の履歴 この唄の源流は、現兵庫県の灘《なだ》（西宮市・神戸市の海岸部）の酒造り唄のうちの「酛摺《もとす》り唄」である。

城島では、一八八四年に灘から丹波杜氏《とうじ》や麹《こうじ》師《し》・酛《もと》まわりなどを招き、灘流の酒造り技術を指導してもらった。この唄は、その時にこの人たちによって伝えられたようである。そして、初めは「酛摺り」作業（一八一ページ）をしながら唄っていたが、そのうち、「米洗い」作業にも利用するようになった。この「米洗い」は、何人もが桶を並べて行い、唄も掛け合いで唄った。

その唄が初めて電波に乗ったのは一九六三年三月一二日のNHKラジオ「民謡を訪ねて」で、唄い手は、『筑後酒屋仕込み唄』を世に出した池口森雄である。その時の曲名はまだ「米踏み唄」であったが、昭和五〇年代（一九七五～）に入って、よりわかりやすい「米洗い唄」と呼ばれるようになった。

節まわしの型 今日広く唄われている節まわしは、池口森雄のものである。

筑後酒屋仕込み唄《ちくごさかやしこみうた》

本　唄〔音頭取り〕
〽エンヤァーレー①銘酒《めいしゅ》ヨォー出《で》る出《で》る（ハイハイ）　②樋《ひ》の口瓶《くちかめ》に
（ハァ　ヨーイショ　ヨイショー）
エンヤァーレー明日《あす》はヨォー座敷《ざしき》で（ハイハイ）　ドッコイ花《はな》と咲《さ》く
（ハァ　ヨーイショ　ヨイショー）
長ばやし〔酒屋職人〕
〽③中《なか》の芯《しん》ぎを　④圧《お》したてて

⑤よかろじゃなった　ヨーイ　ヨイノ　ヨイ

本　唄

〽銘酒《めいしゅ》出《で》る出《で》る　樋《ひ》の口瓶《くちかめ》に
⑥お国自慢《くにじまん》の　唄《うた》も出《で》る

〽清《きよ》き流《なが》れの　⑦筑後《ちくご》の水《みず》で
造《つく》り上《あ》げたる　⑧筑後酒《ちくござけ》

〽鶴《つる》が⑨舞《ま》い舞《ま》う　この蔵《くら》の上《うえ》
お蔵繁昌《くらはんじょ》と　舞《ま》い遊《あそ》ぶ

〽揃《そろ》た揃《そろ》たよ　若《わか》い衆《しゅ》が揃《そろ》た
秋《あき》の出穂《でほ》より　なお揃《そろ》た

〽酒《さけ》という字《じ》は　三水偏《さんずいへん》に
⑩旁《つくり》や⑪日読《ひよ》みの　酉《とり》と書《か》く

注①よく銘柄を知られた、上質の日本酒。
②醪《もろみ》を袋に入れて槽《ふね》（長方形の、木製の箱）の中に積み重ね、上から徐々に圧力を加えていくと、底の出口（樋）から新酒が出てくる。それを受ける瓶のこと。
③酛《もと》の中の蒸し米で、まだこなれずに固まっている部分。
④突いて、つぶすこと。
⑤こなれて、よいようになった。
⑥「お声」とも。
⑦筑後川。大分県の九重山周辺に発して北西流し、筑後平野を西流、南西流して、柳川市の西で有明海へ注ぐ川（約一四三キロ）。
⑧筑後の国（旧国名）。現福岡県南部。
⑨「舞います」とも。
⑩左と右の、二つの部分によって構成される漢字の、右の部分。
⑪暦に用いる「トリ」の意で、十二支の「酉」のこと。

福岡県の仕事唄。福岡県南西部の、筑後川下流部にある久留米《くるめ》市城島《じょうじま》町の酒蔵で、酒屋職人たちが酒の醪《もろみ》を仕込む作業をしながら唄ってきたものである。

酒を醸造する時は、まず、蒸《む》し米《まい》と麹《こうじ》に水と酵母を加えて「酛《もと》」（酒母）を造る（一八一ページ）。次に、一〇二ページに述べたように、その酛に蒸し米・麹・水を三回に分けて加えていく。この、水を吸った蒸し米と麹を蕪櫂《かぶらがい》で突いて掻き混ぜる作業を「酘《そえ》突き」と言い、酒屋職人たちの動作がそろうように、櫂に合わせて唄を唄う。

別名　筑後酒造り唄。しかし、酒造り唄は作業工程によって何種類もあり、また、『筑後酒屋米洗い唄』も一九七五年頃から広く唄われているので、表記の曲名のほうがよい。

唄の履歴　この唄の源流は、現兵庫県の灘《なだ》（西宮市・神戸市の海岸部）の酒蔵で初添えの時に唄われていた「風呂上がり唄」である。

城島では、一八八四年に灘から丹波杜氏《とうじ》や麹師・酛《もと》まわりなどを招いて灘流の酒造り技術を指導してもらったので、その折りに唄も伝えられたのであろう。そのため、城島の「初添え」の「櫂突き唄」は、灘の「初添え」の唄をそのまま用いている。なお、「風呂上がり唄」という名称は、昔の仕込み作業は、風呂から上がって夕食を済ませたあと、夜遅くなってから始めたためについたものである。

その『筑後酒屋仕込み唄』がラジオで初めて放送されたのは、一九五七年六月二四日のニッポン放送「お国自慢のど自慢全国コンクール」で、池口森雄が美声で唄った。池口は、翌五八年からは、NHKの「素人のど自慢全国コンクール」に九州代表として三年連続して出場した。その時のはやし手が、のちにこの唄を唄い広めた久良木直人《きゅうらぎなおと》である。

なお、この唄は単に「酒造り唄」と呼ばれていたが、一九六〇年からは「筑後」の二字を冠せて、「筑後酒造り唄」と呼ぶようになった。しかし、この曲名は、「別名」の項で述べたように、適切ではない。

節まわしの型　今日広く唄われている節まわしは、池口森雄のものである。

博多《はかた》の子守《こも》り唄《うた》

〽①博多《はかた》②柳町《やなぎまち》　柳《やなぎ》はないが
③女郎《じょろう》の姿《すがた》が　④柳腰《やなぎごし》ヨーイ　ヨーィ

〽うちの⑤御寮《ごりょん》⑥さんな　⑦ががら柿《がき》よ
見《み》かけよけれど　⑧渋《しぶ》ござる

〽うちの御寮《ごりょん》さんの　行儀《ぎょうぎ》の悪《わる》さ
お⑨櫃《ひっ》踏《ふ》んまえて　棚探《たなさが》し

〽⑩旦那《だんな》よく聞《き》け　お嬶《かか》も聞《き》けよ
守《も》りに⑪辛《つろ》うすりゃ　子《こ》にあたる

〽うちの御寮《ごりょん》さんな　⑫手利《てき》きでござる
⑬夜着《よぎ》も布団《ふとん》も　⑭丸洗《まるあら》い

〽うちのお父《と》っつぁんな　位《くらい》がござる
なんの位《くらい》か　酒《さけ》くらい

〽ねんねしなされ　おやすみなされ
明《あ》けりゃ御殿《ごてん》の　鐘《かね》が鳴《な》る

〽ねんねする子《こ》は　可愛《かわ》ゆてよいが
起《お》きて泣《な》く子《こ》の　面憎《つらにく》さ

〽どしたこの子《こ》は　泣《な》く子《こ》であろか
帰《かえ》りゃ御寮《ごりょん》さんの　目《め》が光《ひか》る

〽恐《こわ》い顔《かお》して　にらんでみても
落《お》ちて砕《くだ》ける　⑮鬼瓦《おにがわら》

〽⑯師走《しわす》⑰十　三日《じゅうさんにち》の　日《ひ》の暮《く》れ方《がた》にゃ
嬉《うれ》し涙《なみだ》で　袖絞《そでしぼ》る

注①➡解説。
②現博多区大博町辺りにあった遊廓街。
③「娘姿が」「歩む姿が」とも。
④細くて、しなやかな腰。美人の美しい姿をいう。
⑤商家のおかみさんのこと。
⑥「さんは」の約音。
⑦小さな、渋い実が沢山なる山柿。
⑧けちだ、の意を掛ける。
⑨炊き上がった御飯を釜から移して入れておく、木製の器。ふた付き。
⑩「御寮よく聞け　旦那も聞けよ」とも。
⑪近頃は「悪すりゃ」と唄われているが、改悪。
⑫腕前がすぐれている。
⑬寝る時上に掛ける、綿入りの着物。
⑭綿入りのものを、そのまま洗うこと。中の綿を取り出して布だけを洗えば、綿を再利用することができる。
⑮屋根の最上部の両端に取り付ける、鬼面の瓦。
⑯陰暦一二月。
⑰子守り奉公の年季が明ける日。

福岡県のお座敷唄。福岡県の北西部にある商人町博多（福岡市博多区）の花柳界の宴席で、芸者衆が三味線の伴奏に乗せて唄ってきたものである。

唄の履歴　この唄の源流は、江戸時代後期から明治時代に日本中で大流行した「甚句《じんく》」である。それは、各地で農作業唄や酒盛り唄に利用されたが、博多では、子守り奉公の娘たちが子守りをしながら、淋しさを紛らわせるために口ずさんだ。

博多の商家には、現糸島郡地方の娘たちが子守り奉公に来ていたので、この地方で唄われていた農作業唄の「臼唄《うすうた》」を利用したものと思われる。その「子守り唄」が、一九二〇年頃に博多の花柳界に持ち込まれ、三味線の伴奏がつけられてお座敷唄になった。

『正調博多節』は品がよすぎて座が静かになってしまうので、そのあとで「騒ぎ唄」として唄われたのである。

また、「御寮《ごりょん》さん」（商家のおかみさん）の悪口唄であることが、芸者衆と客の旦那衆の共感を得たのであろう。

節まわしの型　今日広く唄われている節まわしは、博多花柳界の芸者衆のものである。

博多節《はかたぶし》

〽①博多帯締《はかたおびし》め　②筑前絞《ちくぜんしぼ》り
筑前《ちくぜん》③博多《はかた》の　④帯《おび》を締《し》め
歩《あゆ》む姿《すがた》が　⑤柳《やなぎ》アリャ　ドーッコイショー腰《ごし》
お月《つき》さんがチョイト出《で》て　松《まつ》の影《かげ》
ハイィ　今晩《こんばん》は

〽主《ぬし》を待《ま》つ夜《よ》は　いつしか更《ふ》けて
秋《あき》というのに　気《き》が滅入《めい》り
雁《かり》の声《こえ》さえ　細《ほそ》りがち
お月《つき》さんが出《で》て　松《まつ》の影《かげ》

〽⑥島田《しまだ》つぶして　⑦丸髷結《まるまげゆ》うて
鏡《かがみ》に向《む》こうて　櫛《くし》を取《と》り

昔《むかし》思《おも》うと　片《かた》えくぼ
苦労《くろう》のおかげで　楽《らく》をする

〽無理《むり》になびけと　言《い》うのは野暮《やぼ》よ
なびく時節《じせつ》が　来《く》るならば
どんな風《かぜ》にも　なびくもの
柳《やなぎ》と女《おんな》は　風《かぜ》しだい

〽たとえ姑《しゅうと》が　鬼《おに》でも蛇《じゃ》でも
あなたを育《そだ》てた　人《ひと》じゃもの
どうしてなりとも　機嫌《きげん》取《と》る
あなたのためなら命《いのち》まで　あげまする

七字冠り

〽⑧百万石《ひゃくまんごく》の
知行《ちぎょう》取《と》るより　⑨お前《まえ》のそばで
竹《たけ》の柱《はしら》に　⑩萱《かや》の屋根《やね》
⑪手鍋《てなべ》さげても　厭《いと》やせぬ
世《よ》の中《なか》は好《す》いたどうしで　⑫暮《く》らしゃよい

〽板一枚《いたいちまい》の
下《した》は地獄《じごく》の　船底《ふなぞこ》よりも
恐《こわ》いは世間《せけん》の　人《ひと》の口《くち》
人《ひと》の口《くち》には　戸《と》が閉《た》たぬ
上《あ》げたら下《お》ろしな　夜明《よあ》けまで

注①博多織の帯。博多織は、博多地方産出の、かたい絹織物。細い練り糸の縦糸と、太い横糸を織り込んだもの。
②博多絞り。博多地方産出の、木綿の絞り染め。紺地に白い花模様を絞り出したものが多い。浴衣地。筑前は旧国名で、現福岡県北部・西部。
③➡解説。
④「帯締めて」とも。
⑤細くて、しなやかな腰。美人の美しい姿をいう。
⑥日本髪の髪型で、未婚の女性が結うもの。
⑦結婚した女性の髪型。髷の中に楕円形の型を入れて、丸い形に結ったもの。
⑧〔一石は二・五俵〕二五〇万俵の米（約一八万キロリットル）が収穫できるだけの土地を支配する権力者となるよりも。
⑨「あなたの」とも。
⑩薄《すすき》・刈安などの、丈の高い草で葺いた屋根。
⑪〔家政婦も雇えないで〕自分で炊事の苦労をするような貧しい生活も、いやとも思わず。
⑫「暮らすがよい」「暮らしたい」「暮らしゃんせ」とも。

福岡県のお座敷唄。福岡県の北西部にある商人町博多（福岡市博多区）の花柳界の宴席で、芸者衆が唄ってきたものである。

唄の履歴　この唄の源流は、島根県西部の旧石見《いわみ》の国で唄われていた門付け芸人の唄といわれる。島根県江津《ごうつ》市の『博多節』の歌詞は、

〽博多（ハーオイデマシタカネ）帯締め　筑前絞り
それに毛繻子《けじゅす》の　前掛けで　歩む姿が　柳
（エーイエーエー　ドッコイショ）腰
お月さんがチョイト出て　松の影

で、曲名は唄い出しの語から取ったものである。

明治時代の中頃に広島県の、金《かね》の琴を弾く門付け芸人が、そうした唄を唄って、博多の町を流して歩いた。それを花柳界の人たちや主婦たちが好んだため、この唄は博多ではやり始めた。しかし、一般の人たちは「乞食節《こじきぶし》」と呼んで嫌っていた。

その博多の『博多節』は、唄の中に挿入される、特徴ある語から、「ドッコイショの博多節」とか「今晩はの博多節」と呼ばれ、浪曲師その他の舞台芸人たちが、本業の演目以外の余興として舞台で唄ったことから日本中へ広まっていった。

ところが、一九二二年に『正調博多節』が作られ、博多の文化人は「正調」のほうを後押しした。そのため、芸者のお秀が大阪へレコードを吹き込みに行って「正調」を表面に、「ドッコイショ」を裏面に入れたところ、博多の券番から叱られ、以来、博多の花柳界では「ドッコイショの博多節」は封じられてしまった。そして、「ドッコイショ」は「乞食節」という悪名だけが、妙に有名になっていった。

しかし、唄そのものは、「ドッコイショ」のほうが人間味もあり、技巧的にもおもしろく、今では『正調博多節』を推す旦那衆の顔色をうかがう必要もないので、差別をせず、もう一度陽《ひ》の目が見られるようにするほうがよい。

節まわしの型　今日広く唄われている節まわしは、博多芸者が唄うのをまねたもののようである。

ぼんち可愛《かわ》いや

〽ぼんち①可愛《かわ》いや　ねんねしな
品川女郎衆《しながわじょろしゅ》は②　十匁《じゅうもんめ》③
十匁《じゅうもんめ》④の　鉄砲玉《てっぽだま》
玉屋《たまや》⑤が川《かわ》へ　スッポンポン⑥

〽一度《いちど》は気休《きやす》⑦め　二度《にど》は嘘《うそ》
三度《さんど》のよもやに⑧　ひかされて
浮気男《うわきおとこ》の　癖《くせ》⑨として
女房《にょうぼ》にくれとは⑩　洒落《しゃれ》⑪かいな

〽もうしもうし　車屋《くるまや》⑫さん
ここから柳町《やなぎまち》⑬ァ　なんぼです
大勉強《だいべんきょう》⑭で　十五銭《じゅうごせん》
三銭負《さんせんま》⑮けとけ　アカチョコベ⑯

〽もうしもうし　床屋《とこや》さん
頭《あたま》⑰をハイカラ⑱に　剪《つ》⑲んでおくれ
後《うし》ろ短《みじか》く　前長《まえなが》く
なるだけじょもんさん⑳が　好《す》㉑くように

注①坊ちゃん。この歌詞は尻取り式。
②東海道品川宿（現東京都品川区内）の遊女。
③遊女の揚げ代。
④目方。約三・七五グラム。
⑤江戸の花火屋の屋号。
⑥濡れた着物を脱いで素っ裸になることと、手を打つ音を掛ける。
⑦一時だけ安心させるような言葉。
⑧まさか嘘ではないだろうと、気持ちがひきつけられて。
⑨「常として」とも。
⑩「するとは」とも。
⑪冗談。
⑫人力車を引くことを職業とする人。
⑬現博多区大博町辺りにあった遊廓街。
⑭代金を精一杯負けて。
⑮「十銭に」とも。
⑯アカンベーのこと。
⑰「髪をハイカラさんに　刈っておくれ」とも。
⑱当世流行の西洋風に。
⑲髪をカットして。
⑳美人。「別嬪《べっぴん》さんの」とも。
㉑「惚れるよに」とも。

福岡県の祭礼唄。福岡県の北西部にある町人町博多（福岡市博多区）の人たちが、五月三〜四日に行われるお祭り「どんたく」で、杓子《しゃくし》を打ち鳴らしながら町中を唄い歩いてきたものである。「どんたく」とは、オランダ語の zondag（日曜日・休日）が語源で、お祭りのための休日という意味である。

この祭りの始まりは、室町時代の「松ばやし」（正月を祝う行事）であったという。それは、農民たちが、神の依代《よりしろ》である松を曳いて社寺や豪族の屋敷へ行き、祝言を述べ、新年を祝福する行事であった。江戸時代になると、正月一五日に博多の町人たちが恵比須・大黒天・福禄寿の仮面をかぶって馬に乗り、その後に稚児《ちご》を乗せた山車《だし》が続き、付き添いの者が祝い言を称えながら福岡城主へ年賀を述べに行った。それに山車や踊りや仮装が従い、城内で種々の祝福芸を披露して新年を祝い、繁栄を祈った。

その行事も、一八七一年の廃藩置県によって披露相手の殿様がいなくなり、また、奢侈《しゃし》禁止令によって中止されてしまった。しかし、七九年に紀元節の奉祝行事として、「どんたく」の名で復活した。

一九〇五年六月一日、日本海海戦の大勝利で、博多の人たちは杓子を打ち鳴らして「日本勝った日本勝った　ロシア負けた」と、町中を唄い歩いた。芸のない者は杓子でもたたけ、ということが始まりであったという。そして、日露戦争後は四月三〇日と五月一日を「招魂祭」の日と定め、この杓子踊りも祭りに加わって、名称は「松ばやしどんたく祭り」となった。

ところで、一九〇六年に、博多下呉服町の栄松堂（菓子屋）の河原田平兵衛が音楽隊を自費で雇って、七つボタンに金モールの軍服を着せ、「〽ぼんち可愛いや…」を演奏させて「どんたく」の行進に参加させた。これが人気を集めて、翌年から、この行進に用いられる唄は、すべてこの唄になってしまった。

一九四九年、この祭りは大型連休中の五月三〜五日に移され、これに「博多港祭り」も重ねて行うようになって、正式名称は「松ばやしどんたく港祭り」となった。

現在の「博多どんたく」では、松の木代わりの飾り物と、福の神や稚児の行列が市内を練り歩き、また、『ぼんち可愛いや』の杓子踊りや、音楽隊のパレードや、仮装行列などが行われる。そして、仮設舞台では、博多仁輪加《にわか》（寸劇）や手踊り・のど自慢なども行われる。

別名　博多どんたくばやし。博多どんたく。

唄の履歴　この唄の源流は、江戸時代の末に江戸を中心として広く唄われていた「子守り唄」である。歌詞は尻取り形式で、子供を遊ばせる折りの唄であった。それを、河原田平兵衛が、東京の菓子屋「栄太楼」で修業中に覚え、故郷博多に持ち帰ったようである。したがって、本来の歌詞は前掲一首目のものだけで、他はのちに博多で補作したものである。

なお、今日の、杓子を持って踊る行進踊りは、一九四六年に、博多の花柳《はなやぎ》金太郎が、進駐軍のアメリカ兵たちにも踊れるようにと振り付けたものである。

節まわしの型　今日広く唄われている節まわしは、博多町人たちのものである。

八女《やめ》の茶山唄《ちゃやまうた》

〽ハァヤーレー茶山戻《ちゃやまもど》りにゃ　皆《みな》①菅《すげ》の笠《かさ》
（トコ　サイサイー）
どっちが姉《あね》やら　妹《いもと》やら
（アァ②揉《も》ましゃれ　揉《も》ましゃれ　トコー
サイサイー）

〽③縁《えん》がないなら　茶山《ちゃやま》にござれ
茶山茶所《ちゃやまちゃどころ》　縁所《えんどころ》

〽今年初《ことしはじ》めて　茶山《ちゃやま》に来《き》たが
お茶《ちゃ》の④摘《つ》み道《みち》や　まだ知《し》らぬ

〽お茶《ちゃ》の摘《つ》み道《みち》や　知《し》らんなば教《おし》ゅよ
新葉《しんば》残して　⑤古葉《ふるば》摘《つ》む

〽お茶《ちゃ》を飲《の》むたび　わしゃ思《おも》い出《だ》す
茶山《ちゃやま》で結《むす》んだ　縁《えん》じゃもの

〽茶山茶山《ちゃやまちゃやま》と　⑥楽《たの》しゅで来《き》たりゃ
なんのよかろか　坂《さか》ばかり

〽⑦茶山旦那《ちゃやまだんな》さんな⑧　がらがら⑨柿《がき》よ
見《み》かけよけれど　⑩渋《しぶ》ござる

〽今年《ことし》ゃこれぎり　また来年《らいねん》の
⑪八十八夜《はちじゅうはちや》の　お茶《ちゃ》で会《あ》おう

〽茶摘《ちゃつ》みゃしまゆる⑫　じょもんさんな⑬帰《かえ》る
あとに残《のこ》るは　てぼ⑭　⑮円座《えんざ》

注①菅笠。菅で作った編み笠。菅は、水辺や湿地に生える多年草。茎は三角形で、葉は細長い。
②この唄が「茶採み唄」としても唄われていたためであろう。「茶摘み唄」としては「摘ましゃれ」と掛けるべきである。
③結婚相手がみつからないなら。
④摘み方は。
⑤今年初めて茶摘みに来た人を、からかったもの。
⑥楽しみに来てみたら。
⑦茶畑の所有者。
⑧「さんは」の約音。
⑨小さな、渋い実が沢山なる山柿。
⑩けちだ、の意を掛ける。
⑪立春から数えて八八日目の日。新暦の五月二日頃にあたる。
⑫しまいになる。
⑬娘さんは。茶摘みの娘たちのこと。
⑭手籠《てかご》。茶摘み用のかご。
⑮藁《わら》を円形に編んで作った敷物。座る時に敷く。

福岡県の仕事唄。福岡県南部の八女地方（八女市・八女郡）の茶畑で、茶摘みの人たちが仕事をしながら唄ってきたものである。八女は、北は水縄《みのう》山地、東は釈迦ヶ岳《しゃかがたけ》、南は筑肥《ちくひ》山地に囲まれた山村地帯である。

八女地方の茶畑は山の斜面を切り開いて造ってあるため、茶摘みとはいっても山仕事のようなものなので、急病になったり、怪我《けが》をしたりすると大変である。したがって、今働いている場所と、異状がないことを周辺の人たちに知らせるために、また、辛さや淋しさを紛らわせるために唄を唄った。

唄の履歴　この唄の源流は、広島県下の「木挽《こび》き唄」である。広島木挽きたちは、冬の農閑期の出稼ぎ仕事として九州地方一円の山地へ出かけ、木材を挽きながらこの唄を唄った。それを茶摘みの人たちが茶山で唄ううちにしだいに広まり、「茶摘み唄」として定着していった。

その『八女の茶山唄』、現八女市矢部村矢部《やべ》の栗原晨護《しんご》（一九〇〇年生まれ）が普及を計り、一九二七年にＮＨＫラジオで初放送して以来、昭和五〇年代（一九七五〜）まで活動を続けてきた。

節まわしの型　今日広く唄われている節まわしは、栗原晨護のものである。

佐賀県

有田《ありた》の田植《たう》え唄《うた》

〽ヤァーレー（アァ　ヨイヨイー）腰《こし》の痛《いた》さ
よ　この田《た》の長《なが》さ
①四月五月《しがつごがつ》の　日《ひ》の長《なが》さ
（アァ植《う》えたよ　植《う》えたよ　ドッコイ
ドッコイ）

〽腰《こし》の痛《いた》さよ　②せまち田《だ》の長《なが》さ
四月五月《しがつごがつ》の　日《ひ》の長《なが》さ

〽植《う》え手揃《てそろ》たよ　植《う》え手《て》が揃《そろ》た
秋《あき》の出穂《でほ》より　よう揃《そろ》た

〽四月五月《しがつごがつ》は　寝《ね》てさえ眠《ねむ》か
なんぼ③さまじょも　眠《ねむ》かろう

〽五月田植《ごがつたう》えに　④泣《な》く子《こ》が欲《ほ》しや
畦《あぜ》に腰掛《こしか》け　乳飲《ちちの》ましょ

〽いつも五《ご》ん月《がつ》　田植《たう》えならよかろ
好《す》いた殿御《とのご》さんの　⑤手苗取《てなえと》る

〽わしが殿御《とのご》は　⑥浮《う》き舟船頭《ふねせんど》
空《そら》が曇《くも》れば　気《き》にかかる

注①太陰暦の。
②狭い、長い田。また、田の一区画。
③恋人。愛人。
④乳を飲ませている間は休めるから。
⑤手に持って植える苗。
⑥水に漂っている小舟。

佐賀県の仕事唄。佐賀県中西部、西松浦郡の旧西有田町（現有田町内）を中心とする農村で、農民たちが田植えをしながら唄ってきたものである。

別名　佐賀の田植え唄（ただし、⬇後記）。

唄の履歴　この唄の源流は、江戸時代後期から明治時代に日本中で大流行した「甚句《じんく》」である。それは、のちに種々の農作業唄に利用されたが、西日本地方一円では「田の草取り唄」として広く唄われた。

ところで、西有田地方では、明治時代に入ってからかと思われるが、信仰を伴った古風な「田植え唄」が忘れ去られてしまい、「田の草取り唄」を格上げして、「田植え唄」として唄うようになった。「田植え唄」は、本来は田の神に豊作を祈願して唄うものであったが、農業技術が進歩して、田の神に依存しなくてすむようになると、唄は苗を植える早乙女《さおとめ》たちが、単純作業にあきるために唄うだけのものになった。そして、節まわしの美しい唄のほうに人気が集まり、本来の「田植え唄」の代わりに「田の草取り唄」を唄うようになったのであろう。したがって、歌詞も「田の草取り唄」時代のものが残っている。

佐賀県下には舞台映えのする民謡、とりわけ美声をのびのびと聞かせられる唄が少ない。ところが、一九八二年に、西有田町在住の金武《かねたけ》モト（一九〇一年生まれ）が、藤津郡嬉野《うれしの》町（現嬉野市）で催された「嬉野民謡まつり」でこの唄を唄った。それが評判となって、たちまち県下一円へ広まった。

なお、佐賀県下では三種類の「田植え唄」が採集されている。「佐賀の田植え唄」という曲名では、そのすべてをさすことになる。そのため、本書では、この節まわしの唄に、西松浦郡の旧西有田町を中心とする一帯で唄われているという意味で、『有田の田植え唄』と命名しておく。

節まわしの型　今日広く唄われている節まわしは、金武モトのものである。

梅《うめ》干《ぼ》し

〽皺《しわ》は寄《よ》れども　あの梅干《うめぼ》しは
色気《いろけ》①放《はな》れぬ　②粋《すい》な奴《やつ》

〽わたしゃ青梅《あおうめ》　揺《ゆ》り落《お》とされて
紫蘇《しそ》と馴染《なじ》んで　赤《あか》くなる

〽今《いま》は梅干《うめぼ》し　昔《むかし》は花《はな》よ
鶯《うぐいす》鳴《な》かせた　③こともある

〽誰《たれ》か来《き》たそな　垣根《かきね》の外《そと》に
鳴《な》いた鈴虫《すずむし》　音《ね》を④止《と》めた

〽年《とし》は二十代《にじゅうだい》で　⑤我《わ》が年《とし》ともに
四十《しじゅう》(始終)⑥届《とど》かぬ　ことばかり

注①「放れた」は誤唱。
②世情や人情がよくわかり、しゃれっけのある人。「酸い」を掛ける。
③「時も」とも。
④「やめた」とも。
⑤私の年を合わせても。
⑥気遣いが行き届かない、を掛ける。

佐賀県のお座敷唄。佐賀県の南東部にある鍋島《なべしま》氏三五万七千石の旧城下町佐賀（佐賀市）の花柳界の宴席で、芸者衆が唄ってきたものである。

唄の履歴　この唄の源流は、民謡ではなく、端唄のようなものなのであろう。

これを作ったのは、佐賀市呉服元町の光明寺（浄土真宗本願寺派）一二代目住職、竜ヶ江《たつがえ》良俊《りょうしゅん》（一八八七年没）だという。そして、一九六三年に観光協会が、良俊作とした「梅干し塚」を佐賀県庁前の堀端に建てたが、七四年に同市松原の料亭楊柳亭の庭先へ移した。

また、一説には佐賀貯蓄銀行頭取の山口練一（一九三八年没）が作ったという話もある。

しかし、二人が作ったというのは歌詞のことで、節は、佐賀市花柳界の芸者衆がまとめたものであろう。

節まわしの型　今日広く唄われている節まわしは、佐賀市の花柳界のものである。

佐賀《さが》箪笥《たんす》長持唄《ながもちうた》

〽箪笥《たんす》ナァーヨォーイ①長持《ながもち》ゃヨエー
（ハァ　ヤロヤロー　エー）
サァー見事《みごと》なものよ
中《なか》のナーァヨーェ御衣装《ごいしょ》は　サァまた見事《みごと》
ナーヨエー
（アァ　シッコイー　シッコイー
シッコイ）

〽箪笥長持《たんすながもち》ゃ　七棹八棹《ななさおやさお》
②中《なか》の品物《しなもの》　③綾《あや》④錦《にしき》

〽今日《きょう》は⑤日《ひ》もよし　⑥日柄《ひがら》もよいし
結《むす》び合《あ》わせて　縁《えん》となる

〽祝《いわ》いまするぞ　お屋敷《やしき》うちを
鶴《つる》が御門《ごもん》に　巣《す》をかける

〽祝《いわ》い目出度《めでた》の　若松様《わかまつさま》よ
枝《えだ》も栄《さか》えて　葉《は》も繁《しげ》る

〽届《とど》け届《とど》けよ　末《すえ》まで届《とど》け
末《すえ》は鶴亀《つるかめ》　⑦五葉《ごよ》の松《まつ》

〽出《で》かけまするぞ　落《お》ち度《ど》はないか
落《お》ち度《ど》なければ　出《で》かけます

〽さらばおさらば　両親様《りょうしんさま》よ
長《なが》のお世話《せわ》に　なりました

〽さらばおさらば　皆様《みなさま》さらば
花《はな》は置《お》きます　⑧枝《えだ》ながら

〽さらばさらばと　出《で》て行《ゆ》くからは
二度《にど》と再《ふたた》び　戻《もど》りゃせぬ

〽さてもみごとな　この⑨村《むら》かかり
松《まつ》の緑《みどり》に　青柳《あおやなぎ》

〽潮《しお》は満《み》ち込《こ》む　船《ふに》や走《はし》り込《こ》む
箪笥長持《たんすながもち》や　担《にな》い込《こ》む

〽箪笥長持《たんすながもち》や　受《う》け取《と》るからは
二度《にど》と再《ふたた》び　戻《もど》しゃせぬ

〽箪笥《たんす》お座敷《ざしき》　長持《ながもち》⑩納戸《なんど》
納《おさ》めくだされ　⑪人足《にんそく》よ

注①衣服・調度品などをしまっておくための、大きな箱。木製で、ふたつき。両端の金具に棹を通して、二人以上で担ぐ。
②「中にゃ金銀」とも。
③交差させた縦糸または横糸の浮きが布面に斜線となって表れた、美しい絹織物。
④金銀糸や色糸を縦横に交差させて美しい模様を織り出した、厚手の絹織物。
⑤⑥暦の上での、その日の縁起もよい。
⑦五葉松。マツ科の常緑高木。山地に自生し、高さ三〇メートル、直径一メートルにもなる。樹皮は黒灰色。庭木や盆栽にする。針形の葉が五本ずつ小枝に密に束生し、夫婦と三人の子にたとえて一家繁栄の象徴とされる。
⑧枝についたまま。
⑨村の風情。村の様子。
⑩衣類・家財などをしまっておく部屋。
⑪箪笥や長持を運んでくれた人たち。

佐賀県の祝い唄。佐賀県の南東部で、婚礼の折りに、嫁入り道具の箪笥・長持などを担いで運ぶ人たちが、花嫁行列（➡二一九ページ）の道中で唄ってきたものである。

別名　箪笥長持唄。

唄の履歴　この唄の源流は、『箱根駕籠《かご》かき唄』である。それが、二五八ページに述べたように大名行列の荷物運びの唄になり、さらに、助郷《すけごう》制度で大名行列に狩り出された各地の農民たちによって花嫁行列の唄になった。

さて、『佐賀箪笥長持唄』は、一九五六年三月に催された「ＮＨＫのど自慢全国コンクール」で、佐賀郡川副《かわそえ》町の田中末次《すえじ》が唄って優勝した。それは、田中が佐賀市の貞松源吉（一八八九年頃の生まれ）から習ったものであるが、優勝の時期が早すぎて、佐賀県下の民謡界では受け入れかねた。そのうちに、六一年度の同コンクールで今度は『秋田長持唄』（唄い手は浅野千鶴子）が優勝すると、節まわしがそっくりのため、その陰に隠れてしまった。そして、やっと陽《ひ》の目を見るようになったのは、一九七〇年九月に田中末次がコロムビアレコードに吹き込んだ頃からである。その後、八三年一〇月三〇日に、「佐賀県政百年記念　ふるさと文化祭」の中で、「佐賀タンス長持唄大会」が佐賀県美術館大ホールを会場として催された。それ以来、この唄は佐賀県下一円へ広まった。

その時に曲名を「佐賀タンス長持唄」としたのは「箪笥」が「常用漢字表」外の漢字であるためか、世相が片仮名好みであったためなのであろう。しかし、民謡は日本の伝統世界のものであり、本来の漢字を用いるほうがよいので、本書では『佐賀箪笥長持唄』へ戻すことにした。

節まわしの型　今日広く唄われている節まわしは、田中末次のものである。

千越《せんご》し祝《いわ》い唄《うた》

前ばやし（略）

本　唄

〽〔音頭取り〕①御利生《ごりしょう》　御利生《ごりしょう》で
〔はやし手〕明日《あした》から　②大群《おおがち》や獲《と》ろうよ
これも氏神《うじがみ》さんの　③御利生《ごりしょう》かな
（アァ　ヨイヤーサー）

止め唄

〽〔音頭取り〕いざ　いざァ
〔はやし手〕また④一《いち》じゃいな
〔音頭取り〕祝《いお》うて今年《ことし》も　幸《しあわ》せよかろうよ
（ヨヨオ　ヨヨオ　ヨヨオ　ヨオ）
（ヨォー）
（ヨヨオ　ヨヨオ　ヨヨオ　ヨオ）
（ヨォー）
〔音頭取り〕祝《いお》うて　三度《さんど》オ
（ヨヨオ　ヨヨオ　ヨヨオ　ヨオ）

佐賀県

（ヨォー）

本唄

〽氏神《うじがみ》御利生《ごりしょう》で　明日《あした》から大群《おおがち》ゃ獲《と》ろうよ
これもお⑤恵比須《えびす》さんの　御利生《ごりしょう》かな
〽お恵比須《えびす》御利生《ごりしょう》で　明日《あした》から大群《おおがち》ゃ獲《と》ろう
よ
これもお稲荷《いなり》さんの　御利生《ごりしょう》かな
〽お稲荷《いなり》御利生《ごりしょう》で　明日《あした》から大群《おおがち》ゃ獲《と》ろうよ
これもお⑥旦那《だんな》さんの　御利生《ごりしょう》かな
〽お旦那《だんな》御利生《ごりしょう》で　明日《あした》から大群《おおがち》ゃ獲《と》ろうよ
これも⑦山見《やまみ》さんの　御利生《ごりしょう》かな
〽山見《やまみ》御利生《ごりしょう》で　明日《あした》から大群《おおがち》ゃ獲《と》ろうよ
これも⑧若《わか》い衆《しゅ》の　御利生《ごりしょう》かな

注①神仏から受ける恩恵。
②魚の大群。
③地元では「お御利生」としているが、接頭語「お・御」を重ねるのは不適。
④三国一（世界で一番）の意。
⑤七福神の一。福徳・漁・商売繁昌などの神。右手に釣り竿を持ち、左手で鯛を抱える。
⑥網元。
⑦➡解説。
⑧まだ所帯を持っていない、若い漁師。

佐賀県の祭礼祝い唄。佐賀県の北西部、それも唐津《からつ》湾の南西端にある唐房《とうぼう》漁港（唐津市唐房）の漁師たちが、「千越し祝い」の裸祭りや、大漁の折りに唄ってきたものである。「千越し」とは、千匹を越える、鮪《まぐろ》の大漁という意味である。

「千越し祝い」は一一月下旬に行われるが、網元から漁師たちに赤い鉢巻き、晒《さら》しの腹巻きと、六尺の下帯が贈られる。それを身につけた漁師の中の若い衆二人が持つ、赤・白二本の旗を先頭にして、「山見《やまみ》」（山上から魚群を見張る役の人）が音頭を取り、「ヨヨーイ　ヨヨーイ　ヨヨーイ　ヨイヨーイ」の掛け声も勇ましく、町中を走りまわる。そして、町内の神社に次々に参拝し、最後に佐志八幡神社の社前に整列すると、山見の音頭で『千越し祝い唄』を合唱する。

唄の履歴　この唄の源流は、現長崎県下の「鯨組」が大漁の折りに唄っていた「鯨唄」のうちの、「大唄」と呼ばれる大漁節である。かつては、唐房の漁師たちも鯨漁の大漁祈願や大漁祝いに唄っていたようであるが、のちには鮪漁のための唄になった。

その『千越し祝い唄』、一九六九年二月発売のコロムビアレコード「大漁節大会」に、藤堂輝明《とうどうてるあき》が、唐房漁業組合の唄を元にして吹き込んだ。伴奏は、三味線江川麻知子、尺八渡辺輝憧《きどう》、太鼓美波三駒《みなみさんこま》であった。それが、九州の海の唄として、しだいに広まっていった。しかし、これからは、三味線・尺八ははずし、太鼓のような打楽器で仕立てるほうがよい。

節まわしの型　今日広く唄われている節まわしは、唐房漁業組合の人たちのものである。

岳《だけ》の新太郎《しんたろう》さん

〽①岳《だけ》の②新太郎《しんたろ》さんの　③下《くだ》らす道《みち》にゃ
（アラ　ザァンザ　ザンンザア）
金《かね》の④千灯籠《せんとろ》⑤ないとん　⑥明《あ》かれかし
（⑦色者《いろしゃ》の⑧粋者《すいしゃ》で　気《き》はザンザァ　アラ
ヨーイ　ヨイ　ヨイー　ヨーイ
ヨイ　ヨイー）
〽岳《だけ》の新太郎《しんたろ》さんの　登《のぼ》らす道《みち》にゃ
道《みち》にゃ水《みず》⑨かけ　⑩滑《なめ》らかせ
〽岳《だけ》の新太郎《しんたろ》さんな⑪　高木《たかき》の熟柿《じゅくし》
竿《さお》じゃ届《とど》かぬ　⑫登《のぼ》りゃ得《え》ぬ
〽笠《かさ》を⑬忘《わす》れた　⑭山茶花《さざんか》の茶屋《ちゃや》に
空《そら》が曇《くも》れば　⑮思《おも》い出《だ》す
〽岳《だけ》の新太郎《しんたろ》さんに　⑯時雨《しぐれ》よ降《ふ》るな
⑰比丘尼屋敷《びくにやしき》に　着《つ》くまでは
〽岳《だけ》の新太郎《しんたろ》さんの　下《くだ》らす⑱宵《よい》は

紅《べに》を濃《こ》ゆめに　つけて出《で》る

〽岳《だけ》を望⑲《のぞ》めば　山《やま》ほととぎす
乙女心《おとめごころ》の　裂⑳《さ》けるほど

〽岳《だけ》じゃ道心㉑《どうしん》　㉒たまさか下《くだ》りゃ
里《さと》は乙女《おとめ》の　花盛《はなざか》り

〽岳《だけ》の新太郎《しんたろ》さんは　枯《か》れ木《き》か石《いし》か
里《さと》の乙女《おとめ》にゃ　目《め》もくれぬ

〽岳《だけ》の新太郎《しんたろ》さんの　登《のぼ》らす宵《よい》は
岳《だけ》のお山《やま》にゃ　月夜虹《つきよにじ》

〽そこに腰掛《こしか》けんな　腰掛《こしか》けござる
昔㉓《むかし》しゃんすの　掛《か》け所《どころ》

〽主《ぬし》は若竹《わかたけ》　素直《すなお》に見《み》えて
丸《まる》い中《なか》にも　節《ふし》がある

〽咲《さ》くは花《はな》かよ　咲《さ》かぬが花《はな》か
咲《さ》かぬ蕾《つぼみ》の　うちがよい

〽便《たよ》りあるかと　問《と》われるたびに
棄《す》てられましたと　言《い》う辛《つら》さ

〽竹《たけ》に雀《すずめ》は　㉔科《しな》よく留《と》まる
止《と》めて止《と》まらぬ　色《いろ》の道《みち》

〽雪《ゆき》を丸《まる》めて　お玉《たま》と名付《なづ》け
抱《だ》いて寝《ね》た夜《よ》は　溶《と》け溶《ど》けと

〽旦那様《だんなさま》より　奥《おく》さん恐《こわ》い
白目黒目《しろめくろめ》で　にらまんす

〽色《いろ》は黒《くろ》うても　釣《つ》り竿《ざお》持《も》てば
沖《おき》じゃ鰹㉕《かつお》の　色男《いろおとこ》

注①②➡解説。
③下っていらっしゃる。
④〔「千」は実数ではなく〕沢山の灯籠。
⑤なりとも。
⑥「明かくあれかし」の約音。明るくあって欲しい。
⑦色男。美男子。また、色好みの人。
⑧粋《いき》な人。男女間の情がよくわかり、あかぬけしている人。
⑨「ふりかけ」とも。
⑩すべって、山上の寺へ帰れないようにさせろ。
⑪「さんは」の約音。
⑫木が高くて登れないことと、多良岳は女人禁制で登れないことを掛ける。
⑬「忘れて」とも。
⑭多良岳の東方、風配《かざはや》高原の山茶花峠にあった茶屋。現太良町から諫早方面への街道が通じていた。
⑮「茶屋恋し」とも。
⑯初冬の雨で、しばらくの間激しく降ってはやみ、降ってはやみするもの。
⑰多良川の上流部にあった。ここから多良岳頂上へは女人禁制。「比丘尼」は、女性の出家者。
⑱「時にゃ」「道にゃ」とも。
⑲遠くから見やれば。
⑳想い焦がれたほととぎすは、胸が裂けるまで鳴き続けるという。
㉑出家者。仏門に入って、仏教の修業をしている人。
㉒たまに。まれに。
㉓〔「相思」の唐音から〕愛人。情人。恋人。
㉔しぐさ。体の動きから受ける感じ。
㉕鰹を釣り上げると小脇に抱え込むことから、鰹を抱くので色男と言った。

佐賀県の仕事唄。佐賀県の南端、多良岳山麓《たらだけさんろく》の藤津郡太良《たら》町を中心とする一円の農村で、櫓《やぐら》を組み、「櫓胴搗き」をして地固めする時に、その綱を曳く人たちが、力をそろえるために唄ってきたものである。

別名　ザンザ節。

唄の履歴　この唄の源流は、一七八四年に伊勢《いせ》の山田（三重県伊勢市山田）の町人山原佳木が、伊勢神宮の「式年遷宮《しきねんせんぐう》」で、社殿建て替え用の御用材を氏子たちが曳く「お木曳き木遣《きひききや》り唄」として作ったものである。遷宮は二〇年に一度行われ、そのたびに新しい木遣り唄が奉納されたが、そのはやし詞は「イヨサノ水上《すいしょ》で木はザンザ」であった。たぶん、この「水上」は御用材を運ぶのに利用した宮川のことなのであろう。

その木遣り唄（ザンザ節）を伊勢参りの人たちが覚え、故郷へ持ち帰って唄うようになると、本来の意味はわからなくなり、京都では「イヨサの粋狂で木はザンザ」という文字をあてた。佐賀市大和《やまと》町では「色者の水晶で気はザンザ」とし、多《た》良《ら》地方では「色者の粋者で気はザンザ」とした。

ところで、曲名となっている「岳の新太郎さん」は、伊勢に伝わる「胴搗き唄」や「念仏踊り」（間《あい》の山節）の歌詞に、

〽岳の峠は　十八曲がり
　新太郎様の　松明《たいまつ》なのか
〽新太郎様は　比丘尼《びくに》屋敷へ
　夜に下りて　夜明けに登る
〽新太郎殿は　色里通い
　夜に下りて　朝登る

といったものがあり、「岳」は現伊勢市中東部の朝《あさ》熊《ま》ケ《が》岳《たけ》（五五三メートル）のことである。

この山の頂上には、金剛証寺《こんごうしょうじ》（臨済宗南禅寺派）がある。周辺の住民たちはこの山を「ダケ」と呼び、死者の魂はこのダケに登ると考えて「ダケ参り」を行った。その「ダケ参り」の人たちの中に「新太郎」という、寺の若者がいたのであろう。その伊勢の唄が多良地方に伝えられると、この地方の人たちは朝熊ヶ岳を多良岳（九八三メートル）に置き替え、「新太郎」も、安政年間（一八五四〜六〇）頃に多良岳の金泉寺にいた寺侍のことだといわれるようになった。

一九五三年、長崎市で催された「九州芸能大会」に太良町油津《あぶらつ》の人たちが出場して『岳の新太郎さん』を唄った。翌五四年一一月には、東京の日本青年館の「第五回民俗芸能大会」で、同町の人たちが、「川原《こうばる》狂言と民謡」と題してこの唄を唄った。この頃は、舞台で唄える佐賀県民謡は『梅干し』ぐらいしかなかったので脚光を浴びた。そして、五五年には、民謡研究家の服部《はっとり》龍太郎が地元の吉田耕作の唄を採譜し、翌年、それを元にビクターレコード専属の初代鈴木正夫が吹き込んだ。それ以来、この『岳の新太郎さん』は佐賀県を代表する唄になった。

ただし、それは多良岳南麓の、長崎県下の村々でも盛んに唄われていた唄である。ちなみに、「ザンザ節」系統の唄は、東は群馬県下にまで及んでおり、山梨県・静岡県下では『粘土節』や『安倍《あべ》川《がわ》粘土搗き唄』などの名で唄われている。

なお、『岳の新太郎さん』の本来の歌詞は前掲最初の四首だけで、あとは旧来の「どどいつ」などの歌詞や、「新太郎」を主人公にした新作である。新作は、一九五五年に太良町公民館の機関紙「ゆたたり」に載ったもので、作者は橋本野酔であるらしい。

節まわしの型　今日広く唄われている節まわしは、吉田耕作のものである。

長崎県

諫早《いさはや》ノンノコ節《ぶし》

〽ハァー芝《しば》になりたや　箱根《①はこね》の芝《しば》にヤーレー
諸国諸大名《しょこくしょだいみょう》の　敷《し》き芝《しば》にノンノコ　サーイ
サイー
〔踊り手〕シテマタ　サーイサイー

〽②こなた座敷《ざしき》は　祝《いわ》いの座敷《ざしき》
鶴《つる》と亀《かめ》とが　舞《ま》い遊《あそ》ぶ

〽飲《の》めや大黒《③だいこく》　唄《うた》えや恵比須《④えびす》
中《なか》の酌取《しゃくと》りゃ　弁財天《⑤べざいてん》

〽届《とど》け届《とど》けよ　末《すえ》まで届《とど》け
末《すえ》は鶴亀《つるかめ》　五葉《⑥ごよ》の松《まつ》

〽声《こえ》の嗄《か》れたも　身《み》のやつれたも⑦
みんな様《⑧さま》ゆえ　あなたゆえ

〽わしが思《おも》いは　多良岳山《⑨たらだけやま》の
落《お》ちる木《こ》の葉《は》の　数《かず》のごと

〽祝《いわ》い目出度《めでた》の　若松様《わかまつさま》よ
枝《えだ》も栄《さか》えて　葉《は》も繁《しげ》る

〽お前百《まえひゃく》まで　わしゃ九十九《くじゅく》まで
ともに白髪《しらが》の　生《は》えるまで

〽金《きん》の菰樽《⑩こもだる》　黄金《こがね》の柄杓《ひしゃく》
庭《⑪にわ》じゃ泉《⑫いずみ》の　酒《さけ》を汲《く》む

〽踊《おど》れ踊《おど》れや　三十《さんじゅ》まで踊《おど》れ
三十《さんじゅ》過《⑬す》ぎたら　子《こ》が踊《おど》る

〽踊《おど》れ踊《おど》れや　科《⑭しな》よく踊《おど》れ
科《しな》のよい娘《こ》を　嫁《よめ》に取《と》る

〽泣《な》いてくれるな　出船《でふね》のじゃまよ
沖《おき》で艪櫂《ろかい》が　手《て》につかぬ

〽紺《こん》の前掛《まえか》け　松葉《まつば》の散《ち》らし
松《まつ》(待つ)に紺《こん》(来ん)とは　気《き》にかかる

〽わたしゃ川内《⑮かわち》の　鯥五郎《⑯むつごろ》掘《ぼ》りよ
色《いろ》の黒《⑰くろ》かごた　御免《ごめん》なれ

注①箱根峠（八四九メートル）。静岡県三島市と神奈川県足柄下郡箱根町との境にある。旧東海道の難所。
②「ここの・こちの」「今日のこの座は」とも。
③大黒天。七福神の一。福徳・財宝・食物などの神。右手に打ち出の小槌《こづち》を持ち、左肩に大きな袋をかつぎ、米俵二俵の上に立つ。
④七福神の一。福徳・漁・商売繁昌などの神。右手に釣り竿を持ち、左手で鯛を抱える。
⑤七福神の一。福徳・財宝・音楽・穀物などの神。女神で、宝冠をつけ、琵琶《びわ》を抱える。
⑥五葉松。マツ科の常緑高木。山地に自生。高さ三〇メートルになるが、庭木や盆栽にする。針形の葉が五枚ずつ小枝に密に束生し、夫婦と三人の子にたとえて一家繁栄の象徴とされる。
⑦「やせたのも」とも。
⑧あなた様。また、愛人、いとしい人。
⑨諫早市の北方、佐賀県との境にそびえる山（九八三メートル）。

⑩酒樽を、真菰《まこも》や藁《わら》を織って作った蓆《むしろ》で包んだもの。
⑪「庭にゃお神酒《みき》の　泉湧く」とも。
⑫泉酒。地下から湧き出す、不老不死の酒。
⑬「越ゆれば」とも。
⑭しぐさ。体の動きから受ける感じ。
⑮現諫早市川内町。諫早市中心部の東方にある干拓地。
⑯スズキ目の海魚。体長一八センチほど。有明海や八代海の干潟に棲み、胸びれではったり、全身で跳ねたりする。「鮭五郎掘りの娘」とも。
⑰黒いことは。

長崎県の酒盛り唄。長崎県の南東部にある旧城下町諫早（諫早市）の人たちが、酒宴の時に、手に小皿を持って唄い踊ってきたものである。

　皿踊りは、陶器の小皿を二枚ずつ両手に持ち、糸尻をカチカチ打ち鳴らしながら踊るものである。本来は四つ竹を用いていたが、現佐賀県西松浦郡有田町で硬質の陶磁器が作られるようになったため、入手しやすい小皿を利用したのである。

別名　長崎ノンノコ節。

唄の履歴　この唄の源流は、江戸時代後期から明治時代に日本中で大流行した「甚句《じんく》」であるが、「ノンノコサイサイ」という、特徴あるはやし詞から「ノンノコ節」と呼ばれる。

　江戸時代後期の雑録集「巷街贅説《こうがいぜいせつ》」（一八二九年に序文執筆）の中に「やれ出たそれ出た亀の甲が出たによ　親ももぐれば子ももぐるの　ノンノコサイサイ　ノンノコサイ」という歌詞が載っている。そうした流行《はや》り唄が、前掲一首目の箱根峠の歌詞とともに日本中へ広まり、諫早にも伝えられたのであろう。

　なお、鹿児島県の加世田《かせだ》（南さつま市）では「コチャエ節」と「ノンノコ節」が組唄になっていて、「コチャエ節」を「前唄」、「ノンノコ節」を「本唄」と呼んでいることと、四つ竹踊りがついていることを併せ考えると、大道芸人か門付け芸人たちが、この「ノンノコ節」を四つ竹踊りつきで持ちまわったようである。

　その「ノンノコ節」、諫早市小野島《おのじま》の沢村セツ（一八八五年生まれ）が覚えていた唄を元に復活させ、一九五五年八月に設立された諫早民謡協会が中心になって普及を始めた。そして、一九五九年には赤坂小梅がコロムビアレコードに吹き込み、しだいに広まっていった。

節まわしの型　今日広く唄われている節まわしは、諫早民謡協会の人たちのものである。

五島《ごとう》サノサ

〽情《なさ》けなや
これが浮《う》き世《よ》か　知《し》らねども
（アア　ヨイヨイー）
①同《おな》じ世界《せかい》に　住《す》みながら
一《ひと》つの月星《つきほし》や　西東《にしひがし》
別《わか》れて（コラショイ）暮《く》らすも　いましば
しサーノサー

〽②長崎《ながさき》を
ちょいと出《だ》しゃ　③五島《ごとう》の④鯛《たい》ノ浦《うら》
⑤奈良尾《ならお》の浜《はま》をば　横《よこ》に見《み》て
⑥佐尾鼻《さおばな》⑦椛島《かばしま》　⑧屋根尾島《やねおじま》
⑨福江《ふくえ》の港《みなと》に　着《つ》くわいな　サノサ

〽西風《にしかぜ》に
明《あ》けるその日《ひ》の　身《み》のせつなさよ
もうやめますぞや　船乗《ふなの》りを⑩
とはいうものの　港入《みなとい》り
⑪三筋《みすじ》の声聞《こえき》きゃ　やめられぬ　サノサ

〽牛《うし》を買《か》うなら
牛《うし》を買《か》うなら　五島《ごとう》においで
島《しま》といえども　昔《むかし》の原《はら》よ
⑫べこはほんのり　赤帯《あかお》びて
四《よ》つ足丈夫《あしじょうぶ》で　使《つか》いよい　サノサ

〽唄《うた》うなら
何《なに》がよいかと　問《と》われたら
⑬磯節《いそぶし》⑭二上《にあが》り　⑮三下《さんさが》り
⑯米山甚句《よねやまじんく》も　よいけれど
五島自慢《ごとうじまん》の　サノサ節《ぶし》　サノサ

注①「同じこの世に　西東　別れて暮らすも…」とも。
②長崎港。
③五島列島。➡解説。
④中通島の中東部にある、狭い入り江。東方の海から北西方へ約三キロ湾入している。この港は、長崎

と五島列島を船で結んでいた。
⑤中通島の南東部（新上五島町奈良尾郷）の海岸。
⑥奈良尾の南方にある小島の南端部。
⑦佐尾鼻の南方にある。周囲約二八キロ。
⑧椛島の南西方、福江港の北にある。
⑨福江島の北東部にある。
⑩「は」とも。
⑪三味線の音。
⑫牛。五島牛のこと。
⑬➡二八三ページ。
⑭三味線の調弦法で、本調子の二の糸を一全音上げたもの。ここでは、その伴奏で唄われる「二上り甚句」など、にぎやかな酒盛り唄のこと。
⑮本調子の三の糸を一全音下げたもの。ここでは、その伴奏で唄われる、華やかなお座敷唄のこと。
⑯➡四一九ページ。

長崎県のお座敷唄。長崎県西部の海上に連なる五島列島の福江島にあった、現五島市長手町を中心とする花柳界の宴席で、芸者衆が唄ってきたものである。

長手は福江港の南東方にあって、港の奥座敷的な役割を務めた所である。かつては、九州本土からの鰹船《かつおぶね》などが入ると、漁師の滞在中の面倒をみる現地妻的な女が沢山いた。それは、遊女以前の風習で西日本地方では一般的であり、「はいや節」を生んだ牛深《うしぶか》港（熊本県天草市）にも「新銀取《しんぎんと》り」と呼ばれる女たちがいた。その『牛深はいや節』には、「〽五島へ行くならわたしにゃお暇　五島で買いなされ五島女郎を」と唄われている。

唄の履歴　この唄の源流は、清楽《しんがく》（中国清代の音楽）の「九連環《きゅうれんかん》」である。それは、三四七ページに述べたように、「かんかんのう節」→「梅が枝節」→「法界節」→「サノサ節」と変わっていった。

その「サノサ節」が日本中へ広まり、五島列島の、海の男相手の女たちも宴席で好んで唄うようになった。そして、他所の俗曲としての「サノサ節」とはかなり異なった節まわしになっていき、いつか『五島サノサ』と呼ばれるようになった。

なお、今日、鹿児島県いちき串木野《くしきの》市で盛んに唄われている『串木野サノサ』は、鰹船の漁師たちが、この『五島サノサ』を串木野へ持ち帰ったものである。

節まわしの型　今日広く唄われている節まわしは、福江島の人たちのものである。

島原《しまばら》の子守《こも》り唄《うた》

本　唄

〽①おどみゃ②島原《しまばら》の　おどみゃ島原《しまばら》の　③梨《なし》の木《き》
育《そだ》ちヨー
なんの梨《なし》やら　なんの梨《なし》やら　色気無《いろけな》し
（梨）④ばよショーカイナー

後　唄

〽早《は》よ寝《ね》ろ泣《な》かんで　⑤オロロンバイィ
⑥鬼池《おんのいけ》　⑦久助《きゅうすけ》どんの　⑧連《つ》れん来《こ》らるばい

本　唄

〽姉《あね》しゃんなど⑨け行《い》たろかい　青煙突《あおえんとつ》の⑩バッ
タンフール
⑪唐《から》は⑫どこんねけ　海《うん》の涯《はて》ばよ

後　唄

⑬泣《な》くもんな蟹《がね》咬《か》む　オロロンバイ
⑭飴《あめ》がた買《こ》うて　引《ひ》っ張《ぱ》らしょ

本　唄

〽⑮あん人《ひと》たちゃ⑯二《ふた》ちも　金《きん》の⑰指輪《ゆびがね》⑱はめとらす
⑲金《きん》などこん金《きん》　⑳唐金《からきん》㉑げなばよ

後　唄

オロロンオロロン　オロロンバイ
オロロンオロロン　オロロンバイ

本　唄

〽㉒帰《かえ》りにゃ寄《よ》っちょくれんか　あばら家《や》じゃ
けんど

後　唄

㉓唐芋飯《といもめし》や㉔粟《あわ》ん飯《めし》　㉕黄金飯《こがねめし》ばよ
嫁御《よめご》ん㉖紅《べん》な　誰《だ》がくれた
㉗つばつけたなら　暖《あった》かろ

本　唄

〽沖《おき》の㉘不知火《しらぬい》　消《き》えては燃《も》える
㉙バテレン祭《まつ》りの　笛《ふえ》や太鼓《たいこ》も
㉚鳴《な》りやんだ

後唄

早《は》よ寝《ね》ろ泣《な》かんで　オロロンバイ
早《は》よ寝《ね》ろ泣《な》かんで　オロロンバイ
〔以上二首、妻城《つまき》良夫作〕

注①わたしは。
②島原半島。
③「無し」を掛け、財産が無い、貧しい家の育ち、の意。
④だよ。
⑤子供をあやす声。
⑥鬼池《おにいけ》港の。島原半島の南方、天草下島《しもしま》の北東端にある。
⑦人買いの名。貧家の娘を買って、「唐行きさん」として外国へ売った。「どんの」は、殿が。
⑧連れに来られるよ。
⑨「どこへ」の約音。
⑩「バターフィル」の訛り。英国系の船会社の名。その貨物船は青い煙突であった。「唐行きさん」は、この船で外国へ送られた。
⑪〔狭義では「中国」であるが〕ここでは、外国〔東南アジア〕。
⑫どこの辺りか。
⑬泣く子には蟹が咬みつく（はさみで挟む）。「がね」は「かに」の訛り。
⑭飴を買って。さつま芋から作った水飴のこと。
⑮「あすこん人《し》は」とも。
⑯「ふたつ」の訛り。
⑰「ゆぶがね」とも。
⑱はめておられるよ。「はめちょらす」とも。
⑲その金は、どこ製の金か。
⑳外国製の金。
㉑らしいよ。「げなばい」「なんばよ」とも。
㉒作詞者の妻城はＮＨＫ熊本放送局員。同種の歌詞は熊本県下の「新地節」にもあるので、その改作であろう。
㉓米にさつま芋を加えて炊いた御飯。
㉔米に粟を加えて炊いた御飯。
㉕黄色であることからの表現。
㉖口紅は。
㉗唇に。〔唐行きさんにもらった、外国製の〕口紅を唇につけたなら、触れると暖かいのではないかと思えるほど真っ赤だ、の意だという。
㉘夏の夜に、有明海の海上に現れる、無数の火影。遠くの漁り火などの異常屈折現象という。
㉙キリスト教信者のお祭り。
㉚「ショーカイナ」の代わりに入れたもの。

長崎県の、子守り唄形式の新民謡。長崎県の南東端にある島原半島の人たちが、子供をあやしながら唄ってきたものである。

唄の履歴　この唄を作ったのは、島原鉄道専務で、「幻の邪馬台国《やまたいこく》」を書いた作家の宮崎康平である。作った年は、宮崎三二歳の一九五〇年頃で、二人の幼い子を置いて妻に去られた頃といわれる。

宮崎は、島原地方の「唐行《からゆ》きさん」（南方の外地へ身売りさせられた娘たち）の話に、島原半島南端にある口之津《くちのつ》港（南島原市口之津町）辺りで唄われていた子守り唄の、子供をあやす言葉「オロロンオロン　オロンバイ」をからませた歌詞を作り、聞き覚えていた唄の節を利用して子守り唄を作った。その土台となった唄は山梨県の民謡『縁故節』（三六五ページ）で、「本唄」部分は、繰り返し形式から「ショーカイナ」（『縁故節』は「ションガイナ」）まで、そっくり同じである。しかし、「後唄」部分は宮崎の創案である。

これは、作曲家の創作民謡としては疑問があるが、一般の人が作る民謡の場合は、ほとんどが伝承民謡の節をもじったものである。しかも、一九五〇年という、太平洋戦争終決直後の混乱期に今日の考え方をあてはめて盗作と難じるのは酷で、ここは、宮崎作と認めるのがよいであろう。

一九五二年、宮崎康平がその『島原の子守り唄』を作曲家古関裕而《こせきゆうじ》と劇作家菊田一夫《かずお》（「君の名は」主題歌などの名コンビ）に聞かせたところ、絶賛された。そして、古関が編曲したものを、五七年に島倉千代子がコロムビアレコードに吹き込んだ。翌五八年一月には、森繁久弥が、宮崎滔天《とうてん》の生涯を芝居にした「風雪三十三年の夢」（菊田作）の中で、この唄を披露した。こうしたことから、この唄は子守り唄としてよりは「唐行きさん」の哀歌として広まっていった。そして、五九年四月から、「ＮＨＫのど自慢全国コンクール」第二位の梅本敏子の唄（編曲者古関のハモンドオルガン伴奏つき）が、雲仙の旅館街で時報代わりに流された。さらに同年九月にペギー葉山がキングレコードに吹き込んだ。

先の島倉千代子の唄は「泣き節」であり、「森繁久弥節」は思い入れが強く、また、梅本や葉山も民謡界とは無縁の世界で唄っていたため、この『島原の子守り唄』は、いまだに民謡風にはまとまっていない。ひょっとしたら、宮崎康平が口ずさんでいた時の唄が、最も民謡らしかったのかもしれない。

節まわしの型　今日広く唄われている節まわしは、島倉千代子のものである。

高《たか》島《しま》節《ぶし》

〽わたしゃ①高島《たかしま》の　②なよ竹育《だけそだ》ち
潮《しお》に　潮《しお》に揉《も》まれて　なよなよと
③〘はやし詞〙　アラ　ショーカ　ショーカネー

〽島《しま》と名《な》がつきゃ　どの島《しま》も可愛《かわ》い
まして高島《たかしま》　なお可愛《かわ》い

〽わたしゃ高島《たかしま》の　④埋《う》もれ木《ぎ》娘《むすめ》
いつか世《よ》に出《で》て　石炭《すみ》となる

〽わたしゃ高島《たかしま》の　⑤三五郎《さんごろ》さんの娘《むすめ》
嫁《よめ》に取《と》るなと　⑥状《じょう》がまわる

〽金《かね》で固《かた》めた　⑦グラバーさんの⑧納屋《なや》も
⑨一《ひと》つ間違《まちが》や　皆殺《みなごろ》し

〽山《やま》も山《やま》なら　グラバーさんの山《やま》も
⑩潮《しお》にほげたら　皆殺《みなごろ》し

〽⑪唐津《からつ》⑫下罪人《げざいにん》の　⑬スラ曳《ひ》く姿《すがた》
いかな絵《え》描《か》きも　描《か》ききれぬ

〽⑭官《かん》のお山《やま》じゃ　炭坑《たんこ》は立《た》たぬ
元《もと》のグラバーに　しておくれ

注①⬇解説。
②女竹《めだけ》。また、細く、しなやかな竹。女竹は、高さ五《メートル》、径二・五《センチ》ほどの細い竹。山野に群生する。雌竹。
③唄い手自身が掛ける。
④長く地中に埋まっている木。下積みの、不遇な身の上をいう。
⑤高島炭鉱の納屋頭で、鬼の三五郎と呼ばれた。納屋頭は、納屋（⬇注⑧）の管理者で、坑夫の生活の面倒を見たが、賃金のピンハネなども行った。
⑥文書が、人から人へとまわる。
⑦長崎開港直後の一八五九年に来日。茶・生糸・海産物の輸出をし、薩長土肥へ艦船・武器・弾薬を売って巨利を得た。破産後も、三菱社員として石炭の販売にかかわった。
⑧坑夫が住む長屋住宅。ここでは、坑夫が働く長い坑道を納屋にたとえたもの。
⑨何か事故が起これば。
⑩海水で坑道がつぶれたら。
⑪現佐賀県唐津市。
⑫〔「囚人」の意から〕炭坑夫の別称。
⑬「修羅《しゅら》」の訛り。中に石炭を入れ、曳いて運ぶ、木製の箱。車はついていない。
⑭官営の。⬇解説。

長崎県のお座敷唄。長崎港の南西方約一五キロの海上に浮かぶ高島（長崎市高島町）の花柳界の宴席で、芸者衆が唄っていたものである。高島は小さな無人島であったが、一七一〇年に、五平太という男が黒い燃える石を発見した。（そのため、石炭のことを「五平太」とも呼ぶ。）

イギリス人貿易商トーマス＝グラバーは、長崎港に入港する外国蒸気船の燃料にするためにその石炭を採掘しようと考え、一八六八年に佐賀藩主鍋島《なべしま》直正と組んで、近代技術による本格的な採掘を始めた。しかし、明治の廃藩置県で佐賀藩は解体し、グラバーも生糸取引に失敗して破産した。一八七四年一月からは明治政府が肩代わりして官営としたが、七月には土佐藩の後藤象二郎に払い下げられ、八一年三月には岩崎弥太郎の三菱財閥の手に渡った。以後、採掘は三菱によって、一九八六年一一月二〇日に閉山するまで続けられた。

高島炭鉱の全盛時には、人口一万七千人、戸数四三三七戸を数えた。島内には炭坑関係者のための花柳界も生まれ、芸者衆が九州本土から次々に渡っていった。

唄の履歴　この唄の源流は、長崎県諫早《いさはや》市に伝わる酒盛り唄『諫早甚句《じんく》』である。それを、諫早で芸者をしていた人が、高島に渡って唄ったのであろう。

その後、高島を詠んだ歌詞が生まれるに及んで、替え唄から、高島らしい唄へと変わっていった。

節まわしの型　今日広く唄われている節まわしは、長崎市花柳界の芸者衆のもののようである。

田《た》助《すけ》はいや節《ぶし》

〽①はいやァー②可愛《かわ》いや　今朝《けさ》③出《だ》した④船《ふね》はエー
（アァ　チョイサー　ヨーイヤサー）
どこの港《みなと》にサーマァ　⑤入《い》れたやらエー

長ばやし

〽〔唄い手〕　アァ⑥田助《たすけ》⑦通《がよ》いの　⑧船《ふね》なれば
〔はやし手〕アァハゲ⑨島沖《しまおき》から　帆《ほ》を下《さ》げて
〔唄い手〕　アァ⑩伝馬《てんま》降《お》ろして　⑪櫂《かい》立《た》てて
〔はやし手〕アァ四《よ》つ股錨《またいかり》を　投《な》げ込《こ》んで
〔唄い手〕　アァ⑫四軒屋《しけんや》へ⑬艫《とも》着《づ》けァ　偉《えら》いも
んじゃなァ

〽田助《たすけ》⑭捲《ま》き出《だ》しゃ　⑮呼子《よぶこ》で泊《と》まる
呼子《よぶこ》捲《ま》き出《だ》しゃ　⑯関泊《せきど》まり

〽親子《おやこ》乗《の》りかよ　金《かね》ない船《ふね》か
⑰花《はな》の田助《たすけ》を　見《み》て通《とお》る

〽田助女郎衆《たすけじょろしゅ》は　よい女郎衆《じょろしゅ》
⑱千里沖《せんりおき》乗《の》る　船止《ふねと》める

〽太鼓《たいこ》打《う》ちより　三味《しゃみ》ひきよりも
中《なか》のお酌《しゃく》が　わしゃ可愛《かわ》い

〽三味《しゃみ》は⑲松島《まつしま》　太鼓《たいこ》は田助《たすけ》
唄《うた》は呼子《よぶこ》の　⑳殿《との》ノ浦《うら》

〽白帆《しらほ》降《お》ろした　あのほり㉑あげは
㉒芸州《げいしゅう》㉓因幡屋《いなばや》　宝船《たからぶね》

〽㉔沖《おき》のとなかに　お茶屋《ちゃや》を建《た》てて
㉕上《のぼ》り下《くだ》りの　船《ふね》を待《ま》つ

〽沖《おき》の波見《なみみ》りゃ　山《やま》より高《たか》い
なぜに殿御《とのご》を　帰《かえ》さりょか

〽あ㉖いや長《ちょう》㉗の字《じ》は　長《なが》いと読《よ》むが
なぜに㉘吉《きち》の字《じ》　㉙吉《よし》と読《よ》む

〽思《おも》い出《だ》すなと　言《ゆ》て別《わか》れたに
思《おも》い出《だ》すよな　ことばかり

〽振《ふ》られて泣《な》く声《こえ》　聞《き》かせたならば
よもや見棄《みす》ては　なさるまい

〽港《みなと》の習《なら》いか　お船《ふね》の作法《さほう》か
姉《あね》が妹《いもと》に　酌《しゃく》をする

〽㉚田助《たすけ》捲《ま》きかや　㉛大島《おおしま》捲《ま》きか
または呼子《よぶこ》の　遅捲《おそま》きか

長ばやし

〽川端石《かわばたいし》だい　起《お》こせば㉜蟹《がね》だい
蟹《がね》の㉝生焼《なまや》きゃ　㉞食傷《しょくしょ》の元《もと》だい
挟《はさ》まん蟹《がね》なら　㉟色《いろ》なし蟹《がね》だい
挟《はさ》むは嫌《いや》だい

〽段々畑《だんだんばたけ》の　㊱莢豆《さやまめ》は
一莢《ひとさや》㊲走《はし》れば　みな走《はし》る
わたしゃ㊳お前《まえ》に　ついて走《はし》る

〽さアおぶっても　抱《だ》いても
お前《まえ》さんの　子《こ》じゃもの
可愛《かわ》いがれ　可愛《かわ》いがれ

〽山中通《やまなかとお》れば　鶯《うぐいす》が
梅《うめ》の小枝《こえだ》で　昼寝《ひるね》して
花《はな》の散《ち》るのを　夢《ゆめ》に見《み》た

〽田助《たすけ》の沖《おき》には　㊴瀬《せ》が四《よっ》つ
思《おも》い切《き》る瀬《せ》と　切《き》らぬ瀬《せ》と
また来《き》て逢《あ》う瀬《せ》と　逢《あ》わぬ瀬《せ》と

〽思《おも》い出《だ》しゃ　せんかいな
泣《な》きゃ　せんかいな
時々思《ときどきおも》い出《だ》して　やるせがないわいな
やるせ紛《まぎ》らかしゃ　待《ま》たすもないわいな

〽一丁曲《いっちょうま》がりの　半曲《はんま》がり

曲《ま》がった角《かど》から　三軒目《さんげんめ》
表《おもて》の看板《かんばん》　一銭屋《いっせんや》
朝《あさ》から晩《ばん》まで　結《ゆ》㊵ったり剃《そ》㊶ったり

注①「はい」は「はえの風」（南風）のこと。⬇六七六ページ。
②上の「はいや」との語呂合わせ。本来は「はいやで」。
③〔強い南風が吹くのに、危険をおかして〕出港した。「出た」は、船頭の出港しようとする意志が弱い。
④鹿児島港―天草沖―玄界灘―関門海峡―瀬戸内海―大坂を航行していた帆船。
⑤帆船は風次第なので、目ざす港まで行けずに、船頭の決断で途中の港へ入港したという感じ。「入るやら」は、船頭の入港しようとする意志が弱い。「着いたやら」は、目ざした港に着いたという感じが強い。
⑥⬇解説。
⑦「思いの」は誤唱。
⑧船だから。「船ならば」は誤唱。
⑨田助港の東方にある小島。
⑩伝馬船。小型の和船。本船に積んでいる小舟で、本船と港の間の、荷物の運搬に用いる。
⑪「漕ぎ込んで」とも。
⑫田助港南岸の地名。⬇解説。
⑬船尾を岸へ着けるのは。
⑭帆を捲き上げて出港すれば。
⑮呼子港。佐賀県唐津市呼子町にある。
⑯下関《しものせき》港。山口県下関市にある。
⑰はなやかで美しい。
⑱約三九二七メートルの沖を通って行く。
⑲松島港。長崎県西海市大瀬戸町にある。
⑳呼子港の南岸の地名。
㉑客船。
㉒安芸《あき》の国（旧地名）の別称。現広島県西部。
㉓廻船問屋。千石船を四〇隻も持っていたという。
㉔沖合いに。
㉕上方方向へ向かう船と、上方の反対方向へ向かう船を。
㉖人を呼び止める時に発する言葉。ああ、ちょっと。やあ、もしもし。
㉗㉘船の帆に書いてある字。
㉙歌意は、長い航海が続くのに、それが「よし」とは何事か、という気持ち。
㉚田助を出港してきた船なのか。「捲き」は「帆を捲き上げ」の意。
㉛田助港の北方約九キロにある島。周囲約三八キロ。
㉜「かに」の訛り。
㉝「生焼け」とも。
㉞食あたり。
㉟色気のない。
㊱莢に入ったままの豆。大豆・えんどう・そらまめなど。
㊲はじければ。
㊳「お前さんに」「あなたに」とも。
㊴潮の流れの速い所。
㊵髪を。
㊶ひげを。

長崎県のお座敷唄。長崎県の北西端にある平戸《ひらど》島《しま》の田助港（平戸市田助町）の花柳界の宴席で、芸者衆が唄ってきたものである。

田助は平戸島の北東端に位置し、東の九州本土（田平町）との間には平戸瀬戸が横たわっている。この瀬戸は六四八ページに述べたように潮流が速く、多くの帆船が潮待ち・風待ちのために田助港を利用した。したがって、遊女屋も多かった。田助港南岸の四軒屋には、十畳ほどの座敷を沢山持った貸し座敷があり、船団を組んできた帆船の船乗りたちは、こうした座敷に集まって酒宴を開いた。その席で唄われたのが『田助はいや節』で、遊女の裸踊りまで加わっての、にぎやかなものであった。

唄の履歴　この唄の源流は、天草《あまくさ》の牛深《うしぶか》港（熊本県天草市牛深町）で、帆船の船乗りたちが酒盛りをしているうちに生まれた『牛深はいや節』（六七四ページ）である。

それが船乗りたちによって日本中の港へ持ちまわられたが、牛深港に近い田助港には、早くから伝えられた。田助でも、初めは『牛深はいや節』の歌詞や、長ばやし「牛深三度行きゃ三度裸　帰りにゃ本渡瀬戸《ほんどせと》徒歩《かち》渡り　鍋釜《なべかま》売っても酒盛りゃしてこい」などをそのまま用いていたが、しだいに田助独自のものが生まれていった。

そして唄い方も、牛深時代の、躍動的で、激しく、熱っぽいものから、お座敷唄としての、粋と技巧を重んじ、騒ぐというより聞かせる芸へと変わっていった。

節まわしの型　今日広く唄われている節まわしは、田助の芸者衆のものである。

長崎甚句《ながさきじんく》

〽笠《かさ》を忘《わす》れた　蛍《ほたる》①の茶屋《ちゃや》に
空《そら》が曇《くも》ればイヨォー　思《おも》い出《だ》す

〽送《おく》りましょうか　送《おく》られましょか

せめて②蛍《ほたる》の　茶屋《ちゃや》までも
〽送《おく》りましょうぞ　送《おく》られましょぞ
せめて③一《いち》ノ瀬《せ》　辺《あた》りまで
〽笠《かさ》を手《て》に持《も》ち　④皆様《みなさま》さらば
⑤いかいお世話《せわ》に　なりました
〽⑥矢上《やがみ》駆《か》け出《だ》し　⑦諫早泊《いさはやど》まり
明日《あす》は⑧多良《たら》越《ご》え　⑨浜泊《はまど》まり
〽月《つき》に照《て》らされ　雪《ゆき》には降《ふ》られ
せめて言葉《ことば》の　花《はな》なりと
〽長崎名所《ながさきめいしょ》　⑩お諏訪《すわ》の森《もり》は
港一目《みなとひとめ》に　⑪瓊《たま》の浦《うら》
〽⑫花《はな》の⑬丸山《まるやま》　恋路《こいじ》の里《さと》に
行《ゆ》こか戻《もど》ろか　⑭思案橋《しあんばし》

注①➡解説。
②「藤棚の茶屋」（「蛍の茶屋」の別称）とも。
③一ノ瀬橋。江戸時代に架けられたアーチ式石橋。➡解説。
④長崎の人たちは、旅立つ人を蛍の茶屋まで送ってきた。
⑤大変な。
⑥長崎街道の矢上宿（現長崎市矢上町）。
⑦旧城下町。現諫早市中心部。
⑧現諫早市高来町の湯江宿から、多良岳東方の山茶花《さざんか》峠を越えて、多良宿（現佐賀県藤津郡太良町）へ至る道。
⑨浜宿。現佐賀県鹿島市浜町にあった。
⑩諏訪神社。長崎市上西山町にある。例大祭の「長崎おくんち」は、龍踊《じゃおど》りなどで有名。
⑪長崎港がある入り江の称。
⑫はなやかで美しい。
⑬丸山遊廓。現丸山町にあった。延宝年間（一六七三～八一）には遊女屋三〇軒、遊女数三三五人であったという。
⑭銅座川に架かる橋で、丸山遊廓の出入り口にあった。廓へ行こうか戻ろうかと悩むところからの名称。

長崎県のお座敷唄。長崎県南西部にある長崎市の花柳界の宴席で、芸者衆が唄ってきたものである。

唄の履歴　この唄の源流は、江戸時代後期から明治時代に日本中で大流行した「甚句」である。それが長崎街道沿いの「蛍の茶屋」にも伝えられた。

長崎街道は現佐賀県鳥栖《とす》市から佐賀市・嬉野《うれしの》市・大村市・諫早《いさはや》市を通って長崎に至る街道である。

長崎市の中東部に発し、西流、南西流して長崎港へ注ぐ中島《なかしま》川はこの街道沿いに流れているが、「蛍の茶屋」は、その川口から三キロほどさかのぼった一ノ瀬橋近くにあった。

この茶屋は文化年間（一八〇四～一八）頃に甲斐田《かいだ》市左衛門が開いたもので、昭和時代初期まで六代続いた。名称は、周辺が蛍の名所であったことからつけられた。その宴席で唄われたのが、この『長崎甚句』である。

それが最初にレコード化されたのは一九三〇年九月で、長崎芸者凸助《でこすけ》（一八九八年生まれ）がワシ印レコード（日本コロムビアの前身）に吹き込んだ。その後、長崎芸者信子が、この唄を放送やレコードで長崎県下へ広めた。

節まわしの型　今日広く唄われている節まわしは、長崎市の芸者信子のものである。

長崎浜節《ながさきはまぶし》

〽①浜《はま》じゃエー　浜《はま》じゃ網曳《あみひ》く　綱《つな》を曳《ひ》く
陸《おか》じゃ小娘《こむすめ》の　袖《そで》を引《ひ》く
〽今宵泊《こよいと》まりの　港《みなと》に②入《い》りて
波《なみ》も静《しず》かな　舵枕《かじまくら》
〽沖《おき》の③瀬《せ》の瀬《せ》の　④七瀬《ななせ》の鮑《あわび》
⑤竿《さお》で届《とど》かぬ　見《み》たばかり
〽沖《おき》の三《み》つ瀬《せ》を　白帆《しらほ》が通《とお》る
あれはオランダ　なつかしや
〽わしが生《う》まれは　⑥高島生《たかしまう》まれ
⑦明《あ》けの六《む》つから　鯛《たい》を釣《つ》る

注①⬇解説。
②「入れて」とも。
③潮の流れの速い所。
④〔「七」は実数ではなく〕沢山の瀬。
⑤原作は「竿で」。「竿じゃ」ではない。
⑥長崎港の南西方約一五キロにある島。周囲約一キロ。一八六八年から一九八六年まで石炭の採掘が行われた。
⑦明け方の六つ時。季節によって異なるが、今の六時頃。

長崎県の、お座敷唄形式の新民謡。長崎市丸山町にあった丸山遊廓《ゆうかく》の宴席で、芸者衆が唄ってきたものである。

唄の履歴　この唄は一九二九、三〇年頃に作られたもので、作詞者は古賀十二郎《こがじゅうにろう》、作曲者は愛八《あいはち》である。

古賀は、一八七九年五月一六日、現長崎市五島町の生まれ。筑前藩長崎屋敷台所用達の万屋《よろずや》第一二代目の当主で、のちに長崎市の歴史をまとめた郷土史家である。愛八は、一八七四年一〇月二三日、西彼杵《そのぎ》郡日見村（現長崎市内）の生まれ。一八九一年三月の節句に一七歳で丸山遊廓の置屋末石から出た芸者で、のちに「丸山の五人組」の一人に数えられた名妓である。

大正時代に隣県で『鹿児島浜節』が作られたが、この『長崎浜節』はこれに対抗して作ったものと思われる。古賀十二郎は、長崎市新大工町の舞鶴座で初代中村雁治郎《がんじろう》の芝居を見て、「住吉踊り」の中にあった、前掲一首目の歌詞を元にして作詞し、作曲を愛八に依頼した。それに、愛八は「二上り甚句《じんく》」を長く伸ばしたような曲をつけた。そして、一九三〇年に愛八自身の唄で、ビクターレコードに吹き込んだ（裏面が「浜節」＝現在の『長崎浜節』、表面は『ぶらぶら節』）。愛八はそれから三年後に亡くなったため、この『長崎浜節』が流行するようになったのは、死後のことである。

節まわしの型　今日広く唄われている節まわしは、愛八のものである。

平《ひら》戸《ど》節《ぶし》

〽月《つき》は傾《かたむ》く　①平戸《ひらど》の瀬戸《せと》で
②勇魚獲《いさなと》る子《こ》の　艫《ろ》の速《はや》さ
《はやし詞》　エンヤラヤーノーヤァ　エン
ヤラヤーノー　エンヤラヤーノー　エン
ヤラホイノーサー

〽男《おとこ》なりゃこそ　船底枕《ふなぞこまくら》
月《つき》に唄《うた》うは　平戸節《ひらどぶし》

〽なんのこれしき　③玄海出《げんかいで》たが
沖《おき》じゃやっぱり　神仏《かみほとけ》

〽④田助《たすけ》⑤捲《ま》き出《だ》しゃ　⑥呼子《よぶこ》が見《み》える
呼子過《よぶこす》ぎれば　⑦馬関《ばかん》まで

〽⑧五島沖《ごとうおき》から　漕《こ》ぎ出《だ》す船《ふね》は
平戸通《ひらどがよ》いか　なつかしや

〽思《おも》い切《き》れとは　死《し》ねとのことか
死《し》なにゃ思《おも》いの　根《ね》が切《き》れぬ

〽滑《すべ》ったか転《ころ》んだか　⑨チャンポン屋《や》の前《まえ》で
チャンポン一杯食《いっぱいく》わなきゃ　腰《こし》や立《た》たぬ

〽⑩丁《ちょう》と張《は》らんせ　もし⑪半出《はんで》たら
わたし売《う》らんせ　⑫島原《しまばら》へ

〔以上三首、竹内勉作〕

注①⬇解説。
②鯨。
③玄界灘《なだ》。福岡県の北方の海域。荒れることで有名。
④⬇解説。
⑤帆を捲き上げて出港すれば。
⑥呼子港。佐賀県唐津市呼子町にある。
⑦山口県の下関《しものせき》港のこと。下関の旧称「赤馬関《あかまがせき》」の「赤」を省いて、中国式に「馬関」と称した。
⑧五島列島。長崎県西部の海上に連なる島々。
⑨長崎料理で、肉・魚貝・野菜などを油でいためてスープを加え、それにゆでた中華麵を入れて煮上げたものを食べさせる店。この料理は、一八九九年頃、中華料理店「四海楼」の陳平順が創案したという。
⑩博奕《ばくち》で、さいころの目が偶数であること。
⑪さいころの目が奇数であること。
⑫島原遊廓。京都市下京区にあった。

長崎県のお座敷唄。長崎県の北西端にある平戸島の田助《たすけ》港（平戸市田助町）の花柳界の宴席で、芸者衆が唄ってきたものである。

田助は平戸島の北東端に位置し、東の九州本土（平戸市田平町）との間には平戸瀬戸が横たわっている。この瀬戸は、狭い所は幅五百メートルほどしかなく、潮流が六ノット（時速約一一キロ）を超えることもあった。そのため、田助港は、東シナ海と日本海を結ぶ水路を利用する帆船が潮待ちや風待ちに利用し、いつも七〇～百隻ほどが入港していた。したがって、田助港の全盛時には遊女が一八〇人からおり、その宴席で『平戸節』が唄われた。

唄の履歴　この唄の源流は、田助港へ港入りする帆船の船乗りたちが、伝馬船を降ろして艪《ろ》を漕《こ》ぎながら唄っていた『エンヤラヤ』である。

その唄が、田助の花柳界に入って三味線伴奏がつけられ、お座敷唄となった。そして、鯨組の様子を詠んだ、前掲一首目の歌詞が生まれて、曲名も「勇魚節《いさなぶし》」（鯨の唄の意）と呼ばれた。

その後、日露戦争（一九〇四～〇五）後頃から、地名を取って『平戸節』と呼ばれるようになった。日本中に知られるようになったのは、赤坂小梅の唄による。

節まわしの型　今日広く唄われている節まわしは、赤坂小梅のものである。

ぶらぶら節《ぶし》

〽長崎名物《ながさきめいぶつ》　①凧揚《はたあ》げ②盆祭《ぼんまつ》り
秋《あき》は③お諏訪《すわ》の④シャギリで　氏子《うじこ》がぶうらぶら
《はやし詞》　ぶらりぶらりと　言《い》うたもん⑤だいちゅう

〽遊《あそ》びに行《ゆ》くなら　⑥花月《かげつ》か⑦中《なか》の茶屋《ちゃや》
⑧梅園裏門《うめぞのうらもん》たたいて　⑨丸山《まるやま》ぶうらぶら

〽凧揚《はたあ》げするなら　⑩金比羅《こんぴら》⑪風頭《かざがしら》
帰《かえ》りは一杯機嫌《いっぱいきげん》で　⑫瓢簞《ひょうたん》ぶうらぶら

〽⑬大井手町《おいでまち》の橋《はし》の上《うえ》で　子供《こども》の凧喧嘩《はたげんか》
⑭世話町《せわちょ》は五六町《ごろくちょ》ばかりも　⑮二三日《にさんち》ぶうらぶら

〽今年《ことし》や⑯十三月《じゅうさんつき》　⑰肥前《ひぜん》さんの番替《ばんが》わり
⑱四郎《しろ》ヶ島見物《がしまけんぶつ》がてらに　⑲オロシャがぶうらぶら

〽正月十五日《しょうがつじゅごんち》に　⑳岩屋《いわや》に駆《か》け登《のぼ》り
㉑げんべに㉒討《う》たれて　㉓味噌《みそ》漬《づ》けぶうらぶら

変形はやし詞付き

〽㉔紺屋町《こんやまち》の㉕花屋《はなや》は　㉖上野《うえの》の向《む》こう角《かど》
㉗弥生花三十二文《やよいばなさんじゅにもん》で　安《やす》いもんだいちゅ
《安《やす》い安《やす》いと　言《い》うたもんだいちゅう》

〽㉘東雲《しののめ》の
別《わか》れにしっかと　抱《だ》き締《し》めて
忘《わす》れぬように　また来《き》てくだしゃんせ
《しゃんせしゃんせと　言《い》うたもんだいちゅう》

〽㉙梅園太鼓《うめぞのたいこ》に　びっくり目《め》をさまし
必《かなら》ず忘《わす》れぬように　また来《き》てくだしゃんせ
《しゃんせしゃんせと　言《い》うたもんだいちゅう》

〽沖《おき》の㉚台場《だいば》は　㉛伊王《いおう》と四郎《しろ》ヶ島《がしま》
入《い》り来《く》る船《ふね》は　㉜スッポンポン
《大砲小砲《おおづつこづつ》を　鳴《な》らしたもんだいちゅう》

〽㉝嘉永七年《かえいしちねん》　㉞甲《きのえ》の寅《とら》の年《とし》
まず明《あ》けまして　年頭《ねんとう》の御祝儀《ごしゅうぎ》　一杯《いっぱい》㉟屠蘇《とそ》機嫌《きげん》
《酔《よ》うた酔《よ》うたと　言《い》うたもんだいちゅう》

注①たこ揚げ。糸にガラス粉を塗り付けて、相手の糸を切る。毎年春に郊外の丘数ヶ所で行った（現在は四月と一〇月）。
②お盆の行事。大きな精霊船を海へ流す。
③諏訪神社。長崎市上西山町にある。秋の例大祭「長崎おくんち」には傘鉾《かさぼこ》や曳き物が出、龍踊《じゃおど》りなどの奉納踊りを行う。
④祭礼で、笛・太鼓・鉦《かね》・三味線などで奏するはやし。
⑤「という」の意。
⑥花月楼。丸山町の遊女屋引田屋の庭内にあった料亭。現在も営業している。
⑦寄合町の遊女屋筑後屋の裏庭にあった料亭。
⑧梅園天満宮。現丸山町の南西部にある。
⑨丸山遊廓。現丸山町にあった。延宝年間（一六七三〜八二）には、遊女屋三〇軒、遊女三三五人であったという。
⑩金比羅山（三六六メートル）。長崎港の北東方にある。
⑪風頭山（一五二メートル）。長崎港の東方にある。
⑫酒を入れる器。腰につけたり、手に持ったりして携行する。
⑬大井手橋。長崎市街中央部の、中島川に架かる橋。江戸時代のアーチ式石橋であったが、一九八二年の水害で流失。その後、コンクリート橋になった。
⑭争いが起こった時に、その仲裁をする役目を負っている町。
⑮子供の喧嘩の仲裁に二日も三日もかかったことをいう。
⑯嘉永七年は閏年（太陰暦）で、例年より一ヶ月多かった。
⑰長崎は江戸幕府の直轄地で、警備は肥前藩（佐賀藩）と福岡藩が一年交替で行った。この年は肥前藩の当番年。
⑱長崎湾の出入り口の西にある小島。
⑲ロシアの船が。国交がないため、入港できないでいることをいう。
⑳岩屋神社。長崎市虹が丘町にある。正月一五日は例大祭の日。
㉑さいころを用いて行う博奕《ばくち》。
㉒負けて。
㉓岩屋神社の祭礼の時に、境内で売っている土産品。
㉔長崎市の旧町名。
㉕店名。
㉖質屋の名。
㉗花かんざし。
㉘東の空が少し明るくなる頃。
㉙梅園天満宮の、夜明けを知らせる太鼓。
㉚港を守るために築いた砲台。
㉛伊王島。四郎ヶ島の南西方約三・五キロにある島。周囲約七キロ。
㉜大砲などを打つ音。
㉝一八五四年。
㉞嘉永七年のこと。十干と十二支を組み合わせて年を表したもの。甲は十干の一番目、寅は十二支の三番目。
㉟お正月に、一年の邪気を払い、延命を願って飲む薬酒。

長崎県のお座敷唄。長崎市丸山町にあった丸山遊廓《ゆうかく》の芸者衆が、宴席で唄ってきたものである。

別名　長崎ぶらぶら節。

唄の履歴　この唄の源流は、現茨城県潮来《いたこ》市の花柳界で流行《はや》り唄として唄われていた、種々の『潮来節』のうちの一種らしい。潮来は、利根《とね》川の河口銚子《ちょうし》（千葉県銚子市）から一五キロほどさかのぼった所にある港町で、奥州各藩から江戸へ送られる米の中継地としてにぎわっていた。

『潮来節』は時代によっていろいろあったようであるが、この唄は江戸時代末期頃に流行したらしい。愛媛県上浮名《かみうけな》郡美川《みかわ》村有枝《ありえだ》（現久万高原《くまこうげん》町内）の亀井キク（一九六三年に八七歳）が伝える『潮来節』の歌詞は、

〽東雲《しののめ》の別れを　しっかり抱き締めて
必ず忘れぬようにと　また来てくださんせ
（さんせさんせと　言うわいな）

で、曲節は『ぶらぶら節』そのままである。これは、前掲八首目の歌詞とほとんど同じで、異なるところは、しまいの「言うわいな」と「言うたもんだいちゅう」の部分だけといってよい。

また、一八五〇年に流行した「やだちゅう節」（嫌だという、の意）は、

〽海老《えび》が海鼠《なまこ》を　口説《くど》いたちゅう
色になれとは　俺嫌《おらいや》だちゅう
（やだちゅうやだちゅうと　言わねえもんだちゅう）

といった歌詞である。このはやし詞「言わねえもんだちゅう」を肯定形に変えれば「言うたもんだちゅう」になる。

さて、江戸時代の日本は鎖国政策を取って、オランダ・中国・朝鮮以外の国との交易を禁じていた。しかし、一八五三年六月に、ペリー率いるアメリカ軍艦四隻が浦賀（神奈川県横須賀市）に入港し、七月と一二月に、プチャーチン率いるロシア軍艦四隻が長崎港に現れて、日本に開国を迫った。ロシア軍艦は翌年三月にもやってきて、長崎港警備当番の肥前藩（鍋島藩）は大あわてをし、ただおろおろするばかりであった。前掲五首目の歌詞は、それを皮肉って作られたものである。それから、「ぶらぶら」「ぶらりぶらり」という語を生かした歌詞が、次々に作られた。

その『ぶらぶら節』も、明治時代に入ると一時廃ってしまった。しかし、一九三〇年に、長崎券

番の芸者愛八《あいはち》が、『長崎浜節』をビクターレコードに吹き込んだ折りに、片面にこの『ぶらぶら節』を加えたことから復活した。今日では、長崎県を代表する唄になっている。

節まわしの型　今日広く唄われている節まわしは、愛八のものである。

大分県

宇目《うめ》の子守《こも》り唄《うた》

〽ねんねねんねと　寝《ね》る子《こ》は可愛《かわ》い
起《お》きて泣《な》く子《こ》は　面憎《つらにく》いヨイヨイー

〽面《つら》が憎《にく》けりゃ　田圃《たんぼ》へ蹴込《けこ》め
上《あ》がるそばから　また蹴込《けこ》め

〽①あん子面見《こつらみ》よ　目《め》は猿眼《さるまなこ》
口《くち》は鰐口《わにぐち》　②閻魔顔《えんまがお》

〽お前面見《まえつらみ》よ　③牡丹餅顔《ぼたもちがお》よ④
黄《き》な粉《こ》つけたら　なおよかろ

〽いらん世話《せわ》焼《や》く　他人《たにん》の⑤外道《げどう》
⑥焼《や》いちよければ　親《おや》が焼《や》く

〽いらん世話《せわ》でも　時々焼《ときどきや》かにゃ
親《おや》の焼《や》かれん　世話《せわ》がある

〽山《やま》が⑦高《たこ》うち　⑧在所《ざいしょ》が見《み》えん
在所《ざいしょ》可愛《かわ》いや　山憎《やまにく》や

〽ままになるなら　在所《ざいしょ》を山《やま》に
山《やま》を在所《ざいしょ》に　してみたい

〽お前《まえ》さんのよに　憎《にく》たれ口《ぐち》は
⑨はだけられても　しょうがない

〽はだけられても　世間《せけん》は広《ひろ》い
広《ひろ》い世間《せけん》に　⑩出《で》ち遊《あそ》ぶ

〽わたしゃ⑪唄《うた》いどち　唄《うた》うじゃないが
あまり辛《つら》さに　泣《な》く代《か》わり

〽あまり辛《つら》さに　出《で》ち山見《やまみ》れば
⑫霧《きり》のかからん　山《やま》はない

〽人《ひと》の子《こ》じゃとて　わがまま気《き》まま
いつかお前《まえ》の　恥《はじ》が出《で》る

〽言《い》わば言《い》わしゃれ　岩花《いわばな》つつじ
わたしゃ陰《かげ》から　菊《きく》(聞く)の花《はな》

〽嫁《よめ》にやるなら　⑬田原《たばる》にゃやるな
田原《たばる》田所《たどころ》　畑所《はたどころ》

注①あの子。
②閻魔のような、こわい顔。閻魔は、死んだ人の罪に判決を下す、地獄の王様。
③丸く、大きくて、器量の悪い顔。
④「で」とも。
⑤餓鬼。子どもをののしって言う語。
⑥焼いて。
⑦高くて。
⑧故郷。ふるさと。
⑨大きく口を開いて〔憎まれ口を〕言われても。
⑩出て。
⑪唄いたくて。
⑫山々に霧がかかると、日中はよい天気になる。
⑬旧村名（現宇目町内）。小野市南西方の現南田原辺り。

大分県の子守り唄。大分県南東部の農村、現佐《さ》伯市《いき》宇目小野市《おのいち》の豪農の家に子守り奉公をしていた少女たちが、夕方、川の橋のたもとで唄い合った、一種の「遊び唄」である。

別名　宇目の唄喧嘩《うたげんか》（ただし、⬇後記）。

唄の履歴　この唄の源流は、江戸時代後期から明治時代に日本中で大流行した「甚句《じんく》」である。それは、各地で種々の農作業唄に転用されたが、宇目地方では「臼唄《うすうた》」として唄われていたようである。その唄を、子守り奉公の少女たちが子守りをしながら口ずさんだ。それが定着したのである。

小野市では、背中に子供を負った子守り娘たちが黒原川の金比羅《こんぴら》橋や、小野市川の橋のたもとに集まり、即興で歌詞を作って唄い合っていた。歌詞は、相手の唄を受けて、それに関連する文句を作るのである。そして、日が暮れると、背中の子供の家へと帰って行く。

民謡の分類では、これまで「子守り唄」を「眠らせ唄」と「遊ばせ唄」の二つに分けてきた。しかし、子守り奉公の娘たちの唄には、そのどちらでもないものがある。背中の子供とは関係なく、子守りどうしの「遊び唄」として唄うもので、『宇目の子守り唄』は、その点、『五木の子守り唄』（熊本）や『博多の子守り唄』（福岡）と共通している。

その『宇目の子守り唄』を、『宇目の唄喧嘩』と名づけて掛け合い形式にし、しかも、「返し唄」の唄い手が四度高く唄い出す演出にしたのは、土生《はぶ》半作（一八九一年一月一〇日、現豊後大野市三重町市場生まれ）である。土生は、新民謡運動が始まった一九一八、一九年頃、二七、八歳で小野市小学校に校長として赴任すると、この地に伝わる『宇目の子守り唄』を採譜した。そして、「送り」と「返し」という掛け合い形式のものにまとめ直した。

それからずっとのちの一九五一、五二年頃の秋、「ふるさとの民謡」のつどいが大分市教育会館で行われることになり、県から旧小野市村役場へ出演依頼が届いた。そこで、村役場では、小野市小学校音楽教師の深田昌子と甲斐《かい》キヌエに白羽の矢を立て、姫野ツジ（八〇歳）と三浦トリ（九〇歳）から唄を習わせた。二人は当日は絣《かすり》の着物を着て唄った。この時に、土生半作の楽譜がかなり参考にされたため、民謡というよりは小学校の唱歌の感じが強かった。舞台出演は翌年もまた続いた。

それがきっかけで『宇目の唄喧嘩』という曲名が広まり始めたが、一九五三年には現宇目町木浦の音楽教師安藤隆が、奥宇目民俗保存会名で編曲し直し、コロムビアレコードに吹き込んだ。この頃から大分市の人たちの手によって踊りがつけられた。そして、一九五五年頃には大分市の民謡家池田万竜が三味線の伴奏をつけ、弟子の玉千代・首藤《すどう》イシなどの唄でレコード化された。こうして、この唄はしだいに宇目から離れ、大分市の民謡界の人たちの唄になっていった。

この「池田万竜節」は、折りから大流行の『五木の子守り唄』の、照菊《てるぎく》の唄い方を意識しているので、花柳界のお座敷唄的なまとめ方になっている。しかし、今となれば、本来の民謡としての「子守り唄」へ戻すほうがよい。曲名も、誤解を招きやすい「唄喧嘩」をやめ、本書では従来の『宇目の子守り唄』とする。そして、一人で何首も唄う場合は、「問い掛け唄」の、低く唄い出すほうだけを繰り返す。二人以上の掛け合いの場合は、「問い掛け唄」と「返し唄」を交互に唄い合うことにすればよい。なお、伴奏は、三味線を加えるとお座敷唄風になり、子守り娘たちの生活感がそこなわれるので、無伴奏か笛だけにする。

節まわしの型　今日広く唄われている節まわしは、池田万竜社中の唄い手のものである。

久住高原《くじゅうこうげん》

〽①久住《くじゅう》②大船《たいせん》　朝日《あさひ》に③晴《は》れて
駒《こま》はいななく　④草千里《くさせんり》　草千里《くさせんり》

〽⑤久住高原《くじゅうこうげん》　薄《すすき》に暮《く》れて
⑥阿蘇《あそ》の頂《いただき》　雲沈《くもしず》む

〽前《まえ》に⑦高崎《たかさき》　後《うし》ろに⑧鶴見《つるみ》
⑨由布《ゆふ》は見《み》えぬか　湯《ゆ》の煙《けむり》

〽久住高原《くじゅうこうげん》　手綱《たづな》を曳《ひ》けば
昔《むかし》偲《しの》ばす　松並木《まつなみき》

〽手綱緩《たづなゆる》めて　しずしず帰《かえ》る
道《みち》は月夜《つきよ》の　⑩玖珠川原《くすかわら》

注①大分県の中西部にそびえる山（一七八七メートル）。
②久住山の北東方にそびえる山（一七八七メートル）。九州本島の最高峰。

③後日、作者は「映えて」でもよいと言ったというが、「晴れて」のほうが、晴れがましさや晴れ姿の感じが出てよい。
④久住高原の俗称。千里は約三九二七キロ。
⑤久住山・大船山の南裾に広がる高原。標高六百～千百メートル。東西約二〇キロ、南北約四キロ。
⑥久住高原の南西方、熊本県北東部にそびえる火山（一五九二メートル）。
⑦別府市街の南東方、大分市北西端にある山（六二八メートル）。日本猿の生息地として有名。
⑧鶴見岳。別府市街の西方にそびえる山（一三七四メートル）。
⑨由布岳。鶴見岳の西方にそびえる山（一五八四メートル）。
⑩久住山に発して北流、北西流し、日田市で大山川と合流して三隈《みくま》川（筑後川の上流部）となる川（約五六キロ）。

大分県の、お座敷唄形式の新民謡。大分県の中東部、湯の町別府《べっぷ》（別府市）の花柳界の宴席で、芸者衆が観光客相手に唄ってきたものである。

別名　豊後追分《ぶんごおいわけ》（ただし、⬇後記）。

唄の履歴　この唄の作詞・作曲者は、宇佐郡出身の、唄好きの弁護士、山下彬麿《しげまろ》である。別府温泉の亀の井ホテル主人油屋熊八は、別府の裏庭ともいうべき「草千里」を中心にした、観光用の唄を山下に依頼した。そこで山下は、久住山《くじゅうさん》・大船《たいせん》山《ざん》と、両山の裾野《すその》に広がる草原「草千里」をよみ込んで歌詞を作った。それは、一九三〇年一一月のことである。

山下は、作曲家ではないので、曲節は『田原坂《たばるざか》』（熊本）と『江差《えさし》追分』（北海道）をつないだようなものであった。その曲譜を山田耕筰に見てもらい、詩吟調にまとめて、別府芸者の富江（一九〇九年生まれ）の唄でお座敷唄風に整えた。

一九三二年、この唄はNHK熊本放送局からラジオで初放送された。その頃の曲名は「豊後風景」や「由布《ゆふ》は見えぬか」「久住高原」など、いろいろだったようである。

そして、翌三三年一二月一日に山下と富江がビクターレコードに吹き込んだ時は「久住高原の唄」であった。なお、この時の伴奏は、三味線千代・尺八川本晴朗で、歌詞は「〽久住大船…」と「〽久住高原…」の二首であった。

しかし、当時の別府温泉では、「別府音頭」（西条八十《やそ》作詞・中山晋平作曲）を広めようとしているところだったので、花柳界はこの唄に反発した。その理由は、富江がビクターに吹き込んだ時はまだ二四歳で、別府の花柳界の芸者としては若かったためと、山下彬麿自身が自己顕示欲の強い人だったためでもあったらしい。

ところが、太平洋戦争後に民謡ブームが起こり、この唄は曲名を「豊後追分」と変えて、昭和三〇年代（一九五五～）初めに世に出てきた。俗曲風のものしかなかった大分市の民謡界では、長く伸ばして美声を朗々と聞かせられる唄なので、たちまち人気を集めた。そして、一九六四年一〇月に九州横断道路開通によって久住高原への道が脚光を浴びると、この唄『久住高原』は九州地方で広く唄われるようになった。

なお、「豊後追分」という曲名は、太平洋戦争後まもなく『刈干切り唄』（宮崎）を「日向《ひゅうが》追分」と呼んだように、長く伸ばして唄うところから付けられたものである。しかし、これらの唄は伝承民謡の「追分節」とは関係がないので、こうした曲名は適切でない。

節まわしの型　今日広く唄われている節まわしは、大分市民謡界の人たちのものである。

国東《くにさき》の櫨《はぜ》採《と》り唄《うた》

〽ヤレェ聞《き》こえますぞえヨー　ヤレ①櫨採《はぜと》りヨー唄《うた》がヨー
朝《あさ》も早《は》よからヨー　ヤレ威勢《いせい》よくヨー
（ヤレ　コイナァ　ドッコイショー）

〽②なんの因果《いんが》で　櫨採《はぜと》り習《なろ》た
櫨《はぜ》の小枝《こえだ》に　身《み》をまかす

〽唄《うた》も唄《うた》いなれ　仕事《しごと》もしなれ
唄《うた》は仕事《しごと》の　③入《い》れ草《ぐさ》よ

〽鳴《な》くな鶏《にわとり》　まだ夜《よ》は明《あ》けぬ
明《あ》けりゃお寺《てら》の　鐘《かね》が鳴《な》る

補足　一・二首目の第二句を「櫨採りの唄が」「櫨採りを習た」と唄う「字あまり型」もある。

注①⬇解説。
②前世の、どんな悪い行いの報いで。
③間に加えるもの。

大分県の仕事唄。大分県の北東端にある国東《くにさき》半島の山々で、櫨採り職人たちが、木に登って櫨の実をもぎ取りながら唄ってきたものである。

櫨の実は、蠟《ろう》の原料である。大分県の府内藩では、寛政年間（一七八九〜一八〇一）に林奉行を設け、民間に櫨の栽培を奨励した。そのため、一八〇二年一〇月には、櫨の実一六六貫五〇〇匁（約六二四キロ）を収穫できるほどになった。

櫨の実採りは一一月初めから一二月末まで続くが、伊予（愛媛県）の出稼ぎ人を招き入れて、三〇人、五〇人といった集団で山へ入らせ、泊まり込みで働かせた。彼らは、木に登って枝をかぎで手元へ引き寄せて実を採る。

ところで、山中での急病や怪我《けが》は命取りになりかねない。そこで、周辺の山々で働く仲間たちに自分の居場所を知らせておくため、また、今は身辺に異状がないことを知らせるために唄を唄った。

唄の履歴　この唄の源流は、櫨採りの本場、現愛媛県西条《さいじょう》市丹原《たんばら》町辺りで唄われている「櫨採り唄」である。その元唄は、農民たちが農作業をしながら唄っていた「臼唄《うすうた》」か「田の草取り唄」のような、「甚句《じんく》」系統の唄である。それを、櫨採り職人たちが櫨の実を採りながら唄ったのであろう。伊予の櫨採り職人たちは、出稼ぎ仕事として、海を越えて国東半島に入ってその唄を唄ったため、大分県下に残ったのである。

その「櫨採り唄」、国東半島の西の付け根近くにあった田染《たしぶ》村（現豊後《ぶんご》高田市内）在住の渡辺光孝の唄が録音で残っていたのを、大分市の民謡家森山幸吉が一九七五年に整え始めた。そして、七七年二月に、福岡県福岡市在住の西野智泉《ともずみ》（埼玉県出身）がキャニオンレコードに吹き込んだところ、尺八伴奏で朗々と唄う唄のなかった大分市で、民謡愛好者たちが好んで唄うようになった。

節まわしの型　今日広く唄われている節まわしは、固い節まわしが森山幸吉のもの、柔らかい節まわしが西野智泉のものである。

コツコツ節《ぶし》

〽お月《つき》さんでさえ　夜遊《よあそ》びなさるサンヤリー
（ハァ　コッ　コッ）
年《とし》は若《わこ》うて　①十三七《じゅうさんなな》つ
よして②おくれや　雲隠《くもがく》れ
（ハァ　コッ　コッ）

〽春《はる》の野《の》に出《で》て　③七草《ななくさ》摘《つ》めば
露《つゆ》は④小褄《こづま》に　みな濡《ぬ》れかかる
よしておくれや　鬼薊《おにあざみ》

〽春《はる》の⑤月隈《つきくま》　月影《つきかげ》踏《ふ》んで
主《ぬし》を待《ま》つ間《ま》を　木陰《こかげ》に寄《よ》れば
よしておくれや　⑥花《はな》が散《ち》る

〽⑦鵜飼《うかい》い遊船《ゆうせん》　⑧三隈《みくま》の川《かわ》に
主《ぬし》と二人《ふたり》で　手摺《てす》りに倚《よ》れば
よしておくれや　棹雫《さおしずく》

〽三隈川原《みくまかわら》を　二階《にかい》から見《み》れば
霧《きり》の絶《た》え間《ま》を　筏《いかだ》が下《くだ》る
どこで鳴《な》くやら⑨　⑩石《いし》たたき

〽波《なみ》も静《しず》かな　⑪屋形《やかた》の船《ふね》で
主《ぬし》の頭字《かしらじ》　水面《みなも》に書《か》けば
憎《にく》や小鮎《こあゆ》が　袖濡《そでぬ》らす

注①十三夜の七つ時（午後四時頃）だ。
②「おくれよ」とも。
③春の七草。正月七日に、包丁でたたき、米と一緒に炊いて七草粥を作る、七種類の若菜。芹《せり》・薺《なずな》・御行《ごぎょう》（母子草）・蘩蔞《はこべら》・仏の座・菘《すずな》（蕪《かぶ》）・蘿蔔《すずしろ》（大根）。
④着物の裾の、左右の端。
⑤日田市街の北方にある小山。日田代官の布政所が置かれた所。現在は月隈公園になっている。
⑥桜の花。
⑦鵜を使って鮎を獲るのを見物する船。
⑧筑後川の上流部。阿蘇山に発する大山川と、久住《くじゅう》山《さん》に発する玖珠《くす》川が日田市で合流して三隈川となる。
⑨「のか」とも。
⑩〔石の上で尾を上下に振ることから〕鶺鴒《せきれい》の異称。神話で、イザナギ・イザナミ夫婦に交合法を教えたという。
⑪屋根を取り付けた和船。川遊びなどに用いる。

大分県のお座敷唄。大分県の中西部にある日田《ひた》温泉（日田市）の花柳界の宴席で、芸者衆が唄ってきたものである。

日田は、山中にありながら、三隈《みくま》川（筑後川の上流部）の周辺は、水郷《すいきょう》と呼ばれ、風光明美な土地である。しかも天領で、日田代官所があったことから金融業が発展し、諸国の大名に金を貸す

「八軒士」が生まれた。さらに日田の豪商は、蠟《ろう》・酢《す》・油・味噌《みそ》・醤油《しょうゆ》などの製造にも手を出し、巨大な商業地域になっていた。そのため、江戸の文化が何ヶ月か遅れて入ってくると、そのまま受け入れるような土地でもあった。

唄の履歴　この唄の源流は、詞曲ともに、江戸端唄の「秋の野」で、歌詞は、

〽秋の野に出て　七草見ればサンヤレ
　露で小褄《こづま》が　みな濡れかかる
　サァよしてもくんなよ　鬼薊《おにあざみ》

である。それを、渡里《わたり》村（現日田市内）に住んでいた藤ノ井倫女《りんじょ》（一七五七年三月二一日に八四歳で他界）が「〽春の野に出て　七草摘めば…」と替えた。そして、花の「鬼薊」を、般若顔《はんにゃがお》の女の意に変えて、面白みを出したのである。また、はやし詞「コツコツ」は、鵜飼《うか》い船の船頭の棹《さお》が船べりに当たる音を取り込んだものだという。

さらに倫女は「〽お月さんでさえ…」の歌詞を作ったというが、これも、昔から類歌が多い。なお、藤ノ井倫女は歌人長野野紅の妻であるが、俳人馬貞の弟子で、日田地方では女流俳人として有名だったようである。

節まわしの型　今日広く唄われている節まわしは、日田市の芸者衆のものである。

下《した》ノ江《え》節《ぶし》

〽ハァー①下《した》ノ江《え》可愛《かわ》いや　②金毘羅山《こんぴらやま》の
（サノー　ヨイ　ヨイ）
松《まつ》が見《み》えます　ほのぼのと
（サノォ　サノ　ヨイ　ヨイ）

〽月《つき》が出《で》ました　下《した》ノ江《え》沖《おき》に
波《なみ》に揺《ゆ》られて　濡《ぬ》れながら

〽下《した》ノ江《え》港《みなと》にゃ　錨《いかり》はいらぬ
三味《しゃみ》や太鼓《たいこ》で　船繋《ふねつな》ぐ

〽磯《いそ》の千鳥《ちどり》の　鳴《な》く声《こえ》聞《き》けば
下《した》ノ江《え》通《がよ》いが　やめらりょか

〽行《ゆ》こか下《した》ノ江《え》　戻《もど》ろか③臼杵《うすき》
ここが思案《しあん》の　④江無田橋《えむたばし》

〽親子《おやこ》乗《の》りかや　金《かね》ない船《ふね》か
⑤花《はな》の下《した》ノ江《え》　見《み》て走《はし》る

〽⑥港沖《みなとおき》から　⑦向《む》こう灘《なだ》見《み》れば
あれが⑧泊ヶ内《とまりがうち》　⑨大泊《おおとまり》

〽港《みなと》小雪《こゆき》か　沖《おき》や冬荒《ふゆあ》れじゃ
ままよ⑩上《あ》がりて　酒枕《さけまくら》

〽通《とお》りゃ寄《よ》りたい　寄《よ》りゃ⑪上《あ》がりたい
上《あ》がりゃ一夜《ひとよ》も　泊《と》まりたい

〽一夜泊《いちやど》まりが　⑫風待《かざま》ち⑬日待《ひま》ち
三日四日《みっかよっか》と　七夜《ななよ》たち

〽一夜一夜《ひとよひとよ》で　⑭枕《まくら》が替《か》わる
替《か》わる枕《まくら》を　⑮定《さだ》めたい

〽船《ふね》は出《で》て行《ゆ》く　心《こころ》は残《のこ》る
残《のこ》る心《こころ》は　⑯三《み》ツ子島《こじま》

〽船《ふね》が港出《みなとで》りゃ　それ三《み》ツ子島《こじま》
⑰黒島《くろしま》⑱無垢島《むくじま》　⑲津久見島《つくみじま》

〽涙《なみだ》まじりで　立《た》つ⑳優船《やさぶね》も
㉑関崎《せきざき》㉒かわす時《とき》ゃ　㉓阿修羅船《あしゅらぶね》

〽可愛《かわ》い男《おとこ》と　夏吹《なつふ》く風《かぜ》は
入《い》れておきたや　寝間《ねま》のうち

〽好《す》きと嫌《きら》いが　一度《いちど》に来《く》れば
㉔箒《ほうき》立《た》てたり　倒《たお》したり

〽便《たよ》りいつ来《く》る　一夜《ひとよ》の契《ちぎ》り
あの指切《ゆびき》りは　夢《ゆめ》なのか

〽樵《きこ》り木挽《こび》きどんたちゃ　奥山暮《おくやまぐ》らし
㉕港女《みなとおんな》は　茶屋住《ちゃやず》まい

注①➡解説。
②下ノ江港の東の岬にある山（五〇メートルほど）。山頂に金毘羅神社がある。「金毘羅様の」とも。
③現臼杵市中心部。
④臼杵市中央部を東流して臼杵湾へ注ぐ末広川の、河口近くに架かる橋。
⑤はなやかで美しい。
⑥下ノ江港の沖。
⑦目の前に広がる海原。
⑧臼杵市の東端近くの地名。楠屋鼻《くすやばな》の西にある。
⑨旧村名（現臼杵市内）。臼杵港の南東方約二・七キロにある。
⑩仕事をおしまいにして。
⑪遊廓や茶屋へ。
⑫帆船が、順風になるのを待つこと。
⑬出港に際して、吉日を待つこと。
⑭寝る相手が替わる。遊女の身であることを言う。
⑮結婚したい、の意。
⑯下ノ江港の北東方約二キロにある、三つの小島。
⑰下ノ江港の北東方約二・五キロにある島。周囲約二キロ。
⑱下ノ江港の東方約一四キロにある小島。地無垢島と沖無垢島がある。
⑲下ノ江港の南東方約三・五キロにある島。周囲約三キロ。
⑳優しい船乗りたちの乗る船。
㉑大分県の中東部、豊予海峡へ突き出た佐賀関半島の突端にある岬。地蔵崎とも。
㉒関崎の先端を、船がまわりきる時は。
㉓潮流が激しくて、戦争のような状態になっている船。「阿修羅」はインドの悪神。仏教を敵視し、帝《たい》釈天《しゃくてん》（仏教の守護神）と常に戦ったため、戦争や苦しみをひき起こす悪魔とされた。のち、釈迦に教化されて、仏教の守護神となった。
㉔隣室に箒を逆さに立てると、長居をしている人もすぐ帰るという俗信がある。
㉕入港した海の男たちを相手にする女。遊女。

大分県のお座敷唄。大分県の中東部、臼杵湾《うすき》の北岸にある下ノ江港（臼杵市下ノ江）の花柳界の宴席で、船乗り相手の女たちが唄ってきたものである。

下ノ江は、佐賀関《さがのせき》半島の南側、臼杵湾の入り口近くの北岸に位置し、湾の奥に臼杵港がある。下ノ江港の入り江は広く、水深は深く、入港も出港もしやすいため、風待ちや避難などで寄港する帆船が多かった。そして、船乗り相手の遊女屋が何軒もあった。

唄の履歴　この唄の源流は、江戸時代末期から明治時代初期に江戸の花柳界を中心に流行した「二上り甚句《じんく》」である。それが、海路下ノ江に伝えられ、宴席で「下ノ江騒ぎ」の名で唄われた。

地元の言い伝えによると、伊予中島（愛媛県松山市中島町）の船乗りが、伊豆《いず》の中木《なかぎ》（静岡県賀茂郡南伊豆町）で唄われていた『中木節』（四七二ページ）を持ち込んだという。中木港は、伊豆半島の突端石廊崎《いろうざき》の西にある風待ち港であった。確かに節は『中木節』とそっくりであるが、はやし詞の「アー　ヨイトコラ　サイサイ」や「アー　ショメー　ショメショメ」は、『下ノ江節』では「サノー　ヨイヨイ」と変わっている。あるいは『伊田の炭坑節』（六一七ページ）の影響があったのかもしれない。

その『下ノ江節』、一九三五年一二月にポリドールレコードが新橋喜代三《きよぞう》の唄でレコード化した。しかし、機械船の発達で下ノ江港に船が入らなくなり、花柳界が寂れたため、地元では、保存会を作って、この唄を細々と守るような状態になってしまった。

それでも、一九七九年のNHK録音集「ふるさとのうた」に、保存会の宮崎ヨシエ（一九〇二年生まれ）と宮崎仙一の唄が加えられたことから、少し注目を浴びるようになった。しかし、伝承者の高齢化につれて消えてしまうかもしれない。

節まわしの型　今日広く唄われている節まわしは、宮崎ヨシエ・宮崎仙一など、地元の人たちのものである。

関《せき》の鯛《たい》釣《つ》り唄《うた》

本唄・定型

〽〔船頭〕①関《せき》の②一本釣《いっぽんづ》りゃナー　③高島《たかしま》のサー沖《おき》でナー
〔船子〕波《なみ》に揺《ゆ》られて　サーヨー言《い》うたの

後　唄

〽〔船頭〕鯛《たい》を　釣《つ》るわいの

はやし詞

〽〔船子〕アァヤンサノ　ゴッチリ　ゴッチリ
船頭《せんどう》　鰤《ぶり》かな　鯛《たい》かな
〔船頭〕鯛《たい》じゃい　鯛《たい》じゃい

〔船子〕鯛《たい》なら　④撥《は》ね込《こ》め
〔船頭〕鰤《ぶり》なら　釣《つ》り込《こ》め

本唄・定型

〽釣《つ》って釣《つ》り上《あ》げて　⑤生魚《なまいよ》にゃ立《た》てて
大坂雑魚場《おおさか⑥じゃこば》の　サーヨー言《い》うたの

後　唄

〽⑦朝売《あさう》りじゃいの

本唄・定型

〽⑧平瀬《ひらせ》⑨小瀬戸《こせど》にゃ　白帆《しらほ》が見《み》ゆる
⑩上《かみ》の釣《つ》り船《ぶね》が　サーヨー言《い》うたの

後　唄

〽今《いま》が　⑪下《くだ》りじゃいの

本唄・字あまり

〽⑫こん⑬団平《だんべい》で　⑭下《くだ》らす時《とき》にゃ
腰《こし》の紺手拭《こんてぬぐ》い⑮どま　置《お》きゃれな
⑯様《さま》を見《み》る見《み》る　サーヨー言《い》うたの

後　唄

〽顔《かお》を　拭《ふ》くわいの

はやし詞

〽アァヤンサノ　ゴッチリ　ゴッチリ
船頭《せんどう》　鰤《ぶり》かな　鯛《たい》かな
鯛《たい》じゃい　鯛《たい》じゃい

注①②➡解説。
③佐賀関半島先端部の東方約三・五キロにある島。周囲約五・五キロ。
④撥ね上げて、船の中へ入れろ。
⑤魚を生かしたままにしておいて。
⑥江戸時代に、現大阪市西区にあった魚市場。
⑦朝市で売ること。
⑧佐賀関半島先端にある関崎の北東方海上に浮かぶ岩礁の名。
⑨岩礁と岩礁の間の、海潮が流れている所。
⑩上方の。
⑪船が上方の反対方向へ向かうこと。
⑫この。
⑬➡解説。
⑭船が上方の反対方向へ向かわれる。
⑮「どもは」の約音。なんかは。
⑯あなた様。

大分県の仕事唄。大分県と愛媛県の間に横たわる豊後《ぶんご》水道の船上で、鯛釣り漁の漁師たちが唄ってきたものである。「関」は現大分市佐賀関《さがのせき》のこと。

別名　鯛の一本釣り唄。

唄の履歴　この唄の源流は不明である。しかし、かつてはかなり広い地域で唄われていたようで、今も、佐賀関半島を中心に、国東《くにさき》半島北方の姫島（東国東郡姫島村）や、長崎県の西彼杵《そのぎ》半島の西海岸でも唄われている。

唄は掛け合い形式になっており、「大坂雑魚場《じゃこば》の朝売りじゃいの」や「こん団平《だんべえ》で」などの語句を総合すると、本来は団平船（生《い》け簀《す》を備えた、船底の浅い船）で、大坂などの魚市場へ鯛を生かしたまま出荷する、その早船の艪《ろ》を押しながら唄う唄だったようである。それを、漁師たちが、漁場への行き帰りや、潮待ちの時に唄ったのであろう。

その「鯛の一本釣り漁」は、小舟に三角の帆を立て、舟の向きが変わらないように停止させておいて、釣り糸を指にかけ、脈釣《みゃくづ》りで行うものであった。

この唄は一時すっかり廃ってしまったが、佐賀関小浜の藤沢清次郎が覚えていた。そして、一九四二年に壮年団員の栗林豊松・新田寿八・立山篤生・野田輝一・北尻義雄らが藤沢から習い覚え、唄い継いだ。

一九六三年五月七日のＮＨＫラジオ「芸能お国めぐり」で、河野康夫がこの唄を放送し、これがきっかけで、大分県民謡界の人たちが唄うようになった。その後、大分市在住の加藤三次がレコードに吹き込んだものが広まり、一九六七年の大分国体でマスゲームに利用されたりして、『関の鯛釣り唄』は大分県を代表する唄になった。

ところで、民謡を舞台で唄う唄に仕立てる時は、安易に三味線の伴奏を加える傾向がある。この唄にも三味線伴奏を加えたため、唄が明るい、軽快なものにと形を変えてしまっている。本来唄われていた場を考慮すれば、「早船の艪漕《ろこ》ぎ唄」としては、三味線をはずして無伴奏に戻してから、太鼓などの打楽器を加えるなどして、唄い手（船頭役）とはやし手（船子役）が掛け合いで唄い、掛け、船をたくましく漕ぐ感じを出すのがよい。「鯛の一本釣り漁の唄」としては、唄い手が一人で、無伴奏か尺八伴奏で、ゆったりと、しみじみと唄い、「はやし詞」も自分で掛ける。
節まわしの型　今日広く唄われている節まわしは加藤三次のものである。

鶴《つる》崎《さき》踊《おど》り

猿丸《さるまる》太夫《だゆう》

〽来《き》ませ見《み》せましょ　鶴崎踊《つるさきおど》り
いずれ劣《おと》らぬ　花《はな》ばかり
（ヨイィー　ヨーイヨイ　ヨイー　ヨイ
ヤァサー）

長ばやし〔踊り手〕

〽踊《おど》りは　花《はな》だよ　花《はな》だよ
〽咲《さ》いた咲《さ》いたよ　踊《おど》りの花《はな》が
里《さと》の香《かお》りを　①染《そ》めて咲《さ》く
〽娘《むすめ》②島田《しまだ》に　蝶々《ちょうちょ》が留《と》まる
留《と》まるはずだよ　花《はな》じゃもの
〽わたしゃ踊《おど》りの　鶴崎育《つるさきそだ》ち
③科《しな》のよいのは　親譲《おやゆず》り
〽今宵踊《こよいおど》りは　輪《わ》に輪《わ》ができた
思《おも》い思《おも》いの　④婀娜姿《あだすがた》
〽百合《ゆり》か牡丹《ぼたん》か　鶴崎《つるさき》⑤小町《こまち》
踊《おど》り千両《せんりょ》の　晴《は》れ姿《すがた》
〽花《はな》が見《み》たくば　鶴崎踊《つるさきおど》り
⑥肥後《ひご》の殿《との》さえ　船《ふね》で来《く》る
〽沖《おき》の⑦鷗《かもめ》か　⑧九曜《くよう》の紋《もん》か
⑨お江戸《えど》上《のぼ》りの　⑩水手《かこ》の声《こえ》
〽梅《うめ》は匂《にお》いよ　桜《さくら》は色《いろ》よ
人《ひと》は情《なさ》けが　第一《だいいち》よ
〽唄《うた》え踊《おど》れや　今宵《こよい》の月《つき》で
盆《ぼん》がしまえば　西東《にしひがし》

左衛門《さえもん》

〽⑪豊後《ぶんご》⑫名物《めいぶつ》　その名《な》も高《たか》い
踊《おど》る乙女《おとめ》の　科《しな》のよさ
（ソレエー　ソレエー　ヤットヤー
ソレサー）
〽昔《むかし》や肥後領《ひごりょう》　⑬百千《ももち》の船《ふね》が
⑭上《のぼ》り⑮下《くだ》りに　寄《よ》る⑯港《みなと》
昔《むかし》や肥後領《ひごりょう》　栄《さか》えた町《まち》よ
今《いま》じゃ踊《おど》りで　名《な》が高《たか》い
〽⑰夏《なつ》の涼《すず》みは　⑱大野《おおの》の川《かわ》の
月《つき》に浮《う》かべる　⑲屋形船《やかたぶね》
〽潮干狩《しおひが》りなら　⑳青崎浜《あおさきはま》よ
道《みち》は㉑並木《なみき》の　土手続《どてつづ》き
〽下《くだ》る㉒白滝《しらたき》　情《なさ》けの㉓金谷《かなや》
末《すえ》は鶴崎《つるさき》　㉔抱寝島《だきねじま》
〽㉕徒《あだ》な情《なさ》けに　つい泣《な》かされた
㉖百堂渡《ひゃくどうわた》しの　ほととぎす
〽唄《うた》で流《なが》して　浮《う》き世《よ》ですねて
波《なみ》は気《き》ままな　高飛沫《たかしぶき》
〽大野下《おおのくだ》りは　まかせた体《からだ》
流《なが》せ浮《う》き名《な》の　屋形船《やかたぶね》
〽川《かわ》も㉗せかれりゃ　高《たか》なる瀬音《せおと》
まして恋路《こいじ》の　㉘関所跡《せきしょあと》
〽それさそれそれ　それならよかろ
それさそれそれ　それよかろ

〽お名残《なご》り惜《お》しくは　御座候《ござそうら》えど
まずはこれにて　㉙止《と》めまする

注①「留めて」とも。
②島田髷《まげ》。未婚女性や芸者の髪型。多くの種類があるが、前後・鬢《びん》・髱《たぼ》を張り、頭頂で束ねた髪を前後に長く大きく髷に結うもの。
③しぐさ。体の動きから受ける感じ。
④なまめかしくて美しい、女の姿。色っぽい姿。「艶《あで》姿《すがた》」とも。
⑤小町娘。小野小町のような、評判の美人。
⑥熊本藩主細川氏。「肥後」は旧国名で、現熊本県全域。
⑦船の帆の所に見えるのは鷗なのか、または。
⑧家紋。中央の円の周囲に、八つの小円を配した図柄。円は、日・月と、火星・水星などの星を表す。細川氏の九曜紋は、各円が離れているのが特徴である。
⑨参勤交代で、江戸へ向かって行く。江戸は現東京都東部。江戸幕府の所在地。
⑩船の乗組員で、船頭以外の者。
⑪旧国名。現大分県の中部・南部。
⑫「鶴崎」とも。
⑬多数の。
⑭船が上方方向へ向かう時と。
⑮船が、上方の反対方向へ向かう時に。
⑯鶴崎港のこと。
⑰「清き流れの」とも。
⑱大分県南西端の祖母山《そぼさん》に発して北東流し、鶴崎の東で別府湾へ注ぐ川（約一二〇キロ）。
⑲屋根を取り付けた和船。川遊びなどに用いる。
⑳大野川河口の東に広がる浜。遠浅の浜辺であったが、現在は埋め立てられている。
㉑松並木。
㉒大野川中流の地名。現大分市の白滝橋東詰め辺り。
㉓白滝と大野川河口との中間、東岸の地名。
㉔大野川河口の西にあった小さな島々。現在は埋め立てられている。
㉕その場限りの、ちょっとした愛情。
㉖金谷の北、現大分市種具にあった渡船場。
㉗せき止められれば。
㉘じゃまをするもの、の意。「関所」は、交通の要所や藩境に設けて、通行人や荷物の取り締まりを行った施設。
㉙「とどめます」「やめましょう」とも。

大分県の盆踊り唄。大分県の中東部、大野川と乙津《おとづ》川に挟まれ、別府湾に面した大分市鶴崎の人たちが、お盆に唄い踊ってきたものである。

鶴崎は肥後熊本藩領の港町で、藩主細川氏は、参勤交代の時はここから船に乗り、瀬戸内海を横切って下津井《しもつい》（岡山県倉敷市）へ上陸した。鶴崎は、海の玄関口として栄え、瀬戸内海の文化が次々に伝えられた所である。

その鶴崎の盆踊り唄は、「猿丸太夫」と「左衛《さえ》門《もん》」の二種類から成っている。まず「猿丸太夫」（三下り調の、ゆったりした、優雅な唄）で踊り始め、のちに「左衛門」（二上り調の、軽快な唄）に切り替える。踊り手の衣装は歌舞伎の仮装姿で、猿丸太夫・白拍子《しらびょうし》・白虎隊・春駒・若衆《わかしゅ》・侍などに扮して踊る。仮装姿で踊るのは瀬戸内海一円の盆踊りの特徴で、それが海路鶴崎に伝わったものである。

唄の履歴　「猿丸太夫」の源流は不明である。今日の歌詞は、七七七五調の短いものになっているが、本来は七七七七調四句を繰り返す「口説《くどき》節」であった。それは、現岡山県真庭《まにわ》市落合地区の『落合踊り』や、現香川県小豆《しょうず》郡小豆島《しょうどしま》町の『安田踊り』の「扇の手」とそっくりであった。しかし、岡山県内陸部と小豆島と鶴崎は直接関係のない土地なので、かつて瀬戸内海一円で流行した盆踊り唄が、各地に伝わって残ったと見るほうがよさそうである。

なお、「猿丸太夫」は、平安時代前期の伝説的歌人で、三十六歌仙の一人。「古今集」真名序《まなじょ》にその名が見える。墓が日本各地に点々とあり、一人の人名ではなかったようである。その猿丸太夫とこの唄がどう結びつくのかも不明であるが、存外単純な理由で、たとえば、踊り手の猿丸太夫の仮装姿が評判になったといったようなことかもしれない。

「左衛門」の源流は、江戸時代中期以降に京・大坂方面で流行していた「祭文《さいもん》」である。その一種、『河内音頭《かわちおんど》』（大阪）や『江州《ごうしゅう》音頭』（滋賀）のようなものが、海路、瀬戸内海を経由して現大分市辺りに伝えられ、のちに大分県下で広く唄われるようになったようである。「左衛門」は、「さいもん」の訛りに漢字をあてて、人名らしくしたものであろう。

その「祭文」は、七七七七調四句を繰り返す「口説節《くどきぶし》」であった。ところが鶴崎では、佐七という名音頭取りが現れ、七七七五調の短い歌詞にした。そのため、周辺の村々に伝わっている「祭文」とは異なった、鶴崎独特のものになった。したがって、本来の唄が、どこの「祭文」と同系であったのかは不明である。また、そうした変化は太平洋戦争後だというが、現在では、今日の節まわし一色に統一されてしまっている。

節まわしの型　今日広く唄われている節まわしは、大分市民謡界の人たちのものである。

馬《ま》刀《て》突《つ》き唄《うた》

〽アラ寒《さむ》①い北風《きたかぜ》ヨーイー　冷《つめ》たいあなじ②ヨー
イイ
（アァ　ドッコイショ　ドッコイショ）
アラ吹《ふ》いて暖《ぬく》いのがヨーイ　まじ③の風《かぜ》
《はやし詞》〔唄い手〕コラサッサノ　ヤレ
コノ　ヨォイ　ヨーイ　ヨーイ
（コラサッサノ　ヤレコノ　ヨォイ　ヨ
ーイ　ヨーイ）

〽嫌《いや》じゃ母《かか》さん　馬刀突《まてつ》④きゃ嫌《いや》じゃ
色《いろ》も黒《くろ》うなりゃ　腰《こし》⑤ゃかがむ

〽泣《な》いてくれるな　出船《でふね》の艫《とも》⑥で
烏《からす》鳴《な》いてさえ　気《き》にかかる

〽豊後《ぶんご》⑦北江《きたえ》⑧の　馬刀突《まてつ》き音頭《おんど》
後《あと》が続《つづ》けば　皆勇《みないさ》む

〽何《なに》をおいても　馬刀突《まてつ》きせねば
嫁《よめ》⑨の話《はなし》も　まとまらぬ

〽沖《おき》⑩のとなかに　白帆《しらほ》が見《み》える
あれは北江《きたえ》の　馬刀突《まてつ》きか

〽沖《おき》のとなかで　ドンと打《う》つ波《なみ》は
海《うみ》の若衆《わかしゅ》の　度胸試《どきょうだめ》し

〽沖《おき》のとなかに　茶店《ちゃみせ》⑪を出《だ》して
上《のぼ》⑫り下《くだ》りの　船《ふね》を待《ま》つ

〽船《ふね》は帆《ほ》まかせ　帆《ほ》は風《かぜ》まかせ
わたしゃあなたに　身《み》をまかせ

〽あなた様《さま》さえ　その気《き》であれば
わたしゃその木《き》の　枝《えだ》に住《す》む

〽縁《えん》の切《き》れ間《ま》に　この子《こ》ができた
親《おや》は艫綱《ともづな》⑬　子《こ》は錨《いかり》

〽沖《おき》の鷗《かもめ》に　潮時《しおどき》ょ問《と》えば
わたしゃ立《た》つ鳥《とり》　波《なみ》に聞《き》⑭け

〽潮《しお》が満《み》ちるにゃ　まだ暇《ひま》かかる
あの娘色気《こいろけ》も　まだつかぬ

注①「寒や…冷たや…」とも。
②大分県では冬の北西風。
③大分県では春から夏に吹く南風。
④⬇解説。
⑤曲がる。
⑥船尾。「時は」とも。
⑦旧国名。現大分県の中部・南部。
⑧旧村名（現国東市国東町内）。
⑨結婚話。
⑩沖合いに。
⑪「お茶屋を建てて」とも。
⑫上方方向へ向かう船と、上方の反対方向へ向かう船を。
⑬船尾にある、船をつなぎ留めるための綱。
⑭「問え」とも。

大分県の仕事唄。大分県の北東端にある国東《くにさき》半島の中東部、国東市国東町北江の漁師たちが、馬《ま》刀貝《てがい》漁をしながら唄ってきたものである。

馬刀貝（別名カミソリ貝）は、北海道南部以南に分布する、長さ一二センチほどの、細長い円筒状の二枚貝で、殻が薄く、波静かな、泥深い内海に棲んでいる。

その漁は一一月から二月までの寒い時期で、舟に三～四人乗り込み、水深二〇～三〇メートルの所まで漕《こ》ぎ出すと、綱に結びつけた、長さ四尺（約一二一センチ）ほど、重さ三百匁（約一・一キロ）ほどの鋼鉄製の銛《もり》を海中へ入れる。銛は水母《くらげ》の足のように円形に何本も取り付けられていて、それを海底から一尺ほど下まで、一時間に一千回ぐらいの速さで上下させ、貝を串刺しにする。こうして一日に百～百五十箇ほどの貝を獲り、殻を除いて天日で干し、中華料理の材料として輸出した。

その馬刀突き漁を三人掛かりで行う場合は、船首と船尾と胴に一人ずつ位置し、銛を上下させる動作に合わせてこの唄を唄った。動作が三拍子なので、唄も、日本民謡では珍しい三拍子になっている。ただし、舞台で三味線伴奏で唄われているものは、これを二拍子に直したものである。

唄の履歴　この唄の源流は、「木遣《きや》り唄」か「盆踊り唄」のようなものである。それを、北江の漁師たちが海上へ持ち出して唄ったのであろう。

昭和三〇年代（一九五五〜）の後半に、大分市の民謡家池田万竜が三味線の伴奏をつけ、女性の唄い手たちが舞台で唄う形に整えた。しかし、本来の唄は、漁師が、寒さに耐えて、振り絞った声で、男らしく唄うものである。したがって、三味線伴奏をはずして、野性的に、豪快に、力強く唄う唄へ戻すほうがよい。

節まわしの型　今日広く唄われている節まわしは、池田万竜社中の女性の唄い手のものである。

宮崎県

刈干切り唄《かりぼしきうた》

字足らず

〽ここの山《やま》の　①刈《か》り干《ぼ》しゃ済《す》んだヨォー
明日《あす》は田圃《たんぼ》で　稲刈《いねか》ろかヨー

定　型

〽もはや日暮《ひぐ》れじゃ　②迫々陰《さこさこかげ》る
駒《こま》よ③去《い》ぬるぞ　④馬草《まぐさ》⑤負《お》え

〽秋《あき》も済《す》んだよ　⑥田《た》の畔道《くろみち》を
あれも⑦嫁《よめ》じゃろ　灯《ひ》が五《いつ》つ

〽屋根《やね》は⑧萱葺《かやぶ》き　⑨萱壁《かやかべ》なれど
昔《むかし》ながらの　⑩千木《ちぎ》を置《お》く

〽お日《ひ》は照《て》る照《て》る　刈《か》り干《ぼ》しゃ乾《かわ》く
さぞや喜《よろこ》ぼ　⑪牛《うし》や馬《うま》

〽唄《うた》でやら⑫かせ　⑬このぐらいの仕事《しごと》
仕事苦《しごとく》にすりゃ　日《ひ》が長《なが》い

〽⑭おまや来《こ》ぬかよ　嬉《うれ》しい⑮逢《お》う瀬《せ》
⑯こよさ母屋《おもや》の　⑰唐黍剥《とうきびむ》き

〽誰《たれ》に⑱見《み》らりょと　思《おも》うて咲《さ》いた
谷間谷間《たにまたにま》の　岩《いわ》つつじ

〽思《おも》うちゃおれども　まだ⑲言《い》うちゃみらぬ
言《い》うてなる⑳やら　ならぬやら

〽㉑高《たか》い山々《やまやま》　どの山見《やまみ》ても
㉒霧《きり》のかからぬ　山《やま》はない

〽㉓様《さま》よ話《はな》そや　小松《こまつ》の陰《かげ》で
松《まつ》の葉《は》のよに　細《こま》(濃)やかに

〽今夜来《こんやき》てくりょ　東《ひがし》の窓《まど》を
合図《あいず》してみろ　すぐ開《あ》くる

〽高《たか》い山《やま》から　握《にぎ》り飯《めし》㉔こかす
烏喜《からすよろこ》ぶ　わしゃ㉕ひもじ

〽高《たか》い山《やま》から　谷底見《たにそこみ》れば
瓜《うり》や茄子《なすび》の　花盛《はなざか》り

〽今朝《けさ》の寒《さむ》さに　㉖笹山越《ささやまこ》えた
笹《ささ》の露《つゆ》やら　涙《なみだ》やら

注①➡解説。
②山あいの、小さな谷々。
③行くぞ。帰るぞ。
④牛馬の飼料にする草。
⑤背負え。
⑥田と田の仕切りの、細い道。
⑦嫁入り行列のこと。
⑧薄《すすき》・刈安《かりやす》などの、丈の高い草で葺いた屋根。
⑨萱を縄で編んで竹で押さえ、壁代わりにしたもの。土壁や板壁でない、安普請だけれども、の意。
⑩屋根の棟の上にある、何組もの木。二本一組で、X字形に交差させたもの。神社の屋根に、多く用いられる。
⑪「牛馬は」とも。

⑫やってしまえ。
⑬「このくらいな」とも。
⑭おまえは。
⑮恋人どうしが、ひそかに逢う機会。
⑯今夜。
⑰干したトウモロコシの実（粒）をもぎ取る作業。
⑱「見しょうと」とも。
⑲好きだと言ってみてはいない。
⑳結婚することができるか、できないかわからない。
㉑「思う山々」とも。
㉒山々に朝霧がかかると、日中はよい天気になる。
㉓あなた様よ。
㉔〔誤って落として〕転がす。「こけた」「こかしゃ」とも。
㉕空腹だ。「ひだり」（ひだるい）とも。
㉖笹の生い茂っている山。

宮崎県の仕事唄。宮崎県の北西部、それも五ヶ《ごか》瀬《せ》川の上流に開けた西臼杵《うすき》郡高千穂《たかちほ》町の農民たちが、刈干切りの折りに唄ってきたものである。

刈干切りとは、九月下旬から一〇月中旬にかけて、山に自生する萱《かや》（薄《すすき》・刈安など）を、牛馬の冬の飼料にするために刈り取る作業のことである。刈り取る鎌《かま》は、柄が四尺（約一二一センチ）、刃渡り一尺五寸ほどで、それを振りながら刈っていく。男は山の急斜面を、女は少しゆるやかな場所を刈る。そして、三日ほど天日で干してから、牛馬の背に積んで干し草の保管場所へ運んだ。

山で作業中に急病になったり怪我《けが》をしたりすると、命取りになりかねない。そこで、自分が今どの辺りにいて、異状なく働いているということを、周辺で働いている人たちに知らせておく必要がある。そのため、鎌の手を休めた時や、山への往来に牛馬を曳《ひ》きながら、この唄を唄った。曲名どおりに、萱を刈りながら唄ったものではない。

唄の履歴　この唄の源流は不明である。同系統の唄は、南西隣りの西臼杵郡五ヶ瀬町にしかなく、どちらかが移入したものと考えられる。

一九六一年七月三〇日に、NHK放送ライブラリー収録班が録音した、五ヶ瀬町の藤坂キト（一八九四年三月二七日生まれ）の唄は、前掲しまいのほうの「〽高い山から握り飯こかす…」「〽高い山から谷底見れば…」といった「高い山」の歌詞で、曲調も『刈干切り唄』と酷似している。「高い山」は江戸時代中期に全国的に流行し、今日でも祝い唄や餅搗き唄として広く唄われている。藤坂の唄は、それをゆっくり、のばして唄うものであった。その「高い山」は高千穂で唄われても当然なので、筆者（竹内勉）は、こうした唄が『刈干切り唄』の母胎ではないかと思う。しかし、民謡研究家の町田佳聲《かしょう》は、この録音ではそう聞こえるが、この一曲だけでは断言できない、と否定した。

さて、一九二八年六月、NHK熊本放送局の開局記念番組に、高千穂町押方《おしかた》の押方団一郎（この地方の名士で、のちに町会議員）が出演する時、『刈干切り唄』の歌詞の改作が行われた。その作者連中は、今村力男・和田寛平・今永隆観らの文学青年や、僧侶の岩尾善靖、助役（のちに町長）の今村初蔵などで、葉山亭（現喜楽館）に集まって、今日唄われている歌詞にまとめたようである。ちなみにそれ以前の歌詞は「ここのお山の刈り干しゃ済むが　明日は田圃で稲刈ろか」「肥後の駄賃付きゃ死んだちゅが真《まこと》や　ゆさみ轡《くつわ》が寺にある」などというものであった。

節は、その頃は、高千穂の各谷々では異なった節まわしの唄を唄っており、押方団一郎の「団一郎節」、小迫《こばえ》福三郎の「小迫節」、押方実之進の「実之進節」など、多種多様であった。

ところが、一九四〇年に宮崎市で催された「日向建国博覧会」（紀元二千六百年奉祝行事）で宮崎県の民謡を紹介することになり、西村楽器（宮崎市のレコード店）の社長池田鋼士郎は、押方地区の佐藤明が唄っている「佐藤明節」を高千穂の『刈干切り唄』として唄わせた。池田は、さらに宮崎交通の社長岩切章太郎の力を借りてレコード化を企画した。唄い手は高千穂の人ではなく、観光を意識して宮崎市役所観光課係長の長友勝美（一九〇四年生まれ）と、宮崎交通バスガイドの山内敏子（一九二〇年生まれ）を起用し、デュエット形式にした。その節まわしは宮崎市の尺八家岡本徹夫（歯科医）が編曲したもので、岡本は伴奏も務めている。（そのレコードは裏面が『刈干切り唄』、表面が『稗搗《ひえつ》き節』であった。）

また、一九五〇年秋、宮崎市在住の民謡家奈須《なす》稔《みのる》が、仲間の小八重惣三郎と高千穂町押方を訪ねて、押方実之進から「実之進節」を習い、奈須流の節まわしにまとめて普及を始めた。（奈須は美静と号し、一九〇七年、東臼杵郡西郷村の生まれ）そして、弟子の森山きしのが、一九五七年度の「NHKのど自慢全国コンクール」で三位に入ったのがきっかけで、『刈干切り唄』は日本中へ広まっていった。

その後、東京や大阪を中心とする民謡界では、この唄の節まわしは、大別して三種類になった。単に「刈干切り唄」と呼ぶ時は「長友勝美（山内敏子）節」をさし、「正調刈干切り唄」と呼ぶものは「奈須稔節」を、「刈干切り元唄」と呼ぶものは「佐藤明節」をさすようになったのである。しかし、宮崎県下では、「正調刈干切り唄」は「佐藤明節」をさし、「刈干切り唄」は「奈須稔節」をさしている。

そこで筆者（竹内勉）は、一九八七年から、人名を併用して、高千穂で広く唄われている「佐藤明節」（通称「明節」）を「刈干切り唄」、宮崎市の奈須稔の節まわしを「刈干切り唄・奈須稔節」（通称「奈須節」）、東京・大阪方面のものは「刈干切り唄・長友勝美節」（通称「長友節」）と呼んで区別することにした。しかし、日本人の間には排他的な考え方が強く、こうした呼び方が定着するには、まだ時間がかかる。

節まわしの型　今日広く唄われている節まわしは、田舎風の、素朴で、のんびりとしているものが佐藤明のもの、高調子で、哀調のあるものが奈須稔のものである。また、東京・大阪方面で広く唄われている流行歌調のものは長友勝美のものである。

シャンシャン馬道中唄《うまどうちゅううた》

前　唄

〽鵜戸《うど》①さん参《まい》りは　春三月《はるさんがつ》②よ
参《まい》る（ハラセッ）　参《まい》るその日《ひ》が　御縁日《ごえんにち》③
（アァ根気《こんき》イ　根気《こんき》イ）

後　唄

行《ゆ》④こか参《まい》ろか　七坂越《ななさかこ》⑤えて
鵜戸《うど》の（ハラセッ）　鵜戸《うど》の神社《じんじゃ》は　結《むす》⑥び神《がみ》
（アァ根気《こんき》イ　根気《こんき》イ）

〽鵜戸《うど》さん参《まい》りに　結《ゆ》うたる髪《かみ》も
馬《うま》に揺《ゆ》られて　乱《みだ》れ髪《がみ》
音《おと》に名高《なだか》い　瀬平《せびら》⑦の峠《とうげ》
坂《さか》は七坂《ななさか》　七曲《ななま》がり

〽鵜戸《うど》さんよい所《とこ》　一度《いちど》はおいで
一目《ひとめ》千両《せんりょ》⑧の　灘《なだ》⑨がある
参《まい》りゃとにかく　帰《かえ》りの節《せつ》は
つけておくれよ　青島《あおしま》⑩へ

注①➡解説。
②春の農作業が始まる前。
③その社寺の神仏に縁のある日。その日に参詣すると、特別の御利益があるとされる。
④以下は「参りゃとにかく…」ではない。➡解説。
⑤〔「七」は実数ではなく〕沢山の山坂を。
⑥男女の縁結びの神。
⑦鵜戸神宮の北方約四キロの、瀬平崎辺りにある峠。
⑧「千里の」とも。
⑨日向灘。宮崎県東方の荒海。
⑩宮崎市南東部の島。周囲約一・五キロ。山幸彦《やまさちひこ》・海幸彦伝説の青島神社がある。亜熱帯植物群落は国の特別天然記念物。島の周りの波状石「鬼の洗濯岩」は国の天然記念物。

宮崎県の祝い唄。宮崎県中東部の現宮崎市一円の人たちは、結婚すると鵜戸神宮《うどじんぐう》へ参詣に行く。その帰りに、花嫁を馬の背に乗せ、花婿が手綱をとって戻ってくる。その道中で出迎えの人たちが唄ってきたものである。

鵜戸神宮は、宮崎市から南へ海岸沿いに約四〇キロ下った鵜戸崎（日南市鵜戸）の海食洞の中にある。そこへ安産の祈願に行くことを「鵜戸さん参り」という。新婚夫婦は、行きは歩いて行くが、戻りには、宮崎市南東部の堀切峠（八〇メートル）で、花婿の親戚の人たちが馬を用意して待っている。馬は、赤・白・黄・水色などの美しいしごきで飾り、沢山の鈴がつけてあり、その鈴の音から「シャンシャン馬」と呼ばれた。それに花嫁を乗せ、花婿が手綱をとって自宅へ向かうのである。

こうした飾り馬に人を乗せる習俗は、かつては日本中にあったようで、その有名なものは「お伊勢参り」である。日南市南隣りの南那珂《なか》郡南郷町にある榎原《よわら》神社への宮参りもそれで、その道中では「宮参り唄」が唄われていた。

唄の履歴　この唄の源流は、榎原神社の「宮参り唄」の「ヨイヤナ」である。それは上方地方で生まれた三味線唄で、江戸時代前期までに、瀬戸内海を横切って大分県下へ伝えられた。そして、祝い唄として内陸部へ広まったものは、熊本県・鹿児島県下では「六調子《ろくちょうし》」の名で、大分県・宮崎県下では「ヨイヤナ」の名で唄われた。その唄が、榎原神社の宮参りでも唄われたのである。

ところで、太平洋戦争後に民謡ブームが起こった時、宮崎交通では、観光宮崎として「シャンシャン馬」の習俗を生かしたいため、「シャンシャン馬の唄」を印刷して観光客に配っていた。その歌詞は次のとおりで、作詞者は不詳であるが、園山民平（元宮崎高等女学校教師）ではないかという。作曲者は園山である。

〽日向《ひゅうが》七浦七峠　二日二夜の旅枕
鵜戸の岩屋の　神さんへ
若い夫婦が　アリャサ神詣《もう》で

ただし、これは、今日の『シャンシャン馬道中唄』とは別の唄である。

さて、奈須稔《なすみのる》（号は美静。一九〇七年、東臼杵郡西郷村〈現美郷町内〉生まれ）の話によると、一九五六年一月下旬に、宮崎市田吉《たよし》の柏田やなぎ（七六歳）からお経のような唄（「ヨイヤナ」のこと）を聞き、それを今日の『シャンシャン馬道中唄』にまとめたという。しかし、昭和三〇年代（一九五五〜）にこの唄を得意にして唄っていたのは、宮崎市在住の藤元甚市（葬儀社経営）一人であり、奈須稔がキングレコードに吹き込んだのは藤元死後の一九六二年である。この唄が世に出てきたのは、藤元甚市によってであった。

では、この唄はどのようにして生まれたか、ということになる。今日の『シャンシャン馬道中唄』の歌詞は、七七七五調二首分（前唄と後唄）で構成されている。一方、熊本県の『球磨《くま》の六調子』の歌詞のうち、「地口《じぐち》入り」のものは上の句（七七）と下の句（七五）の間に長い地口が入っている。奈須稔が聞いた「お経のような唄」はそのようなもので、こうした形式の祝い唄が、かつては熊本県から宮崎県下にかけて広く存在していたのであろう。また、藤元甚市がどこかで覚えてきたのも、その種の唄だったのであろう。それに、だれが手を貸したかは不明であるが、「シャンシャン馬」の習俗を詠んだ歌詞をあてはめ、藤元によって世に広まり始めた。それを、宮崎交通のバスガイドたちが、観光バスの中で唄った。

バスガイドたちは、唄う時間を短くし、また、観光地「青島」を宣伝する必要から、前掲一首目の前唄に、三首目の後唄「参りゃとにかく…」を加えて唄った。『シャンシャン馬道中唄』は、こうした歌詞で日本中へ広まっていった。

ところで、民謡研究家の町田佳聲《かしょう》は、民謡雑誌「月刊みんよう」の一九七七年一月号に「シャンシャン馬道中唄と作曲者詮議」を載せた。当時、筆者（竹内勉）が町田から聞いた話では、奈須稔が、この唄を広めた功績を記念する方法を相談してきたので、「著作権を取っておけば、老人が孫に小遣いをやるぐらいの金は入る」と、ごく単純な発想で書いたとのことであった。そのためか、この唄は奈須稔作詞作曲の新民謡になってしまった。しかし、平成に入ってからは、地元宮崎市でも、この唄は新民謡ではなく、伝承民謡であるという方向へ傾き始めている。

節まわしの型　今日広く唄われている節まわしは、藤元甚市のものである。

稗《ひえ》搗《つ》き節《ぶし》

〽庭《にわ》の①山茱萸《さんしゅう》の②木《き》　鳴《な》る鈴《すず》かけてヨーホイー
鈴《すず》の鳴《な》る時《とき》や　③出《で》ておじゃれヨー
長ばやし〔はやし手〕

〽④三斗五升《さんとごしょ》何《なに》かえ　搗《つ》いてかやせ⑤エ
〽鈴《すず》の鳴《な》る時《とき》や　なんと言《い》うて⑥出《で》ましょ
駒《こま》に水《みず》⑦くりょと　言《い》うて出《で》ましょ
〽なんぼ搗《つ》いても　この稗《ひえ》ぁ搗《つ》けぬ
どこのお蔵《くら》の　下積《したづ》みか
〽おまや⑧平家《へいけ》の　⑨公達流《きんだちなが》れ
おどま⑩追討《ついとう》の　⑪那須《なす》の末《すえ》
〽⑫那須《なす》の大八《だいはち》　⑬鶴富《つるとみ》⑭棄《す》てて
⑮椎葉《しいば》立《た》つ時《とき》や　目《め》に涙《なみだ》
（以上二首、酒井繁一作）
〽稗《ひえ》の⑯五升《ごしょ》どま　唄《うた》でも搗《つ》くが
三斗五升《さんとごしょ》から　杵《きね》で搗《つ》く
〽想《おも》うさまじょと⑰　⑱相搗《あいづ》きすれば
杵《きね》の軽《かる》さよ　おもしろや
〽さぁさ搗《つ》け搗《つ》け　これを搗《つ》いてしもうて
お茶《ちゃ》を飲《の》ませて　抱《だ》いて寝《ね》る
〽おどま⑲嫌《いや》ばよ　この奥山《おくやま》に

〽鳥《とり》の鳴《な》く声《こえ》　聞《き》くばかり
〽泣《な》いて待《ま》つより㉑　野《の》に出《で》てみやれ㉒
野《の》には野菊《のぎく》の　花盛《はなざか》り
〽今宵別《こよいわか》れて㉔　いつまた逢《あ》おか
明《あ》けて三月《さんがつ》　㉕細茶時《こまちゃどき》
〽それじゃ遅《おそ》かろ　待《ま》ち長《なご》ござる
㉖背戸《せど》の榎《え》の木《き》の　芽立《めだ》つ頃《ころ》
〽鳴《な》くな鈴虫《すずむし》　声震《こえふる》わせて
ここは道端《みちばた》　人《ひと》が知《し》る
〽㉗様《さま》ぞござるなら　宵《よい》のうちにござれ
どこの夜遊《よあそ》び　戻《もど》りがけ

長ばやし

〽アラ鼠《ねずみ》さえゴト㉘つく
三斗五升何《さんとごしょなに》かえ　搗《つ》いてかやせ
ハイハイ
〽ハー㉙臼《うす》の鉢《はち》や茣蓙《ござ》敷《し》き　杵枕《きねまくら》
㉚髪挿《かみさ》しぽ㉛っかり　ちゃんと付《つ》けた
ハイハイ

注
①➡解説。
②「木に」とも。
③出ておいで。古くは「出てやろヨー」。
④約六三リットル。
⑤返せ。
⑥古くは「出ろか」。
⑦古くは「やろと」。
⑧おまえは。原作は「和様《わさま》」（あなた様）。
⑨上流貴族の血筋。
⑩わたしは。
⑪下野《しもつけ》の国の那須氏（現栃木県那須郡の豪族）の子孫。
⑫那須大八郎宗久。「扇の的」で有名な与一宗高の弟だという。一二〇五年、源頼朝の命を受け、平家残党追討のために椎葉に入った。
⑬平清盛の血を引く娘。大八郎は、平家の人たちが刀を棄てて農耕を営み、貧しい生活をしているので同情し、追討をやめた。そして、鶴富姫と恋仲になったが、帰国命令が出たため、懐妊中の姫にお墨付きと短刀を渡し、男児ならば下野の国へよこすようにと言って帰って行った。
⑭原作は「置いて」。
⑮➡解説。
⑯五升（約九リットル）なんかは。「どま」は、「どもは」の約音。
⑰恋人。愛人。
⑱一緒に搗くこと。
⑲嫌だよ。
⑳「鹿の」とも。
㉑「よりゃ」とも。
㉒「おじゃれ」とも。
㉓「ここで」とも。
㉔「またいつ」とも。
㉕茶の新芽が出た頃。
㉖家の裏口。
㉗あなた様よ。
㉘「ゴトゴト音を立てる」と「五斗搗く」を掛ける。
㉙鉢の形をした臼。木臼を、ふくよかな女に見立てたもの。臼が茣蓙を敷き、杵を枕にし、化粧をして、想う男を待っている、の意。
㉚かんざし。
㉛口紅。

宮崎県の仕事唄。宮崎県の北西部、九州山地の耳川上流域にある東臼杵《うすき》郡椎葉《しいば》村の人たちが、立て臼に入れた稗を杵《きね》で搗く時に唄ってきたものである。のちに、「長友勝美節」が酒盛り唄に、「照《てる》菊《ぎく》節」がお座敷唄になっている。

稗を搗く手順は、まず、穂首から小刀で刈り取った稗を籠《かご》に入れ、火にかけて乾かす。次に、それを蓆《むしろ》の上に広げ、槌《つち》でたたいて稗の粒を穂から落とし、ふるいにかける。その稗粒を石臼で挽いて、殻を取る。それを精白するのが、ここで言う「稗搗き」で、殻を取った稗を木製の立て臼に入れ、六人で搗く。その時に、まわりの人たちが「稗搗き節」を唄う。昔は、兎の餅搗きで用いるような手杵で搗いたが、のちに横杵になった。

稗搗きは、冬の夜に農家の土間で行われた。それは、娯楽の少ない時代の山村の年中行事で、男女が知り合う機会でもあったため、近辺の集落から五〇人もの若者たちが押しかけてきて、稗酒を飲みながら、搗き手に声援を送ったり手伝ったりしたという。

唄の履歴　この唄の源流は、江戸時代後期から明治時代に日本中で大流行した「甚句《じんく》」である。それは、各地で種々の農作業唄に転用され、椎葉では稗を搗く時に唄われた。

その『稗搗き節』、一九二九、三〇年頃に椎葉村尾八重《おはえ》の椎葉幸之助（一八八〇年生まれ）と椎葉ひろ子が、ニットーレコードに吹き込んだ。

その後、一九四〇年に、紀元二千六百年奉祝「日向《ひゅうが》建国博覧会」が宮崎市で催されることになった。そこで西村楽器（宮崎市のレコード店）の社長池田鋼士郎と宮崎交通の社長岩切章太郎が相談して、『稗搗き節』のレコード化を企画した。そして、宮崎市役所観光課係長の長友勝美（一九〇四年生まれ）と宮崎交通バスガイドの山内敏子（一九二〇年生まれ）の男女二人によるデュエット形式にし、節まわしは宮崎市の尺八家岡本徹夫（歯科医）が大衆向きに手直しをした。歌詞も、農作業や村民の生活を唄ったものより、那須《なすの》大八郎と鶴富姫の悲恋物語を前面に出して唄うようにした。

その歌詞「〽おまや平家の公達《きんだち》流れ…」や「〽那須の大八鶴富棄てて…」は、西臼杵郡諸塚《もろつか》村（現東臼杵郡）七ツ山小学校の代用教員酒井繁一《しげいち》（一九〇一年一二月一七日生まれ）が、一九二九年頃に作ったものである（原田解《さとる》「ひえつき節物語」）。

また、前掲一首目の歌詞中の「さんしゅう」は「山茱萸《さんしゅゆ》」のことで、別称を「春黄金花《はるこがねばな》」と言う。中国・朝鮮半島原産のミズキ科の落葉小高木で、春に枝先に黄色の小花を沢山つける。また、秋には赤い実が美しいため、「秋珊瑚《あきさんご》」とも呼ばれる。この実は解熱剤・強壮剤になる。その「山茱萸」の木に願い事を書いた紙をつるしておくと、かなえられるという信仰があり、恋人に逢いたいという願いがかなう木とされてきた。

方言研究者の楢木範行《ならきのりゆき》は一九三二年一二月に椎葉を訪ね、翌年、雑誌「旅と伝説」（八月号）に「椎葉紀行」を載せた。この中で、「さんしゅう」に「山椒」の文字をあて、しかも「大抵の家にある」と注釈をつけている。このあたりから、「さんしゅう」と唄いながら文字は「山椒《さんしょう》」をあてる誤りが生じたのであろう。ただ、椎葉には「山茱萸」は見当たらず、ほとんどの人が知らないので、この歌詞はよそで生まれて唄われていたものが椎葉へ移入されたか、「〽前の銀杏《いちょう》の木に　鳴る鈴かけて…」を、文学青年が手直ししたかのいずれかであろう。

ところで、「稗搗き節」は、宮崎県内では、椎葉村の那須袈裟盛《なすけさもり》が「椎葉幸之助節」を受け継いだ節まわしと、宮崎市の長友勝美と山内敏子による大衆的な節まわしと、それに、一九三七年に椎葉村に習いに行って、宮崎市内に「正調稗搗き節会」を結成した奈須稔《みのる》の節まわしの三つが共存することになった。（奈須稔は美静と号し、一九〇七年東臼杵郡西郷《さいごう》村〈現美郷町内〉の生まれ）

太平洋戦争後、その椎葉でダム工事が始まり、多数の工事関係者が椎葉に入り込んだことから、『稗搗き節』が宮崎市内の酒席で流行し、さらに大阪地方にまで及んできた。それは「長友勝美節」であった。その唄を、東京在住の民謡尺八家渡部《わたなべ》嘉章《かしょう》が聞いて、鶯芸者照菊に、「流行小唄・稗搗き節」（山口俊郎編曲）の名でキングレコードに吹き込ませた。それは一九五三年のことで、これが空前のヒット曲となり、日本中へ広まった。この「照菊節」は、山内敏子の唄をまねたものであった。

そのため、東京や大阪を中心とする都会では、「照菊節」と「長友勝美節・山内敏子節」を単に「稗搗き節」と呼び、「奈須稔節」を「正調稗搗き節」と呼んでいた。しかし、これでは地元椎葉のものがはみ出てしまう。そこで近年は、宮崎市の民謡界では本場椎葉の那須袈裟盛たち保存会の唄い方は「稗搗き節」、奈須稔の節まわしは「稗搗き節・奈須稔節」（通称「奈須節」）、長友勝美と山内敏子の節まわしは「稗搗き節・長友勝美節」（通称「長友節」）、そして照菊の節まわしは「稗搗き節・照菊節」と呼び始めている。

なお、那須袈裟盛の師匠にあたる椎葉幸之助の節まわしは、「那須袈裟盛節」とは多少異なるので、これも区別して「稗搗き節・椎葉幸之助節」（略称「幸之助節」）とする必要がある。

このほかに、奈須稔が編曲した「早調《はやちょう》稗搗き節」なるものがあるが、椎葉という山村には早間の唄は不似合いで、これは酒盛り唄「椎葉節」ぐらいに考えればよいのであろう。

節まわしの型　今日広く唄われている節まわしは、椎葉村では「那須袈裟盛節」、宮崎市では「奈須稔節」、東京や大阪地方では「長友勝美節」の変形の「照菊節」である。

日向《ひゅうが》木挽《こび》き唄《うた》

〽ヤァーレー山《やま》で子《こ》が泣《な》く　①山師《やまし》の子《こ》じゃろ
ほかに泣《な》く子《こ》が　あるじゃなし
（ハァ　チートコ　パートコ）
〽山師《やまし》さんたちゃ　山《やま》から山《やま》へ

山師《やまし》ゃ②鰥夫《やもめ》で　子《こ》は持《も》たぬ

〽大工《だいく》さんより　木挽《こび》きが憎《にく》い
仲《なか》のよい木《き》を　挽《ひ》き分《わ》ける

〽木挽《こび》き女房《にょうぼ》に　なるなよ娘《むすめ》
月《つき》に二十日《はつか》は　③後家《ごけ》暮《ぐ》らし

〽木挽《こび》きの女房《にょうぼ》にゃ　なるなよ妹《いもと》
妹《いもと》だまして　姉《あね》がなる

〽働《はたら》き者《もの》でも　木挽《こび》きさんは嫌《いや》だ
花《はな》の盛《さか》りを　山暮《やまぐ》らし

〽山《やま》で切《き》る木《き》は　数々《かずかず》あれど
思《おも》い切《き》る気《き》は　さらにない

〽木挽《こび》き一代《いちだい》　④柴小屋《しばごや》に居《お》れど
煙草米《たばここめ》の飯《めし》　困《こま》りゃせぬ

〽山師《やまし》さんどま⑤　⑥一升飯食《いっしょめしく》ろうて
親子《おやこ》⑦三人口《さんにんぐち》　挽《ひ》いて取《と》る

〽こんな⑧柔木《やわき》は　⑨五間《ごけん》も挽《ひ》かにゃ
嬶《かか》の寝巻《ねま》きは　何《なん》で買《か》う

〽⑩千石木挽《せんごくこび》きは　⑪豪気《ごうき》なものよ
小判並《こばんなら》べて　女郎《じょろ》を買《か》う

〽⑫鋸《のこ》で⑬三尺《さんじゃく》　⑭金屋《かなや》で二尺《にしゃく》
あとの三尺《さんじゃく》　⑮唄《うた》で挽《ひ》く

〽三十二枚《さんじゅにまい》の　⑯歯《は》を磨《す》り立《た》てて
挽《ひ》けばお⑰上《かみ》の　御用《ごよ》の板《いた》

〽三十二枚《さんじゅにまい》の　歯《は》を磨《す》り立《た》てて
挽《ひ》いてみたいが　⑱栂《とが》の⑲柾《まさ》

〽切《き》れて下《さ》がれよ　⑳新歯《しんば》の鋸《のこ》よ
お前下《まえさ》がらにゃ　わしゃ下《さ》がり

〽鋸《のこ》よ下《さ》がれよ　㉑墨《すみ》づて下《さ》がれ
㉒俺《おれ》とお前《まえ》の　金儲《かねもう》け

〽谷間谷間《たにまたにま》に　こだまが返《かえ》す
あれは㉓日向《ひゅうが》の　木挽《こび》き唄《うた》

〽山師《やまし》さんから　削《けず》り木《こ》っ端貰《ぱもろ》た
御飯炊《ごはんた》くたび　思《おも》い出《だ》す

〽親《おや》が貧《ひん》すりゃ　鏡《かがみ》も持《も》たぬ
年中《ねんじゅ》㉔手桶《ておけ》の　水鏡《みずかがみ》

〽木挽《こび》きさんたちゃ　山《やま》から㉕山《やま》へ
㉖花《はな》の都《みやこ》にゃ　縁《えん》がない

〽木挽《こび》きゃ出《で》て行《ゆ》く　㉗こばの麦《むぎ》ゃ熟《う》れる
㉘誰《たれ》を頼《たよ》りに　麦刈《むぎか》ろか

〽㉙佐伯《さえき》ゃ㉚茸山《なばやま》　㉛鶴崎《つるさき》ゃ木挽《こび》き
㉜肥後《ひご》の㉝天草《あまくさ》　㉞筵打《むしろう》ち

注①山仕事をする人。ここでは木挽き職人。
②妻を失った夫。
③木挽きは山中の小屋に寝泊まりして働くため、夫のいない生活になる。
④細い木や枝で造った小屋。
⑤「どもは」の約音。なんかは。
⑥約一・八《リットル》の米を炊いたもの。普通の人は一食一合ぐらいなので、その十倍も食う、の意。
⑦三人分の生活費。
⑧材質の柔らかい木。
⑨約九・一《メートル》。
⑩約一八〇《キロ》の米を俸給として受け取る武士と同じような、金持ちの木挽き。
⑪太っ腹で、細かいことにこだわらない気性。
⑫鋸という道具の力で。
⑬約九一《センチ》挽く。
⑭鍛冶屋の腕がよく、鋸の出来がよいと、もう二尺挽く。
⑮唄を唄って、唄の力で挽く。

⑯鋸の、木を挽き切る部分で、ぎざぎざになっているところ。
⑰江戸幕府などが注文した板。特上物。
⑱「つが」の訛り。マツ科の常緑高木。関東地方以西の山地に自生。高さ三〇メートルほど。建築材や器具材とし、パルプとする。
⑲柾目の木。板にした時、木目が平行に通っている木。上質。
⑳新しい鋸。
㉑材木に墨で引いた線に沿って切れてこい。
㉒「われと俺との」とも。
㉓旧国名。現宮崎県全域。
㉔さげる取っ手のついている桶。
㉕「山よ」とも。
㉖はなやかで、美しい。
㉗焼き畑。
㉘「誰を力に」「何を力に」とも。
㉙現大分県佐伯市。
㉚きのこの取れる山。
㉛現大分市鶴崎。
㉜旧国名。現熊本県全域。
㉝熊本県南西部にある天草上島《かみしま》・下島《しもしま》。
㉞藁を編んで敷き物を作るのが主産業だ。

宮崎県の仕事唄。宮崎県下一円の山々で、木挽き職人が、大鋸《おおのこ》を用いて木材を大割りにしたり板に挽いたりする折りに唄ってきたものである。（木挽きが唄を唄う理由については一七八ページ参照）

唄の履歴　この唄の源流は、江戸時代後期から明治時代に日本中で大流行した「甚句《じんく》」である。それは、各地で種々の農作業唄に転用されたが、広島県下では、木挽き職人が鋸《のこぎり》を挽く手に合わせて朗々と唄うようになった。そして、その季節にしか唄わない「季節唄」の「冬唄」として定着した。

ところが、「広島木挽き」は、腕と体力がすぐれていたので、冬の農閑期に西日本各地へ出かけて行って働いた。地元の人たちは、その木挽きたちから、技術だけでなく、唄も覚えて唄ったため、「広島木挽き」の唄は西日本地方一円へ広まっていった。したがって、西日本各県下の木挽き唄の節は大同小異であり、違いは、木挽き職人の個人差だけだと思ってよい。

さて、奈須稔《なすみのる》（号は美静。一九〇七年、東臼杵郡西郷村〈現美郷町〉生まれ）は、昭和三〇年代（一九五五〜）の中頃から、宮崎県下の木挽き唄をまとめようと考え、歌詞は県北から集め、節まわしは西諸県《もろかた》郡下の木挽き職人のものを中心にすることにした。同郡は「飫肥《おび》杉」の産地で、木挽き職人も多かったのである。そして、今日の『日向木挽き唄』の節まわしにまとめあげ、一九六二年にキングレコードに吹き込んだ。それ以来、九州の民謡愛好者たちの間で、発声練習用の唄として広まり始めた。その後、一九七九年に、日本テレビの第一回「日本民謡大賞」で宮崎県代表の戸高満雄がこの唄を唄い、たちまち日本中へ広まっていった。

節まわしの型　今日広く唄われている節まわしは、奈須稔のものである。

安久《やすひさ》ヤッサ節《ぶし》

〽①ヤッサ節《ぶし》なら　枕《まくら》はいらぬ
互《たが》い違《ちが》いのオハラア　腕枕《うでまくら》
（ヤッサ　ヤッサー）

〽ヤッサ節《ぶし》なら　②尻高《しるたこ》うつぶれ
前《まえ》は③牟田田《むただ》で　深《ふこ》うござる

〽④様《さま》と暮《く》らせば　⑤唐芋《からいも》も米《こめ》よ
欠《か》けた茶碗《ちゃわん》も　良《よ》か茶碗《ちゃわん》

〽⑥お方《かた》⑦持《も》ちゃはんか　良《よ》か人《と》が⑧居《お》んど
仕事《しごち》ゃ好《す》かんとの　⑨朝寝《あさね》ごろ

〽お方《かた》しばし待《ま》て　⑩手拭《てのご》いが落《お》ちた
持《も》たん手拭《てのご》いが　なぜ落《お》ちた

〽⑪おはんと⑫はっちこか　太鼓三味《てこしゃみ》⑬ゆかろて
⑭どこも日《ひ》が照《て》る　⑮天《あめ》が下《した》

〽好《す》いた⑯様《さま》に　田《た》の草取《くさと》らせ
涼《すず》し風《かぜ》吹《ふ》け　空曇《そらくも》れ

補足　「ヤッサ節」を「安久武士」とする事大主義を排除するため、本書では「武士」関係の歌詞は一切除いた。

注①「ヤッサ節」で酒宴をするなら。
②着物の裾を高くからげて、尻はしょりをしろ。
③湿地の田圃。泥田。暗に、女性性器を言う。
④あなた様。
⑤さつまいも。

⑥奥さん。
⑦お持ちになりませんか。結婚なさいませんか、の意。
⑧いるよ。
⑨朝寝坊。
⑩「手ぬぐい」の訛り。男女が、愛情を示すために、手ぬぐいを手渡す風習があった。
⑪お前さんと。
⑫出て行こうか。
⑬背負って。
⑭太陽と米の飯はついてまわるの意から、どこでも生活していける。
⑮天下。世界中。
⑯そなた様。

宮崎県の酒盛り唄。宮崎県の南西部にある都《みやこの》城《じょう》市安久《やすひさ》町の人たちが、酒席で唄ってきたものである。

唄の履歴　この唄の源流は不明であるが、本州中部の日本海側、新潟港（新潟市）で唄われていた酒盛り唄の「甚句《じんく》」らしい。それが、海路、九州の西海岸に伝えられて、「はいや節」「オハラ節」「ヤッサ節」などを生み出した。これらの唄は、唄い出しの語を取って「はいや節」、七七七五調のしまい五音の前に挿入される「オハラ」から「オハラ節」、「ヤッサヤッサ」というはやし詞を取って「ヤッサ節」と呼ばれたものである。

この三曲がきちんと分化する以前は、「天草《あまくさ》節」とか「松島節」と呼ばれていた。したがって、九州西海岸の天草上島《かみしま》・下島《しもしま》あたりの港や松島港（長崎県西海市大瀬戸町）で、帆船の船乗り相手の女たちによって盛んに唄われていたらしい。たぶん、「〽花の天草…」とか「〽花の松島…」といった文句が好んで唄われたのであろう。

そのうちの「ヤッサ節」が鹿児島湾沿岸から内陸部へ広まり、現都城市にまで達した。ところが、昭和時代の初め頃、片仮名より漢字のほうが格調が高いとする漢字崇拝者が、はやし詞の「ヤッサ」と安久《やすひさ》町の「安久」が音が似ているところから、「ヤッサ節」に「安久節」の文字をあてた。

さらに唄の由来にもっともらしい話が欲しくなり、一六〇九年三月四日に、島津藩が「琉球征伐」に向かう船中で安久の武士が唄い始めたとして、「安久節」を「安久武士《やっさぶし》」と改めた。

かくして、「武士といえども強いが武士か　情けあるのが安久武士」「武士も武士武士安久の武士は都州《としゅう》島津の侍じゃ」といった歌詞までできた。しかし、由来話から生じた誤りを正すためにも、この唄を生かすためにも、武士関係の歌詞は除いて、本来の『安久《やすひさ》ヤッサ節』としてよみがえらせる必要がある。

節まわしの型　今日広く唄われている節まわしは、「ヤッサ節保存会」のものである。

熊本県

五木《いつき》の子守《こも》り唄《うた》

定型

〽①おどま嫌々《いやいや》　泣《な》く子《こ》の②守《も》りは
泣《な》くと③言《ゆ》われて　憎《にく》まれる
《繰り返し》〔子守り仲間〕
泣《な》くと言《ゆ》われて　憎《にく》まれる

〽ねんねした子《こ》の　可愛《かわ》いさ④もぞさ
起《お》きて泣《な》く子《こ》の　面憎《つらにく》さ

〽ねんねしなされ　早起《はやお》きなされ
朝《あさ》は六時《ろくじ》にゃ　鐘《かね》が鳴《な》る

字あまり

〽おどま⑤盆《ぼん》ぎり盆《ぼん》ぎり　盆《ぼん》から先《さき》ゃ⑥居《お》らんと
盆《ぼん》が早《は》よ来《く》りゃ　早《は》よ戻《もど》る

〽おどま⑦勧進勧進《かんじんかんじん》　あん人《ひと》たちゃ⑧よか衆《しゅ》
よか衆《し》ゃよか帯《おび》　よか着物《きもん》

〽⑨おどんが⑩うっ死《ち》んだちゅて　誰《だ》が泣《な》いてく
りゅか
⑪裏《うら》の松山《まつやま》　蟬《せみ》が鳴《な》く

〽蟬《せみ》じゃござんせぬ　妹《いもと》でござる
妹《いもと》泣《な》くなよ　気《き》にかかる

〽おどんがうっ死《ち》んだば　道端《みちば》ちゃ埋《い》けろ
通《とお》る⑫人《ひと》ごち　⑬花《はな》あげる

〽花《はな》はなんの花《はな》　⑭つんつん椿《つばき》
水《みず》は天《てん》から　⑮貰《もら》い水《みず》

〽おどんが死《し》んだちゅて　泣《な》く者《もの》ァ居《お》らぬ
前《まえ》の柿《かき》の木《き》　蟬《せみ》が鳴《な》く

〽花《はな》を立《た》てるちゅちゃ　柴《しば》ん葉《は》は立《た》てんな
椿《つばき》つつじの　花立《はなた》てろ

〽おどま勧進勧進《かんじんかんじん》　⑯ガンガラ打《う》って⑰さるこ
⑱ちょかで飯炊《ままちゃ》ぁて　⑲堂《どう》に⑳泊《と》まる

長ばやし

〽オロロンオロロン　オロロンバイ
オロロンオロロン　婆《ばば》の孫《まご》

注①わたしは。
②「守りにゃ」は誤唱であろう。
③奉公先の親たちに。
④可愛らしさ。同じ意味の語を重ねたもの。「むぞさ」とも。
⑤お盆限り。お盆に、子守り奉公の年季が明けることをいう。
⑥いないよ。「居らんど」とも。
⑦乞食《こじき》。寺や神社への寄付金を集めて歩く人の意から、物をもらい歩く人の意になったもの。
⑧身分の高い人。金持ち。奉公先の娘たちのこと。
⑨わたしが。
⑩「うっ」は、強意の接頭語。
⑪「山の烏と　親様と」とも。
⑫人ごとに。
⑬「花あぎゅう」とも。
⑭椿の「つ」を導くために加えたもの。

⑮水は供えてくれなくてもよい、空から降る雨でよいのだ、の意。
⑯たたくとガンガン音のするもの。
⑰歩きまわろう。「さるく・さろく・さりく」とも。一九三〇年採集の歌詞は「さるこ」。
⑱土瓶《どびん》。
⑲無人の、寺や神社の建物。
⑳「寝る」とも。

熊本県の仕事唄、また、それを酒盛り唄化したもの。仕事唄は、熊本県の中南部、球磨《くま》郡五木村の子守りたちが、子供をあやしながら唄ってきたものである。五木村は、九州山地の山村で、球磨川支流の川辺《かわべ》川上流域にある。

唄の履歴　この唄の源流は、江戸時代後期から明治時代に日本中で大流行した「甚句《じんく》」である。それは、のちに各地で農作業唄に転用されたが、五木地方では「臼唄」（たぶん「粉挽き唄」）として用いられたようである。それを、子守り奉公の娘たちが、子守りをしながら口ずさむうちに、しだいに「子守り唄」として定着していったものと思われる。

　江戸時代末期の五木村は五つの地区から成っていて三三家の「地頭」がおり、この人たちが村を支配していた。その「地頭」は「旦那」とも呼ばれ、その下に「名子《なご》」（小作人）がついて生計を立てた。村の土地の八割は三三家の「地頭」が所有し、残る二割を「名子」が少しずつ分け合っていたため、「名子」は「地頭」の土地を小作しなければならなかったのである。

　そして、「名子」の子供たちは、九歳ぐらいになると、「地頭」の家へ、男なら「ニサイ」（二歳で、若い衆）の名で下男奉公に、女なら「メロオ」（女郎）の名で子守り奉公に出た。正月からかお盆からかの年季奉公で、普通二～三年であった。しかし、奉公とは名ばかりで、給金も衣服の支給もなく、その代償は、親が山の斜面の土地一反ほどの耕作権を一年間借りられるぐらいのものであった。そうした現実を知っている子守りたちは、雇い主に反抗したり、背中の子に八つ当たりしたりする力は持っておらず、ただ嘆くか、がまんするしかなかった。それが、この「子守り唄」を、よりもの悲しいものにしている。

　その『五木の子守り唄』、一九三〇年一一月に、現人吉市の東間小学校教師田辺隆太郎が、松岡資賀と大柿農田信の唄を採譜し、三二年九月に、謄写版の「球磨地方民謡集」の中に載せた。ラジオで放送されたのは、一九三七年一一月二三日のNHK「俚謡リレー放送」で、人吉在住の益岡アヤが唄ったのが最初である。また、レコードは、音《おと》丸《まる》が一九四八年にコロムビアレコードに吹き込んだのが最初である。その唄は、人吉の太田二一郎から習ったものという。

　一九四九年、作曲家の古関裕而《こせきゆうじ》がNHK熊本放送局の招きで人吉を訪ねた折りにこの唄を聞いた。そして、五一年にNHKラジオ「お休みの前に」のテーマ音楽として、古関がハモンドオルガンで連夜演奏した。『五木の子守り唄』は、これがきっかけで映画や放送劇などにも利用されたりしたが、五三年一二月に照菊《てるぎく》の唄（山口俊郎編曲）がキングレコードから発売になると、これが評判となり、たちまち日本中で唄われるようになった。

　以上の唄は、いずれも五木村の唄ではなく、川辺川が球磨川へ注ぐ所に開けた人吉で唄われていた、酒盛り唄としての『五木の子守り唄』である。五木村の唄は、昭和五〇年代（一九七五～）に入って、村の中心地頭地《とうじ》の堂坂よし子が、地元の節だと言ってテレビなどで紹介し始めた。その節まわしを今日では『正調五木の子守り唄』と呼び、単に『五木の子守り唄』と呼ぶ時は「照菊節」をさすようになった。しかし、五木村内の唄は、各谷によって節まわしがかなり異なる。そして、「正調」と呼ばれている「堂坂節」も、かなり個人的な節まわしになっているので、「正調」という文字を冠せるよりは、『五木の子守り唄』の「堂坂よし子節」とするほうが妥当である。

　なお、歌詞の語は、方言臭の強いものから、方言を共通語に直したものまで、さまざまである。

節まわしの型　今日広く唄われている節まわしは、五木村のは堂坂よし子のもの、一般的なのは照菊のものである。

牛深《うしぶか》はいや節《ぶし》

本唄

〽はいイーやーァエー
①はいや②はいやで　今朝《けさ》③出《だ》した④船《ふね》はエー
（サアサ　ヨイヨイ）
どこの港《みなと》に　サアマー　⑤入《い》れたやらエー
〽⑥はいやはいやで　半年《はんとし》ゃ暮《く》れた

あとの半年《はんとし》ゃ　寝《ね》て暮《く》らす

〽はいやいやそれ　枕《まくら》はいらぬ
互《たが》い違《ちが》いの　お手枕《てまくら》

〽はいや可愛《かわ》いや　いつ来《き》てみても
襷《たすき》投《な》げやる　暇《ひま》もない

〽田舎《いなか》なれども　⑦牛深町《うしぶかまち》は
三味《しゃみ》や太鼓《たいこ》で　船遊《ふなあそ》び

〽⑧瀬戸《せと》や⑨松島《まつしま》　着《つ》けずにすぐに
早《はや》く牛深《うしぶか》に　⑩入《い》れてくれ

〽うまか酒《さけ》をば　⑪金毘羅様《こんぴらさま》に
ひとつァ⑫身《み》のため　わしがため

〽⑬徒《あだ》な情《なさ》けに　ついひかされて
一夜泊《いちやど》まりが　二夜三夜《にやさんや》

〽取《と》っちゃ投《な》げ取《と》っちゃ投《な》げ　三十四五投《さんじゅしごな》げ
た
投《な》げた枕《まくら》に　⑭咎《とが》はない

〽忘《わす》れていたのに　また顔見《かおみ》せて
思《おも》い出《だ》させて　泣《な》かすのか

〽⑮北《きた》か(来たか)と思《おも》えば　また⑯はえの風《かぜ》
風《かぜ》さえ恋路《こいじ》の　じゃまをする

〽⑰杼《ひ》が行《い》くような　入《い》り船出船《ふねでふね》
誰《たれ》が織《お》るやら　恋模様《こいもよう》

〽⑱黒島沖《くろしまおき》で　夜《よ》はほのぼのと
話《はな》す間《ま》もなや⑲　⑳逢《あ》いながら

〽風《かぜ》の音《おと》さえ　つい気《き》にかかる
いとしあなたの　身《み》の上《うえ》は

〽底《そこ》も知《し》れない　㉑千尋《ちひろ》の海《うみ》に
㉒徒《あだ》な錨《いかり》が　降《お》ろさりょか

〽㉓あいや㉔長《ちょう》の字《じ》　ながいと読《よ》むが
なぜに㉕吉《きち》の字《じ》　㉖よしと読《よ》む

〽㉗五島《ごとう》へ行《ゆ》くなら　わたしにゃお暇《ひま》
五島《ごとう》で買《か》いなされ　五島女郎《ごとじょろ》を

長ばやし〔地方《じかた》か踊り手の一人〕

〽エェッサア牛深三度行《うしぶかさんどい》きゃ　三度《さんど》㉘裸《はだか》

㉙鍋釜売《なべかまう》っても　酒盛《さかも》りゃしてこい
帰《かえ》りにゃ㉚本渡瀬戸《ほんどせと》　㉛徒歩渡《かちわた》り
(サアサ　ヨイヨイ　ヨイイ)

〽黒島沖《くろしまおき》から　やってきた
㉜新造《しんぞ》か白帆《しらほ》か　白鷺《しらさぎ》か
よくよく見《み》たれば　㉝我《わ》が夫様《つまさま》だよ

〽川端石《かわばたいし》だい　起《お》こせば㉞蟹《がね》だい
蟹《がね》の㉟生焼《なまや》きゃ　㊱食傷《しょくしょ》の元《もと》だい

〽㊲権現山《ごんげんやま》から　後《うし》ろ跳《と》びゃするとも
お前《まえ》さんに㊳暇《ひま》じょは　やりもせにゃ㊴取《と》りも
せん

〽段々畑《だんだんばたけ》の　㊵莢豆《さやまめ》は
一莢《ひとさや》㊶走《はし》れば　みな走《はし》る
わたしゃあなたに　ついて走《はし》る

〽瓢簞《ひょうたん》ばかりが　浮《う》きものか
わたしもこの頃《ごろ》　浮《う》いてきた
浮《う》いた浮《う》いた　浮《う》いた浮《う》いた

〽㊷おまやどこから来《き》た　㊸薩摩《さつま》かい
㊹錨《いかり》も持《も》たずに　よう来《き》たものだ

注①⬇解説。
②上の「はいや」との語呂合わせで「可愛いや」とも。
③〔危険をおかして〕出港した。「出た」は、船頭の出港しようとする意志が弱い。
④鹿児島港―天草沖―玄界灘―関門海峡―瀬戸内海―大坂を航行していた帆船。
⑤帆船は風次第なので、目ざす港まで行けずに、船頭の決断で途中の港へ入港したという感じ。「入るやら」は、船頭の入港しようとする意志が弱い。「着いたやら」は、目ざした港に着いたという感じが強い。
⑥港々で「はいや節」で酒宴を行う生活が半年続いたということ。帆船の船乗りは、三月頃から一〇月頃まで働いた。
⑦⬇解説。
⑧長崎県の西彼杵《そのぎ》半島北西部にある現西海市大瀬戸町の港。
⑨瀬戸港の西にある島。周囲約一六・三キロ。その港のこと。
⑩帆船を。
⑪現香川県仲多度郡琴平町にある金刀比羅宮《ことひらぐう》の末社。海上の守護神。ここでは、瀬戸港の東方にある琴平神社のことか。
⑫自分自身のため。
⑬その場限りの、ちょっとした愛情。
⑭人からとがめられるような、悪いこと。罪。
⑮北風。帆船は、この風を利用して壱岐《いき》方面から牛深港へやってきた。
⑯南風。帆船は、この強風の中を、危険をおかして大坂方面へ向かうため、すぐ出航だ、の意。
⑰機織り用具。縦糸の間へ右や左から入れて横糸を通すためのもの。木製または金属製。船形で、中に糸を巻いた管が入っている。諸歌詞集は「筬《おさ》を引くよな」とするが誤唱。筬は船形ではない。
⑱牛深港と、その南の下須島の間の狭い海を西へ出た所にある。周囲約一・八キロ。
⑲「ない」とも。
⑳「夏の夜は」とも。
㉑非常に深い海。「一尋」は、両手を左右に広げた長さ。江戸時代は五尺（約一・五メートル）または六尺。明治時代に六尺に統一。
㉒降ろしても無駄な。
㉓人を呼び止める時に発する言葉。ああ、ちょっと。やあ、もしもし。
㉔㉕船の帆に書いてある字。
㉖歌意は、長い航海が続くのに、それが「よし」とは何事か、という気持ち。
㉗長崎県西部の海上に連なる島々。
㉘「新銀取《しんぎんと》り」の女たちに、稼いだ金を全部捲き上げられる、の意。
㉙炊事用具。日常の必需品を、の意。
㉚天草上島《かみしま》と下島《しもしま》の間の、狭い海。
㉛歩いて渡ること。
㉜新造船。
㉝わたしの夫《おっと》。
㉞「かに」の訛り。
㉟「生焼け」とも。
㊱食あたり。
㊲牛深港の北方約四キロにある山（四〇二メートル）。
㊳離縁することも、されることもない。
㊴「せんば」とも。
㊵莢に入ったままの豆。大豆・えんどう・そらまめなど。
㊶はじければ。
㊷「おまえは」の約音。
㊸旧国名。現鹿児島県西部。
㊹錨もお金も、という気持ち。

熊本県の酒盛り唄。熊本県の南西端、それも天《あま》草下島《くさしもしま》の南端にある牛深港（天草市牛深町）の宴席

で、帆船の船乗りと相手の女たち（この地では「新《しん》銀取《ぎんと》り」と呼ばれた）が、車座になって唄い踊ってきたものである。「新銀取り」とは、船乗りが大坂方面で稼いできたばかりのお金を取り上げる女という意味である。（瀬戸内では「はしり金《がね》」と呼ぶ。）

唄の履歴　この唄の源流は、越後《えちご》（新潟県）の「甚句《じんく》」ではないかと思われる。十返舎一九《じっぺんしゃいっく》著「東海道中膝栗毛《ひざくりげ》」（一八〇二年刊）の宮の宿《しゅく》（愛知県名古屋市熱田区）の項で、按摩《あんま》が「越後の甚句」を唄う。「ジャジャジャンジャン　エエエエ酔うた酔うた酔た　五勺《しゃく》の酒に　一合飲んだら　さままたよかろ」　この歌詞は感和亭鬼武著「旧観帳」（初編上）から引用したものだというから、この「甚句」は享和年間（一八〇一～〇四）以前から唄われていたことになるが、しまいの「さままたよかろ」は「サーマまたよかろ」であろう。とすれば、「サーマ」が挿入される現存民謡は「はいや節」しかない。たぶん、そうした「甚句」が、船乗りたちによって牛深港にも伝えられ、牛深では「はいやエー…」で唄い始める歌詞をあてて唄い踊るようになったのであろう。曲名の「はいや節」は、唄い出しから取ったものである。

その「はいや節」の「はい」は、「はえの風」（南風）のことである。したがって、前掲一首目の歌詞は、強い南風が吹くのに、今朝、牛深を出港して大坂方面へ向かった船は、今頃はどこの港に入って休んでいるだろうか、という意味である。ただし、現熊本県や鹿児島県の西海岸では、強い南風が吹く時は時化《しけ》だから、本来は出港するべきでないが、危険をおかして出港して無事に目的地へ着けば、品薄のために積み荷が高く売れるので

ある。紀伊国屋文左衛門の蜜柑《みかん》船を思い浮かべれば、事情が理解できるであろう。

さて、その船乗りと新銀取りの酒宴は、唄の得意な人は唄い、唄えない人は「はやし詞」や「長ばやし」を掛け、また踊り、器用な人は三味線をひくか、太鼓を打つ。船乗りは必ず何かの役を受け持つのである。そして踊りは、車座の中で、両手を頭上にかざし、腰を振って煽情的に踊るものであった。踊り手から手ぬぐいを首に掛けられれば、それは「好き」という言葉代わりなので、嫌でなければ、出港までの間一緒に暮らしませんかという、現地妻希望の意思表示でもあった。

その『牛深はいや節』は、のちに船乗りたちによって、九州や瀬戸内海の港ばかりでなく、日本中の港へ伝えられていった。それは、北前船で日本海側へ出て、北上しながら各地の港に根づき、現青森県にまで達して『津軽あいや節』になった。そして、津軽海峡を通って太平洋岸を南下し、宮城県では『塩釜甚句』に、茨城県では『潮来《いたこ》甚句』になった。

ところで、『牛深はいや節』と一口に言っても、節まわしには違いがあり、三種類伝わっている。現天草市魚貫《おにき》町の池田春代が伝える「旧節」と、牛深町を中心に唄われている「新節」と、花柳界の「芸者節」である。

帆船時代の車座の酒宴の時の唄は「旧節」で、唄い出しの「はいやエーはいや」は、新銀取りの女が呼び水として唄う。高い声を必要とする部分を、船乗りたちが唄わないですむようにしていたのかもしれない。その「旧節」は牛深の町内には残らずに、唄いやすい「新節」に代わってしまい、たまたま牛深町から離れた魚貫に残ったのである。そして「芸者節」は、ゆったりとして、聞かせる唄に仕立てられていたが、帆船が港に入ってこなくなり、芸者も姿を消してしまった。したがって、「芸者節」も昭和三〇年代（一九五五〜）中頃からは全く唄われなくなった。今日では、「牛深ハイヤ祭り」（四月第三土曜・日曜日）のパレード用の、略式の節まわしが市内一円に広まっている。

節まわしの型　今日広く唄われている節まわしは、「牛深はいや節保存会」（牛深町）の人たちの「新節」である。

おてもやん

〽①おてもやん
あんたこの頃《ごろ》　嫁入《よめい》りしたでは　ないかい
な
嫁入《よめい》りしたこた　②したばってん
③御亭《ごてい》どんが　④ぐじゃっぺだるけん
まだ⑤盃《さかずき》や　⑥せんじゃった
⑦村役《むらやく》⑧鳶役《とびやく》　⑨肝煎《きもい》りどん
⑩あん人《ひと》たちの　⑪居《お》らすけんで
後《あと》⑫はどうなと　きゃあなろたい
⑬川端町《かわばたまっ》つぁん　⑭きゃあめぐろ
⑮春日《かすが》⑯南瓜《ぼうぶら》　どんたちゃ
⑰尻《しり》ひっぱって　花盛《はなざか》り花盛《はなざか》り
⑱チイチクチイチク　雲雀《ひばり》の子《こ》
⑲玄白茄子《げんぱくなすび》の　⑳いがいがどん

〔下谷菊太郎節〕

〽おてもやん
あんたこの頃《ごろ》　そわそわしとるじゃ　ない
かいな
心《こころ》を見《み》られちゃ　恥《は》ずかしい
年頃《としごろ》で　色気《いろけ》もつくだろ
そこで南瓜《ぼうぶら》どんも　花盛《はなざか》り
いとしお方《かた》にゃ　わしゃ惚《ほ》れた
惚《ほ》れても一人《ひとり》　胸焦《むねこ》がす
磯《いそ》の鮑《あわび》の　片想《かたおも》い片想《かたおも》い
暖簾《のれん》に腕押《うでお》しゃ　日《ひ》が暮《く》れる
ウンと言《い》わせて　みせたいな
なんとか思案《しあん》は　ないものかないものか
アカチャカベッチャカ　チャカチャカチャ

〽おてもやん
それじゃよいこと　教《おし》えてあげよじゃ　な
いかいな
㉑五尺《ごしゃく》の恋文《こいぶみ》や　古臭《ふるくさ》い
ちらちらっと　色目《いろめ》を投《な》げても
まだその手《て》じゃ　生温《なまぬる》い
男《おとこ》は情《なさ》けに　弱《よわ》いもの
死《し》ぬほど好《す》きだと　すがりつきすがりつき

花嫁姿《はなよめすがた》で　押《お》しかけな
ころりと参《まい》って　迎《むか》えに来《く》る来《く》る
㉒玉《たま》の輿《こし》　玉《たま》の輿《こし》
アカチャカベッチャカ　チャカチャカチャ

〽一《ひと》つ山越《やまこ》え　も一《ひと》つ山越《やまこ》え　あの山越《やまこ》えて
わたしゃあんたに　㉓惚《ほ》れとるばい
㉔惚《ほ》れとるばってん　言《い》われんたい
追《お》い追《お》い彼岸《ひがん》も　近《ちか》まれば
若者衆《わかもんしゅう》も　㉕寄《よ》らんすけん
㉖普門品《ふもんぼん》の　㉗夜聴聞《よぢょもんみゃあ》参りに
㉘ゆるゆる話《はなし》ば　きゃあしゅうたい
男《おとこ》振《ぶ》りには　㉙惚《ほ》れんばな
煙草《たばこ》入《い》れの　銀金具《ぎんかなぐ》が
㉚それが　因縁《いんねん》たい
アカチャカベッチャカ　チャカチャカチャ

〽一《ひと》つ世《よ》の中《なか》　㉛艱難辛苦《かんなんしんく》の　荒波越《あらなみこ》えて
男《おとこ》ぁ度胸《どきょう》で　おいでなさい
くよくよしたとて　しょうがない
いつかは芽《め》も出《で》る　花《はな》も咲《さ》く
移《うつ》り気《ぎ》な　浮《う》き世《よ》の習《なら》いに
取《と》り越《こ》し苦労《ぐろう》は　おやめなさい
悩《なや》みなんぞは　こちゃ知《し》らぬ
意地《いじ》と㉜張《は》りの　心《こころ》が
それが㉝　後生楽《ごしょらく》㉞たい
アカチャカベッチャカ　チャカチャカチャ

注①➡解説。
②したけれども。
③御亭主殿。➡解説。
④〔疱瘡の後遺症で〕あばた顔だから。小梅節でも「だるけん」だが、熊本方言では「だァけん」だという。
⑤三三九度の盃は取り交わしていない。結婚式を挙げていない、の意。
⑥「せんだった」とも。
⑦村役人。江戸時代、代官などの下で村の民政を行った農民。
⑧消防団の頭で、村人の日常生活のまとめ役もする人。「年役」（年寄り役）とも。
⑨世話をする人。取り持ち。ここでは仲人。
⑩あの人たちが居られるから。
⑪小梅節では「が」。
⑫どのようにでもなるでしょうよ。「きゃあ」は接頭語で、あとの動詞の意味を強める。「たい」は終助詞で、「よ」。
⑬江戸時代からの町名で、現熊本市の中央部、白川北岸にある。現在の市電祇園橋停留所辺り。「つぁん」は擬人法で、「さん」。古くは「川端松つぁん　きゃあまぎれ」（川端町の松さんが　畑へ紛れ込んで）とも。
⑭ぐるっとまわって行こう。「きゃあめぐろい」とも。
⑮旧村名（現熊本市内）。川端町の西方、現熊本駅辺り。かぼちゃや茄子の産地であった。
⑯かぼちゃ殿たちが。「ぼうぶら」は元ポルトガル語。
⑰尻はしょりして。小梅節でも「尻ひっぱって」だが、熊本方言では「尻ひっぴゃあで」。以下は、本来は「畑いっぱい　花盛り花盛り　アカチャカベッチャカ　チャカチャカチャ」であったらしい。
⑱小梅節では「ピイチクパアチク」。
⑲巾着茄子《きんちゃくなす》の一種で、漬け物用であったという。
⑳意地っ張りの偏屈者《へんくつもの》。「どん」は殿。茄子のヘタにトゲがあることからの表現らしい。
㉑約一・五メートル。巻き紙の長さ。
㉒裕福でない家の娘が、裕福な家や高貴な家へ嫁入りすること。
㉓㉔「惚れちょる」とも。「ばい」は終助詞で、「よ」。古くは「惚《ふ》いとったい　惚《ふ》いとるばってん」とも。
㉕集まるから。
㉖「法華経」中の観世音菩薩《かんぜおんぼさつ》普門品の略称で、観音経のこと。諸歌詞集は「熊本」とし、「くまんどん・くまんぼん」などと振り仮名をしているが、誤りであろう。
㉗寺へ、夜の説教を聞きに行くこと。
㉘ゆっくり話をしましょうよ。
㉙惚れないよ。「ばな」は終助詞。
㉚「それがそもそも」とも。
㉛困難にあって悩み苦しむこと。
㉜自分の考えを通そうとする気持ち。「意地」に同じ。
㉝「それがそもそも」とも。
㉞なんの苦労も感ぜず、のんきに暮らすこと。

熊本県のお座敷唄。熊本県の中西部、細川氏五四万石の旧城下町熊本（熊本市）の花柳界の宴席で、芸者衆が唄ってきたものである。

別名　熊本甚句《じんく》。

唄の履歴　この唄の源流は、江戸時代末期から明治時代初期に日本中の花柳界で大流行した「本調子甚句」である。それが、江戸時代末期頃に、はやし詞「そうじゃおまへんか」が加えられて、大坂地方を中心として唄われた。その『そうじゃおまへんか節』が、熊本の花柳界にも伝えられて、『熊本甚句』となった。ところが、のちに熊本方言を盛り込んだ、「〽おてもやん…」と唄い出す歌詞が有名になると、曲名も『おてもやん』と呼ばれるようになった。それは、明治時代初期頃のことと思われる。

お国訛《なま》りの歌詞が面白がられるようになったのは、明治維新で、各地の人たちが交流するようになり、とりわけ役人の移動が激しくなったためである。そして、熊本だけでなく、各地にこうした歌詞の唄が生まれた。『名古屋名物』（愛知）・『金沢訛り』（石川）・『土佐訛り』（高知）などがそれである。

さて、曲名『おてもやん』の「ても」は女性の名前で、現熊本市弥生《やよい》町に住んでいた人である。「御亭どん」は、現上益城《かみましき》郡益城町生まれの「彦一」といわれている。

曲名が唄い出しから取ったものなので、「〽一つ山越え…」は、あとから加えられたものであろう。地元の言い伝えによると、三味線と踊りの師匠であった永田イネ（一九三七年に七四歳で死亡）が、弟子の結婚祝いに作って披露した歌詞があるという。たぶん、この歌詞がそれなのであろう。

なお、「〽おてもやん…」の歌詞は問答形式になっているので、お座敷で、二人の芸者が、一人はおてもやん役、もう一人は村人役となって演じた、芝居もどきの組踊りのようなものがあったのかもしれない。

ところで、今日日本中で知られている『おてもやん』は、赤坂小梅（福岡県田川郡川崎町出身）が一九三五年一月二〇日にコロムビアレコードに吹き込んだもので、熊本の花柳界のものとは少し異なる。小梅は、高く、鋭い声で、大きく、はずんで唄い、また、熊本方言の、粋に、艶っぽく、しなやかに発音するべきところを、福岡県の筑豊訛りにしたため、「おても」なる女性の印象が、元気で、たくましい、健康優良児的なものになってしまった。

そして、昭和三〇年代（一九五五～）初めに東京の民謡舞踊家が振り付けた踊りでは、女は黄八丈を裾《すそ》短く着、髪をおさげにし、頬《ほお》を赤丸で塗って田舎娘にした。男は絣《かすり》の着物を裾短く着、頭に丸いはげをつけ、顔は猿のようにして、愚鈍な田舎者の姿にした。そして、ユーモラスに踊らせた。これに赤坂小梅の、大柄の、太った体つきの感じが重なって、いつか『おてもやん』は田舎の下女の唄という感じになってしまった。しかし、本来は旧城下町の花柳界のお座敷唄なので、もう一度、粋に、艶っぽく、しなやかに、しかも、きりっと唄う唄へ戻す必要がある。

したがって、当分は、熊本の花柳界で太平洋戦争前から唄ってきた下谷《したや》菊太郎の節を前面へ出し、これと「赤坂小梅節」を共存させるのがよい。

節まわしの型　今日広く唄われている節まわしは、一般的なのは赤坂小梅のもの、熊本市の花柳界では下谷菊太郎のものである。

キンキラキン

〽①肥後《ひご》の刀《かたな》の　②提《さ》げ緒《お》の長《なが》っさ　長《なが》さバイ
　ソラ　③キンキラキンン
④まさか違《ちが》えば　⑤玉襷《たまだすき》ソレモ　ソーカイ　キンキラキンン
〔はやし手〕　キンキラアキンノ　⑥蟹政《がねまさ》どん
ン　蟹政《がねまさ》どんの　横《よこ》ばいばいー

〽肥後《ひご》の⑦熊本《くまもと》　⑧キンキラキンな⑨御法度《ごはっと》
キンキラキン唄《うた》えば　⑩首《くび》がない

〽肥後《ひご》の熊本《くまもと》　キンキラキンが流行《はや》り
キンキラキン唄《うた》えば　夜《よ》が明《あ》ける

〽⑪しんとろりと　見《み》とれる殿御《とのご》
殿《との》は⑫伊達者《だてしゃ》の　よい男《おとこ》

〽⑬横井平四郎《よこいへいしろ》さんな　⑭実学《じつがく》なさる
学《がく》に⑮虚学《きょがく》が　⑯あるものか

〽⑰あれが⑱稚児《ちご》さんば　⑲こなさばこなせ
腰《こし》の⑳朱鞘《しゅざや》は　㉑伊達《だて》じゃない

〽㉒南無妙法蓮華経《なむみょうほうれんげきょう》　㉓ドンツクドンの太鼓《たいこ》
肥後《ひご》の名所《めいしょ》の　㉔本妙寺《ほんみょうじ》

〽㉕いっちょんどぎゃんかな　㉖前垂《まえだ》れ買《こ》うてやろか
親切《しんせつ》あって下《くだ》さるなら　銭《ぜに》がよい

〽㉗馴染《なじ》みおっ取《と》られち　㉘庄屋《しょうや》どんに頼《たの》みゃ
㉙馴染《なじ》みゃ知《し》らんばってん　嫁《よめ》は知《し》る

注①旧国名。現熊本県全域。
②刀を腰の帯に結びつけるために、鞘につけたひも。
③➡解説。
④思いがけないことが起こった時は。
⑤襷の美称。提げ緒が長いので、襷の代わりになる、の意。
⑥⑦➡解説。
⑧「キンキラキンは」の約音。
⑨法律で禁じられていること。
⑩打ち首の刑に処されること。「首が飛ぶ」とも。
⑪うっとりと。
⑫服装が派手で、粋な人。おしゃれな人。「伊達者で」とも。
⑬熊本藩士、横井小楠の通称。江戸時代末期の思想家・政治家。実学を主唱し、藩政改革を行ったが失敗。のち、明治新政府の参与。一八六九年に保守派に暗殺された。
⑭〔朱子学などの観念的な学問に対し〕理論よりも実際生活に役立つことを重んじる学問。
⑮「虚実が」とも。
⑯「あるかいな」とも。
⑰おれの。「わしが」「おらが」とも。
⑱まだ元服の済んでいない少年。元服は、一二歳頃に行う成人の儀式。
⑲いじめるなら、いじめてみろ。
⑳朱色の鞘に入っている刀。
㉑格好をつけるためのものでなく、人を斬るためのものだ。
㉒日蓮宗で、法華経を信仰し、加護を求めて唱える語。お題目。
㉓お題目を唱える時にたたく太鼓の音。
㉔熊本市花園町にある、日蓮宗の寺。加藤清正の菩《ぼ》提寺《だいじ》。
㉕ひとつ、どうだろうか。
㉖前掛け。
㉗愛人。
㉘江戸時代の、村役人の長。村の行政官で、日常生活の管理者。村人から、もめごとの仲裁を頼まれることが多かった。
㉙愛人は知らないけれども、奥さんは知っている。だから、とりなしをするわけがない。

　熊本県のお座敷唄。熊本県の中西部、細川氏五四万石の旧城下町熊本（熊本市）の花柳界の宴席で、芸者衆が唄ってきたものである。

唄の履歴　この唄の源流は、現熊本市内で唄われていた、酒席の流行《はや》り唄『エントコ節』である。

　一七五二年、熊本藩の財政は大幅な赤字となった。そこで藩主細川重賢《しげかた》は、堀平太左衛門を家老に取り立て「勤倹令」を出させたが、その中に「金綺羅錦《きんきらきん》」（絹織物などの、華美な衣装）のぜいたく品を禁止する政策も加えられていた。そして家老は、産業開発を計るべく、織物商の「政さん」なる人物を起用したが、堀はガニ股であったとも、また、股ずれができてガニ股で歩いていたともいう。そこで、下級武士や町人はこの二人を「蟹政《がねまさ》」と呼び、『エントコ節』の替え歌を作って時の政治を皮肉り、「キンキラキンの蟹政どん　蟹政どんの横ばいばい」というはやし詞を加えて唄い出した。

　ところで、一行目の節尻「長さバイ　ソラ　キンキラキン」の部分は、本来は唄い手以外の人が「合の手」としてはやしていた名残りである。したがって、読み売りのような人たちが、太夫役と才蔵役になって掛け合いで唄っていたものを、のちに熊本の花柳界でお座敷唄化したのであろう。

節まわしの型　今日広く唄われている節まわしは、熊本市花柳界の芸者下谷《したや》菊太郎のものらしい。

球磨《くま》の六調子《ろくちょうし》

定型

〽夜《よる》の①球磨川《くまがわ》　②河鹿《かじか》が鳴《な》いて
（月《つき》が　月《つき》がア）
月《つき》が砕《くだ》けて　鮎《あゆ》となるヨイヤアサー
（ヨイサッサア　ヨイサッサア）

〽③桜馬場《さくらばば》から　④薩摩瀬《さつまぜ》見《み》れば
⑤殿《との》の御門《ごもん》に　鶴《つる》が舞《ま》う

〽ここは⑥西町《にしまち》　越《こ》ゆれば⑦出町《でまち》
出町《でまち》越《こ》ゆれば　桜馬場《さくらばば》

〽⑧江戸衆《えどしゅ》⑨見立《みた》てた　その翌《あく》る日《ひ》は
茶漬《ちゃづ》け御飯《ごはん》も　食《た》べられぬ

〽⑩江戸《えど》しゃはっきやる　茶《ちゃ》の葉《は》は芽《め》ぐむ
何《なに》を力《ちから》に　茶《ちゃ》を摘《つ》むか

〽⑪肥後《ひご》の⑫人吉《ひとよし》　湯《ゆ》が出《で》る所《ところ》

〽相良乙女《⑬さがらおとめ》の　雪《ゆき》の肌《はだ》
空《そら》が曇《くも》れば　思《おも》い出《だ》す

〽笠《かさ》を忘《わす》れた　免田《⑭めんだ》の茶屋《ちゃや》に
空《そら》が曇《くも》れば　思《おも》い出《だ》す

字あまり

〽球磨《⑮くま》で名所《⑯めいしょ》は　青井《⑰あおい》さんの御門《ごもん》
前《まえ》は蓮池《⑱はすいけ》　桜馬場《さくらばば》

〽球磨《くま》と薩摩《⑲さつま》の　境目《さかいめ》の桜《さくら》
花《はな》は薩摩《さつま》に　葉《は》は球磨《くま》に

〽昔《むかし》の懸《⑳か》け水《みず》ァ　別《わか》れを惜《お》しむ
今《いま》じゃ行《㉑ゆ》く手《て》を　祝《いわ》い水《みず》

〽踊《おど》りくたびれて　宿《やど》はどけ㉒取《と》ろか
宿《やど》は下村《㉓しもむら》の　木《き》の下《した》に

地口《じぐち》入り

上の句

〽田舎《いなか》庄屋《㉔しょうや》どんの　城下見物見《じょうかけんぶつみ》やれ
（麻《あさ》の　麻《あさ》のオ）

地　口

麻《あさ》の袴《はかま》を　後《うし》ろ高《たこ》う前低《まえひく》う
ひっつり引《ひ》っ張《ぱ》り　ひっ絡《から》げて

牛蒡苞《㉕ごんぼづと》やら　山芋苞《やまいもづと》やら
担《いぬ》わせて　㉖かるわせて
相良城下《㉗さがらじょうか》を　あっちゃびっくり
こっちゃびっくり　びっくりしゃっくり
㉘しゃしゃめく　ところを
あらまァ　笑止《㉙しょうし》や　虎毛《とらげ》の犬《いぬ》が
（庄屋《しょうや》どん　庄屋《しょうや》どん）

下の句

庄屋《しょうや》どんうち㉚咬《か》もちゅうて　吠《ほ》えまわる
ヨイヤアサー
（コイサッサア　コイサッサア）

〽球磨《くま》の言葉《ことば》で　鮎掛《あいか》け見《み》やれ
着物《きもん》の裾《すそ》をば　胸高《むねたこ》うひっ絡《から》げて
鮎《あい》を掛《㉛か》きゅてて　滑《㉜ぬめ》くってつっこけて
尻《ひゅう》は打《う》ったくって
せっかく掛《か》かった　鮎《あい》まではってきゃて㉝
なんちゅう風《ふう》かよ　濡《ぬ》れ鼠《ねずみ》

注①九州山地に発して南流、西流、北西流し、八代市市街地の南西端で八代海へ注ぐ（約一五五キロ）。日本三大急流の一。
②河鹿蛙。体の背面は灰褐色《はいかっしょく》の地に暗褐色の斑点、腹面は淡黄色。体長は雄は三・五センチほど、雌は六センチほど。谷川にすむ。雄の鳴き声が美しい。
③青井阿蘇神社の近くにあった、馬術の訓練所。
④青井阿蘇神社西方の、球磨川北岸の地名。
⑤人吉藩の有力藩士が住む邸宅の門。
⑥⑦青井阿蘇神社の東方、山田川東岸にある現紺屋《こうや》町・九日町辺りの小字名。
⑧江戸（現東京都東部）から来た人。
⑨見て選んだ。見初めた。
⑩江戸へ行ってしまう。
⑪旧国名。現熊本県全域。
⑫現人吉市。
⑬人吉は相良氏二万二千石の旧城下町なので、人吉の娘たちのこと。
⑭現球磨郡あさぎり町の地名。人吉市の東方にある。
⑮球磨地方。
⑯「一番」とも。➡解説。
⑰現人吉市中央部にある青井阿蘇神社の、二階建ての門。一六一〇年に相良頼房が再建。鎌倉様式で、寄せ棟造り、萱葺き。桃山様式の彫刻が施されている。国の重要文化財。
⑱青井阿蘇神社の楼門の前にある、蓮の茂っている池。
⑲旧国名。現鹿児島県西部。
⑳球磨地方の別れの儀式で、川船が出航する時に、旅立つ人に水を掛けたこと。
㉑道中の安全を祈って水を掛けている。
㉒「どこへ」の約音。
㉓球磨川の川下にある村ということらしい。
㉔江戸時代に、代官から任命されて村の行政を行った農民。「どん」は殿。
㉕藁《わら》を束ね、中に牛蒡《ごぼう》を入れて包んだもの。
㉖背負って。
㉗人吉城下。
㉘おろおろしている。
㉙おかしいことよ。
㉚咬みつこうとして。「うち」は強意の接頭語。
㉛掛けようとして。
㉜すべって転んで。
㉝取り逃がして。

熊本県の祝い唄。熊本県の南東部に広がる球磨地方（球磨郡・人吉市）の人たちが、祝いの宴席で唄ってきたものである。

唄の履歴　この唄の源流は、江戸時代前期かそれ以前に上方方面で唄われていた、三味線入りの踊り唄らしい。それが、海路、瀬戸内海を横切って大分県下へ伝えられた。その後、この唄は、唄のしまいの「ヨイヤナ」（のちに「ヨイヤサ」とも）から「ヨイヤナ節」、踊りの中で手を六つ打つところから「六調子」（訛って「ろっちょし」）と呼ばれるようになった。

その「六調子」は、熊本県・鹿児島県・宮崎県下の内陸部へ広まり、さらに奄美《あまみ》大島や沖縄県下の「八月踊り」のうちの「六調」になっている。

熊本県の「六調子」は、かつては県下一円で広く唄われていたようであるが、今日では球磨地方を中心として唄われている。

なお、九州地方の沿岸部では「ヨイヤナ」の部分が「ションガエ」に変わって「ションガエ節」と呼ばれ、西日本地方一帯から種子島《たねがしま》・屋久島《やくしま》にまで広まっている。

そして、海路東へ広まった「ションガエ節」は、瀬戸内海から太平洋側へ出、「エイコノ節」「ヨイコノ節」「エンコロ節」などと呼ばれて宮城県下にまで及んでいる。

一方、日本海側へ広まった「ションガエ節」や「ヨイコノ節」は、「まだら」という曲名で能登《のと》半島から秋田県下にまで及んでいる。

節まわしの型　今日広く唄われている節まわしは、旧城下町人吉の人たちのものらしく、かなり整った、洗練された唄になっている。

不知火新地節《しらぬいしんちぶし》

本唄

〽ハァー名所名所《めいしょめいしょ》と　①大鞘《おざや》が名所《めいしょ》
名所《めいしょ》ナー名所《めいしょ》（アァ　ショイ　ショイ）
アァ大鞘《おざや》にゃ　②水《みず》がない

〽今年初《ことしはじ》めて　③御新地《ごしんち》に④出《で》たが
⑤ブリの⑥担《いな》い道《みち》ゃ　まだ知《し》らぬ

〽ブリの担《いな》い道《みち》　知《し》らずば教《おし》ゆ
腰《こし》ばく⑦ぐめて　唄《うた》で立《た》つ

〽⑧新地土手《しんちどて》から　⑨小野島《おのじま》んば見《み》れば
⑩可愛《かわ》いお⑪春《はる》やんが　⑫潟担《がたいな》う

〽⑬金比羅岳《こんぴらだけ》から　小野島見《おのじまみ》れば
⑭なぐれお春《はる》やんが　潟担《がたいな》う

〽大鞘沖《おざやおき》には　⑮かかりとうないが
⑯お菊見《きくみ》たさの　⑰潮《しお》がかり

〽お菊《きく》　⑱鈍《どん》な奴《やつ》　⑲台場《だいば》どんに惚《ほ》れて
台場子《だいばこ》もある　妻《つま》もある

〽お菊大鞘《きくおざや》に　台場《だいば》⑳どんな㉑和合《わご》に
晩《ばん》の出逢《であ》いは　㉒井樋《いひ》の袖《そで》

〽新地《しんち》お役人《やくにん》な　㉓鰶《このしろ》の㉔無塩《ぶえん》
長《なご》うは㉕保《も》たえぬ　夏《なつ》の魚《いお》

〽㉖潟《がた》どんば担《いな》うよりゃ　我《わ》が身《み》どんば飾《かざ》れ
我《わ》が身飾《みかざ》れば　㉗銭《ぜに》になる

〽㉘鍬先《くわさき》さんには　なに見《み》て惚《ほ》れた
色《いろ》の白《しろ》いのを　見《み》て惚《ほ》れた

〽大鞘新地《おざやしんち》から　㉙天草見《あまくさみ》れば
鷗《かもめ》飛《と》ぶよに　帆《ほ》が見《み》える

〽新地《しんち》ござらば　㉚潮止《しおど》めにござれ
新地潮止《しんちしおど》め　見《み》て名所《めいしょ》

〽潮《しお》の満《み》つよに　ずんずんまわれ
もしも踏《ふ》みはずせば　穴《あな》の中《なか》

〽潮《しお》は満《み》ちて来《こ》んか　㉛天道《てんと》さんな入《い》らす
晩《ばん》のしまいが　遅《おそ》くなる

〽長《なが》い土手《どて》ばよ　新地《しんち》の土手《どて》は

石《いし》じゃ築《きず》㉜けど　金《かね》の土手《どて》

〽土手《どて》も土手《どて》がな　萩原《はぎわら》㉝の土手《どて》は
流《なが》㉞れ七町《ななちょう》㉟　五十五間《ごじゅうごけん》㊱

〽水《みず》がないとて　飲《の》まずにゃおれん
潮《しお》㊲と潟《がた》との　間《あゆ》㊳を飲《の》む

長ばやし〔唄い手〕

〽アァ来《き》たらば寄《よ》㊴らしゃれ　道端《みちばた》㊵じゃいけん
寄《よ》㊶らんがなろかい　だごして㊷待《ま》っちょる
三穀《さんこく》㊸だごなら　いつでも待《ま》っちょる
（アァ　ショイ　ショイ）

〽来《き》たらば寄《よ》らしゃれ　道端《みちばた》じゃいけん
冷《ひ》や酒《ざけ》飲《の》ません　燗《かん》つけ待《ま》っちょる

〽来《き》たらば寄《よ》らしゃれ　道端《みちばた》じゃいけん
上茶《じょうちゃ》に上菓子《じょうがし》　いつでん㊹待《ま》っちょる

〽よいながよいなが㊺　どっちも㊻日傭取《ひよと》㊼り
よんにゅ㊽は入《い》るんな　そろっと㊾入《い》れとけ

注①現八代市鏡町の字名。「お座屋」「おだや」「ござんや」「おだやま」などは、本来の意味が不明になったための誤り。
②飲み水。
③遠浅の海を埋め立てて、新しい土地を造る作業。
④「出たりゃ」とも。
⑤➡解説。
⑥かつぎ方。「いない」は「にない」の訛り。
⑦かがめて。
⑧埋め立て用地の周囲に築いた堤防。
⑨長崎県諫早市市街地の東方に広がる干拓地。「大鞘を見れば」とも。
⑩「なぐれ」とも。
⑪各地の工事場を渡り歩いて働いた人。美人で、美声の持ち主であったという。
⑫遠浅の海の泥土。
⑬小野島の南方にある山（二四七メートル）。
⑭放浪者。各地の工事場を渡り歩く人。
⑮停泊したくないが。
⑯現上天草市松島町阿村《あむら》出身の美人。姓は吉本。一八歳の時に初めて現八代市鏡町の埋め立て工事に出たという。
⑰海流が船の進行方向と逆の時、一時停泊して流れが変わるのを待つこと。
⑱鈍い人。馬鹿な人。
⑲埋め立て工事現場（台場）の監督者、桑本利兵衛（現鏡町内田の人）のあだ名。「どん」は殿。
⑳「どんは」の約音。殿は。
㉑現鏡町塩浜の字名。
㉒水飲み場の脇。飲み水を、竹の樋を用いて工事現場まで引いたことから。
㉓ニシン目の海魚。体長二五センチほど。食用。本州中部以南の沿岸に分布。体長一五センチほどのものはコハダと呼ぶ。
㉔塩を振りかけていないこと。「むえん」とも。
㉕もたない。腐ってしまう。
㉖潟なんかを。
㉗着飾って行けば、埋め立て工事の役人たちに体を売って、金もうけができる。「金になる」「銭ゃ取れる」とも。
㉘➡解説。
㉙天草上島《かみしま》のこと。
㉚干拓工事で、堤防の開口部を閉めきって、海水の流入をさえぎること。また、その場所。
㉛太陽が沈む。「さんな」は「さんは」の約音。
㉜「築《つ》けども」とも。
㉝萩原堤。球磨《くま》川河口の北岸の堤防。松並木の美しい名所であった。
㉞延長。
㉟約七六四メートル。
㊱約一〇〇メートル。

㊲海水と泥土との。

㊳「あい」の訛り。あいだ。

㊴「寄らしゃい」とも。

㊵家が道路のそばにあるから。「道端じゃるけん」とも。

㊶立ち寄らないわけにはいかないだろう。

㊷「だんご」の訛り。だんご汁のこと。小麦粉を水でこねて伸べ棒で伸ばし、手で握るか、指でちぎるか、包丁で三分幅に切るかして、野菜や油揚げなどと一緒に煮込んだもの。

㊸三穀飯と、だんご汁。三穀飯は、米五合・麦五合・粟一合の割合で炊いた御飯。

㊹いつでも。

㊺いいから、いいから。

㊻潟の運び手も、鍬先も。

㊼一日ずつの約束で働く人。日雇い。

㊽余計は。沢山は。

㊾そっと、少しだけ。


熊本県の仕事唄。熊本県南西部の不知火海（八代海）に面した現八代《やつしろ》郡・八代市や、有明海《ありあけかい》沿岸部などの人たちが、江戸時代に干拓工事の「ブリ」（竹で編んだ籠《かご》）を担いながら唄っていたものである。

不知火海は遠浅なので、すでに一六〇八年から、加藤清正によって新田開発が行われているが、宝暦年間（一七五一〜六四）以降は熊本藩主細川重賢《しげかた》が盛んに干拓工事を行った。

作業は、「搦《から》み子」（運び手）が、天秤棒《てんびんぼう》の両端に「ブリ」を吊るし、それに「鍬先《くわさき》」と呼ばれる人が鍬ですくって入れた潟《がた》（泥土）を、埋め立て場所まで担って運ぶのである。運び手は周辺の農村や、天草方面からも集められたが、そのほとんどは女であった。彼女らは三〇人から五〇人が一列に並び、埋め立て用の堤防に掛けた梯子《はしご》に、次から次へと登っていく。梯子の揺れが不規則だと歩きにくいので、全員で「新地節」を合唱しながら唄で拍子を取り、梯子の揺れを一定のリズムにさせて登っていった。

別名　この唄は、九州の西海岸地方で広く唄われている。「新地節」とは、埋め立て地造り唄という意味であるが、埋め立て用の泥土を掘る意で「潟切《がたき》り節」、その泥土を担う意で「潟担《がたいな》い節」とも呼ばれる。そして、文政年間（一八一八〜三〇）に現八代市鏡町大鞘《おざや》近辺の埋め立て工事で盛んに唄われたため、八代郡や八代市などでは「大鞘節」と呼ばれ、また、歌詞中の語から「大鞘名所」とも呼ばれている。本書では、九州西海岸地方を不知火海で代表させて、曲名を『不知火新地節』としておく。

唄の履歴　この唄の源流は、江戸時代後期から明治時代に日本中で大流行した「甚句《じんく》」である。それは、のちに各地で農作業唄に転用されたが、九州西部地方で「臼唄」に用いられていたものを「ブリ」担ぎの唄に利用したのであろう。

その唄は、干拓工事の仕事唄として、福岡県の南西部から熊本県・鹿児島県の西部や、長崎県の東部、そして佐世保《させぼ》市にまで、広い地域に及んでいる。また、佐賀県藤津郡太良《たら》町は、かつては諫《いさ》早《はや》藩（現長崎市諫早市）領で、村人が諫早湾の干拓工事に狩り出されたため、現在でも酒盛り唄として唄われている。そして、宮崎県下では九州山地の東臼杵《うすき》郡椎葉《しいば》村でも、酒盛り唄として唄われている。ただ、土地によって節まわしやはやし詞や、合の手の入れ方が少しずつ異なる。

また、熊本市花柳界の芸者下谷《したや》菊太郎は、八代地方の「大鞘節」に三味線の手を加えてお座敷唄に仕立てた。しかし、どうもなじまない。酒盛り唄風にして、唄の持つ、たくましさ、力強さと、はずんで、熱っぽい感じを残すほうがよい。

節まわしの型　今日広く唄われている節まわしは、野性的なのは八代郡や八代市の人たちのものである。お座敷唄風なのは下谷菊太郎のものである。

田《た》原《ばる》坂《ざか》

〽雨《あめ》は降《ふ》る降《ふ》る　人馬《じんば》は①濡《ぬ》れて
越《こ》すに越《こ》されぬ　②アラ③田原坂《たばるざか》

〽右手《めて》に血刀《ちがたな》　左手《ゆんで》に④手綱《たづな》
馬上《ばじょう》⑤豊《ゆた》かな　⑥美少年《びしょうねん》

〽山《やま》に屍《しかばね》　川《かわ》に血流《ちなが》る
⑦肥薩《ひさつ》の天地《てんち》　⑧秋淋《あきさび》し

〽草《くさ》を⑨褥《しとね》に　⑩夢《ゆめ》ぁ今《いま》いずこ
明《あ》けの御空《みそら》に　⑪日《ひ》の御旗《みはた》

〔以上四首、入江白峰作〕

〽退《ひ》くに退《ひ》かれぬ　田原《たばる》の⑫嶮《けん》は
男涙《おとこなみだ》の　⑬小夜嵐《さよあらし》

〽春《はる》は桜《さくら》よ　秋《あき》なら紅葉《もみじ》
夢《ゆめ》も田原《たばる》の　⑭草枕《くさまくら》

〽どうせ死《し》ぬなら　桜《さくら》の下《した》よ
⑮死《し》ねば屍《かばね》に　花《はな》が散《ち》る

〽心《こころ》濡《ぬ》らすな　⑯虫《むし》の音時雨《ねしぐれ》
ここは田原《たばる》の　古戦場《こせんじょう》

〽田原坂《たばるざか》なら　昔《むかし》が恋《こい》し
⑰男同士《おとこどうし》の　夢《ゆめ》の跡《あと》

〽泣《な》いてくれるな　可愛《かわ》いの駒《こま》よ
今宵《こよい》⑱忍《しの》ぶは　恋《こい》でなし

〽泣《な》くな我《わ》が妻《つま》　勇《いさ》めよ男《お》の子《こ》
戦《いくさ》に立《た》つは　今《いま》なるぞ

〽⑲阿蘇《あそ》の⑳御神火《ごじんか》　心《こころ》に㉑留《と》めて
九州男児《きゅうしゅうだんじ》の　血《ち》は熱《あつ》い

〽天下《てんか》取《と》るまで　大事《だいじ》な体《からだ》
蚤《のみ》に食《く》わせて　なるものか

〽せくな騒《さわ》ぐな　天下《てんか》のことは
しばし美人《びじん》の　膝枕《ひざまくら》

〽㉒西郷隆盛《さいごうたかもり》　話《はな》せる男《おとこ》
花《はな》の吹雪《ふぶき》に　濡《ぬ》れて立《た》つ

〽㉓稚児《ちご》が㉔前髪《まえがみ》　切《き》らしゃるならば
わしも切《き》りましょ　㉕振《ふ》り袖《そで》を

注①現在、一般に「濡れる」と唄っているが、古い歌詞集や熊本花柳界では「濡れて」。
②「コラ」とも。
③⬇解説。
④古い歌詞集では「生首」。これが当初のものであろう。
⑤「豊かに」とも。
⑥薩摩軍北部方面軍総大将村田新八の子とする説や、田原坂で薩摩軍が敗れたことを急報した人吉藩士三宅伝八郎とする説がある。薩摩軍の若い人、でいいであろう。
⑦肥後の国と薩摩の国（旧国名）。現熊本県全域と鹿児島県西部。
⑧西南戦争は、九月二四日、西郷以下一六〇名が城山で討ち死にし、他は投降して終結した。
⑨敷き布団にして。
⑩諸歌詞集は「夢やいずこ」とするが、字足らず。
⑪日の丸の旗。
⑫山などが険しいこと。
⑬夜に吹く、強い風。
⑭草を束ねて枕にすること。
⑮もし死んだならば。諸歌詞集は「死なば」（もし死ぬならば）とするが誤り。
⑯虫の鳴く音が、時雨のように激しいこと。「時雨」は初冬の雨で、しばらくの間激しく降ってはやみ、降ってはやみするもの。
⑰薩摩軍と明治政府軍との、という意味らしい。
⑱他人に知られないように出かけるのは。
⑲阿蘇山。熊本県の北東部にそびえる火山（一五九二メートル）。
⑳火山の火口から噴き上げる火や煙。火山を神聖視した表現。
㉑「抱いて」とも。
㉒号は南洲。薩摩藩士。倒幕運動後、明治新政府の参議。征韓論を唱えたが敗れて帰郷。西南戦争で薩摩軍を指揮し、一八七七年九月に自刃。
㉓まだ元服の済んでいない少年。元服は、一二歳頃に行う成人の儀式。
㉔額の上の頭髪。少年が前髪を切るのは、元服が済んだ、の意。
㉕未婚の女性が着る、袂《たもと》の長い着物。それを切って短くしようというのは、結婚しよう、の意。

熊本県のお座敷唄。熊本県の中西部、細川氏五四万石の旧城下町熊本（熊本市）の花柳界の宴席で、芸者衆が唄ってきたものである。

曲名の『田原坂』は、現鹿本《かもと》郡植木町にある坂で、現福岡県南西端から熊本城下へ通じる街道の要所であった。一八七七年に西南戦争が起こり、ここで、明治政府軍と、西郷隆盛が率いる薩摩《さつま》軍との激戦が行われた。それは三月四日から二〇日に及び、死傷者は薩摩軍二千人、政府軍三千人で、使用された弾丸は一日二五〜四〇万発に達したという。

唄の履歴　西南戦争で敗れた薩摩軍は賊軍とされ、死者の公式な供養はなされなかった。そこで、約三〇年後の日露戦争（一九〇四〜〇五）の最中に、九州日日新聞社が、田原坂戦没者追悼のため（その実は薩摩軍供養のため）の歌詞を紙上で懸賞募集した。応募者は、日清・日露戦争の傷病兵が多かったという。その応募歌詞に、同新聞社の入江白峰記者が前掲最初の四首を追加した。

なお、一八八九年秋に田原坂を訪ねた中学教師岡本源次（旧薩摩軍の一人）が、

〽雨は降る降る　陣羽は濡るる
　ここは古戦場　田原坂

という歌詞を作っている。したがって、入江の、前掲一首目の歌詞はそれを利用したのであろう。

一方、曲節のほうは、熊本の大和《やまと》券番にいた芸者留吉が受け持った。といっても作曲ではなく、熊本の花柳界で唄われていた流行《はや》り唄を元にして作ったらしい。

ともあれ、この唄によって、薩摩軍は賊軍だという汚名をそそぐことになった。しかし、この時に振り付けたのは「田原坂の悲劇」としての踊りであったが、のちには「田原坂の武勇」に変わっ

ていって、今日では剣舞に近い感じのものになってしまっている。

節まわしの型　今日広く唄われている節まわしは赤坂小梅のもので、豪快な感じになっている。

ノンシコラ

本　唄

〽親《おや》は鈍《①どん》なもの　渋茶《②しぶちゃ》に迷《まよ》ってノーンシコラ
ー
知《し》らぬ他村《たむら》に　娘《③むすめ》やる

長ばやし〔はやし手〕
アラよか　ノーンシ　ノンシー　オッホよかよか
④ようなか　ばってん　どうしゅうたい
観念《⑤かんねん》さい　観念《かんねん》さいー

〽親《おや》は鈍《どん》なもの　渋茶《しぶちゃ》と代《か》えて
⑥おどま嫌々《いやいや》　茶《ちゃ》は返《かえ》せ

〽親《おや》と親《おや》との　約束《やくそく》ならば
行《⑦ゆ》かざなるまい　泣《⑧な》く泣《な》くも

〽今年初《ことしはじ》めて　姑《しゅうと》に添《そ》えば
石《いし》で袴《はかま》を　縫《ぬ》えと言《い》うた

〽石《いし》で袴《はかま》が　縫《ぬ》われるならば
山《やま》の松葉《まつば》が　針《はり》となる

〽山《やま》の松葉《まつば》が　針《はり》となるならば
山《やま》の葛《⑨かずら》が　糸《いと》となる

〽山《やま》の葛《かずら》が　糸《いと》となるならば
天《てん》の白雲《しらくも》　綿《わた》となる

〽天《てん》の白雲《しらくも》　綿《わた》となるならば
石《いし》で袴《はかま》も　縫《ぬ》われましょ

〽嫁《よめ》と名《な》が付《つ》きゃ　浅葱《⑩あさぎ》染《ぞ》めは嫌《いや》よ
今《いま》の流行《はや》りの　茶染《⑪ちゃぞ》めの裾模様《すそもよう》

〽嫁御《⑫よめご》なってから　泣《な》くこたならぬ
泣《な》けば婿《むこ》どんの　世話焼《せわや》かす

〽四月五月《しがつごがつ》は　寝《ね》てさえ眠《ねむ》い
さぞや眠《ねむ》かろ　花嫁御《はなよめご》

注①鈍い人。馬鹿な人。
②諸歌詞集では「芝茶・柴茶」となっているが、意味不詳。本書では「渋茶」としておく。日常用いる、安いお茶。番茶。結納の時に婿方から贈られた茶を、そんな安い茶に迷って、と非難したもの。
③「嫁にやる」とも。
④よくない縁組みだけれども、どうしますか。
⑤あきらめなさい。「堪忍さい」は誤唱であろう。
⑥わたしは。
⑦嫁に。
⑧「泣き泣きも」とも。
⑨つる性植物の総称。
⑩藍で、緑色を帯びた薄い青色に染めたもの。
⑪茶色に染めた。
⑫「嫁と名が付きゃ」とも。

熊本県の祝い唄。熊本県北西端の、有明海《ありあけ》に面した現玉名郡長州《ながす》町から現荒尾市一帯の農村で、花嫁の友達が、花嫁を婚家へ送り届ける時に唄ってきたものである。その友達は三つ違いまでの娘たちで、婚礼の日の夕方に、そろいの手ぬぐいをかぶり、手拍子に合わせて、面白おかしくこの唄を唄った。歌詞は、親や婚家や姑《しゅうとめ》の悪口を連ねたものばかりである。村中の人が嫁入りに反対するほど花嫁はよい娘で、嫁にやるのはもったいないが、その反対を押し切って行くのだから、花婿は家柄がよく、すてきな人で、二人の愛情も強いという意味なのである。このような、嫁入りに反対してみせる習俗は非常に古いもので、この辺りだけではなく、中国大陸や朝鮮半島にもある。

なお、その友達は、二日目の披露宴に、今度は「友達客」として招かれる。

唄の履歴　この唄の源流は、江戸時代後期か明治時代の流行《はや》り唄らしい。しかし、ほかに同系統の唄が見当たらないので、詳しいことは不明である。

この唄を広く紹介した最初の人は西条八十《やそ》で、一九三〇年に出版した「民謡の旅」という本の中でであった。その後、一九三七年六月一六日に地元の人たちの唄がＮＨＫ熊本放送局からラジオで初放送された。

太平洋戦争後は、一九五七年一月一七日にニッポン放送のラジオ「民謡風土記」で地元の人たちの唄が放送された。そして、五九年に三味線の伴奏をつけた下谷《したや》菊太郎のレコードが発売された。菊太郎は、熊本市花柳界の芸者である。

節まわしの型　今日広く唄われている節まわしは、下谷菊太郎のものである。

ポンポコニャ

本唄

〽花《はな》①の熊本《くまもと》②　長六橋《ちょうろくばし》③から　眺《なが》むれば
下《した》は白川《しらかわ》④　両芝居《りょうしばい》⑤
（オヤ　ポンポコニャア）

後唄

〽少《すこ》し下《さ》がればナァ　オヤア本山《もとやま》⑥　渡《わた》し舟《ぶね》
〔唄い手・はやし手〕オォサ　ポンポコ　ポンポコニャー

〽花《はな》の熊本《くまもと》　涼《すず》みがてらに　眺《なが》むれば
清水湧《しみずわ》き出《だ》す　水前寺《すいぜんじ》⑦
少《すこ》し下《さ》がれば　江津湖《えづこ》⑧の　舟遊《ふなあそ》び

〽花《はな》の熊本《くまもと》　銀杏城《ぎんなんじょう》⑨から　眺《なが》むれば
下《した》は清正公《せいしょうこう》⑩　御菩提所《ごぼだいしょ》⑪
のんしこら〜ぽんぽこにゃ
少《すこ》し下《さ》がれば　横手《よこて》⑫の　五郎《ごろう》⑬さん

〽花《はな》の京町《きょうまち》⑭　中坂《なかさか》⑮越ゆれば　金剛寺《こんごうじ》⑯
楊弓《ようきゅう》⑰カッチリ⑱　信濃《しなの》⑲の善光寺《ぜんこうじ》⑳
少《すこ》し下《さ》がれば　ほんまの　二十四輩《にじゅうよはい》㉑

〽花《はな》の川尻《かわしり》㉒　お蔵《くら》㉓の前《まえ》から　眺《なが》むれば
下《した》は加勢川《かせがわ》㉔　外城町《とじょうまち》㉕
少《すご》し下《さ》がれば　御船手《おふなて》㉖　渡《わた》し舟《ぶね》

注①はなやかで、美しい。
②➡解説。
③熊本駅の北東方約一・三キロの、白川に架かる橋。加藤清正が慶長六年（一六〇一）に架設したことからの称。
④熊本県北東部の山地に発して西流し、熊本市の南西部で島原湾へ注ぐ川（約七四キロ）。
⑤二つの芝居小屋。白川の川原に、武士とその家族向けの上座と、町人向けの下座とがあった。古い歌詞集では「定芝居」（定打ちの芝居小屋）とも。
⑥旧村名（現熊本市内）。長六橋の南西方、白川南岸にあった。渡し場は現泰平橋の辺り。
⑦水前寺公園。熊本市の南東部にある。細川忠利が一六三二年に水前寺を建立したが、約四〇年後に寺を他へ移し、跡地を庭園とした。湧水量が多い。
⑧水前寺公園の南東方にある。加勢川をせき止めて造った湖。上江津湖。周囲約六キロ。
⑨熊本城の別称。一五九九〜一六〇七年に加藤清正が築城。別称は、城が完成した時、清正が銀杏を天守閣のそばに植えたことから。
⑩加藤清正《きよまさ》。安土桃山時代の武将。豊臣秀吉に仕えて戦功をあげ、朝鮮侵攻にも出兵。関ヶ原の戦いでは徳川方につき、肥後五二万石の領主となった。
⑪先祖代々の墓があって、葬式や法事をしてもらう寺。現熊本市北西部にある発星山《ほっしょう》本妙寺（日蓮宗）のこと。この寺は「お清正公《せいしょうこう》さん」と呼ばれる。
⑫旧村名（現熊本市内）。本妙寺の南方、花岡山の北にあった。
⑬吉祥寺にあった毘沙門堂のこと。五郎が信仰して怪力を得たことから「横手の五郎さん」と呼ばれた。五郎は、熊本城の築城工事に従事していた、怪力の持ち主。かつて清正が討ち取った敵将の子とわかり、井戸の工事中に大石を落とさせて殺害しようとしたが、五郎はそれを手で受け止めて縄をかけ、背負って上がってきた。次には、多量の小石を落として生き埋めにした。その後、工事現場で変事が相次いだという。
⑭熊本城の北にある町名。
⑮京町台地と東方の低地とを結ぶ坂。現京町一丁目と二丁目の境にある。
⑯中坂の下方にあった寺。山号は南乾山。高野山真言宗。一八九二年に現新屋敷一丁目へ移転した。
⑰長さ八五センチほどの小さな弓。寺社の祭礼や勧進興行などの際に、それで矢を射て遊ぶ店が境内に設けられた。
⑱矢が的に当たった音のことらしい。
⑲旧国名。現長野県全域。
⑳長野市にある。山号は定額山。ここでは、それを現琴平本町（現在、琴平神社がある所）に勧請した瑞応山善光寺のこと。一八七〇年に廃寺。
㉑浄土真宗の開祖親鸞《しんらん》の高弟二四人の寺跡を順に参拝すること。ここでは、金剛寺や善光寺の御開帳の時に参拝客でにぎわうさまをいう。
㉒旧町名（現熊本市内）。江戸時代には緑川の河口港の町として栄えた。
㉓熊本藩の年貢米を収めておく蔵。
㉔熊本市の中東部に発し、南西流、南流して江津湖

となり、さらに南西流して旧川尻町で緑川へ注ぐ川（約三キロ）。
㉕旧川尻町の小字名。鎌倉時代の武将の城があった所。
㉖熊本藩の水軍。

熊本県のお座敷唄。熊本県の中西部、細川氏五四万石の旧城下町熊本（熊本市）の花柳界の宴席で、芸者衆が唄ってきたものである。

唄の履歴　この唄の源流は、四国は愛媛県下の『伊予万歳』（六〇四ページ）の一種で、鼓の打ち方から「ポンポコ万歳」と呼ばれた演芸である。それは、二人連れの遊芸人（太夫役と才蔵役）が、竹の両端に房をつけ、中に固いものを入れ（綾竹と銭太鼓の合いの子のようなもの）、それを持って唄い踊るものである。この話と唄を筆者（竹内勉）に教えてくれたのは、愛媛県上浮穴《かみうけな》郡美川《みかわ》村有枝《ありえだ》（現久万高原《くまこうげん》町内）の亀井キク（一九六三年に八七歳）である。

亀井が唄ってくれた「ポンポコ万歳」の唄は、この『ポンポコニャ』とそっくりで、はやし詞は「オオサ　ソウダンベイカイナ」であった。この種のはやし詞を持つ唄には、一八五二年頃に流行した『そうだんべい節』がある。ということは、『伊予万歳』を演じる時は、余興に、客を楽しませるために流行《はや》り唄も取り込んで唄っていたのであろう。そして、少人数の場合や、本格的な万歳のできない芸人が、余興の部分だけを持ち歩いて門付けしたのが「ポンポコ万歳」なのであろう。そうした芸人が熊本城下にも現れ、のちに唄だけが熊本の花柳界に残ったと見るのがよさそうである。

ちなみに、旧飽託《ほうたく》郡川尻《かわしり》町（現熊本市内）の「川尻町史」（一九三五年刊）を見ると、「ポンポコ節」という曲名で前掲一首目と五首目の歌詞が載っている。したがって、昭和時代の初め頃までは「ポンポコ節」と呼ばれていたが、万歳のことが忘れられるに及んで、はやし詞の「ポンポコニャ」が曲名になったようである。

なお、「オオサ〇〇〇〇　〇〇〇〇〇」というはやし詞は、大阪府堺市のお座敷唄『妙国寺節』（五二七ページ）にもみられる。

この種のはやし詞は、各地でその地なりに作り替えられて、かなり広く流行したようである。

節まわしの型　今日広く唄われている節まわしは、熊本市花柳界の芸者下谷《したや》菊太郎のものらしい。

ヨヘホ節《ぶし》

〽主《ぬし》は①山鹿《やまが》の　②骨《ほね》なし灯籠《とうろ》ヨヘホォ　ヨヘホ
ー
骨《ほね》もなけれど③　④肉《にく》もなしヨヘホォ　ヨヘホ
ー

〽⑤山鹿灯籠《やまがとうろ》は　⑥夜明《よあ》かし祭《まつ》り
町《まち》は火《ひ》の海《うみ》　人《ひと》の波《なみ》

〽⑦山鹿大橋《やまがおおはし》　流《なが》しちゃならぬ
流《なが》しゃ便《たよ》りが　遠《とお》くなる

〽⑧肥後《ひご》の小富士《こふじ》を　吹《ふ》きくる風《かぜ》に
立《た》つは浮《う》き名《な》と　湯《ゆ》の煙《けむり》
〔野口雨情作〕

〽⑨洗《あら》い濯《すす》ぎも　⑩鼓《つづみ》の湯籠《ゆかご》
⑪山鹿千軒《やまがせんげん》　⑫たらいなし

〽⑬山鹿湯祭《やまがゆまつ》り　月《つき》さえおぼろ
花《はな》は夜桜《よざくら》　袖《そで》に散《ち》る

〽袖《そで》にほんのり　湯《ゆ》の香《か》は残《のこ》る
山鹿湯《やまがゆ》の町《まち》　忘《わす》らりょか

〽心《こころ》⑭荒瀬《あらせ》の　蛍《ほたる》の頃《ころ》に
溶《と》けし想《おも》いの　⑮偲《しの》び唄《うた》

〽今宵灯籠《こよいとうろ》で　出会《であ》った二人《ふたり》
⑯ややと三人《さんにん》　来年《らいねん》は

注①⬇解説。
②竹・木や金具を用いずに作られていることから。
③「なければ」とも。
④「憎うもなし」を掛ける。
⑤⬇解説。
⑥夜を徹して行うお祭り。
⑦山鹿市市街地の南西部にある、菊池川に架かる橋。
⑧震岳《ゆるぎだけ》のこと。山鹿市市街地の北方にそびえる山（四一六メートル）。「肥後」は旧国名で、現熊本県全域。

⑨洗濯も。雨情、一九三三年の作。
⑩入れ口が大きく底が小さな、竹製の籠。編み目が、鼓を締めたひものような感じを与える。
⑪〔「千軒」は実数ではなく〕山鹿の、建ち並んでいる沢山の家々には。
⑫洗濯に用いる、木製の平たい桶。
⑬山鹿温泉祭り。四月初旬に、温泉の発見者とされる宇野親治の墓前祭や、温泉湧出に感謝する祈禱と舞が行われる。そのあと、神輿や、唄・踊り・仮装の人たちなどが市内へ繰り出す。綱引き大会などもある。
⑭菊池川の荒い瀬と、「心あるように」の意を掛ける。
⑮人を思い慕って唄う唄。
⑯赤ん坊。

熊本県のお座敷唄。熊本県の北西部にある山鹿《やまが》温泉（山鹿市）の花柳界の宴席で、芸者衆が唄ってきたものである。現在では「山鹿灯籠《とうろう》祭り」でも唄い踊られているが、その『ヨヘホ節』は、一九五四年頃に、それまでの「念仏踊り」に代えて起用されたもので、踊りも新たに振り付けられた。

「山鹿灯籠祭り」は、大宮神社（山鹿市山鹿）へ灯籠を奉納するお祭りで、毎年八月一五～一七日に行われる。その山鹿灯籠は、竹・木や金具を用いずに、和紙とのりだけで作った、精巧なもので、金色や銀色の灯籠のほかに宮殿・神社・城・五重の塔などがある。

八月一五日にそれを三〇基ほど市内各所に飾り、夕方灯を入れる。そして、一七日午前〇時を期して若い衆が屋台にのせて担ぎ、大宮神社へ奉納する。これを「上がり灯籠」と言う。お祓いを受けた灯籠は境内に展示され、以前は午前三時半頃から各町内へ下げられた（「下がり灯籠」と言う）。今は、境内の灯籠殿に納められ、一年間展示される。

『ヨヘホ節』は、一五日・一六日の夜に、奉納灯籠踊りとして大宮神社境内で唄い踊られるが、市内各所でも披露される。踊り手は女性だけで、全員が浴衣姿で、灯をともした紙灯籠を頭にのせて踊る。特に、一六日夜に山鹿小学校校庭で行われる「千人灯籠踊り」が圧巻で、千人に及ぶ女性が踊りまくる。

唄の履歴　この唄の源流は不明である。「ヨヘホ」という、奇妙なはやし詞も他に類例を見ないが、品のある、粋な唄である。

曲節は「甚句《じんく》」で、江戸時代後期以降に、山鹿温泉の花柳界へ流行《はや》り唄として伝えられた唄が元になっているものと思われる。

節まわしの型　今日広く唄われている節まわしは熊本市花柳界の芸者衆のものであるが、特に下谷《したや》菊太郎の影響が強いようである。

鹿児島県

鹿児島《かごしま》オハラ節《ぶし》

〽花《はな》は①霧島《きりしま》　煙草《たばこ》は②国分《こくぶ》
（アァ　ヨイヨイ　ヨイヤサア）
燃《も》えて上《あ》がるは　オハラハア③桜島《さくらじま》
（アァ　ヨイヨイ　ヨイヤサア）

〽見《み》えた見《み》えたよ　松原越《まつばらご》しに
④丸《まる》に十《じゅ》の字《じ》の　帆《ほ》が見《み》えた

〽雨《あめ》の降《ふ》らんのに　⑤草牟田川《そむたがわ》濁《にご》る
⑥伊敷《いしき》⑦原良《はらら》の　⑧化粧《けしょ》の水《みず》

〽可愛《かわ》いがられて　寝《ね》た夜《よ》もござる
泣《な》いて明《あ》かした　夜《よ》もござる

〽月《つき》のひょいと出《で》を　夜明《よあ》けと思《おも》うて
⑨様《さま》を帰《かえ》して　気《き》にかかる

〽桜島《さくらじま》には　霞《かすみ》がかかる
わたしゃ⑩おはんに　気《き》がかかる

〽雨《あめ》の降《ふ》る夜《よ》は　⑪おじゃんなと言《ゆ》たに
濡《ぬ》れておじゃれば　なお⑫むぞか

〽抱《だ》いて寝《ね》もせ⑬にゃ　⑭暇《いとま》もくれぬ
繋《つな》ぎ船《ぶね》⑮かよ　わしが身《み》は

〽⑯わたしゃ原良《はらら》の　袢纏育《はんてんそだ》ち
長《なが》い着物《きもん》にゃ　縁《えん》がない

〽伊敷原良《いしきはらら》の　⑰巻《ま》き揚《あ》げ髪《かみ》よ
⑱髪《かみ》を結《ゆ》うたら　なおよかろ

〽⑲おけさ働《はたら》け　来年《でねん》の⑳春《はる》は
㉑殿御《とのご》も持《も》たせる　㉒よかにせを

〽この地去《ちさ》っても　夢路《ゆめじ》に通《かよ》う
磯《いそ》の浜風《はまかぜ》　桜島《さくらじま》

〽㉓竹《たけ》に雀《すずめ》は　㉔仙台《せんだい》さんの御紋《ごもん》
丸《まる》に十《じゅ》の字《じ》は　㉕薩摩様《さつまさま》

〽㉖おごじょこらこら　㉗手拭《てぬぐ》い落《お》ちた
持《も》たん手拭《てぬぐ》い　なに落《お》ちんか

〽㉘兵児《へこ》の意気地《いきじ》も　おごじょが縋《すが》りゃ
㉙あたら㉚朱鞘《しゅざや》も　抜《ぬ》きゃならぬ

長ばやし〔はやし手の一人〕
〽アァ㉛谷山下町《たにやましたまち》　通《とお》れば
㉜蛸《たこ》が㉝吸《す》いつく　㉞おごが抱《だ》っつく
㉟こげな㊱こっつは　滅多《めった》に㊲ごわはん
滅多《めった》ござれば　体《からだ》が㊳たまらん
（アァ　ヨイヨイ　ヨイヤサア）

〽今来《いまき》たにせ㊴どん　よかにせどん
㊵相談《そだん》かけたら　㊶はっちこそなにせどん

〽道端大根《みちばただいこん》　引《ひ》かずにのすかい㊷
想《おも》う様《さま》どんの袖《そで》　引《ひ》かずにのすかい

〽ちゃんちゃん㊸茶釜《ちゃがま》の　蓋取《ふたと》る間《ま》もない
可愛《かわ》い男《おとこ》の　袖引《そでひ》く間《ま》もない

〽段々畑《だんだんばたけ》の　㊹豆《まめ》の莢《さや》
一莢《ひとさや》㊺走《はし》れば　みな走《はし》る
わたしゃ㊻お前《まえ》さんに　ついて走《はし》る

注①霧島山。鹿児島県・宮崎県境に連なる火山群の総称。深山霧島《みやま》（つつじ）で有名。
②霧島市の地名。国分煙草は江戸時代からの名産品。
③鹿児島市街の東方にある火山島。南岳（一〇四〇メートル）が噴火活動中。
④薩摩藩主島津氏の家紋。
⑤甲突川《こうつき》のこと。鹿児島市北西端の八重山に発して南東流し、市街中央部を貫流して錦江湾へ注ぐ川（約二一キロ）。
⑥鹿児島市街の北西方、甲突川東岸の地名。
⑦伊敷の下流、甲突川西岸の地名。
⑧伊敷・原良の娘たちが化粧に用いるから、川の水が濁るのだ、の意。
⑨愛人。また、いとしい人。
⑩お前さん。「おはんが　気にかかる」とも。
⑪おいでになるな。
⑫方言。共通語で「可愛い」とも。
⑬「せず　暇もくれず」とも。
⑭離縁もしてくれず。
⑮「かや」とも。
⑯「伊敷原良の」とも。
⑰髪の毛を巻き上げて、頭の上で留めた女よ。
⑱「髪を結たなら」「髷を結うたら」とも。
⑲女性の名。「おごじょ」とも。
⑳「二月ぁ」とも。
㉑「殿じょ」（亭主）とも。
㉒よい若者を。
㉓葉のついた二本の竹で作った輪の中に、羽ばたく二羽の雀を向き合わせに配した図柄。
㉔現宮城県の仙台藩主伊達《だて》氏の家紋。
㉕薩摩藩主島津氏の家紋。
㉖娘さん。
㉗手拭いは、男女が愛情を示すために手渡す風習があった。
㉘鹿児島地方で、一五歳〜二五歳の男のこと。
㉙もったいなくも。
㉚朱色の鞘に入っている刀。
㉛鹿児島市の南東部、谷山港付近の海岸辺り。
㉜遊女のこと。
㉝「抱っつく」とも。
㉞娘。
㉟このような。
㊱ことは。「こっちゅは」とも。
㊲「ござらん」とも。
㊳「続かん」「もたない」とも。
㊴殿。
㊵（自分の若衆にと）口説いたら。
㊶逃げて行ってしまいそうな。
㊷済むかい。
㊸「茶釜」の「ちゃ」を導くためのもの。
㊹「莢豆は」とも。
㊺はじければ。
㊻方言で「おはんに」とも。

鹿児島県のお座敷唄。鹿児島県の中央部にある、島津氏七二万石の旧城下町鹿児島（鹿児島市）の花柳界の宴席で、芸者衆が唄ってきたものである。

唄の履歴　この唄の源流は不明であるが、新潟県の港町（越後側）の酒盛り唄の「甚句《じんく》」であるらしい。それが、帆船の船乗りたちによって、海路、西へ広められ、九州西海岸にも伝えられたようである。

その唄は、唄い出しの「はいやー」から「はいや節」、はやし詞の「ヤッサヤッサ」から「ヤッサ節」、七七七五調の歌詞のしまい五音の前に「オハラハー」が入るところから「オハラ節」となったが、曲節そのものには、さしたる違いはなかった。

なお、「オハラハー」は、『津軽オハラ節』（青森）の「オハラ」や、『越中オワラ節』（富山）の「オワラ」と同じものである。その「オワラ」は『新潟甚句』の中にもあるので、鹿児島県下で生まれたものではなく、本州の日本海側の港町で生まれたと思われる。

さて、その越後の「甚句」は、現長崎県の西彼杵《そのぎ》半島中西部にある松島（西海市大瀬戸町）で流行して、「松島節」とか「松島」と呼ばれた。この島は、帆船の寄港地としてにぎわった所である。その「松島節」が鹿児島港にも伝えられ、鹿児島の花柳界でお座敷唄化した。そして、「オハラハー」から『鹿児島オハラ節』と呼ばれるようになった。

しかし、大正から昭和時代の初めにかけては漢字崇拝者が多く、民謡の曲名もなるべく漢字書きにと考えて「鹿児島小原良節」と書くようになった。この文字から、逆に、この唄の発祥地は原良《はら》村（現鹿児島市内）であるなどという解説まで生まれた。

一九三一年春、鹿児島商工会議所では、「国産振興博覧会」のために新民謡を作るべく、作曲家中山晋平と詩人西条八十《やそ》を招いた。その宴席に芸者喜代治《きよじ》（一九〇三年、種子島《たねがしま》の現西之表市生まれ）が出て、『鹿児島オハラ節』を唄った。中山は喜代治が大変気に入り、ビクターレコードに吹き込ませた。それが、この唄が世に出たきっかけである。

　喜代治は一九三二年に二九歳で上京すると、中山の紹介で、新橋の花柳界へ新橋喜代三《きよぞう》の名で出た。そして、『鹿児島オハラ節』をポリドールレコードに吹き込んだ。伴奏はオーケストラであったが、その中で豊吉が三味線を引いている。それが三四年一月に発売されると大評判になり、この唄は大流行した。その節まわしは、喜代三と豊吉・山田栄一（ポリドール専属の作曲家）の三人がまとめ上げたものである。山田は唄全体に手を加えて前奏をつけ、それまでの鹿児島市花柳界の、お座敷唄としての艶っぽいものから、単純で、歯切れのよい、明るい唄に編曲した。なお、「オハラハー」からあとは、鹿児島花柳界では下げて唄って粋にまとめていたのを、このレコードでは、声を張って、高く唄うようにしてある。しかし、その節まわしを、地元では「喜代三節」とか「ノコギリ節」（オーケストラ伴奏の唄ということであろう）と呼んで軽視していた。

　そのレコードは、一首目が「〽花は霧島…」、しまいが「〽見えた見えたよ…」であったが、その後『鹿児島オハラ節』の愛唱歌詞は、この形に定まってしまった。ちなみに、同レコードの二首目以降は「〽雨の降らんのに…」「〽可愛がられて…」「〽月のひょいと出を…」「〽抱いて寝もせず…」であった。

　節まわしの型　今日広く唄われている節まわしは、新橋喜代三のものである。また、鹿児島市花柳界の節まわしは、喜代三が鹿児島で芸者をしていた時に、芸者一八《いっぱち》から習った「一八節」である。

鹿児島《かごしま》三下《さんさが》り

定　型

〽わしが若《わか》い時《とき》や
（アァ　コラサイ　コラサイイ）
袖《そで》①褄《つま》引《ひ》かれ　今《いま》じゃ
（アァ　コラサイ　コラサイイ）
孫子《まごこ》に　手《て》を引《ひ》かれ

〽②麻裏草履《あさうらぞうり》の　鼻緒《はなお》でさえも
切《き》れて③心地《ここち》が　よいものか

〽一人《ひとり》じゃ寒《さむ》かろ　着《き》て行《ゆ》かしゃんせ
わしが寝巻《ねま》きの　④褞袍《どてら》まで

〽切《き》れてばらばら　扇《おうぎ》の⑤要《かなめ》
風《かぜ》の便《たよ》りも　ないわたし

〽年《とし》は寄《よ》りても　⑥船乗《ふなの》りゃやめぬ
港々《みなとみなと》にゃ　⑦様《さま》がいる

〽⑧続《つづ》けながらも　ま⑨一《ひと》つやろや
今《いま》の流行《はや》りの　⑩三下《さんさが》り

五字冠り

〽⑪唐傘《からかさ》の
糸《いと》は切《き》れても　紙《かみ》や破《やぶ》れても
⑫通《かよ》わせ給《たも》るが　わしゃ嬉《うれ》し

〽⑬駒下駄《こまげた》の
音《おと》はすれども　姿《すがた》は見《み》えぬ
⑭背戸《せど》の⑮松風《まつかぜ》　音《おと》ばかり

〽とことんと
上《あ》がる梯子《はしご》の　真《ま》ん中《なか》ほどで
辛抱《しんぼ》しやれと　目《め》に涙《なみだ》

〽枯《か》れ松《まつ》に
真《しん》の青葉《あおば》が　ござんすならば
も一度《いちど》逢《あ》いたし　語《かた》りたし

長ばやし〔はやし手の一人〕

〽エェッサ　コラコラ　コラナア
コラアじゃ　ござらん
野《の》でも山《やま》でも　田圃《たんぼ》でも
仕掛《しか》けた仕事《しごと》が　やめらりょか
（アァ　コラサイ　コラサイイ）

注①着物の裾の、左右の端。
②麻糸を平たく編んで、裏に縫いつけた草履。
③「気持ちが」とも。
④綿を厚く入れた、広袖の着物。夜具・防寒具に用いる。
⑤扇の骨を留める金具。また、その部分。
⑥千石船の。
⑦愛人。また、いとしい人。
⑧続けて、の意。
⑨もう一曲。
⑩鹿児島三下り。
⑪〔中国風の傘の意〕細く割った竹を骨とし、油紙をはった傘。
⑫「わたしゃあなたと　切れはせぬ」とも。
⑬一つの木材から台と歯を一緒にくりぬいて作った下駄。馬のひづめの形をしている。
⑭家の裏口。「瀬戸」は誤り。
⑮「待つ」を掛ける。

鹿児島県のお座敷唄。鹿児島県の中央部にある島津氏七十二万石の旧城下町鹿児島（鹿児島市）の花柳界の宴席で、芸者衆が唄ってきたものである。

別名　薩摩《さつま》三下り。

唄の履歴　この唄の源流は、江戸時代から明治時代初期に江戸の花柳界で流行した俗曲の「唐傘」である。それは、三下り調の三味線伴奏がついているので、「三下り」とも呼ばれた。本来の曲節は「甚句《じんく》」であるが、それを三下り調にしたことから、「二上り甚句」に対して「三下り甚句」と呼ばれ、粋で、艶っぽい唄になっている。

そうした唄が、鹿児島の花柳界に入って、『鹿児島三下り』と呼ばれた。しかし、曲節の上では俗曲「唐傘」とさしたる変化が見られない。島津藩では、流行《はや》り唄を持ち込む人たちの出入りを禁じていたためで、鹿児島県下の民謡は、沿岸部を除けば、ほとんどが明治時代の流行り唄が元になっている。この『鹿児島三下り』も、鹿児島化されるにはまだ歳月が足りないのである。

節まわしの型　今日広く唄われている節まわしは、鹿児島芸者喜代治《きよじ》（上京後は新橋喜代三《きよぞう》）のものである。

鹿児島浜節《かごしまはまぶし》

定　型

〽西《にし》に①雲仙《うんぜん》　東《ひがし》に②別府《べっぷ》トコ　ヨーイヤサーッ
サー
（コラショ）
中《なか》で火《ひ》を吐《は》くヤサホイノー　③阿蘇《あそ》の山《やま》トコ
ヨオイィヤサーッサー
（シテマアタ　ヨーイヤサア　コラシ
ヨ）

〽④島《しま》の⑤権現《ごんげん》　⑥結《むす》びの神《かみ》は
三度《さんど》　⑦登《のぼ》れば　⑧妻賜《つまたも》る

〽⑨島《しま》にま⑩一度《いちど》　渡《わた》らにゃならぬ
植《う》えた木《き》もある　⑪様《さま》もある

〽この地去《ちさ》っても　夢路《ゆめじ》に通《かよ》う
磯《いそ》の浜風《はまかぜ》　⑫桜島《さくらじま》

〽銀《ぎん》の簪《かんざし》　伊達《だて》には挿《さ》さぬ
⑬島田《しまだ》くずしの　留《と》めに挿《さ》す

〽見《み》たか聞《き》いたか　⑭錦江湾《きんこうわん》の
空《そら》に火《ひ》を吐《は》く　桜島《さくらじま》

〽⑮佐多《さた》の岬《みさき》の　灯台見《とうだいみ》ゆる
月《つき》はおぼろに　⑯薩摩富士《さつまふじ》

〽沖《おき》に見《み》えるは　⑰大島《おおしま》⑱桑島《かしま》
鶴《つる》も舞《ま》い来《く》る　⑲阿久根浜《あくねはま》

字あまり

〽鹿児島離《かごしまはな》れて　⑳南《みなみ》へ㉑八里《はちり》
㉒波《なみ》に花咲《はなさ》く　㉓吹上浜《ふきあげはま》

〽鹿児島港《かごしまみなと》に　入《い》り船出船《ふねでふね》
見《み》ゆる桜島《さくらじま》　蜜柑船《みかんぶね》

〽㉔城山颪《しろやまおろし》に　白帆《しらほ》が㉕見《み》ゆる
㉖丸《まる》に十《じゅ》の字《じ》の　㉗主《ぬし》の船《ふね》

〽花《はな》は霧島《きりしま》㉘　煙草《たばこ》は国分《こくぶ》㉙
男《おとこ》の中《なか》では　西郷《さいごう》㉚どん

〽心《こころ》の隅々《すみずみ》　鉋《かんな》をかけて
四角《しかく》の家《いえ》にも　丸《まる》く住《す》め

五段返し

〽唄《うた》も数々《かずかず》　あるその中《なか》に
〔どどいつ〕一《いち》にどどいつ㉛
〔博多節〕二《に》に博多節《はかたぶし》㉜
〔江差追分〕三《さん》に追分《おいわけ》㉝
〔米山甚句〕四《し》に米山《よねやま》㉞の薬師《やくし》
五《いつ》つは鹿児島《かごしま》の　浜節《はまぶし》

注
①長崎県島原半島の温泉街。
②大分県別府市の温泉街。
③熊本県の北東部にそびえる火山（一五九二メートル）。
④桜島。鹿児島市街の東方にある火山島。南岳（一〇四〇メートル）が噴火活動中。
⑤権現神社。北岳の北麓（桜島町）にある。
⑥「結ぶの」とも。
⑦「参れば」ども。
⑧妻をくださる。「夫《つま》賜る」とも。
⑨桜島。
⑩もう一度。
⑪愛人。また、いとしい人。
⑫⬇注④。
⑬芸者が好んで結った髪型。島田髷《まげ》に結った髪のあまりを笄《こうがい》に巻きつけて髷の前に置くもの。一般の女性も、忌中に結った。
⑭薩摩半島と大隅半島に囲まれた入り江。鹿児島湾。
⑮大隅半島の南端にある岬。
⑯開聞岳《かいもんだけ》（九二三メートル）の別称。薩摩半島の南端にある。
⑰阿久根大島。阿久根市街の西方約二キロの海上に浮かぶ島。周囲約四キロ。
⑱「くわじま」の約音。大島の北にある小島。
⑲現阿久根市の海岸。
⑳正しくは、南西へ。
㉑約三一キロ。
㉒「波の花散る」とも。
㉓薩摩半島の中西部、串木野から加世田に至る、約四七キロの砂丘海岸。
㉔城山から吹き下ろす風。城山は、鹿児島市街の北部にある小山（一〇八メートル）。南北朝時代に上山氏の山城があった。
㉕「見える」とも。
㉖薩摩藩主、島津氏の家紋。
㉗「は」とも。
㉘霧島山。鹿児島県と宮崎県の境に連なる火山群の総称。深山《みやま》霧島（つつじ）で有名。
㉙霧島市の地名。国分煙草は江戸時代からの名産品。
㉚名は隆盛、号は南洲。薩摩藩士。倒幕運動後、明治新政府の参議。征韓論を唱えたが敗れて帰郷。西南戦争で薩摩軍を指揮し、一八七七年九月に自刃。「どん」は殿。
㉛都々逸坊扇歌が天保年間に完成させた俗曲。主に男女間の情を七七七五の歌詞にまとめ、三味線の伴奏で唄う。
㉜六二二ページ。
㉝江差追分（三ページ）。
㉞『米山甚句』（四一九ページ）の一節。

鹿児島県の、お座敷唄形式の新民謡。鹿児島県中央部の、錦江湾に面した港町鹿児島（鹿児島市）の花柳界の宴席で、芸者衆が唄ってきたものである。

唄の履歴　この唄は、一九一八、一九年頃、折りからの新民謡運動の中で作られたもので、作詞者は尾崎末吉（のちに衆議院議員）である。作曲者は、鹿児島市山之口町在住の内田玄洋（活動写真の楽士で、バイオリンひき）であるらしい。

元唄のように思われている前掲「字あまり」の一首目の歌詞は、『磯節』（茨城）の「〽水戸を離れて東へ三里　波の花散る大洗」が母胎になっている。また、節は、上の句は「追分節」調に、下の句は「磯節」調に仕立てられている。曲名は、「南国の浜の唄」などと呼ばれた時期もあったが、奄美《あまみ》大島の『浜下《はまお》り節』という曲名の影響があったのか、いつか『鹿児島浜節』に落ち着いた。

一九一八、一九年頃、鹿児島県の宣伝のために、川西テル一行が大阪へ行ってこの『鹿児島浜節』を披露したところ、大阪の花柳界で流行し始めた。そして、一九三四年には、新橋喜代三《きよぞう》がポリドールレコードに吹き込んだが、やがて廃ってしまった。

ところが、一九五五年の「NHKのど自慢全国コンクール」に大口市の児玉辰雄《こだまたつお》が鹿児島県代表として出場し、この唄を唄った。それが、折りからの民謡ブームに乗って急激に広まっていった。

なお、「はやし詞」は人によってまちまちなので、本書では、昭和三〇年代（一九五五～）中頃までの、地元の人たちの「トコ　ヨーイヤサーッサ」「シテマータ　ヨーイヤサ　コラシヨ」へ戻すことにした。

節まわしの型　今日広く唄われている節まわし

は、児玉辰雄のものである。

鹿児島《かごしま》はんや節《ぶし》

〽はんンーやァエー
①はんやはんやで　今朝《けさ》②出《だ》した③船《ふね》はナー
（ハァ　ヨイサア　ヨイサア）
どこの港《みなと》にサーマァ　④入《い》れたやらナー

〽⑤はんやはんやで　半年《はんとし》や暮《く》れた
あとの半年《はんとし》や　寝《ね》て暮《く》らす

〽⑥おはんばかりにゃ　⑦難儀《なんぎ》はさせぬ
難儀《なんぎ》するなら　共難儀《ともなんぎ》

〽唄《うた》も⑧鄙《ひな》びて　お粗末《そまつ》ながら
⑨薩摩訛《さつまなま》りの　はんや節《ぶし》

〽⑩おごじょこらこら　お前宅《まえやど》どこや
行《ゆ》けば左手《ひだりて》の　⑪角屋敷《かどやしき》

〽今夜来《こんやき》やんせ　新浴衣着《にかゆかたき》て
宅《やど》の⑫六月灯《ろっがつどう》が　⑬はずん中《も》そ

〽⑭徒《あだ》な情《なさ》けに　つい惹《ひ》かされて
一夜泊《いちやど》まりが　二夜三夜《にやさんや》

〽焼酎《しょうちゅ》は千杯飲《せんべいの》め　大釜《うがま》で沸《わ》かせ
⑮下戸《げこ》の建《た》てたる　蔵《くら》はない

〽金波銀波《きんばぎんぱ》の　松原越《まつばらご》しに
⑯丸《まる》に十《じゅ》の字《じ》の　帆《ほ》が見《み》える

〽恋《こい》の九《ここの》つ　情《なさ》けの七《なな》つ
合《あ》わせ⑰十六《じゅうろく》　⑱様《さま》の年《とし》

長ばやし〔はやし手の一人〕

〽エェエー
（ハッ　ハッ　ハッ　ハッ）
今来《いまき》⑲たにせどん　よかにせどん
⑳相談《そだん》かけたら　㉑はっちこそなにせどん

〽㉒ちゃんちゃん茶釜《ちゃがま》の　蓋取《ふたと》る間《ま》もない
想《おも》うたにせどんの　袖引《そでひ》く間《ま》もない

〽㉓谷山丸木《たにやままるき》は　一挺艪《いっちょろ》じゃ上《のぼ》らん
二挺《にちょ》も三挺《さんちょ》も　㉔四挺五挺押《しちょごちょお》し立《た》てて
行《ゆ》けば港《みなと》も　近《ちこ》なる様《さま》じゃ

〽㉕谷山下町通《たにやましたまちとお》れば　㉖蛸《たこ》が㉗抱《だ》っつく　㉘おごが抱《だ》っつく
㉙こげなこっちゅは　滅多《めった》にござらぬ　滅多《めった》ござれば　体《からだ》が㉚続《つづ》かん

〽段々畑《だんだんばたけ》の　㉛莢豆《さやまめ》は
一莢《ひとさや》㉜走《はし》れば　みな走《はし》る
わたしゃ㉝おはんに　ついて走《はし》る

〽道端大根《みちばただいこん》　引《ひ》かずに㉞のすかい
想《おも》う様《さま》どんの袖《そで》　引《ひ》かずにのすかい

〽どこから来《き》たかい　鹿児島《かごしま》からかい
㉟使《つか》いもやらずに　よう来《き》た様《さま》じゃ

注①元は「はいやはいやで」。「はい」は「はえの風」（南風）のこと。⬇解説・六七六ページ。
②〔強い南風が吹くのに、危険をおかして〕出港した。「出た」は、船頭の出港しようとする意志が弱い。
③鹿児島港—天草沖—玄界灘—関門海峡—瀬戸内海—大坂を航行していた帆船。
④帆船は風次第なので、目ざす港まで行けずに、船頭の決断で途中の港へ入港したという感じ。「入るやら」は、船頭の入港しようとする意志が弱い。「着いたやら」は、目ざした港に着いたという感じが強い。
⑤港々で「はんや節」で酒宴を行う生活が半年続いたということ。帆船の船乗りは、三月頃から一〇月頃まで働いた。
⑥お前さん。
⑦苦労。

⑧田舎風で。
⑨旧国名。現鹿児島県西部。
⑩娘さん。
⑪道が十字に交差している角地にある屋敷。角地は一等地なので、金持ちの家、の意。
⑫旧暦六月に鹿児島県下の神社や寺で行われる、灯籠を飾る夏祭り。角形の木枠に和紙をはって絵や字をかき、参道や境内に張り渡した綱に吊るす。牛馬の健康や、田畑の病害虫防除を祈るもの。
⑬にぎわいますよ。
⑭その場限りの、ちょっとした愛情。
⑮酒を飲めない人。
⑯薩摩藩主島津氏の家紋。
⑰一六歳は、明治時代までは女性の結婚適齢期。
⑱愛人。また、いとしい人。
⑲若者。「どん」は殿。
⑳〔自分の若衆にと〕口説いたら。
㉑逃げて行ってしまいそうな。
㉒「茶釜」の「ちゃ」を導くためのもの。「チンチン」（お湯が沸いて、茶釜の蓋が鳴る音）とも。
㉓鹿児島市南東部にある谷山港の丸木船。
㉔「四挺艪で漕ぎやい　漕げば港が　近くなる」とも。
㉕谷山港付近の海岸辺り。
㉖遊女のこと。
㉗「吸いつく」とも。
㉘娘が。
㉙このようなことは。
㉚「もたない」「たまらん」とも。
㉛莢に入ったままの豆。大豆・えんどう・そらまめなど。
㉜はじければ。
㉝「おごじょに」とも。
㉞済むかい。
㉟案内も出さないのに。

鹿児島県のお座敷唄。鹿児島県の中央部、錦江湾に面した港町鹿児島（鹿児島市）の花柳界の宴席で、芸者衆が、腰を激しく振る踊りを加えて唄ってきたものである。

唄の履歴　この唄の源流は、現熊本県天草下島《あまくさしもじま》にある牛深《うしぶか》港（天草市牛深町）の酒盛り唄『牛深はいや節』（六七四ページ）である。それは、帆船の船乗りや漁師たちによって、酒席の唄として日本中の港へ広められていった。

特に鹿児島港は牛深港の南にあるため、この唄はいち早く伝えられた。そして、薩摩《さつま》（鹿児島県西部）の人たちの持つ情熱的な気質によって、発祥地の『牛深はいや節』よりも、野性的で、激しく、鋭い唄い方になっていった。

なお、前掲一・二首目の歌詞の唄い出しは、鹿児島でも「はいやはいやで」であったが、力を入れ、語気を強めて唄ううち、「はんやはんやで」となっていった。そのため、曲名も「はんや節」と呼ばれるようになった。それは、昭和時代に入ってからのことと思われる。

その『鹿児島はんや節』、一九三二年一一月に、鹿児島市の芸者喜代治《きよじ》（のちの新橋喜代三《きよぞう》）が、ビクターレコードに吹き込んだ。

節まわしの型　今日広く唄われている節まわしは、鹿児島市花柳界の芸者衆のものである。

鹿児島《かごしま》夜《よ》さ来《こ》い節《ぶし》

〽①夜《よ》さ来《こ》いどころか　今日《きょう》この頃《ごろ》は
人《ひと》の知《し》らない　苦労《くろう》する
（ハァヨッサアコイイ　ヨサアコイ）

〽夜《よ》さ来《こ》い夜《よ》さ来《こ》いで　通《かよ》わせながら
②いつも柳《やなぎ》に　春《はる》の風《かぜ》

〽夜《よ》さ来《こ》い夜《よ》さ来《こ》いや　どこでも流行《はや》る
③肥後《ひご》も④肥前《ひぜん》も　⑤天草《あまくさ》も

〽夜《よ》さ来《こ》い晩《ばん》に来《こ》いち　誰《た》が言《ゆ》たことか
誰《たれ》も言《い》やせぬ　主《ぬし》が言《ゆ》た

〽夜《よ》さ来《こ》いちゅうて　出《で》がなるものか
親《おや》が⑥横座《よこざ》に　⑦寄《よ》せまわり

〽わたしゃ⑧お前様《まえさま》に　一《いち》かけ二《に》かけ
三《さん》でかからにゃ　命《いのち》がけ

〽⑨むぞか⑩おごじょに　横目《よこめ》を使《つこ》て
⑪薩摩《さつま》なんこに　⑫ほたい⑬負《ま》け申《も》した

〽この地去《ちさ》っても　夢路《ゆめじ》に通《かよ》う
磯《いそ》の浜風《はまかぜ》　⑭桜島《さくらじま》

〽⑮おはんと暮《く》らせば　⑯唐芋《からいも》も米《こめ》よ

欠《か》けた茶碗《ちゃわん》も　⑰よか茶碗《ちゃわん》

〽たとえこの傘《かさ》　雨漏《あまも》りしても
おはん一人《ひとり》は　袖《そで》の下《した》

〽立《た》てば引《ひ》き留《と》め　まあ待《ま》たしゃんせ
話《はな》し遅《おく》れた　ことがある

〽鹿児島言葉《かごしまことば》で　⑱鉄瓶《かなぢょか》　⑲茶瓶《ちゃぢょか》
⑳いっぺこっぺ㉑さるき申《も》したや　㉒すったいだ㉓れ申《も》した

〽㉔石蕗《つわ》の㉕一夜干《ひとよぼ》し　㉖おかべと煮《に》しめて
好《す》いた㉗にせどんと　㉘丘登《おかのぼ》り

〽好《す》かん㉙殿《との》じょを　㉚八畳間《はっじょうま》に据《す》えて
見《み》れば蛙《どんこ》どんの　㉛蝿取《へと》り姿《すがた》

注①➡解説。
②「おはん」（お前さん）とも。
③旧国名。現熊本県全域。
④旧国名。現佐賀県と長崎県（壱岐《いき》・対馬《つしま》を除く）。
⑤現熊本県の天草上島《かみしま》・下島《しもしま》。「長崎も」とも。
⑥囲炉裏の、土間から見て正面奥の席。家長が座る場所。
⑦いつもいるので。
⑧「おはんに」とも。
⑨可愛い。
⑩娘。
⑪薩摩（鹿児島県西部）地方の酒席の遊び。割り箸二本を三つに折って、相手に三本与える。それを左手に握り、互いに見えないようにして何本かを右手に移し、二人同時に右手を突き出す。その手の中の箸の総数を二人で当て合う。
⑫たいそう。
⑬「負けた」とも。
⑭鹿児島市街の東方にある火山島。南岳（一〇四〇メートル）が噴火活動中。
⑮お前さん。
⑯薩摩芋。
⑰よい。
⑱てつびん。
⑲茶びん。急須。
⑳あっちこっち。
㉑歩きまわったら。
㉒すっかり。
㉓疲れました。
㉔つわぶき。キク科の常緑多年草。暖地の海岸付近に自生し、また、庭に植える。根元から群生する柄の先に、厚い円形の葉が開く。初冬、花茎の先に、菊に似た黄色い花をつける。葉柄を食用とする。
㉕「一日干《ひしてぼ》しゅ」とも。
㉖豆腐。
㉗若者。「どん」は殿。
㉘山遊び。
㉙亭主。
㉚「八畳敷きに」とも。
㉛「蝿取りの姿」とも。

鹿児島県のお座敷唄。鹿児島県中央部の、錦江湾に面した港町鹿児島（鹿児島市）の花柳界の宴席で、芸者衆が唄ってきたものである。

唄の履歴　この唄の源流は、江戸時代後期から明治時代に日本中で大流行した「甚句《じんく》」である。それを、薩摩《さつま》半島の人たちは、八月の満月の夜などに「掛け唄」（二〇一ページ）に用いるようになった。

はやし詞の「夜さ来い」は、以前は「夜さ来い晩に来い」であった。夜に忍んで来い、という意味で、男女の恋唄であるところから、この唄は鹿児島の花柳界でも好んで唄われた。それが、のちに土佐の鰹《かつお》船の漁師たちによって高知（高知市）へ持ち帰られて、坊さんの恋物語の唄『土佐ヨサコイ節』（六一四ページ）へと発展していった。

その『鹿児島夜さ来い節』、鹿児島市花柳界の芸者喜代治（のちの新橋喜代三《きよぞう》）が上京して、一九三一年一一月にビクターレコードに吹き込み、三四年六月にはポリドールレコードに吹き込んで有名になった。

節まわしの型　今日広く唄われている節まわしは、新橋喜代三のものである。

串木野《くしきの》サノサ

〽ハァー①百万《ひゃくまん》の（ハァ　ヨイショ）
敵《てき》に卑怯《ひきょう》は　取《と》らねども
（ハァ　ヨイショ　ヨイショオ）
②串木野《くしきの》　③港《みなと》を　出《で》る時《とき》は
（ハァ　ヨイショ　ヨイショオ）
思《おも》わず知《し》らず　④感激《かんげき》に
⑤さすがの（ハァ　ヨイショ）わたしも　つ

いほろり　サノサー

〽夕空《ゆうぞら》の
月星眺《つきほしなが》めて　ただ⑥一人《ひとり》
あの星《ほし》あたりが　主《ぬし》の船《ふね》
飛《と》び立《た》つほどに　想《おも》えども
海《うみ》を隔《へだ》てて　ままならぬ　サノサ

〽落《お》ちぶれて
袖《そで》に涙《なみだ》の　かかる時《とき》
人《ひと》の心《こころ》の　奥《おく》ぞ知《し》る
朝日《あさひ》を拝《おが》む　人《ひと》あれど
夕日《ゆうひ》を拝《おが》む　人《ひと》はない　サノサ

〽我《わ》が恋《こい》は
⑦玄界灘《げんかいなだ》より　まだ深《ふか》い
いつもあなたに　青々《あおあお》と(逢おう逢おうと)
岸打《きしう》つ波《なみ》の　身《み》の辛《つら》さ
岩《いわ》に砕《くだ》けて　主《ぬし》の胸《むね》　サノサ

〽雨《あめ》は降《ふ》り
夜《よる》はデッキ⑧を　吹《ふ》き洗《あら》い
寒《さむ》さに手足《てあし》も　凍《こご》えたと
言《い》うてよこした　この手紙《てがみ》
胸《むね》で温《ぬく》めて　やるわいな　サノサ

〽串木野《くしきの》を
出　港《しゅっこう》すれば　はや荒《あ》れの海《うみ》
⑨種子《たね》⑩屋久島《やくしま》をば　横《よこ》に見《み》て
鳥《とり》も通《かよ》わぬ　⑪八丈《はちじょう》の
南《みなみ》の沖《おき》で　鮪《まぐろ》獲《と》る　サノサ

注①②➡解説。
③昭和三〇年代（一九五五～）までは「波止場を」であった。
④「胸迫り」とも。
⑤「男涙を」は、流行歌調でよくない。「ほろりと落とす　一雫」とも。
⑥「ほろりと涙」とも。
⑦福岡県の北方の海域。
⑧甲板。
⑨種子島《たねがしま》。大隅半島南端にある佐多岬の南東方約四〇キロの海上に浮かぶ。細長い島で、南北約五八キロ。
⑩種子島の南西にある、円形の島。周囲約一〇〇キロ。
⑪伊豆半島の南東方約一八二キロの海上に浮かぶ島。周囲約五九キロ。江戸時代は流刑地とされ、遠く離れた小島という印象が強かった。

鹿児島県のお座敷唄。鹿児島県の中西部にある串木野（いちき串木野市）の花柳界の宴席で、芸者衆が唄ってきたものである。串木野は東シナ海に面しており、鰹《かつお》・鮪漁《まぐろりょう》の遠洋漁業基地であった。

唄の履歴　この唄の源流は、清楽《しんがく》（中国清代の音楽）の恋の唄「九連環《きゅうれんかん》」である。それは、三四七ページに述べたように、「かんかんのう節」→「梅が枝節」→「法界節」→「サノサ節」と変わっていった。

その「サノサ節」は日本中へ広まり、酒席で好んで唄われたが、長崎県西部の海上に連なる五島列島へも伝えられた。その『五島サノサ』（六四〇ページ）を、鰹・鮪漁で五島方面へ出漁した串木野の漁師たちが持ち帰って酒席で唄った。

『串木野サノサ』が一般に知られるようになったのは、太平洋戦争中に、船蔵光二という漁師の唄が、NHKラジオで放送されてからである。そして、一九五九年三月二一日にラジオのニッポン放送「民謡風土記」で紹介された頃から、それまでの俗曲の分野から民謡界へと広まっていった。

この放送の折りの歌詞は「〽百万石の　知行にひけは　取らねども…」であった。これは『博多節』の「〽百万石の　知行取るより…」（六二八ページ）のもじりである。しかし、「百万石の」は七音で唄いにくいために「百万の」となり、「知行にひけは」の意味が通じない人が増えて、「敵に卑怯は」となったようである。

節まわしの型　今日広く唄われている節まわしは、前園とみ子のものである。

民謡豆知識

●民謡の指導者

後《ご》藤《とう》桃《とう》水《すい》

東北民謡の指導者。一八八〇年一〇月二五日に現宮城県東松島市（旧桃生《ものう》郡鳴瀬《なるせ》町大塚）に生まれた。本名は正三郎。仙台第二高等学校（現東北大学）時代、普化《ふけ》尺八の小梨錦水に師事し、桃水と号した。一九〇五年、日本大学に入学したが、二年で中退。神田猿楽《かんださるがく》町（現東京都千代田区内）に「追分節《おいわけぶし》道場」を開き、弟子の太田北海（本名、山田敏之）と「追分節」（現『江差《えさし》追分』）の普及を始めた。そして、一九一九年に神田美土代《みとしろ》町のキリスト教青年館で「追分節大会」を開き、二〇年一〇月には同館に有名民謡家を集めて「全国民謡大会」を催した。これが、「民謡」という語を初めて用いた大会といわれる。二三年九月一日の関東大震災で焼け出された桃水は、尺八をたずさえ、小犬を連れて故郷へ帰り、以後、宮城県下の民謡発掘と普及を行った。

一九二八年には仙台放送局が開局したが、桃水は民謡番組の制作者となり、東北民謡をラジオで放送するために、歌詞や節や曲名の整理を行った。『大漁唄い込み』は、その代表的な唄である。また、多くの門弟を育て、尺八の弟子には「水」、唄い手には「桃」の字を号として贈った。（ただし、初期の弟子は、唄い手も「水」であった。）門弟は東北六県に及んでおり、桃水は「東北民謡育ての親」と呼ばれた。しかし、遊芸人を嫌ったため、津軽の遊芸唄などは放送しなかった。一九六〇年八月八日に他界。

成《なり》田《た》雲《うん》竹《ちく》

青森県民謡の唄い手。青森県の民謡の発掘と普及に尽力した人。一八八八年一月一五日に現青森県つがる市（旧西津軽郡森田村月見野）に生まれた。本名は武蔵《たけぞう》。養家の義理の祖父、山本与助は唄好きで、ひざの上の武蔵の腹を指でたたいて拍子を取るなどして、いろいろな民謡を教えた。その一曲が、のちの『津軽音頭』である。

武蔵は鉄道員や電信工夫として働いたのち、一九〇八年に青森県の警察官となった。そして、一三年四月、防火講演会の余興で、防火を主題にした歌詞を即興で作り、津軽民謡の節で唄ったため、「唄う警察官」として有名になった。この頃、流行中の浪花節にあこがれ、桃中軒雲右衛門の語り口をまねて、近所の医師、工藤京蔵から「雲竹」という名をもらった。

一九一七年、青森県警を辞して北海道警に再就職、佐々木冬玉から「追分節《おいわけぶし》」の本格的な稽古を受けた。しかし、この時代は、唄は、働くのが嫌いな道楽者が唄うもの、盲人などの遊芸人が三味線を抱えて門付けをしながら唄うものとしてさげすまれていたので、二四年には上司から依頼退職を勧められた。そこで雲竹は「追分道場」を開き、「国風雲竹流」を掲げた。そして、「新民謡運動」が盛んであったから、各地の勤務先で覚えた唄を整理して、青森県民謡として発表した。それが今日の『津軽けんりょう節』や『津軽山唄〔東通り山唄〕』である。

しかし、雲竹は、警察官であったため、きまじめで、声質が固く、芸風は折り目正しく、きっちりとしていたので、遊芸人が得意とする「津軽三つ物」（『津軽じょんがら節』『津軽ヨサレ節』『津軽オハラ節』）や『江《え》差《さし》追分』には不向きであった。したがって、興行には向かず、三八年には引退興行を行った。

一九五〇年、弟子の成田雲竹女の紹介で、高橋定蔵（のちの竹山）を三味線伴奏者として迎え、『津軽音頭』『弥三郎節』『十三《とさ》の砂山』『鰺ヶ《あじが》沢《さわ》甚句』などに三味線の新しい手をつけさせた。そして、「雲竹節」を作り上げ、五一年からキングレコードやビクターレコードに次々と吹き込んだ。折りから民間放送が開局し、以後、雲竹はラジオやテレビに出演したり舞台で唄ったりして「津軽民謡の神様」と呼ばれた。一九七四年五月二二日に他界。

堀内《ほりうち》秀之進《ひでのしん》

相馬民謡の指導者。一八七六年一月二〇日、現福島県相馬市柏崎に、旧相馬藩家老職の孫として生まれた。一〇歳で大坪流の馬術師範、木村公定に師事し、一八九一年に「相馬野馬追い」に初参加。九七年に大坪流馬術師範となり、「野馬追い」のために馬術指導を始めた。また、この行事で唄われる『相馬流山』の歌唱指導のため、「中村城下民謡研究会」を結成した。会員は男だけであり、加えて堀内は武家の家柄なので、三味線を用いずに無伴奏で指導した。したがって、相馬民謡は、格調と重厚さを重んじ、低音部を生かした唄い方が好まれるようになっていった。

その後一九三八年まで、堀内は、「野馬追い」で旧相馬藩主の名代《みょうだい》を務めた。一九五七年七月一二日に他界。

町田《まちだ》佳聲《かしょう》

邦楽・民謡研究家。一八八八年六月八日に現群馬県伊勢崎市三光町に生まれた。幼名は英《はなぶさ》、のちに博三《ひろぞう》、嘉章《かしょう》。六三年に佳聲《かしょう》と改名したのは、後継者の筆者（竹内勉）が育つようにとの願いからであった。

一九一三年に東京美術学校（現東京芸術大学）を卒業し、時事新報、中外商業新聞（現日本経済新聞）を経て、二五年に東京放送局（現ＮＨＫ）の邦楽番組制作者になった。以後、各地の民謡を放送するため、多くの民謡家と交流し、二七年には『チャッキリ節』を作曲した。

一九三四年、ＮＨＫを退局し、邦楽・民謡の研究家として独立。三七年には特製の「写音機」を持って東北地方へ向かったが、それは、日本最初の、民謡の録音採集旅行であった。町田は民謡の楽譜集を作りたかったので、翌三八年からは、作曲家藤井清水《きよみ》と組んで、各地で採譜を行った。その頃、ＮＨＫは、軍部の圧力のため、番組で洋楽が使えなくなった。しかし、邦楽は軟弱で艶っぽく、国威発揚には向かないので日本民謡に着目し、二人が作成した楽譜を中心にした『日本民謡大観』を出版しようと考えた。ところが、民俗学者の柳田国男を監修者に据えたことから、企画の意図は、単なる楽譜集から、民俗学的な手法による民謡研究書へと発展した。その『日本民謡大観』が刊行されたのは、最初の「関東篇」が一九四四年、最終の第九巻「九州篇（南部）・北海道篇」が八〇年であった。町田は翌一九八一年九月一九日に他界した。（筆者、竹内勉が同書の編集に加わったのは一九六三年で、「近畿篇」からである。）

●民謡の用語

仕《し》事《ごと》唄《うた》

仕事をする時に唄う唄。

古くは、田畑を耕して農作物を栽培する場合も、豊作を希求するのに神の力を借りようとした。農作業をしながら唄を唄って、神に豊作を「祈願」したのである。その代表的なものが、中国地方の「はやし田」のような、古風な「田植え唄」である。

ところが、道具や技術が進歩してくると、神への依存度が低くなっていった。それにつれて、仕事をしながら唄う唄も、「祈願」の部分が薄れ、「仕事の拍子を取るため」「大勢の人たちの動作をそろえるため」「単調な仕事に飽きないようにするため」「孤独な作業からくる淋しさを紛らわすため」などに唄うようになってきた。

したがって、用いる唄も、仕事の拍子を取る場合は「掛け声」部分が重要視されたが、その他の場合は、節まわしの美しいもの、誰もが知っているもの、唄いやすいものということから、「盆踊り唄」「酒盛り唄」や、単なる流行《はや》り歌が転用された。それが、各地で一定の仕事をする時に唄われるようになって、「仕事唄」として定着していった。

しかし、太平洋戦争後、道具が機械化され、技術が進歩したために、人の力を動力源とする「仕事」が激減し、「仕事唄」もまた消え去っていった。日本民謡の中で最も早く姿を消したのが、実は仕事唄である。

なお、戦後、左翼系の文化人が「労作唄」「労働唄」「作業唄」という名称を好んで用いるようになった。「労働者」と「資本家」という、対立した図式を持ち込もうとしたもののようであるが、民謡の世界では、そのようなむずかしい語は用いずに、「仕事唄」と呼ぶほうが自然である。

祝《いわ》い唄《うた》

身の安全や、物事の成功などを祈願し、また、豊作を予祝し、あるいは成就《じょうじゅ》したことを感謝して、神へささげる唄。また、目出度いことを祝って唄う唄。

道具や技術が未発達の時代には、神に成功を祈願し、成功した折りには神に感謝をした。そうした席で唄われてきたのが「祝い唄」である。

ところで、神の世界には、人間界の言葉とは異なった、神の言葉があると考えられていたようである。しかし、人間は神の言葉を知るわけがないので、人間界の目出度い言葉を集め、母音《ぼいん》を長く長く伸ばし、奇妙な抑揚《よくよう》を加えて、朗々と、唄うがごとく、語るがごとくの、神道の「祝詞《のりと》」のような唄が作り出された。その、母音部分（生み字）を重ねた、意味不明の、「神様言葉」にしたつもりの「祝い唄」の代表が、石川県の「七尾《ななお》まだら」である。

ところが、道具や技術が進歩して生産力が高まり、神の力を借りる必要がなくなってくると、神の存在がしだいに薄れていった。祝いの席での唄もまた、神へ向けての唄から、同席している人々にもわかりやすい唄へと移行していった。しかし、目出度づくしの言葉を並べ、長く伸ばして、ゆっくりと、朗々と唄う点は、古来の流れを受け継いでいると言える。そして、江戸時代中期以降になると、

〽目出度目出度の　若松様よ
　枝も栄えて　葉も繁る
〽この家座敷は　目出度い座敷
　鶴と亀とが　舞い遊ぶ

などの歌詞が、日本中で好んで唄われた。

　現代社会では道具が機械化され、技術が進歩し、神への依存度がなくなったため、物の生産にまつわる祝い唄は、しだいに姿を消している。しかし、「人間の一生」にかかわる儀礼だけは相変わらず「神頼み」で、「婚礼祝い唄」のような祝い唄は、今日でも盛んに唄われている。

酒《さか》盛《も》り唄《うた》

　大勢の人が集まって、酒をくみかわしながら唄う唄。宴席で芸者衆が唄う唄は、「お座敷唄」として区別する。

　古来、酒を飲めば、酔うことによって神の世界へ近づけると考えられてきたようである。そして、酒盛りは、神の力を借りるために祈願する場合や、神の力を借りたことによって成就《じょうじゅ》したことを感謝する場合に行われたものであり、神へ供えた御神酒《おみき》を、一堂に会した者たちが一緒に飲むことに始まる直会《なおらい》でもある。したがって、そこで唄われる「酒盛り唄」は、一種の「祝い唄」であったと思われる。

　ところが、時代が下ってくると、唄を聞かせる相手が、神から人へと移ってきた。そして、最初に登場した「酒盛り唄」は、山形県の『あがらしゃれ』のような、客に酒を勧めるための唄ではなかったかと思われる。

　その後、酒席をにぎやかにということが主眼になって、種々の流行《はや》り唄を唄うようになっていった。しかし、それでも、酒盛りは参会者全員が仲間意識を共有するのが目的と考えられて、唄を合唱したり、順に唄ったり、他の者が手拍子を加えたりして、一つの共同体を作り出すものであった。

お座《ざ》敷《しき》唄《うた》

「お座敷」の「お」は、本来は丁寧の意を表す接頭語であったが、のちには「お座敷」で一語となり、花柳界で、芸者衆が同席する宴席をさすようになった。したがって、「お座敷唄」は、花柳界で、宴席を盛り上げるために、芸者衆が三味線の伴奏に乗せて唄う唄のことである。一般の者が芸者衆をまじえない宴席で唄う唄は、「酒盛り唄」として区別する。

甚《じん》句《く》

酒盛りや盆踊りに参加した者が、順番に唄い踊る形式の酒盛り唄や盆踊り唄。詞型は「七七七五」であるが、節はさまざまである。

「甚句」は江戸時代末期から明治時代に流行した唄で、現在、「○○甚句」という曲名の唄は、東日本を中心にして、南は中部地方にまで分布している。西日本では、『熊本甚句』（熊本県）のような「本調子甚句」系統の唄が数曲と、『祖谷《いや》甚句』（徳島県）のような「二上り甚句」系統の唄が数曲点在しているだけである。広島県の『室尾《むろお》甚句』（安芸《あき》郡倉橋町室尾）も「二上り甚句」系統であるが、かつては「東京甚句」と呼ばれていたので、西日本の「甚句」は、「江戸」が「東京」と改名した明治以降の移入であろう。

　ところで、秋田県・岩手県・宮城県下には、「甚句」ならぬ「甚コ」と呼ばれる盆踊り唄が点々と残っている。東北地方では、名詞の後に「コ」を加えて、「娘っコ」といった言い方をする。したがって、「甚句」の場合は「甚句っコ」となるはずであるが、なぜか「甚コ」である。

さて、西日本の盆踊り唄は、「七七七七」または「七五七五」の四句を一単位にして繰り返していく「口説《くどき》形式」で、一人の音頭取りが延々と語って、踊り手を踊らせる。これに対して東日本の盆踊り唄は、特定の音頭取りではなく、踊り手が踊りながら「七七七五調」などの短詞型の唄を代わる代わる唄い合って、踊ってきた。

　これらのことを併せ考えると、「ジン」は「順」の訛ったもので、「ジンコ」は、「順コ」、すなわち「順番コ」のことで、本来は「音頭取り形式」に対する「順番コ形式」のことではなかったかと、筆者（竹内勉）は推測した。それは、一九七四年八月一六日に、秋田県鹿角《かづの》市八幡平《はちまんたい》字石鳥《いしどり》谷《や》で、盆踊りの「甚コ」を見物していて気がついたことである。その「順コ」の「コ」も「ク」と変化し、いつの時代かに「甚句」という文字をあてたのであろう。なお、東北地方の酒盛り唄も、参会者が順に唄い、踊る形式になっている。

　「甚句」の語源については、次のような説がある。①「神供」で、神に奉納する唄や踊り。②「地《じ》ん句」で、その地その地の唄。③越後の甚九という男が大坂で身請けした遊女が「甚九甚九は　越後の甚九…」と唄ったことから。④長崎の豪商、えび屋甚九郎を唄った唄から。しかし、いずれも説得力のあるものではない。

口《く》説《どき》

　日本民謡の「口説」とは、歌詞が、長い物語になっているもののことをいう。

　「口説」の代表的な形式は、「七七七七」または「七五七五」の四句を一単位にするもので、前半の二句を高く、後半の二句を低くというように、対照的な節を並べ、それを繰り返して唄っていく。

　その「七七七七調」は、「御詠歌」の詞型「五七五七七」の、しまい「七七」を利用したものらしい。音頭取りが上の句「五七五」を唄うと、他の人たちが下の句「七七」を付ける。その「七七」を繰り返すと「七七・七七」となるが、繰り返し「七七」の節に少し変化をつけて唄っているうちに、「七七・七七、七七・七七、…」という長編の「口説」が生まれたのではないか、と筆者（竹内勉）は考えている。かつては、長編の物語を唄い納める時は、最後の「七七」を二度繰り返して「止め」の節にしていたのは、その一つの証左であろう。

　また、「七五七五調」は、「和讃《わさん》」を活用したもののようである。

　このほかに、「七七七」の三句を一単位にして繰り返していくものや、「八八八八」または「八八八」を一単位にして繰り返していくものもある。

盆《ぼん》踊《おど》り唄《うた》

盆踊りに唄われる唄。

　「盆」は、「盂蘭盆《うらぼん》」の略称で、「お盆」ともいう。先祖の「魂祭《たままつ》り」を中心とした、仏教の行事で、旧暦七月一三日夜に迎え火をたいて自宅に先祖の霊を迎え、種々の供物を供えて供養し、一六日夜に送り火をたいてその霊を送る。この期間に大勢の人たちが集まって供養のために踊るのが盆踊りで、輪になって踊る「輪踊り」と、行列を作って進んでいく「行進踊り」とがある。前者は寺の境内や町の広場や、新仏の家の庭先などで踊り、後者は街路などで踊る。

　「盂蘭盆」は、「仏説盂蘭盆経」に由来する仏事であった。目連《もくれん》が、餓鬼道に落ちた母を救うため、師の釈迦《しゃか》の教えに従って、七月一五日に僧たちに飲食《おんじき》を供したことによる。その法会《ほうえ》は、中国では五三八年に行われたのが最初であるが、日本でも推古一四年（六〇六）に催されたという記録がある。そして、その後、僧を供応するよりも、先祖の霊を供養するという性格が濃くなって民間へ広まった。

さて、その盆行事は大陰暦（旧暦）七月に行われていたが、太陽暦（新暦）が採用されると、新暦七月は旧暦七月より一ヶ月ほど早いため農作業が忙しく、仕事のくぎりがつかないことなどもあって、新暦八月に行うようになった。ところが、旧暦八月には「八月踊り」と総称される踊りが四種類もあった。

その一つは、旧暦八月の満月の夜に、男女が異性を求めて唄い踊る「歌垣《うたがき》」を源流とするもので、東北地方の「甚句踊り」もこの系統である。歌詞は性的なものが多く、煽情的な感じを出すために裏声を用いたりする。青森県の『ホーハイ節』の裏声や、奄美《あまみ》大島・沖縄県の「八月踊り」の指笛などは、その名残りである。

二つ目は、「豊年祈願踊り」（通称「豊年踊り」）である。春には田の神を田へ招き、音取取りと早乙女が「田植え唄」を唄って豊作を祈願する。そして、稲が開花する旧暦八月に唄い踊って、田の神に再度豊作を祈願する。

今日盆踊り唄とされている、香川県の『一合播《ま》いた』の歌詞は、「〽一合播いた　籾《もみ》の種子《たね》　その桝《ます》有り高は　一石《いちこく》一斗一升　一合と一勺《いっしゃく》」であり、福島県の『相馬盆唄』の歌詞は、「〽今年ゃ豊年だよ　穂に穂が咲いて　道の小草にも　米が生《な》る」である。したがって、本来は、田の神に豊作の暗示をかけ、豊作を祈願する「豊年踊り」の唄であった。

三つ目は、「虫送り」の行事である。大きな音の出るものをたたいて、村境や川・海まで踊りながら行進していき、村内から害虫や悪病を追い払う。青森県の『黒石ヨサレ節』や徳島県の『阿波《あわ》踊り』などは、その名残りである。

そして、鎌倉時代には、「南無阿弥陀仏《なむあみだぶつ》」を唱えながら踊る「念仏踊り」が生まれた。これを源流とするものは福島県の『ジャンガラ念仏』や東京都の『佃島《つくだじま》盆踊り』などで、歌詞の中に「南無阿弥陀仏」が詠み込まれている。

その後、仏教国日本では、これら四種類の「八月踊り」は、踊る時期が同じであるため、いつか、死者や先祖を慰める「供養踊り」としての「盆踊り」に統合されていった。

盆踊《ぼんおど》り　西・東

「盆踊り」は、西日本と東日本では全く異なった形式になっている。西日本では、専門の音頭取りが「盆踊り口説《くどき》」（長い物語）を唄って踊り手を踊らせる「音頭取り形式」である。これに対して東日本では、踊り手が代わる代わる唄って踊る「甚句踊り形式」である。

また、「盆踊り唄」の詞型は、西日本では、「七七七七」または「七五七五」の四句を一単位にして繰り返していく、長編のものである。東日本では、「七七七五調」などの短詞型のものである。

盆唄《ぼんうた》と盆踊《ぼんおど》り唄《うた》

今日では、「盆唄」は「盆踊り唄」を略した呼び方のように思われているが、本来は別のものである。「盆唄」は、お盆に、一二、三歳ぐらいまでの女の子だけ（時には男の子がまじる場合もある）が町内を流して歩く「小町踊り」の名残りを伝えるもので、大人は加わらない。大阪府の『おんごく』、京都府の『さのやの糸桜』、愛知県の『盆ならさん』、富山県の『さんさい』などがそれである。

したがって、『北海盆唄』（北海道）や『相馬盆唄』（福島県）は、『北海盆踊り唄』や『相馬盆踊り唄』と呼ぶほうがよい。

新《しん》民《みん》謡《よう》

大正時代以降に、古くから伝えられてきた「伝承民謡」風に、新たに作られた唄。「創作民謡」とも。曲名・歌詞・節の三つが、独自の創作でなければならない。曲名だけを替えた場合は「転用」、歌詞だけを作り替えた場合は「替え唄」か「補作」であろう。曲名と歌詞が現存していて、失われている節を推測して作った場合は「復元」である。

曲名索引

太字は本巻に収録されていることを示す。

●き

●く

●け

●こ

●さ

●し

●す

●せ

●そ

別名索引

太字は本巻に収録されていることを示す。

●か

●き

●く

●け

●こ

●さ

唄い出し索引

太字は本巻に収録されていることを示す。

●き

●く

●け

●こ

●さ

●し

●す

●せ

●そ

●た

●ち

●つ

●て

●と

●な

●に

●ぬ

●ね

●の

●は

●ひ

●ふ

●へ

●ほ

●ま

竹内　勉（たけうち　つとむ）

●編著者略歴

民謡研究家・民謡評論家。
1937 年 5 月，東京都杉並区に生まれた。12 歳から近所の古老を訪ね歩いて，東京の民謡採集を開始し，25 歳から町田佳聲（かしょう）に師事。
現地調査を第一として北海道〜鹿児島県を限なく歩き，研究を続けた。
2015 年 3 月 24 日，死去。
1965 年，「民謡源流考—江差追分と佐渡おけさ—」（コロムビア）で芸術祭奨励賞（レコード部門）受賞。
レコード各社「日本民謡全集」の監修や解説を担当。
「日本民謡大観」近畿篇・中国篇・四国篇・九州篇・北海道篇（日本放送出版協会）の中心スタッフ。
NHK ラジオ「ミュージックボックス・民謡」（水曜日夕方）を，2006 年 3 月まで，30 年間担当。

●主な著書

「うたのふるさと」（音楽之友社）	1969
「新保広大寺—民謡の戸籍調べ—」（錦正社）	1973
「日本の民謡」（日本放送出版協会）	1973
「民謡に生きる—町田佳聲　八十八年の足跡—」（ほるぷ出版）	1974
「民謡のふるさとを行く。—わたしの採集手帖—」正・続（音楽之友社）	1978・1983
「追分節—信濃から江差まで—」（三省堂）	1980
「民謡—その発生と変遷—」（角川書店）	1981
「民謡のふるさと—北海道・東北—」（保育社）カラーブックス	1981
「民謡のこころ」1 〜 8 集（東研出版）	1982 〜 1995
「生きてごらんなさい」百歳の手紙　1 〜 9 集（本阿弥書店）	1995 〜 2002
「民謡地図①　はいや・おけさと千石船」（本阿弥書店）	2002
「民謡地図②　じょんがらと越後瞽女」（本阿弥書店）	2002
「民謡地図③　追分と宿場・港の女たち」（本阿弥書店）	2003
「民謡地図④　東京の漁師と船頭」（本阿弥書店）	2004
「民謡地図⑤　東京の農民と筏師」（本阿弥書店）	2004
「民謡地図⑥　田植えと日本人」（本阿弥書店）	2006
「民謡地図⑦　稗搗き節の焼き畑と彼岸花の棚田」（本阿弥書店）	2009
「民謡地図⑧　恋の歌垣　ヨサコイ・おばこ節」（本阿弥書店）	2011
「民謡地図⑨　盆踊り唄　踊り念仏から阿波踊りまで」（本阿弥書店）	2014
「民謡地図⑩　ヤン衆のソーラン節とマタギの津軽山唄」（本阿弥書店）	2016
「民謡地図・別巻　民謡名人列伝」（本阿弥書店）	2014

日本民謡事典Ⅲ　関西・中国・四国・九州　定価はカバーに表示

2018 年 5 月 1 日　初版第 1 刷

編著者　竹　内　　勉
発行者　朝　倉　誠　造
発行所　株式会社　朝　倉　書　店

東京都新宿区新小川町 6-29
郵便番号　162-8707
電　話　03（3260）0141
FAX　03（3260）0180
http://www.asakura.co.jp

〈検印省略〉

新日本印刷・牧製本

ISBN 978-4-254-50028-8　C 3539　Printed in Japan

祭・芸能・行事大辞典【上・下巻：2分冊】

小島美子・鈴木正崇・三隅治雄・宮家　準・宮田　登・和崎春日 監修

B5判　2228頁　定価（78000円＋税）
50013-4　C3539

21世紀を迎え，日本の風土と伝統に根ざした日本人の真の生き方・アイデンティティを確立することが何よりも必要とされている。日本人は平素なにげなく行っている身近な数多くの祭・行事・芸能・音楽・イベントを通じて，それらを生活の糧としてきた。本辞典はこれらの日本文化の本質を幅広い視野から理解するために約6000項目を取り上げ，民俗学，文化人類学，宗教学，芸能，音楽，歴史学の第一人者が協力して編集，執筆にあたり，本邦初の本格的な祭・芸能辞典を目指した。

（分売不可）

日本語大事典【上・下巻：2分冊】

佐藤武義・前田富祺 編集代表

B5判　2456頁　定価（本体75000円＋税）
51034-8　C3581

現在の日本語をとりまく環境の変化を敏感にとらえ，孤立した日本語，あるいは等質的な日本語というとらえ方ではなく，可能な限りグローバルで複合的な視点に基づいた新しい日本語学の事典。言語学の関連用語や人物，資料，研究文献なども広く取り入れた約3500項目をわかりやすく丁寧に解説。読者対象は，大学学部生・大学院生，日本語学の研究者，中学・高校の日本語学関連の教師，日本語教育・国語教育関係の人々，日本語学に関心を持つ一般読者などである。

（分売不可）

郷土史大辞典【上・下巻：2分冊】

歴史学会 編

B5判　1972頁　定価（本体70000円＋税）
53013-1　C3521

郷土史・地方史の分野の標準的な辞典として好評を博し広く利用された旧版の全面的改訂版。項目数も7000と大幅に増やし，その後の社会的変動とそれに伴う研究の深化，視野の拡大，資料の多様化と複合等を取り入れ，最新の研究成果を網羅。旧版の特長である中項目主義を継受し，歴史的拡大につとめ，生活史の現実を重視するとともに，都市史研究等新しく台頭してきた分野を積極的に取り入れるようにした。また文献資料以外の諸資料を広く採用。歴史に関心のある人々の必読書。

（分売不可）

上記価格（税別）は2018年4月現在